U0549145

会计名家培养工程学术成果库——**研究报告**系列丛书

并购学：
一个基本理论框架

Mergers and Acquisitions:
A Framework

张秋生 ◎ 著

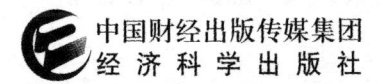

中国财经出版传媒集团
经济科学出版社

图书在版编目（CIP）数据

并购学：一个基本理论框架／张秋生著 .—北京：
经济科学出版社，2019.2
（会计名家培养工程学术成果库．研究报告系列丛书）
ISBN 978－7－5218－0337－2

Ⅰ.①并… Ⅱ.①张… Ⅲ.①企业兼并—研究 Ⅵ.
①F271.4

中国版本图书馆 CIP 数据核字（2019）第 039007 号

责任编辑：庞丽佳
责任校对：杨　海
封面设计：秦聪聪
责任印制：邱　天

并购学：一个基本理论框架

张秋生　著

经济科学出版社出版、发行　新华书店经销
社址：北京市海淀区阜成路甲 28 号　邮编：100142
总编部电话：010－88191217　发行部电话：010－88191522
网址：www.esp.com.cn
电子邮箱：esp@esp.com.cn
天猫网店：经济科学出版社旗舰店
网址：http://jjkxcbs.tmall.com
固安华明印业有限公司印装
710×1000　16 开　28 印张　450000 字
2019 年 3 月第 1 版　2019 年 3 月第 1 次印刷
ISBN 978－7－5218－0337－2　定价：85.00 元
（图书出现印装问题，本社负责调换。电话：010－88191510）
（版权所有　侵权必究　举报电话：010－88191661
QQ：2242791300　营销中心电话：010－88191537
电子邮箱：dbts@esp.com.cn）

会计名家培养工程学术成果库编委会成员

主　任：程丽华

副主任：朱光耀

委　员：高一斌　杨　敏　王　鹏　郭道扬
　　　　孙　铮　顾惠忠　刘永泽　骆家駹
　　　　汪林平　王世定　周守华　王　华
　　　　樊行健　曲晓辉　荆　新　孟　焰
　　　　王立彦　陈　晓

出版说明

为贯彻国家人才战略，根据《会计行业中长期人才发展规划（2010~2020年）》（财会〔2010〕19号），财政部于2013年启动"会计名家培养工程"，着力打造一批造诣精深、成就突出，在国内外享有较高声誉的会计名家，推动我国会计人才队伍整体发展。按照财政部《关于印发会计名家培养工程实施方案的通知》（财会〔2013〕14号）要求，受财政部委托，中国会计学会负责会计名家培养工程的具体组织实施。

会计人才特别是以会计名家为代表的会计领军人才是我国人才队伍的重要组成部分，是维护市场经济秩序、推动科学发展、促进社会和谐的重要力量。习近平总书记强调，"人才是衡量一个国家综合国力的重要指标""要把人才工作抓好，让人才事业兴旺起来，国家发展靠人才，民族振兴靠人才""发展是第一要务，人才是第一资源，创新是第一动力"。在财政部党组正确领导、有关各方的大力支持下，中国会计学会根据《会计名家培养工程实施方案》，组织会计名家培养工程入选者开展持续的学术研究，进行学术思想梳理，组建研究团队，参与国际交流合作，以实际行动引领会计科研教育和人才培养，取得了显著成绩，也形成了系列研究成果。

为了更好地整理和宣传会计名家的专项科研成果和学术思想，

中国会计学会组织编委会出版《会计名家培养工程学术成果库》，包括两个系列丛书和一个数字支持平台：研究报告系列丛书和学术总结系列丛书及名家讲座等音像资料数字支持平台。

1.研究报告系列丛书，主要为会计名家专项课题研究成果，反映了会计名家对当前会计改革与发展中的重大理论问题和现实问题的研究成果，旨在为改进我国会计实务提供政策参考，为后续会计理论研究提供有益借鉴。

2.学术总结系列丛书，主要包括会计名家学术思想梳理，教学、科研及社会服务情况总结，旨在展示会计名家的学术思想、主要观点和学术贡献，总结会计行业的优良传统，培育良好的会计文化，发挥会计名家的引领作用。

3.数字支持平台，即将会计名家讲座等影音资料以二维码形式嵌入学术总结系列丛书中，读者可通过手机扫码收看。

《会计名家培养工程学术成果库》的出版，得到了中国财经出版传媒集团的大力支持。希望本书在宣传会计名家理论与思想的同时，能够促进学术理念在传承中创新、在创新中发展，产出更多扎根中国、面向世界、融通中外、拥抱未来的研究，推动我国会计理论和会计教育持续繁荣发展。

会计名家培养工程学术成果库编委会

2018年7月

再版前言

本书自 2010 年 1 月出版以来，受到并购领域研究学者、实务专家们的广泛好评。9 年中，许多热心的读者通过电子邮件等各种方式对本书进行了肯定，同时指出了书中存在的错误和不足，并提出了修改建议。几年来，全球并购实践和理论研究也在不断地发展变化中，尤其是科技革命对产业组织和企业组织提出了新的挑战，有必要重新审视并购的基础理论问题。本人有幸于 2014 年入选财政部"会计名家培养工程"，作为多年来的学习和研究成果，对《并购学：一个基本理论框架》进行了修订。

本次修订吸收了许多读者和专家的建议，在保持原书基本结构的同时，对各章都作了认真的修订。其中主要的改动体现在以下几个方面：

第 1 章"绪论"中，在"并购是以商务控制权为标的的交易"的并购定义基础上，通过阐释企业资源要素、能力与商务内在理论逻辑，深化了并购定义的内涵，最终完善了并购学基本理论逻辑框架。另外，依托搭建的"北京交通大学 ChinaMerger 数据库"，更新了并购重组交易统计。

第 2 章"并购动机"中，通过对并购动机相关理论的整合，得出基于内驱力和诱因视角与基于利益相关者视角的并购动机理论框架，意在深化对于并购动机的系统性理解。

第 3 章"并购能力"中，并购能力的定义补充了国内外学者最新的学术成果，含义更加完善；对并购能力要素的展示上增加了最新的案例。同时规范了用词，如将信息资源更改为知识资源，以及重新构建了并购管理能力，结构更加严谨清晰。

第 4 章"并购边界"中，重新规范了用词，明确了并购、新建投资和战略联盟的边界，建立了并购与新建投资选择的模型，而后又通过构建决策矩阵的方法确定并购与战略联盟的选择方法。完善了建立模型的分析过程，使其更加严谨。

第 5 章"并购方向"中，删掉了过早的数据统计，对本章进行了补充更新；增加了并购方向重要性的实例，能让读者在阅读时贴近现实加深理解。

第 6 章"并购匹配"中，首先，将并购匹配重新划分为战略匹配和资源匹配两个阶段，解决了原有阶段划分中存在交集的问题。其次，增加一节"并购匹配分析"，从总体上重新梳理了并购匹配的价值分析框架，即资源匹配——战略匹配——价值创造。然后，将资源匹配重新分类，从实物资本匹配、财务资本匹配、人力资本匹配、知识资本匹配角度分别分析其带来的规模经济、范围经济和网络经济收益。其中，这一版的知识资本匹配部分主要围绕组织资本匹配进行分析，组织资本匹配中将重点介绍关系资本匹配。最后，增加一节"并购匹配的综合评价"，为如何全面系统地综合评价并购双方匹配度指出了主要的思考方向。

第 7 章"并购协同"中，重新构建了企业并购潜在协同分析框架，即"分析层次——协同来源——协同机制——协同效应"四个层次的逻辑分析路径，其中，"分析层次"新增了企业组织结构的不同层级，"协同来源"新增了网络经济的经济学解释，"协同机制"明确了五种非线性作用方式，"协同效应"结合最新研究成果进行了更新，进一步完善了企业并购协同的理论体系。

第 8 章"并购绩效"中，一是在经营业绩对比研究法中加入了 EVA 绩效评价法，丰富了已有的方法；二是在"并购绩效的影响因素研究"一节中，对影响因素重新进行了分类，从并购动机、并购能力、并购边界、并购方向、并购匹配、并购协同的角度考察其对并购绩效的影响，与本书的框架紧密结合起来。三是在"基于并购逻辑过程的并购绩效影响因素"一节中，替换了原来的企业并购绩效的逻辑框架图，并将并购过程分为并购战略准备、并购战略执行和并购战略结果阶段，使读者对并购的逻辑框架有更加清晰的认识。

第 9 章"公司控制权市场"中，一是在"控制权市场理论"一节中，对主流理论、反主流理论按照时间的顺序重新排序，使读者对理论发展的脉络更加清晰；二是补充了"国外公司控制权市场模式分析"一节，介绍了美、日、韩、俄控制权市场相关法律法规和研究的演进，使读者对国外公司控制权市场更加了解；三是对我国控制权市场的发展阶段、相关数据、法律法规演进等进行了更新，使本部分内容更加充实。

经过修订，我相信本书在科学性、规范性、实用性几个方面将会得到进一步的提高。

感谢我的博士生和硕士生们在再版修订过程中付出的努力，他们是：李超锋、李欣澳、张开元、赵小芳、毕文彬和王稳凯等。

最后，真诚地欢迎读者一如既往地对本书提出批评和建议，随着研究的深入我们将不断地进行修订，我的邮箱地址是：qszhang@bjtu.edu.cn。

张秋生
2019 年 3 月 6 日
于北京交通大学机械东楼 601

第一版前言

《并购学：一个基本理论框架》终于能够和读者见面，五年来这个沉重的心愿总算落了地。尽管现在心里还有些忐忑，从形式和内容上还有很多不如人意的地方，书名也从设计时的《并购学》变为《并购学：一个基本理论框架》，但本书的出版，希望回报国内外社会各界对我和北京交通大学中国企业兼并重组研究中心成立11年来的支持与厚爱。

并购活动和其他经济活动一样，是科学和艺术的结合。本书并无力顾及并购活动中的艺术成分，只能着重于其中的科学内涵。我们对"并购学"是否成立非常慎重。任何一个学科，都是科学体系的有机组成部分。新学科是以既有学科为基础、经过学科的交叉融合创新发展起来的，出现在自然与人类活动之后，既来源于自然与人类活动，又解释和服务于自然与人类活动。并购活动属于经济活动，属于市场经济活动，属于发达的市场经济活动，但并购活动的历史现未有考证，并购活动被人们集中关注并加以研究始于美国近代的产业集中，至今成为世界各国市场经济中普遍存在的、有别于常规贸易、新建和改扩建投资、战略联盟的单独一类经济活动。并购学有其独立的研究对象和服务对象，其要作为一个独立学科存在，还必须具有其独特的相互关系的概念体系和方法体系。例如，会计学以资产、负债、所有者权益、收入、费用、利润等相互关系的概念作为支撑，运用历史成本或者公允价值等计量方法，依靠日记账、总账和明细账、报表进行组织，形成了记录和披露经济体开展经济活动的完整的信息系统科学，以及建立在信息系统基础上运用其他学科成果提供决策辅助的经济管理科学。并购学基本理论中相互关系的概念体系包括并购动机、并购能力、并购边界、并购方向、并购匹配、并购协同、并购绩效、并购市场这八个核心概念。并购动机说明并购活动要达到什么目的，并购能力说明并购需求是否有能力作为基础，并购边界说明要达到目的并购是否为最合理的手段，三者之间相互依存、相互制约，而且作为并购方向的起点。并购方向规定了并购目标的属性，即并购目标所处地点、产业、规模、效益以及并购时机。并购匹配表达了收购方和目标方属性的关系状态，并购协同表达了收购方和目标方在特定关系下预期产生的结果；并购绩效说明并购活动产生的各种结果，且可以与并购动机相对比。并购市场作为并购活动的环境处于不断变化之中。为揭示并购学概念之间关系的规律，必须借助和运用经济学、管理学、法学等学科的理论和方法成果。从这个意义上讲，并购学是一门交叉学科，不仅有大学科之间的交叉融合，也有在经济学等学科内部小学科之间的交叉融合。

本书将我们的并购学基础理论研究成果，除了并购定义之外，按八个核心概念单独成章加以论述。然而，我们认为目前的基础理论研究还只是处在基本的理论框架阶段，其中的主要理由是对并购核心概念的研究还不够深入；八个并购问题相互之间是什么关系还不能用数量关系清晰表达，更没有严格论证。我们之所以在"基本理论框架"之前加上"一个"，是因为我们的研究是截至目前我们所能够理解的，并认为是最恰当的用于解释和指导并购活动的理论，不排除今后出现采用其他哲学方法解释和指导并购活动的基础理论。

本书是北京交通大学中国企业兼并重组研究中心师生共同的研究成果。中心自1998年成立以来，一直致力于并购基本理论的研究。大批博士生和硕士生的学位论文选题与并购基本理论相关，其中与本书直接相关的研究生论文选题是高愈湘的"中国上市公司控制权市场研究：理论与实证"，张金鑫的"资源匹配：并购双方匹配的战略分析"，周琳的"企业并购中资源协同的机理研究"，陈云华的"企业并购与新建投资适用边界研究：以发电企业为例"，陈扬的"并购战略与联盟战略的适用边界研究"，张海珊的"基于神经网络的并购匹配性预测研究"，李玮的"多元化业务企业集团并购方向决策研究"，崔永梅的"基于生态学的公司控制权市场演化研究"，李航的"企业并购能力研究"，娄金的"基于并购动机的并购绩效研究"，韩瑞的"企业并购初步匹配程度分析"，丁志红的"并购方向决策研究"等等，还有研究中心师生在学术期刊上发表的文章。

我们之所以能够对企业并购基础理论进行持续的研究，得益于社会各界对北京交通大学中国企业兼并重组研究中心持续的支持，其中对并购基础理论研究进行专门资助的项目包括1998年北方交通大学综合重大科研基金资助的"国有企业兼并重组研究"，1999年财政部资助的"企业改组、兼并与资产重组中的财务与会计问题研究"，2001年教育部优秀青年教师资助计划资助的"企业并购协同效应的计量：模型与方法"，2001年国家社会科学基金资助的"国有企业兼并对国有经济战略性调整影响的实证分析"，2004年二滩水电开发公司资助的"水电投资的并购边界研究"，2005年国家自然科学基金资助的"战略并购中潜在协同效应研究"，2005年北京交通大学"十五"重大科技基金资助的"企业并购基础理论研究"，2007年国家软科学研究计划资助的"跨国公司并购对我国产业安全影响的实证研究"，2007年教育部人文社会科学研究规划资助的"中国企业跨区域并购、资源流动和经济增长"，2007年上海国家会计学院世界银行贷款项目资助的"Mergers and Acquisitions"，2007年国务院国资委资助的"中央企业战略性重组研究"，2008年国家社会科学基金资助的"并购中的经济网络协同研究"。此外，还特别感谢胡联国教授、康荣平教授、苗润生教授、赵坚教授、叶蜀君教授、丁慧平教授、邓荣霖教授、卢东斌教授、李善民教授等等难以计数的专家学者在研究过程中给我们提出的建设性、批评性意见以及所建立的个人友情，感谢路联先生、秦为民先生、赵利强先生以及中心博士生、硕士生在人力、财力等方面的无私投入，感谢中国经济出版社崔姜薇女士"我们与您共成长"的出版理念与行动，更要感谢李京文院士、徐寿波院士、宁滨校长、周叔莲教授、曹玉书教授、鞠颂东教授、荣朝和教授、张新教授、刘玉廷教授、周守华教授等人对中心从事并购理论研究给予的精神鼓励与支持，感谢学校和学院给予的自由空间和良好条件，感谢我本人与陈洪隽先生、李富强先生在并购研究道路上的缘分，感谢我的爱妻谭立华。

我们将本书的读者定位为三类：一是从事与并购相关学术研究与教育的人员；二是从事并购相关实务与并购管理的专家；三是追求"知其然、知其所以然"的并购热心人。本书作为并购学的试用版，将随着今后研究的深入以及读者的反馈不断进行修订，我真诚地欢迎您将意见和建议反馈到我的电子邮箱 qszhang@bjtu.edu.cn。

张秋生

2009年4月18日于柳州市三中路66号

目 录

第1章 绪论 / 1

    1.1 并购活动 / 1

    1.2 并购研究的发展 / 5

    1.3 并购定义 / 7

    1.4 并购学的基本理论问题 / 9

    1.5 并购学的学科体系及其认识论 / 11

第2章 并购动机 / 13

    2.1 并购动机概念 / 13

    2.2 并购动机的相关理论 / 13

    2.3 内驱力和诱因视角下的并购动机 / 17

    2.4 利益相关者视角下的并购动机 / 39

第3章 并购能力 / 45

    3.1 现实及理论背景 / 45

    3.2 企业资源理论简要回顾 / 46

    3.3 并购能力的定义 / 52

    3.4 并购能力的结构分析 / 53

    3.5 并购能力模型 / 77

    3.6 基于资源属性的并购能力 / 82

第 4 章　并购边界 / 90

4.1　并购边界的概念 / 90
4.2　并购与新建投资的边界 / 91
4.3　并购与战略联盟的边界 / 124

第 5 章　并购方向 / 141

5.1　并购方向的概念及意义 / 141
5.2　并购方向的相关研究综述 / 144
5.3　并购方向决策理论及方法 / 160
5.4　企业竞争环境和资源分析 / 163
5.5　企业的并购方向决策 / 168

第 6 章　并购匹配 / 172

6.1　并购匹配的概念 / 172
6.2　并购匹配理论的研究现状 / 175
6.3　并购匹配分析 / 185
6.4　并购战略匹配程度的确定 / 186
6.5　并购资源匹配的确定 / 198
6.6　资源匹配程度的评价 / 226
6.7　并购匹配的综合评价 / 241

第 7 章　并购协同 / 243

7.1　并购协同的概念 / 243
7.2　并购协同机理分析的已有研究 / 249
7.3　企业并购协同运作机理 / 256
7.4　潜在协同效应的评估 / 285

第 8 章　并购绩效 / 301

8.1　并购绩效概述 / 301

8.2 国内外并购绩效的评价方法 / 302

8.3 并购绩效的影响因素研究 / 319

8.4 并购绩效的理论解释 / 332

8.5 基于并购逻辑过程的并购绩效影响因素 / 334

第9章 公司控制权市场 / 336

9.1 控制权、控制权市场与控制权市场绩效界定 / 336

9.2 控制权市场理论 / 342

9.3 国外公司控制权市场模式分析 / 354

9.4 中国控制权市场分析 / 362

9.5 控制权市场的影响因素 / 368

参考文献 / 375

第1章

绪　论

1.1　并购活动

并购是现代市场经济正常的活动,在市场经济机制中发挥不可替代的作用。以美国为代表的西方国家一直是并购活动的主角,自 1893 年至今共经历了七次并购浪潮（Foulis,2017）。如图 1-1 与表 1-1 所示,经过了此前的沉寂,并购市场开始活跃,第六次并购浪潮始于 2003~2004 年,并于 2005~2006 年达到高峰,金融危机后逐步消退。第七次并购浪潮始于 2012 年,并与欧洲、亚洲并购潮一起,构成了全球化背景下的又一次全球并购潮。

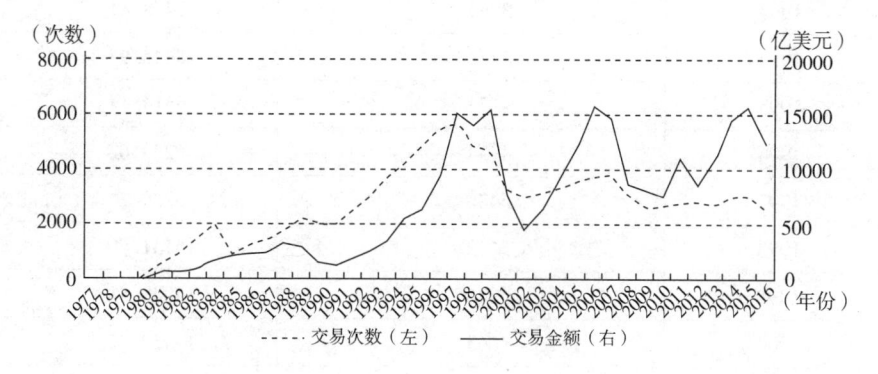

图 1-1　美国公司并购交易统计

资料来源：Thomson One 数据库。

表1-1　　　　　　　　　美国公司并购交易统计

年份	交易次数	交易金额（亿美元）
1977	2	6.74
1978	23	76.02
1979	21	103.88
1980	82	157.36
1981	651	737.52
1982	924	555.13
1983	1489	925.88
1984	2023	1715.42
1985	853	2145.16
1986	1268	2218.31
1987	1417	2337.20
1988	1731	3243.24
1989	2177	2962.05
1990	1947	1504.11
1991	2038	1239.66
1992	2535	1766.00
1993	3033	2478.81
1994	3772	3445.97
1995	4174	5514.14
1996	4934	6239.62
1997	5486	9270.25
1998	5662	15131.60
1999	4836	14030.88
2000	4663	15429.42
2001	3218	7621.03
2002	2993	4556.74
2003	3121	6155.82

续表

年份	交易次数	交易金额（亿美元）
2004	3330	9130.52
2005	3596	12154.65
2006	3773	15710.85
2007	3848	14749.82
2008	3025	8536.31
2009	2572	8063.76
2010	2711	7537.15
2011	2742	11003.07
2012	2832	8531.52
2013	2660	10959.62
2014	3026	14520.78
2015	3026	15690.07
2016	2542	12389.29

资料来源：Thomson One 数据库。

中国近代的工商业和金融业，是在一个比较特殊的经济历史条件下产生并发展的。它没有经历老牌资本主义国家产业发展的一般轨迹，即从简单协作到工场手工业，再到机器大工业，再到工商业和金融服务业逐渐专业化的过程，但在其发展过程中仍表现出较为明显的资本集中趋势。20 世纪 30 年代中期，公司并购初露端倪。到 1949 年以前，民族资本、外国资本、官僚资本之间的争夺、吞并已经成为一种比较普遍的现象了。这一时期，经济受政治军事影响很大，存在"特权并购"及其他形式的"畸形并购"，并在三个方向发展，即民族资本之间的并购、官僚资本对民族资本的并购和外国资本主义企业对民族资本的并购。

1949～1956 年，在社会主义建设的过渡时期，公司并购主要表现为对私营工商企业的社会主义改造；1955～1960 年，在我国实行高度计划经济时期，公司并购表现为对工商企业的行政性调整即关、停、并、转；1963～1966 年，政府通过行政手段也曾试办过有托拉斯性质的专业公司，对企业生产能力的合并和重组进行了一种尝试。这些政策都是在保持所有权不变的前提下，对企业的人力资源、资产资源、管理框架进行行政性调整和改组的行为①。

改革开放之后的中国的企业并购，作为一种试验，产生于20世纪80年代中期，伴随着社会主义市场经济的发展，无论从理论上还是实践中都显现出中国的特点。回顾2001~2016年的中国并购市场，中国企业并购交易数量与金额呈现出波动上升的走势。如图1-2与表1-2所示，中国企业并购交易分别在2003~2008年、2012~2015年形成了两次浪潮，这与西方的第六次并购浪潮与第七次并购浪潮的时间段大致相同。由此可见，中国并购浪潮已经逐渐融入全球并购浪潮中，并将成为全球并购浪潮的重要组成部分。

图1-2 中国A股上市公司并购交易统计

资料来源：北京交通大学ChinaMerger数据库。

表1-2　　　　　　　　中国A股上市公司并购交易统计

年份	交易次数	交易金额（亿元）
2001	1	0.64
2002	1	0.65
2003	11	28.42
2004	160	266.89
2005	158	130.12

---

① 按照并购的定义，这些阶段的行为不属于并购活动。

续表

年份	交易次数	交易金额（亿元）
2006	185	519.78
2007	302	1319.01
2008	375	1799.84
2009	304	3206.12
2010	448	3855.33
2011	405	2085.09
2012	303	2334.13
2013	600	3122.18
2014	812	8003.74
2015	857	10352.85
2016	377	8605.51

资料来源：北京交通大学 ChinaMerger 数据库。

1.2 并购研究的发展

并购活动虽然有着超过百年的历史，但至今仍然有许多尚待解释的问题。并购具有一种神奇的力量，一直吸引着企业家，但其可能面临的结局虽说不是飞蛾扑火，至少也胜负各半，颇具风险。人们对于并购的研究是长期的、深入的、富有成果的。对于并购这种经济现象，学者们通过各个角度进行观察，从各自学科的角度进行探索，用经济的、管理的、政治的、社会的、法律的、文化的理论、方法和证据对其研究，得出了形形色色富有价值的解释或者结论。

从20个世纪60年代兴起的并购研究来考察，对于并购的研究大体上经过了四个阶段，即价值创造阶段、战略匹配阶段、组织匹配阶段和并购过程阶段。每一个阶段代表了当时的研究热点。

学者们对并购是否创造价值有浓厚的兴趣，最初的研究集中在对这个主题的检验上。詹森和鲁巴克（Jensen & Ruback，1983）对这个阶段的研究成果是这样总结的：证据表明公司接管产生正的收益，其中目标方股东受益，收购方股东无损。价值创造阶段的研究结果回答了并购是否创造价值和并购为谁创造价的问题，实质上是研究并购绩效问题。但是这一阶段的研究没能对研究结果背后的原因给出有力的解释，这与该阶段的研究成果主要是从财务学角度研究有关。

为了探寻什么样的并购可以创造价值，学者们转向从公司战略角度进行研究。公司战略的学者们挖掘出多元化研究中的"相关性理论"，把并购研究推进到战略匹配阶段。索尔特和温霍尔德（Salter & Weinhold，1978）首先将相关性的概念引入到并购研究中来，提出相关并购应表现出更好的绩效的假说。这个假说的战略含义是相关并购能创造价值。此后，很多学者对相关性假说进行检验，但结论莫衷一是。

辛格和蒙哥马利（Singh & Montgomery，1987）在对 1970～1978 年 203 家目标企业的案例研究中报告了相关性目标企业比不相关性目标企业具有更高的超额回报。谢尔顿（Shelton，1988）在对 1962～1983 年的 218 项并购的研究中得出了相似的结论，即横向并购和相关互补型并购（将相同的产品销售给新顾客）能获得巨额的回报，不相关并购对绩效的影响不显著但却是负面的。然而，卢巴特金（Lubatkin，1987）对 1948～1975 年的 340 家目标企业的研究结论却是相关并购不比不相关并购能够创造更多的价值。在一项样本中涉及 439 家收购方企业和 430 家目标企业的案例研究中，埃尔格和克拉克（Elgers & Clark，1980）发现，混合并购比非混合并购为并购双方的股东带来了更多的财富。查特吉（Chatterjee，1986）也报告了类似的发现，在他的结论中，不相关并购中的目标企业要比相关并购中的目标企业具有更好的绩效。

相关性研究实质上是收购方与标的的匹配问题。相关性假说实证检验结果的不一致，促使学者们寻找影响价值创造的更深层的原因，由此揭开了组织匹配阶段的序幕。学者们发现组织因素，比如组织文化、组织结构、组织制度等，是影响并购成败的重要因素（Lubatkin，1987）。

对影响价值创造因素的探索，也同时沿着并购过程的思路展开。并购是由一系列活动构成的，哪些活动对价值创造产生重要的影响是学者关心的问题。支付过高（赛罗沃，2001）、整合不力（Jemison & Sitkin，1986）都被认为是破坏价值的重要因素，但并购后的整合过程在近些年得到了突出的强调。研究者们就整合策略的选择（Haspeslagh & Jemison，1991）所做的研究为实践提供了重要参考。

近四十年的并购研究成果从任何角度进行总结恐怕都会有所遗漏。威斯通等（1998）指出："兼并和收购活动持续地刺激了卷帙浩繁的印刷品的出现。建立在这些资料基础上的浓缩摘要或综合性文章都不能充分囊括这些资料"，同时将并购理论研究重点总结为三个问题：第一，它关心的是兼并与收购的动机。第二，理论应该能够预测到参与并购活动的企业的类型——哪一种企业有可能进行收购？哪一种企业有可能被收购？第三，理论应该包括关于整个活动的内容——为什么在某些时期观察到的兼并要比其他时期的多？上述总结可以看作是并购理论所要回答的三个基本问题：即并购背后的动机、收购方和标的的特点以及并购活动集中程度的决定因素。

尽管学者们对并购开展了大量研究和探索，并购行为和活动的结果还是不尽人意，并购失败的案件频频发生。威斯通等（1998）也不得不承认，"事实上，还没有一种公认的理论能够同时解释兼并背后的动机、兼并企业和被兼并企业的特点、以及兼并活动集中程度的决定因素"。

1.3 并购定义

科学定义是科学家、业界专家、实务工作者之间进行沟通的通用语言，是科学发展的基石。由于并购为兼并与收购的简称，而兼并与收购在法律上属于不同的经济活动，因而就有了分别的定义。兼并泛指两家或两家以上公司的合并，原公司的权利与义务由存续（或新设）公司承担，一般是在双方的经营者同意并得到股东支持的情况下，按法律程序进行的合并。兼并具有两种形式：吸收合并和新设合并。吸收合并是指一家公司和另一家公司合并，其中一家公司从此消失，另一家公司则为存续公司。新设合并是指两家或两家以上公司合并，另外成立一家新公司，成为新的法人实体，原有两家公司都受新的法人实体控制。收购是指一家企业购买另一家企业的业务或股票，从而居于控制地位的交易行为。收购可以进一步分为资产收购和股份收购。资产收购是指买方企业购买目标企业的部分或全部业务的行为；股份收购是指买方企业直接或间接购买目标企业的部分或全部股票，并根据其权益实施对目标企业的控制。

兼并和收购往往交织在一起，很难严格区分开，例如，换股收购等。因此学术界和实务界都习惯于将两者合在一起使用，简称并购（mergers & acquisitions）。除非特别说明，对两者不加区分。正因为对兼并和收购不加区分，造成了没有并购的科学定义，造成人们对并购内涵和外延的不同理解，并购、接管、重组、剥离、分立之间的关系变得复杂。相比于威斯通等（1998），威斯通等（2006）就放弃了兼并（mergers）一词，改为接管（takeovers），并认为兼并和收购是达到接管的两种形式。

并购是以商务控制权为标的的交易[①]。第一，并购是一种交易活动。交易属于市场经济活动。作为一项交易，至少需要有买方、卖方、标的及其价格四个基本要素。并购符合交易基本要素的规定。第二，并购是一种复杂交易活动，且交易对象独特。并购作为一项交易有别于其他交易活动，其他交易活动的标的是单一资源，例如，产品（服务）、人力资源、技术、资本等，交易场所为产品市场或者要素市场。而并购交易对象则为商务控制权。商务控制权是对商务的控制权，交易场所在股票市场等产权交易市场为主的公司控制权市场。[②] 第三，并购活动是企业外部发展方式之一，是新建投资和联盟这两项战略活动的替代。

企业资源要素分为自然力、人力、物力、财力和知识五个要素。人力要素与其他要素组合产生的效果形成能力，以盈利为目的组合活动构成商务。商务控制权以提升能力为目标，但是能力不脱离资产单独存在。资产可以直接交易，能力交易通过资产交易实现。相对于能力，资产活性低，因而交易效果的杠杆程度低，风险程度也低；能力交易活性高，交易效果的杠杆程度高，风险程度也高。

并购通常被理解为企业扩张的一种战略，但从并购市场的交易主体角度看，买方通过并购来扩张，必然对应卖方通过售出来收缩，因此，无论扩张或者收缩，只要符合并购定义的收缩活动也是并购的研究对象，不是并购范围的分立当属企业重组。在并购研究中，除非另有界定，是以收购方（投资方）作为主体开展研究的。

并购是企业巨型的投资、资产和能力一揽子的综合交易；并购没有预演，也没有彩排的机会。因而并购是企业的风险投资。并购之前控制风险的常用手段或者是不直接收购，先采取少数股权投资、合资等战略联盟或者协议，或者是控制并购规模。一旦确定了收购目标，只有通过详尽的尽职调查、合理的估

---

① 对应的英文定义 "Transactions Targeted at Business Control"。
② 公司控制权市场（Market for Corporate Control）也是习惯叫法。由于并购也可以通过资产收购实现，准确的英文表达应该为 "Market for Business Control"。

价、艰难的谈判、精致的结构设计和细致的整合等工作来降低并购风险。人们对于并购，只能是小心翼翼、谨小慎微地行事，还没有可以大胆放心使用的规律可循。

并购是价值增进还是价值破坏？如果是价值增进，那又是价值发现还是价值创造？一个企业对另外一个企业的收购，从价值的角度分析，可以认为收购方发现了目标方的价值，目标方或者标购方也认识到收购方发现的价值，由于市场机制的作用，这个价值被平摊了，发现的价值大部分被目标方收获了。如果收购能够创造新的价值，且无法被目标方或者标购方发现或者实现的话，创造的价值才能归收购方所有，至少大部分由收购方获得。因此，发现价值固然是件好事，但对于并购的真正挑战是创造价值。

1.4　并购学的基本理论问题

正像企业的本质这样的难题，并购的本质是什么？越是基本的问题，越难得到明确清晰的答案。从朴素的逻辑分析角度看，并购难以成功的原因可能是人们没有完全地认识并购行为和并购活动的规律。并购的动机和并购的绩效，是一对互为因果关系，无疑是并购理论研究的重要组成部分，但在动机与绩效之间，形成了并购黑箱。在并购黑箱里，至少包含着并购能力、并购边界、并购方向、并购匹配、并购协同等基本理论问题。

并购动机。动机是行为的出发点。并购的动机可以有不同的描述，也可以由不同学科的各种各样的理论进行解释。但在实证研究的时候，动机和效应能否得到一致的表达？动机和效应又如何定量表达、综合表达呢？并购动机和达到的真实效应关系如何？并购动机理论必须回答这些问题。

并购能力。具备并购动机的企业不一定具备并购的行为能力。什么样的企业才能称之为具备了并购能力？并购能力如何表达和评判？并购能力与企业规模、企业竞争能力的关系如何？并购能力理论应该回答这些问题。

并购边界。具备了并购能力的企业，不一定要以并购作为战略发展的方式或者手段，还可以通过诸如联盟、新建投资的手段达到发展的目的。那么，在什么样的环境条件下适用并购，以什么样的方式进行并购等，成为并购边界理论的研究对象。

并购方向。如果说企业的现实状况处在坐标的原点，那么并购应该朝什么方向进行，简单地说并购应该是横向还是纵向的，具体地说并购应该发生在哪个象限？目标企业的坐标在哪里？从更复杂的因素考虑，它所处的产业、地理位置、规模、效率、实施并购时间等其他维度的坐标又在哪里？并购方向的理论应该给出这些问题的答案。

并购匹配。如果按并购方向之"图"按图索骥的话，目标企业与收购方企业之间能否匹配，成为下一个逻辑上的问题。并购的目标是获得目标企业的各种能力，包括研发能力、制造能力、营销能力以及各种辅助能力，各种能力的综合表现为企业的可持续获取自由现金流量的能力。能力是不能直接通过收购得到的，收购直接获得的只能是企业的资产，获得目标企业的资产并不意味着拥有了企业的能力，更何况目标企业的人力资源、关系资产等无形资产在收购之后是否会保全都成为问题。因此，收购方和目标方的资源是否匹配，目标方的能力是否能够得到保全、转移和发展就是并购匹配理论研究的对象。

并购协同。即使并购双方是匹配的，这只能表明并购双方存在着潜在协同，匹配构成了并购预期协同的必要条件。在并购匹配的基础上，双方预期的协同是什么？有多少？协同的来源如何解释？并购协同预期会在什么项目体现出来？如果没有并购协同，必然没有价值增值，并购的交易对于全社会就是一种资源浪费和损失。这些对并购协同理论提出了最直接的挑战。

并购绩效。并购预期协同通过并购后整合产生并购的绩效，并购绩效可以认为是并购的现实协同，或者预期协同的实现。并购是一种战略行为，其影响必定是长期的、深远的。财务绩效未必能够代表并购绩效的全部，财务绩效肯定也不全是并购产生的绩效。并购绩效与并购的出发点，即并购的动机、内涵或者外延也不完全能够配比，因为并购活动的绩效，除了实现收购方的个体动机外，客观上还会对产业结构、社会经济结构产生影响。即使在并购动机和并购微观绩效相互配比的情况下，并购动机和绩效的关系又是如何呢？并购绩效理论必须回答这些问题。

并购市场。并购从动机出发，以绩效结束。并购绩效又会诱发并购发生，终点又回到了起点，形成了此起彼伏的并购活动。大量的并购活动构成了并购市场，并购市场是企业并购活动的环境，不同时期的并购市场交易蕴含了并购市场运作的规律。并购市场理论研究的使命是揭示并购市场作为整体的规律。

并购进化。站在历史的长河上看，并购既是企业与企业之间的微观层次上的行为，造就了更加"聪明"、更加复杂的企业组织和企业行为；同时又由于企业间的并购，造成了产业结构、经济结构的变化，促成了国家竞争力差别或者人类生存能力和生存方式的变化。并购对于企业，如同婚姻对于人类一样，必然具有进化的作用。并购进化理论要揭示的是并购行为对企业、对产业、对国家乃至全社会产生的进化作用的规律，是较长一个时期并购市场的规律。

并购活动的高风险以及并购研究的发展要求建立并购基本理论框架，用以解释和揭示并购活动的一般规律，指导并购应用研究和并购实践活动。并购基本理论主要内容包括并购动机、并购能力、并购边界、并购方向、并购匹配、并购协同、并购绩效和并购市场。并购绩效与并购动机的差距可以作为并购是否成功的标准。并购动机、并购能力、并购边界、并购方向、并购匹配和并购协同是影响并购科学决策的关键因素。并购动机、并购能力和并购边界三者是矛盾体，其对立统一是并购方向的基础。而并购方向、并购匹配和并购协同则是对并购行为发展过程的解析。并购市场理论揭示公司控制权市场的运作规律，在有积极进化作用的同时，也是一个需要管制的市场，作为并购活动的环境。并购基本理论问题如图1-3所示。并购作为一类独立的经济活动，随着时间的推移，其基本理论问题就变成了并购进化问题，属于并购史研究的范畴。

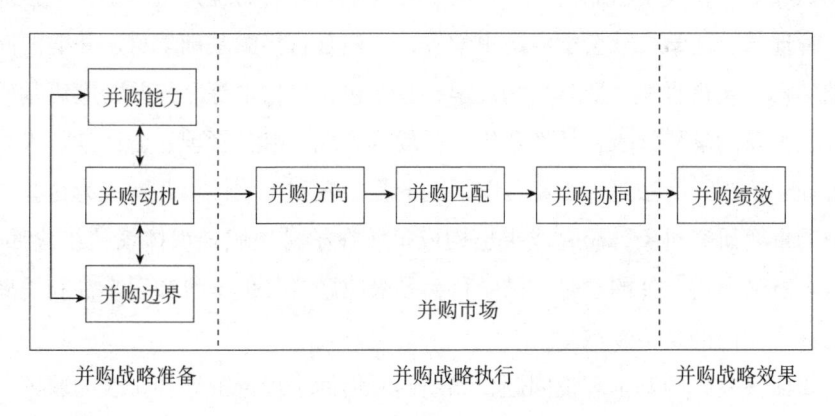

图1-3 并购基本理论逻辑框架图

1.5 并购学的学科体系及其认识论

"科学"这个词，源于中世纪拉丁文"Scientia"，原意为"学问""知识"。1888年，达尔文曾给科学下过一个定义："科学就是整理事实，从中发现规律，作出结论"。达尔文的定义指出了科学的内涵，即事实与规律。科学要发现人所未知的事实，并以此为依据，实事求是，而不是脱离现实的纯思维的空想。至于规律，则是指客观事物之间内在的本质的必然联系。因此，科学是建立在实践基础上，经过实践检验和严密逻辑论证的，关于客观世界各种事物的本质及运动规律的知识体系。

学科是学术的分类，指一定科学领域或一门科学的分支（辞海编辑委员会，1980）。并购学是并购活动的科学，是关于并购知识体系的总和。按与实践的不同联系，它包括并购基础理论、并购应用基础理论、并购操作方法（技巧）三个层面。并购基础理论处于并购知识体系的最底层，是纯粹抽象的并购知识，它对并购应用基础理论有着驾驭、指导的作用。并购应用基础理论是并购基础理论的延伸和现实应用方法论，其内容按照并购主要业务环节，包括并购战略、并购价值评估、并购筹资、合并会计、并购税收、并购后整合、收购防御和并购监管等。并购操作方法是并购应用基础理论面向并购实践的指南，也是长期并购实践活动的经验总结。并购实践活动似乎还没有可以考证的历史，但至少是百年的并购活动积累了丰富的并购技法。

要回答以上并购的基本理论问题，必须充分依靠和吸收各个基础学科的已有知识成果，尤其是它们关于并购的研究成果。并购的理论基础学科包括经济学、管理学、法学、社会学、历史学等，它们是直接的基础学科。并购的间接基础学科，包括哲学、数学、物理学，甚至包括生物学等。与并购应用基础理论较大关联的学科领域包括产业组织、战略管理、财务管理、会计学、人力资源管理、税收、商法等。由于并购活动的复杂性和挑战性，并购成为这些学科领域的重要研究对象，研究成果也构成了所在学科领域知识体系的组成部分。从这个意义上讲，并购学是交叉学科，是吸收融合其他学科知识丰富和发展起来的一个专门的学科领域。

要回答并购的基本理论问题，必须同时借助于理论推导和实践的验证，即同时借助于规范研究和实证研究的方法，从两个不同方向、不同途径开展研究和探索。只有不断探索并购的基本理论问题，才能不断深化认识并购的规律，认识并购的本质。

第2章
并购动机

2.1 并购动机概念

收购方利益相关者在并购活动中的动机简称并购动机（Motivations of Mergers & Acquisitions）。并购动机是并购行为的出发点，直接关系到并购绩效的分布与价值实现（Rabier, 2017）。威斯通等（2006）从价值增加源泉将并购理论分为总的价值增加、自大、代理和再分配四类，实质上是对并购动机和绩效及其原因的归纳，自大和代理实质上是总的价值减少，而再分配则是不增加也不减少企业价值。企业作为市场中的竞争主体，其并购活动的动机受到自身的内驱力和诱因的共同影响。此外，由于并购活动涉及股东、债权人、政府、员工、社区等众多的利益相关者，各利益相关者在并购活动中有不同的动机，这些不同的并购动机对并购活动发挥着大小不同、方向各异的影响力。因此，了解并购活动的内驱力和诱因，以及各利益相关者的并购动机，并对各种动机进行定量的、综合的表达，有助于对企业并购动机进行更进一步的了解。

2.2 并购动机的相关理论

并购动机理论是研究企业因何种动机实施并购行为的基础。一直以来，理论界和实务界都关心这样一个问题：企业进行并购究竟是出于何种考虑，纷繁复杂的并购活动背后企业真实的并购动机究竟是什么？为了解开这个问题，学者们站在不同的研究视角上，从经济、管理、法律等角度来解释企业并购的动机，进行了大量的规范研究和实证研究，形成了许多比较成熟的理论。经过梳理，这些理论主要有规模效应理论、协同效应理论、市场势力理论、多元化理论、委托—代理理论及交易成本理论。

2.2.1 规模效应理论

规模效应理论由马歇尔（Marshall，1961）提出。规模效应，又称规模经济，指在一定的产量下，公司扩大规模会降低单位产品成本，从而提高经营利润水平。规模经济效应主要应用在那些需要大型的生产设备或者厂房进行生产的企业中，即固定成本较高的企业或者行业中。该理论认为并购行为能够在一定范围内提高企业的产量，从而降低单位产品分摊的固定成本，提高企业的市场竞争力，促进企业净利润的增长。合并后更大产能的设备、更大批量的采购、更大规模的融资都可以给收购方带来规模效应。

2.2.2 协同效应理论

由威斯通等（Westonet al.，2001）提出来的协同效应假说是效率理论最常见的一种形式，该理论认为企业并购后的净现金流量会大于两家公司独立时的预计现金流量之和，或者两家企业并购后的效应大于两家企业独立时的效应。该理论认为企业一般会通过达成某种协同效应作为支付特定并购价格的理由，也正是因为这种协同效应的存在，企业之间的并购重组行为才会更加普遍，并且社会效率也会不断地提高，该理论也在一定程度上暗含着政府应该鼓励并购行为的意思。按照协同效应产生的来源，将该理论分为经营协同效应、财务协同效应、管理协同效应三类。

经营协同效应理论与规模效应理论相似，主要是从规模经济的角度出发，认为在企业未达到规模经济时，企业通过并购行为能够扩大企业生产规模，降低单位产品分担的固定成本，从而降低单位产品的成本，提高经营效率，使产量逐步达到规模经济的生产范围。该理论的假设前提是行业中存在规模经济，而且公司在并购前尚未达到规模经济的潜在要求。威廉姆森（Williamson，1981）研究指出，不同类型公司并购产生的经济协同效应不同，经营效应对交易成本的影响主要体现在纵向并购的交易中。

财务协同效应理论认为企业通过并购行为可获得更低的融资成本与投资成本，并购双方可以互相利用借款优势或规模优势来提高企业的偿债能为，提升企业评级，进而获得支付较低利息费用的权利。与此同时，并购双方还可根据税法对财务进行合理的整合，在一定程度上降低企业的税务负担，降低企业的财务成本。霍尔和基里亚兹（Holl & Kyriazis，1997）研究发现，公司兼并上游企业与兼并下游企业产生的财务协同效应是不同的，并且在同种情况下公司并购的管理协同效应和财务协同效应比经营协同效应更为显著。

管理协同效应理论是基于两个公司管理效率不同的情况下提出的，认为高效率公司兼并低效率公司时，高效率公司的管理经验在一定程度上会影响着低效率公司，会使低效率公司提升自身管理水平，而且对于社会整体来说，并购行为能够提高整个资本市场的运行效率。多德和鲁巴克（Dodd & Ruback，1977）研究显示，公司的并购行为能够在一定程度上提高企业的管理效率，获得正的超额市场收益。

2.2.3 市场势力理论

市场势力理论是由科曼诺（Comanor，1967）提出的，该理论认为并购行为的一个主要动机是企业可以通过兼并收购行为将市场竞争者挤出市场，增强自身控制市场的能力，进而获得寡头或垄断的超额收益。企业在市场竞争过程中，为了抢占市场份额，通过兼并同行业的其他企业获得市场支配地位，规模的扩大也会提高企业在市场消费者心目中的知名度，从而提高其品牌效应。市场势力是企业的一种无形资产，作为一种力量增强企业的市场竞争力。关于市场势力问题，不同的学者有着不同的看法，大部分学者认为该假说只有在企业通过横向或纵向并购后既实现了市场占有率的提高又实现了规模经济的前提下成立，单纯的市场势力提高并不意味着实现了规模经济与协同效应。

2.2.4 多元化理论

多元化理论源于马科维茨（Markowitz，1952）提出的"投资组合分散化"与安索夫（Ansoff，1957）提出的"多元化战略"。多元化理论从经营者如何规避经营风险的角度出发，认为企业并购可以实现企业的多元化经营，避免因为比较单一的经营范围而遭受经营风险。众所周知，单一的经营不止意味着较高的成本，更意味着市场规模受限，经营风险增大。对于投资资金生产单一产品的企业来说，当市场消费偏好发生偏离甚至反转，企业就很难进行转业经营。随着股份改革的推进，企业的所有权与经营权分离，作为股东，可以通过证券市场进行多样化投资来分散风险,然而作为负责公司经营与运作的经营者,其利益直接受企业经营好坏的影响,受企业单一的经营模式影响,这就迫使经营者采取并购行为实行多元化经营,收购比较有优势或能够互补的企业,将企业的优势资源发挥到最大价值。对于公司来说,职工的向心力、归属感会影响到职工的办事效率和稳定度,而企业实现多元化发展能够提高职工的安全感与荣誉感,这在一定程度上避免人才的流失。该理论还认为企业通过并购行为能够充分利用目标公司的商誉、客户群体、供应商等资源,实现企业迅速扩张。

2.2.5 委托—代理理论

委托—代理理论主要是指由于公司的所有权与经营权分离,公司的所有者与控制者存在一定的委托代理关系,由于两者的利益不同,会产生一定的代理成本与道德风险的现象,该理论认为,企业并购行为在一定程度上能够降低代理成本。曼尼(Manne,1965)的研究显示,收购行为能够减少公司经营者代理问题的产生,为防止企业被收购,经营者会更加努力经营,提高经营效率,降低经营成本。法玛和詹森(Fama & Jensen,1983)提出了自由现金流假说,指出经营管理者与所有者在自由现金流量方面存在代理问题,企业现金流量过多容易造成经营者的逆向选择与道德风险,实施并购行为能够有效地减少企业的自由现金流量,进而降低经营者逆向选择行为发生的概率,自由现金流量是企业并购行为产生的重要因素。与此理论相关的是穆勒(Mueller,1969)提出的经理主义假说,该假说认为公司规模是经营管理者报酬的主要影响因素,公司经理人希望通过并购来提高业绩报酬。而勒维伦和亨斯迈(Lewellen & Huntsman,1970)的实证研究表明,企业经营者的报酬与公司的规模、销售水平无关,否认了这一假说。

2.2.6 交易成本理论

科斯(Coase,1937)提出了交易成本理论,为企业的并购行为提供了理论依据,并提出了较为一般的企业边界理论,认为企业投放于内部的某种交易,其费用应和企业投放到市场或另一个企业内部所产生的交易成本一样。在科斯(1937)的基础上,威廉姆森(Williamson,1985)在交易成本方面做了进一步的实证研究，并深入探究了纵向一体化的问题，认为公司的纵向并购行为能够避免中间商赚差价，降低经营环境的不确定性，进而减少企业的交易成本。哈特（Hart，1995）从企业权利配置方面研究，认为企业并购行为在一定情况下是企业实现权利最优配置的重要选择。弗鲁博顿和里克特（Furubotn & Richter，2010）从抽象层面的角度来进行研究，试图解释企业规模边界的经济观点是在比较交易成本的基础上得出的。

以上各种理论是对并购活动的解释，不是相互独立的理论，因而有可能是相互交叉的关系。

2.3 内驱力和诱因视角下的并购动机

企业的目标是生存、发展、获利，并购作为企业的一种超常规的外部发展方式，应服务于企业目标的实现。如果说并购是企业的行为，动机是引起行为的原动力，那么企业进行并购的动机也应与企业目标相符合。已有的并购动机理论把企业作为并购行为的主体，但不应忽略的一点是，企业并购行为是管理层、员工等各利益相关者决策的结果。在不考虑代理问题的情况下，管理层作出的并购决策应该服务于企业目标的实现，那么，管理层的并购动机就体现为企业的并购动机。

心理学是管理学的基础之一，由于并购活动涉及企业及其利益相关者之间众多的博弈，管理层必须对来自企业内部及外部的信息进行综合分析处理，所以，管理层的并购决策过程，是对并购活动相关信息进行收集并处理的心理过程。那么，借鉴心理学对动机的研究成果，有助于更全面而深入地了解并购动机。

心理学将动机定义为引起、维持个体活动并使活动向着特定目标进行的内在动力，表现为在个体已经产生需要的意识下，启动个体行为的发生。心理学认为，动机是在以需要为根本内驱力（drive）和各种诱因（incentive）作用下形成的。

心理学所讲的内驱力，是由于某种缺乏或不平衡状态所产生的旨在恢复稳态的一种内在推动力。对于企业来说，迈克尔·波特提出著名的"五力"模型表明，企业在激烈的市场中参与竞争，时刻面临着新的竞争对手入侵，替代品的威胁，买方议价能力，卖方议价能力以及现存竞争者之间的竞争等压力。

每一种压力都导致企业处于一种不平衡状态，于是企业管理层为了实现企业的生存、发展和获利的目标，就会产生内驱力去改变这种不平衡状态，并购就是改变这种不平衡状态的一种方式。如果并购得以成功实施，企业规模扩大，产品和服务加强，能拥有更广泛的销售渠道和更低的采购成本，有利于在竞争中取得优势地位。对于垄断或寡头厂商，并购还可减少竞争对手，进而获得垄断收益。上述种种好处，使得处于竞争压力下的企业有改变不平衡状态的意愿，于是产生内驱力，引起并购动机。

但是，企业最终是否进行并购，往往不仅仅由内驱力所决定，还可能是内外部环境的诱导，即还需要一定的诱因。诱因，在心理学上是指能满足个体需要的刺激物。对于并购动机，诱因就是能够满足企业进行并购的条件。例如，西方学者研究发现，企业间的并购在资本市场高涨时增加，在资本市场低迷时减少，呈现出同向变动的趋势。这种现象的出现，主要是由于在资本市场高涨（低迷）时企业价值有被高估（低估）的倾向，这种趋势会影响企业的并购行为[1]。一个因素如果正向影响企业并购行为，称之为并购动机的正诱因；反之，称之为并购动机的负诱因。资本市场高涨是上市公司并购动机的正诱因，资本市场低迷是上市公司并购动机的负诱因。当资本市场低迷时，由于上市公司变得相对廉价，非上市公司收购上市公司就因此增加。再如，并购虽然是企业的行为，但往往受到特定法律和政策的管制，一旦法律和政策改变或管制得到放松，也会客观上刺激企业的并购行为。那么，管制的放松也是企业并购动机产生的一种正诱因。

综合上述分析，企业作为市场中的竞争主体，其并购活动的动机受到自身的内驱力或外界诱因的影响，多种因素的作用决定了企业的并购动机。在并购学术领域，学者们对于企业的各种并购动机已经形成了许多较为成熟的研究成果，考虑到企业的并购动机常常并不唯一，单从某个方面进行考察难免会"只见树木而不见森林"，可能导致研究结论的不全面。于是，借鉴心理学的研究成果，本节从内驱力和诱因两方面入手来分析企业的并购动机，将并购动机的各影响因素进行综合考虑，构建并购动机系统。

---

[1] 当资本市场低迷时，由于上市公司变得相对廉价，非上市公司收购上市公司就因此增加。

2.3.1 由内驱力引起的动机

2004年12月8日,联想集团董事长柳传志先生郑重向外界宣布以12.5亿美元的现金和股票正式收购美国国际商用机器公司(IBM)个人电脑业务,合并后的新联想集团以130亿美元的年销售额一跃成为仅次于戴尔和惠普的全球第三大个人电脑制造商,是当时我国跨境并购金额最大的一笔交易。此次并购事件符合双方战略发展需求,通过此次并购,联想集团获得了美国国际商用机器公司(IBM)世界领先的个人电脑研发能力、覆盖全球的品牌认知度以及遍及全球的分销和销售网络,使中国的联想集团成为世界的联想集团。

2016年6月7日,海尔以55.8亿美元完成了对美国通用电气公司(GE)家电业务的收购。通用家电排名全美第二,在美国家电市场占有率近20%,并已获得上千项专利,在美国、中国、韩国和印度拥有4个研发中心。在欧美市场,通用、惠而浦、博世等家电品牌长期霸占中高端市场,这恰是中国企业最难攻下的领地。而海尔想要打通走向国际化中高端市场的大门,并购是最好的办法。海尔的此次收购有两个主导原则:一是追求市场势力,承接引领的市场目标,在北美市场进一步发挥通用品牌资产价值,提升其品牌活力;二是最大限度保证通用优秀团队继续发挥自身创造力。海尔通过并购通用家电的方式来进行"管理的溢出",使其管理资源得到充分的发挥,不仅使通用家电的效率提升至同样水平,而且会比原先两个企业产出之和还大,即产生了所谓的"1+1>2"的协同效应。

无论是业务层面上的并购还是企业层面上的并购,都将构建一个不同于原有业务或者企业的新的经济网络结构。借助于新的经济网络结构,内驱力引起的并购动机包括追求协同效应、追求市场势力、降低风险、进行产业组织和获取目标公司优势资产等。

2.3.1.1 追求协同效应

通常并购的协同效应分为经营协同、管理协同和财务协同。并购也能够获得无形资产协同,本书将在并购协同相关章节进行深入讨论。

1. 经营协同效应

追求经营协同效应是企业进行并购最常见的动机,被理论界和实务界所广泛认可。这不仅由于企业并购所带来的诸如营运成本的降低、管理费用下降等效应往往比较直观，还在于企业并购所产生的经营协同效应可以运用经济学的理论和方法进行很好的解释。新古典经济学理论假定存在着规模经济，并且在并购之前，企业的经营活动达不到实现规模经济的潜在要求，包括横向降低成本费用的生产规模经济、纵向降低交易成本的规模经济和特定管理职能方面的规模经济。通过并购可以对企业规模进行扩充和调整，达到最佳规模经济或范围经济，这是企业并购动机最经典的经济学答案。

（1）实现规模经济的横向并购。

新古典企业理论假设，企业承担着集中、组织社会资源以生产社会所需产品的职能。企业根据生产函数和成本函数进行生产，企业总是在既定投入和技术水平下实现产量极大化和单位成本极小化。企业的活动是以追求效率为基本特征的，而社会资源也总是向效率高的企业流动。因此在社会资源配置中，企业总是追求以较少的投入获得所希望的尽可能多的产品。

在给定企业生产函数的条件下，如果假定投入生产要素的市场价格和生产出的产品的生产价格为既定，这时企业会根据利润最大化原则对投入和产出水平作出选择。由于新古典经济学的成本理论界定了不变成本和可变成本的区别，可变成本是随着生产数量的增加而同比增加的，而不变成本在短期内总量是既定不变的，所以随着生产数量的逐步递增，分摊在单个产品的不变成本会有一个逐步递减的过程，这时产品的平均成本同样也是递减的。但这个过程不会是无限的，由于新古典企业理论的生产函数投入的生产要素之间有一个比例关系，当企业的生产数量增加到一定的时候，企业的平均成本又会开始出现上升的趋势。从上面的论述中可以看出，企业存在一个时期，在这个时期生产成本会随着企业规模的扩大而降低，新古典企业理论将这种现象称为规模经济。随着社会分工和专业化协作的发展，规模经济的重要性逐渐显示出来，追求规模经济的行为日益渗透到各种经济活动中去。

按照生产要素在企业的集中程度和投入产出量的大小，可以将规模经济分为三个层次。第一个层次是单一产品的规模经济；第二个层次是工厂水平上的规模经济；第三个层次是多工厂水平上的规模经济，最简单的多工厂水平的规模经济是一个企业或公司一个一个地复制生产相同产品的工厂，使规模扩大，产量水平提高，从而使企业或公司成本水平逐步降低。新古典经济学关于长期成本曲线是短期成本曲线最低点的包络线研究的就是这种情况。当多个工厂生产的产品品种增加时，多工厂的经济性又常常被称作范围经济。在存在多工厂水平上的规模经济和范围经济的时候，如果产品分散在各个具有独立性的工厂分别进行生产时，总成本要大于归属于同一企业的多个工厂进行生产时的总成本。

在工厂规模经济层面，企业可以通过兼并对工厂的资产进行补充和调整，达到最佳经济规模的要求；兼并还可以集中在一个工厂中进行大量单一品种生产，从而达到专业化生产的要求。在某些场合，通过兼并，可以有效地解决由于专业化引起的各生产流程的分离，减少生产过程中的损失，充分利用生产能力。在企业规模经济层面，通过兼并，可以节省管理费用；各个企业可以对不同顾客或市场进行专门化的生产和服务，极大地降低市场营销费用；大型企业可以集中足够的经费用于研究开发新产品，采用新技术，通过兼并和企业规模的扩大，使企业有更大的能力控制它的成本、价格、生产技术、资金来源及顾客的购买行为，降低经营风险，改进它与政府的关系，从而提高企业生存和发展的能力。应该注意的是，规模经济并非规模越大越经济，当规模大到一定程度时，将降低管理效率，增加管理成本。

新古典经济学对规模经济的论述对企业的横向并购具有很强的解释力，企业为了获得规模经济就有动力扩大企业的规模，而扩大企业规模速度较快的方法就是进行企业并购。由于新古典经济学的规模经济来自生产相同产品的生产规模的扩大，因此新古典经济学解释并购行为也只能适用于横向并购，对其他类型的并购行为就缺乏解释力。新古典经济学将基于非寻求规模经济的并购行为解释为企业力图达到垄断的目的，而不是提高效率（即企业并购是出于追求、维持和加强其市场地位的目的）。这个解释也有其失灵的地方，现实的经济实践表明，最终决定企业规模的是效率，而非垄断的力量。

（2）降低交易成本的纵向并购。

交易成本理论起始于科斯（1937），而后由威廉姆森（1985）做了进一步发展。交易成本理论认为，并购是由于效率方面的原因。具体地说，并购是企业内部组织协调对市场协调的替代，其目的是为了降低交易成本。交易成本理论借助于"资产专用性""交易的不确定性"和"交易频率"三个概念，对纵向一体化并购给出了自己的解释：交易所涉及的资产专用性越高，不确定性越强，交易频率越大，市场交易的潜在成本就越高，纵向并购的可能性就越大；

当市场交易成本大于企业内部的协调成本时，纵向并购就会发生。

多数学者不同程度地承认企业特别是对于市场有影响力的大企业的纵向并购活动加强了大企业的市场势力，从而肯定了纵向并购的垄断动机，贝恩即是其中之一。贝恩（Bain, 1968）认为纵向一体化的明显节约效果来自单个工厂中生产过程的物质或技术的一体化，例如铁和钢的一体化在热能方面的节约。相反，如果没有物质或技术方面的垂直一体化的明显动机即是垄断，而且垂直一体化可以作为一种策略手段加以采用，使非一体化的竞争者处于不利地位，贝恩这种"技术决定论"对纵向并购的解释受到了不少学者的质疑，认为贝恩对非技术性因素引起的节约熟视无睹，认为用垄断假设解释那些缺乏紧密技术性联系的纵向并购不全面。基于此，交易成本理论对企业纵向并购的动机从节约交易成本的角度进行了重新解释。

交易成本理论是以交易成本为基本概念，用替代方法和边际方法来研究企业为何会存在、企业规模扩大及边界、企业制度与市场机制的相互替代关系等问题。交易成本理论主要分两大部分，一是解释为什么企业可以降低交易成本的间接定价理论；二是说明企业如何降低交易成本的资产专用性理论。企业并购是企业规模扩张的一种基本形式，通常伴随着企业边界的改变。按照科斯（1937）的观点，企业的产生与企业的规模（边界）、分工和专业化程度都可由交易成本来解释，特别是企业的规模扩张必然涉及扩张方式，而企业并购又是可选择的方式之一，所以，交易成本与企业并购发生了联系，交易成本理论就成了对纵向并购动机进行分析的研究工具之一。

交易成本理论对纵向并购的解释有一个共识，即认为交易成本的节约是企业纵向并购或称垂直一体化的主要动机，从而将非技术因素的节约也纳入其中。在这种分析下，获得垄断不再是垂直一体化的重要动机，仅仅是垂直一体化的一种副产品。虽然交易成本理论较成功地解释了企业纵向并购这一现象原因，但仅从交易成本节约的角度认定垂直一体化的目的还是片面的，企业的市场行为受多方利益的驱动和影响，对纵向并购是否产生垄断的市场后果还需要进一步探讨。

借助现代企业理论中的交易成本理论，对企业纵向并购的动机和边界条件进行了理论分析，得出企业纵向并购的主要动机是通过纵向一体化用企业间的计划和协调来替代企业间交易成本的方法，达到降低总成本的目的。这种对纵向并购动机的解释是合理的。但是，从威廉姆森（1985）对纵向并购动机分析中可以看出，传统的对资产专用性研究中，资产的专用是单线条的，主要指处在上下游企业间资产的相互依赖。然而，随着现代科学技术的发展及科技成果的快速产业化，很多产业都在实现由资本密集型向技术密集型转换，技术产品的集成特点及各部分产品生产上的分散性，提高了产品集成的难度成本，资产专用的复杂程度不断提高。因此，应用交易成本理论对纵向并购动机的分析需要进一步扩展，从而能合理地解释现实中发生的企业间纵向并购行为。

现代科技产品通常是多项技术的综合应用，是一个系统产品的组合或集成，其生产需要在多厂商产品协作的现代合作形式中完成。产品链展示的并不再是简单的"上游"到"下游"的生产加工过程，而转变为由多个特定功能的产品组合形成综合功能的最终产品或称为系统产品。一方面，由于可能存在技术的保密与垄断，系统产品具有多厂商产品协同的特点，要求各种技术的标准与接口在一个系统中统一制定，这就提高了签订合同时信息搜寻成本和谈判成本，同时也加大了不完备合同的可能。另一方面，这种多厂商合作模式也加重了资产专用性的特征。参与的厂商越多，意味着风险越大，因为对任意一个厂商来说，其资产的专用性从受制于一家到受制于多家，从而使资产专用性特征更明显。综合上述两方面原因，厂商试图通过纵向并购来降低因多角谈判而引起的交易成本，弱化资产专用性带来的风险的纵向一体化动机就进一步得到强化。从收益方面看，企业在发生并购的同时也拥有了对方垄断技术的支配权，并购后提供全套服务的集成过程就易于实现和降低系统产品的成本，因而增加厂商的收益。

（3）优势互补。

经营协同效应理论中还存在一个优势互补理论，该理论认为并购可使企业优势在收购方和目标方之间相互共享，实现优势互补，提高竞争力。在现实的不完全竞争市场中，一个企业可能拥有其他企业所不具有的竞争优势，如先进的管理经验、专利技术、品牌资产、产品差异化及独有的营销手段等。企业并购可使标的利用收购方的竞争优势，或收购方利用标的的竞争优势。并购的目的在于推动和促进企业优势在企业之间相互共享，或者以发挥收购方自身的竞争优势为目的，或者以利用标的的竞争优势为目的，或者企业之间优势互补，产生管理、财务、营销等方面的协同效应。因此，并购可使竞争优势在企业之间相互利用和发挥，通过资源共享、优势互补，提高企业的核心竞争力。

优势互补作用在强强联合时表现得最为明显，当进行兼并的双方都在行业中占据相当的份额，都拥有雄厚的经济实力，双方的财力优势、物力优势、人才优势、技术优势和市场优势得到联合和互补，使得合并后的企业具有更强的竞争能力和垄断地位。如 1989 年，美国的两家电力公用事业公司——犹他电力与照明公司（Utah Power & Light）和太平洋公司（PacifiCrop）的合并。犹他电力的需求高峰是夏季的空调用电，而为加州客户服务的太平洋公司的需求高峰则在于冬季供暖。两家公司发电系统组成的网络每年估计可产生 4500 万美元的协同；再如，2000 年 9 月 13 日，美国第三大银行大通曼哈顿公司宣布将以 332 亿美元的价格收购美国第五大银行 J. P. 摩根公司，成立 J. P. 摩根大通公司，资产总额超过 6600 亿美元，是当时美国金融行业最大的兼并案之一。大通曼哈顿银行擅长的是商业银行业务，但投资银行业务却相形见绌，J. P. 摩根公司在全球影响较大，在投资银行业务方面尤为专长。因此，大通收购摩根是强势企业的优势互补，特别是强化了合并后公司在欧洲的业务，大大提高了摩根大通公司的竞争力。

2. 管理协同效应

管理协同的概念来源于效率差异化理论（differential efficiency）。效率差异化理论认为企业并购的动机在于优势和劣势企业之间在管理效率上的差别，通过并购其他企业的方式来进行"管理的溢出"（release），使其管理资源得到充分的发挥，不仅使目标企业的效率提升至同样水平，而且会比原先两个企业产出之和还大。通俗讲就是，如果 A 公司的管理效率优于 B 公司，那么在 A 公司兼并 B 公司后，B 公司的管理效率将被提高到 A 公司的标准，由此两公司的合二为一效率得到了促进。具有较高效率的公司将会兼并有着较低效率的目标公司并通过提高目标公司的效率而获得收益，这暗含着收购方具有剩余的管理资源。该理论有两个基本假设：

（1）如果收购方有剩余的管理资源且能轻易分割，并购活动将是没有必要的；但如果作为一个团队（team）其管理是有效率和不可分割的，或者具有规模经济，那么通过并购交易使其剩余的管理资源得到充分利用将是可行的。

（2）对于目标公司而言，其管理的非效率可经由外部经理人的介入和增加管理资源的投入而得到改善。

在并购活动中，如果收购方具有高效的管理资源并且能够较容易溢出，尤其当收购方高效的管理资源过剩的时候，为了充分利用这一资源，收购方就会产生并购动机。通过收购那些资产状况良好仅仅因为管理不善造成低绩效的企业，收购方高效的管理资源得以输入，目标企业的效率得以提高，双方的效率均得到改善。

3. 财务协同效应

财务协同效应是指并购后给企业在财务方面带来的种种效益。这种效益的取得，不是由于生产效率的提高而引起的，而是由于资本效率和税法、会计处理惯例以及证券交易内在规律等作用而产生的一种纯金钱上的效益。

（1）资本成本下降。

一种混合兼并理论认为，当一个处于低需求增长行业（即该行业需求增长低于整个经济的增长）中的企业收购另一个在需求高速增长行业中经营的企业时，纯粹混合兼并就发生了，这种兼并的动机是利用收购方较低成本的内部现金降低标的的资本成本，从而抓住标的所在行业中可以获得的投资机会。该理论暗示出一个财务资源重新分配的过程——资源从收购方所在的需求增长缓慢的行业转移到标的所在的需求高速增长的行业。

引起资本成本下降的原因概括起来有以下三种：第一种是共同保险效应。当两家企业的现金流量不是正相关时，合并后联合企业破产的可能性会大大降低，收益流趋于稳定，使得贷款人遭受损失的可能性减小。这种效应的直接结果就是企业举债能力上升。从一般意义上讲，债务融资成本低于普通股融资成本，带来企业资本成本的下降。第二种是内部资金和外部资金之间的差别。并购可以将目标企业所在行业中的投资机会内部化，将企业外部融资转化为内部融资，由于内部融资比外部融资成本更低，从而增加了财务协同，降低了融资风险。第三种是证券发行与交易成本的规模经济。一部分规模经济可归功于信息生产和传播所具有的固定成本，兼并可以实现信息规模经济。更为重要的是，在资本市场上，大公司与小公司相比具有某些特定的融资优势，从而使其资本成本较低。通常小公司想要获得资金必须支付较高的风险溢价和流动性溢价，而大公司由于在过去漫长的发展历程中已经证明了其稳定的获利能力并且赢得了投资者的信任，进行融资时所需支付的溢价就相对较低，也更容易得到资金。

我国上市公司的收购不具有强烈的横向收购、纵向收购到混合收购的顺序，而是有着很强的混合收购特征①，其中重要的原因是非上市公司的融资成本大大高于上市公司的融资成本，资本成本的节约大大超过合并产生的经营协同效应。

（2）合理避税。

税收是对企业的经营决策起重大影响的一个因素。各国不同类型的企业在资产、股息收入与利息收入等资本收益的税率及税收范围方面有很大差异。正是这种差异，使得企业可以通过并购实现合理避税，增加企业的自由现金流，这也是财务协同效应得一个重要来源。

合理避税的财务协同理论是基于一个有累积税收损失和税收减免的企业可以与有盈利的企业进行合并，充分利用亏损递延纳税的好处，使得合并后公司达到合理避税的目的。该理论隐含的假设前提是，企业并购活动产生的税收减免大于并购的成本，但是这种情况只在特定的条件下才会出现。具体来说，并购公司运用他们比并购前使用的更高的财务杠杆能力，并购后从税收庇护中可以得到更多的收益。

林特纳（Lintner，1971）着重研究了产生并购避税动机情形，即当收购方或者标的有税收损失抵减或者课税抵扣，而这些税收损失抵减或者课税抵扣在近期不会有可预见的机会来利用。卢埃林（Lewellen，1971）指出，收入来源的多样化，特别是当两个公司的收入不完全相关时，可以降低风险并允许适当利用更多的负债，增加借入资本还可以利用利息费用的避税作用。由于利息避税的存在，公司债务资本增加将会导致随之而来的公司市场价值的增加。尽管如此，收入来源的多样化并不被认为是行业内企业并购的财务动机，而是行业间企业并购的动机。金和麦康奈尔（Kim & McConnell，1977）用 1960 年 1 月 1 日~1973 年 12 月 31 日期间发生的 39 项并购研究了卢埃林（1971）的假说。样本中，收购方必须收购目标公司 100% 的股份。不仅如此，目标公司的资产至少应该是收购方资产的 10%。样本只包括相同的公开在外发行的并购前以及并购完成 24 个月之间的并购样本。样本中的并购都是被联邦贸易委员会归类为集团企业的并购。分析中运用了对比测试和最小二乘法来计算样本总体以

---

① 参见北京交通大学中国企业兼并重组研究中心，《中国企业并购年鉴》（2004~2016 各年份）。

及子样本的超额收益。研究中还测量了杠杆作用以确定并购后公司是否提高了它们的杠杆。其中运用了三个杠杆指标：①长期债券面值/平均市场股价；②全部债券面值/平均市场股价；③全部债券面值/总资产。他们的研究支持了卢埃林（1971）的理论，首先，他们并没有发现有证据表明并购能完成财富从股东到债券持有人之间的转移，没有发现债券持有人在统计显著水平上得到任何超额收益；其次，通过运用上述杠杆指标，他们发现并购后的公司相比于两个公司简单加总而言，可以利用更高的财务杠杆。由于没有发现正的或负的超额收益，金和麦康奈尔（1977）指出，这是由于现金流的多样化带来的债券风险的减少会被由收购方利用更高的杠杆效应所增加的风险所抵消。

阿斯奎斯和金（Asquith & Kim，1982）研究了1960年1月1日～1978年12月31日期间50个公司并购前后公告的回报率。他们的样本只包括美国联邦贸易委员会划分为集团企业的公司，这类的并购通常是在行业间发生，而不是行业内。阿斯奎斯和金（1982）认为许多以前的研究探讨的是并购导致的股东的回报，而不是债券持有人的回报，这些研究普遍认为任何股东的超额回报都是财富从债券持有人到股东的转移所导致的，而不是任何协同效应或者财务效应下的公司价值的真正增加。而阿斯奎斯和金（1982）的研究结果却没有提供任何证据表明并购会对债券持有人产生积极的或者消极的影响。不仅如此，他们也没有发现任何证据表明财富从股东那里转移到了债券持有人手里。可见，超额回报累积到了股东手里，但并没有牺牲债券持有人的利益。

布鲁纳（Bruner，1988）研究了发生在1955～1979年的75项收购计划，目的是确定资本结构是否是并购的动机。这75个收购计划中，只有49个获得了成功。布鲁纳（1988）检测了包括目标公司和收购方资本结构在内的三项假设：①他提出收购方的财务杠杆较小（slack - rich），而目标公司的财务杠杆很大（slack - poor）；②他要考察收购方在收购期间的财务杠杆是否会发生显著变化；③他试图去确定目标公司、收购方的财务杠杆和收购中获得的财务收益之间是否存在必然联系。研究的结果表明，与同样本中的其他公司相比，收购方在收购前的财务杠杆较小。收购方的杠杆变大，并且这个较高的杠杆水平至少在并购后可以维持一年。成功的并购中的目标公司的财务杠杆比收购方或者样本中其他公司的杠杆都要大很多。可见，在成功的并购中，收购方比他的竞争者的财务杠杆要小，而目标公司的财务杠杆却比同等公司的财务杠杆要大。通过研究发现，随着目标公司的财务杠杆发生变化，目标公司股东的整体收益也会有显著差别，但是这种情况只会发生在并购公告之后，而不是在并购公告当日。研究还发现，收购方的总收益同收购方的财务杠杆水平的变化之间有显著的关系。总之，上述发现支持了公司以开发资本结构为并购动机的理论。

尽管通过并购产生的避税效应非常直观并容易让人接受，也有一些证据的支持。但是，很多学者进行的后续研究表明，税收效应对并购活动的影响是有限的，并不是并购的主要动机。吉尔森等（Gilson et al.，1988）对此进行了综合讨论。当与税收相关的兼并很可能发生时（因为 TRA1986 废除了绝大多数的兼并税收优惠），根据1986年以前的税收法案，他们集中关注收购税收收益的三种主要类型。这三种税收收益包括增加的杠杆、净营业损失向前结转和收购资产增加的基价。吉尔森等（1988）认为在一个低交易成本的有效市场中，兼并不要求赢得这些种类的税收收益，因为公司可以通过其他资产和融资重构手段获取税收收益。

税收效应实证研究证实了吉尔森等（1988）的预测分析——兼并交易中税收因素显著重要的不足10%。个案的研究得出相似的结果。兼并通常不会增加杠杆作用。虽然净营业损失在一些兼并案中存在，但它们实际上只是兼并案中很小的一部分。最后，虽然资产基价的增加可以对折旧费用和以后现金流增加产生作用，但这看起来对兼并活动冲击很小。而且，即使税收效应是显著的，它仍然不是兼并交易的主要动机（Hayn，1989）。

税收作用可能的限定是在私人进行的并购交易中，比如杠杆收购和管理层收购（MBO）。卡普兰（Kaplan，1989）关于 MBO 税收因素影响的研究发现，MBO 的税收利益可以解释为支付给目标公司股东溢价的重要的一部分。最初 LBO 和 MBO 的财务结构高达90%。虽然如此高的负债率导致的税收储蓄是利息费用的扣减引起的，但随后的研究表明负债被迅速偿付。在一些案例中，一些公司继续保持私有化和用留存收益支付债务。另外一些案例中，公司经常在3~5年内再次公开上市（Muscarella & Vetsuypens，1990）。公开上市获取的收入通常用来偿付远期负债。所有这些都证明高杠杆导致的税收储蓄没有产生重大影响。还有一点值得注意，由于利息费用的扣减，继续私有经营的公司进行融资调整资本，可以产生相似的税收储蓄。

2.3.1.2 追求市场势力

市场势力是公司影响和控制所售产品价格的能力。强大的市场势力可以使企业获得一定程度上的垄断权，这种垄断权有利于企业保持垄断利润和原有的竞争优势。斯蒂格勒（Stigler，1950）认为公司间的并购可以增加对市场的控制力。首先，通过并购同行业企业，减少了竞争者的同时扩大了优势企业的规模，优势企业增加了对市场的控制能力，从而导致市场垄断；其次，即使不形成垄断，由于并购扩大的规模效应也将成为市场进入的壁垒。

该理论认为企业通过并购扩大规模后，在产品产量、销售、原材料采购等方面形成一定程度的市场垄断，从而提高企业的市场支配能力。为了缓解市场竞争的压力，企业并购可以直接将市场上的竞争对手置于自己控制之下，提高行业集中度、改善行业结构、增强企业对经营环境的垄断性控制。当一个行业由一家或少数几家企业控制时，能有效地降低竞争的激烈程度，使行业内企业保持较高的利润率。随着生产规模的扩大，企业在原材料、劳动力、营销中介机构等方面的需求也越来越大，使这些要素市场供求格局发生变化，少数几家企业垄断这些要素的需求，从而提高这些企业对其供应商和销售渠道的控制能力。通过并购，还可以拓展品牌领域，影响消费者的观念，从而提高企业的市场知名度。

并购的收益是资本集中要求的必然结果，它会导致企业间的共谋和对市场的垄断。企业绝对规模的扩大，使得企业可以拥有足够的财力与原市场竞争者进行价格战，迫使对手退出该领域而独占市场，达到获取垄断利润的目的。

与效率动机（降低单位成本）不同的是，追求市场势力动机的直接目的是增加单位收入。

2.3.1.3 降低风险

企业在市场上竞争，追求收益的同时还需要控制风险，控制风险的一种有效的方式就是多元化。虽然多元化经营未必一定通过收购来实现，也可通过内部的成长而达成，但时间往往是重要因素，通过收购其他公司可迅速达到多元化扩张的目的。

多元化经营战略是指企业采取在多个相关和不相关的领域中谋求扩大规模获取市场，创造效益的长期经营方针。多元化分为相关多元化和非相关多元化，对相关多元化的解释较多地用到范围经济的概念，非相关多元化一般出于寻找新的机会、组合业务、提高收益、降低风险的考虑。公司进行多样化经营的原因主要有如下四个方面。

（1）充分利用和开发公司的现有资源是公司进行多样化扩张的最典型原因。在任何特定时期，多数公司都存在着剩余资源，这些资源可能有人力资源、财务资源、实物资源等。同时，公司拥有的许多富有价值的资源都是异质的或者包含于企业内部的，从而使得公司很难出售或出租自己的剩余资源。虽然公司中也存在一些可分割的资源，但由于较高的交易成本或资源的独特性，使得这些资源在当前的环境中比在其他条件下具有更多的价值。结果公司只能是把这些资源保留在企业内部，并通过多元化扩张把这些资源运用到新的业务领域而提高回报水平。

（2）企业同时经营若干不同但相关的产品时，可能产生若干经济效益的改善。这种因增加相关产品种类而导致的节约，就是一种"范围经济"（economy of scope）。

（3）多样化经营，可以降低风险，实现多元投资组合的综合效益。所有企业的收益对经济周期波动总有一定的敏感度，但各种不同企业的产品，其周期变动不同，因此，一个周期变动较大的企业通过兼并一个周期稳定的企业，除了可以分散个别企业自身的特有风险外，还可以在一定条件下实现一定程度的风险抵消，降低投资组合的投资风险。

（4）企业追求多样化经营的另一个原因，是寻求企业成长的新空间。在一种产业之内，企业发展是有极限的。极限来自市场和法律两个方面。从市场界限而言，当市场集中度很高时，某一家公司想继续扩张是十分困难的；从法律角度看，政府反垄断立法也不允许单个企业在某一市场内独占鳌头。因此，一个希望持续成长的大企业走向经营多样化是必然的发展趋势。兼并与收购是企业扩张的捷径，也是实行多样化经营的最常见办法。

由混合并购形成的，以多样化经营为特征的混合联合企业，由于各组织部分共同的利益，而服从于同一企业家的领导，各组成部分在要素市场上由多个主体变为一个主体，从而在要素市场上居于比较有利的地位。混合并购为公司的多元化提供了一种高效而迅速的方式。

20世纪60年代美国出现的第三次并购浪潮，就是以大企业混合并购进行多元化为特征的。在经历了前两次横向和纵向并购浪潮之后，美国的一些大企业已取得其在市场上的重要地位和竞争优势，已经达到了任何一家别的企业难以进入相关产业或在相关产业无法扩张的局面。此外，当产业集中度已相当高的时候，任何一家企业都不轻易继续自我扩张，这是因为在某一产业内的不同企业之间，在经过竞争之后已形成一定的平衡关系。如果其中一家自行扩张，必然要影响到其他企业而引起对手的报复。因此，在这种情况下出现公司通过混合并购进行多元化就成为一种好的选择。通过向目标企业注入资本和关键技术（know-how），那些管理良好的收购方建立起了新的企业部门，达到了多样化的目标。

2.3.1.4 获取目标公司优势资产

在激烈的市场竞争中，成功的企业往往拥有较高的技术和管理水平、广阔的销售市场和良好的品牌，甚至独有的资源等优势，这些优势形成区别于市场中其他企业的竞争力，使得企业在市场竞争中处于不败之地。

然而，企业在上述方面的优势如果仅仅依靠自己的创造和积累，在短时间内是很难形成的，更何况企业的优势资产，或者核心能力是不可复制、不可转移的。良好品牌的建立需要长时间的经营和大量的广告投入，企业专有技术和专利的形成需要长期的技术积累及研发支持。在资源有限的限制条件下，企业需要合理分配现有资源使得效益最优，当企业通过并购的方式获得优势资产比通过内部培育的方式更加经济和快速的时候，并购就是一种更加优势的策略。

另外，企业的优势资产往往具有整体性及排他性，如土地使用权、采矿权、专利技术等，很难通过市场渠道购买获得。这时，收购企业就可以并购目标公司以达到获取其优势资产的目的。

出售"皇冠珍珠"的反并购策略也可以从另一个角度说明获取目标公司优势资产是一种常见的并购动机。一般来说，在混合公司内经营最好的企业或子公司被誉为"皇冠珍珠"（crown jewels）。这类公司在资产价值、盈利能力和发展前景诸方面都处于良好的状态，主要包括以下几类：颇具盈利能力但却被市场严重低估的资产，如地产、设备等；发展前景广阔，有条件在短期内形成大批量生产和拥有高度市场份额的业务或专利条件；对收购方的发展构成竞争威胁或供需环节威胁的某项业务或某个部门。面对收购方，如果目标公司无力抗衡，为了保全对公司的所有权，上策就是出售"皇冠珍珠"。一旦收购方发现收购是无利可图的，就会对目标公司失去收购兴趣。

2.3.1.5 进行产业组织

产业组织理论认为，公司在向新的生产领域寻求发展时往往会遇到很多进入壁垒，如达到新行业有效经营规模所必需的足够资金；有效进入所需要拥有的技术、专业信息和专利；有效进入所需要的销售渠道；有效进入后面临因产品差异使用户转置成本高而无法占领市场；进入国际市场需面对的高关税及东道国的种种限制。这些壁垒很难使用直接投资（新建）在短期内克服，但可用并购方式有效地突破。并购方式还可以避免新建投资带来的因生产能力的增加而加大市场供给，在短期内保证行业内部竞争结构保持不变，使价格战和相互报复的可能性大大减少。

在解释跨国并购活动中，产业组织理论得到广泛的应用。在国际市场上，由于跨国公司不熟悉东道国市场，加之现有国际市场竞争激烈，使得跨国公司往往面临很高的产业壁垒；在产业政策上，东道国的产业政策对外资进入有更多的限制，构成了更高的产业进入政策壁垒。一些需要大量资本性投入的行业，如电信、石油等，即便是实力雄厚的大型跨国公司也难以通过新建方式进入东道国市场，而只能采取并购投资的方式（Yip, 1982）。这里，虽然产业组织理论不能全面解释跨国并购投资行为，但这种探索在理论上却是一大进步，因为以往的研究只关注企业的特征、东道国的环境特征等对跨国并购的影响，忽略了对产业层次的研究。

2.3.2 由诱因引起的动机

2.3.2.1 低价资产出现

当目标公司的市场价值（market value）由于某种原因而未能反映出其真实价值（intrinsic value）或潜在价值（potential value）时，并购活动将会发生。公司市值被低估的原因一般有以下三种：

（1）公司的经营管理未能充分发挥应有的潜能；

（2）收购方拥有外部市场所没有的、有关目标公司真实价值的内部信息；

（3）由于通货膨胀造成资产的市场价值与重置成本的差异，而出现公司价值被低估的现象。通常采用两种比率来衡量公司价值是否被低估：一是托宾（Tobin）比率，又称Q比率，即股票市场价值与重置成本之比。该理论是托宾（Tobin, 1969）提出的，主要阐明了在不考虑资本利得税的条件下，当企业证券市场价值低于其重置资本成本时，并购将更可能发生。如果 Q 比率小于 1，则收购将会产生潜在收益。例如，Q 比率为 0.6，即使收购成本为市值的 1.5 倍，其总成本亦只有资产重置成本的 90%，收购该公司依然有利可图。二是价值比率，即股票市场价值与资产的账面价值之比。企业价值被市场低估，就会成为其他企业收购的目标。

20 世纪 80 年代初，石油公司并购其他石油公司来增加石油储量比另行勘探油田便宜，于是雷佛龙公司购买了海湾石油公司，不仅减少了投资成本，而且缩短了投入产出的时间。相对于新建方式报审手续烦琐、耗时费力，并购显示了手续简便的特点。在这个例子中，低价石油公司就是并购活动的诱因，这时的收购方就更倾向于采用并购的方式。

2.3.2.2 有利的技术和经济状况出现

威斯通等（2006）从主要的技术和经济状况方面总结了影响兼并活动的变革力量。纵观历史，可以发现兼并活动一直与特定时期和特定地域的经济、文化特征相关。他指出过去 20 年里兼并活动的增长步伐与十大变革力量密切关联：

（1）技术变革；

（2）规模经济、范围经济、互补性以及技术性追赶的需要；

（3）全球化和自由贸易；

（4）产业组织的变化；

（5）新行业；

（6）管制放松和新管制；

（7）过去 20 年大多数有利的经济和金融条件；

（8）某些个体经济和行业的负增长趋势；

（9）收入和财富不平等地扩展；

（10）20 世纪 90 年代期间相对较高的股权价值评估。

在所有这些变革力量中，第一组也是最重要的变革因素是技术变革，其中包括计算机技术、计算机服务技术、软件、服务器以及包含互联网在内的诸多信息系统上的进步。通信和交通运输业的进步产生了经济全球化。1999 年发行的欧元在 2002 年成为 12 个参与成员国的唯一货币，并持续带来了整个欧洲边境和诸多约束的开放。竞争力量的增长引起了主要行业管制的放松，例如金融服务业、航空业、广播以及医疗服务业。

第二组变革因素与经营效率相关。经济的规模化使得许多单位共同分担在机械设备或计算机系统上的大规模固定成本投资。范围经济则指相关活动经营成本的缩减。在信息行业，范围经济表现为微机硬件、微机软件、服务器硬件、服务器软件、互联网和其他相关业务活动的经济化。另外一种效率是通过合并互补性的业务获得的，例如，将擅长研发的公司与擅长市场营销的公司进行合并。20世纪90年代，美国电话电报公司的系列收购案就是为了跟上技术变革而发生的兼并，而21世纪早期，美国电话电报公司却一直在试图剥离或分立其中的多种业务。

第三组刺激并购和重组活动的变革力量由产业组织上的变革所组成。一个例子是计算机行业从纵向整合企业转变为横向独立的业务链。随着行业继续经历迅速的变革，兼并活动经常发生，注意到变革不会随着兼并而结束是非常重要的。在行业经历迅速变革时，要将组织进行合并是很困难的，通常会需要多种调整过程。

第四组变革力量是过去20年里有利的经济和金融形势产生的结果。当公司经理们对未来持乐观态度时，他们经常通过并购进行大规模的投资。2001年，随着经济的起伏，股票市场也出现了下跌，公司通过并购的内外部投资规模也出现了大幅度缩减。

美国历史主要兼并活动的总结的启发是，在不同历史时期的经济和金融环境下，略有差别的力量在起作用。威斯通等（2006）作出了两点归纳：

一方面，一次主要的兼并运动反映出一些潜在的经济或技术因素。20世纪早期的运动的触发是由于美国横贯东西铁路的完成，它使美国成为第一个大共同市场。这就是横向并购后面的主要力量，它使得地区性公司联合成国家性公司。汽车和收音机影响了分销系统，刺激了20年代的纵向兼并活动。20世纪60年代混合并购反映的观点是，好的经理人能够管理不相关的业务活动。20世纪80年代的交易是由于多样化经营的分解以及金融创新的刺激产生的。20世纪90年代的战略并购是由前面所描述的七个因素联合作用产生的。因此，在某些方面，每次主要的兼并运动都与有力的经济和技术因素相联系。但是，影响每一次兼并运动的因素的强度和性质又都不同。

另一方面，一些普通的经济因素与不同程度的兼并活动相关联。股票价格上扬，低利息率，适宜的利率期限结构（低短期利率与高长期利率对比形成），以及较低风险的期权权利金（由有细微差别的国库券和中低利率的公司债券组成），这些都有利于更高水平的兼并活动（Nelson，1959；Melicher et al.，1983；Shughart & Tollison，1984）。

结合美国市场百年来的并购历史并总结上述影响兼并活动的因素，可以发现，外界有利的技术和经济状况的出现为企业采取兼并活动提供了良好的环境，使企业对未来发展状况产生信心，并进一步产生通过并购扩大企业规模的想法。对于特定的企业，当某一因素达到足够强大的时候，就可能成为企业进行并购的诱因。

近几年最显著的例子体现在互联网领域，其爆炸性的增长是由新技术、新的信息系统、新的配送系统推动的。许多互联网公司，例如，雅虎和亚马逊已经认同了这种变革趋势，并通过收购将使其快速扩展。尽管经历了新经济泡沫破裂的打击，但是从长期来看，在层出不穷的新技术的不断刺激下，并购仍然会是互联网领域的公司一种很重要的发展方式。互联网行业的快速发展也促进了其他行业的兼并收购活动。

2.3.2.3 法律允许和放松管制

并购活动涉及到众多利益方的博弈，可以对国家经济发展、市场结构等产生重要影响，需要在政府法律、法规和政策的框架下进行，尤其是大公司之间的并购活动往往由于影响十分巨大，还会涉及到垄断方面的问题。例如，通用电气对霍尼韦尔的收购被欧盟反托拉斯机构否决，就是法律对于并购活动产生影响的最为典型的例子。所以，法律和管制状况也是企业并购不得不考虑的因素。解除管制常常反映了新的技术和加剧的竞争，这给现有的公司施加了压力，促使他们通过并购来寻找新的机会。美国电报电话公司不得不通过并购来改造自己以适应新的技术、新的竞争形势和变化的机会。在汽车工业，过剩的生产能力和激烈的产品竞争已经鼓励了公司联盟、合资以及兼并。另外，法律允许和放松管制意味着进入障碍得到消除，企业可以进入新的领域进行竞争。这种情况下，并购可以使企业占领先机，减少潜在竞争对手，达到迅速获得竞争优势的目的。

2.3.2.4 资本市场驱动

股票的市场价值影响着企业并购活动的思想至少可追溯至纳尔逊（Nelson，1959）对美国并购潮流的研究："并购的展开似乎不仅仅只是一种经济繁荣的表现，它也与资本市场的状态关系密切。两个要提到的扩展周期，并未伴随股价的大幅度上涨，并购的热潮也未出现。"

股票市场驱动并购活动指的是，股票市场对公司价值的错误估计是企业进行并购活动的动机之一。这一现象很早就被理论界和学术界所注意，很多学者也研究了股票市场对于公司财务决策的影响，认为股票市场对公司的众多决策产生影响。对于并购活动，施莱弗和维什尼（Shleifer & Vishny，2003）基于美国企业并购活动的历史，综合以前学者的研究成果，首次明确提出并购交易的主要驱动力是收购方股票的市场价值的观点。他们不再假定市场是有效的，而是认为，股票市场会错误估计收购方、目标企业和他们整合后的企业的价值。但企业的管理者是完全理性的，他们知道市场是非效率的，他们要通过并购决策来利用这一点。这一理论与罗尔（Roll，1986）在讨论企业并购时所做的自大假设相反。

基于上述考虑，他们提出了一个股票市场驱动并购的模型，该模型属于快速发展的行为公司金融领域，认为公司的财务政策如债券和权益的发行、股票回购、股利政策及投资等都是对市场错误定价的反应。进而，他们认为，公司有使自己的权益被高估的诱因，使得公司可以用高估的股票进行收购。一般情况下，权益被高估的公司可能会通过并购生存和发展，而权益被低估的企业可能会成为收购对象。股票被高估的并购所带来的好处甚至会使得公司产生操纵利润来提高股价的动机。

昂和程（Ang & Cheng，2006）在施莱弗和维什尼（2003）提出的股票市场驱动并购的理论基础上，运用美国国内市场 1984～2001 年所有公开信息的并购交易，选择普通股来度量并剔除收购方或目标方账面价值为负的情况，选定 9334 个样本进行经验研究。研究发现，收购方价值平均都被市场所高估，市场对收购方价值的高估大大高于目标方，成功的收购方较之不成功的收购方其价值被更多的高估。研究还发现，在控制住其他潜在的影响公司并购决策的因素后，企业成为收购方的可能性随着其股票被高估的程度而显著增加，股票被高估的企业在并购活动中更倾向于运用股票支付的方式。该项研究为股票市场驱动并购活动的理论提供了证据，进一步证明市场驱动（即股票被高估）也是企业并购的动机之一。

2.3.3 内驱力和诱因共同作用下的企业并购动机系统

企业并购是一项复杂的活动，一项并购决策的制定需要考虑企业众多的内部外部因素，其背后的动机往往是多方面的。企业作为市场中的竞争主体，其并购活动的动机由内驱力和诱因共同影响。上文总结了企业并购的五种内驱力和四种诱因，他们之间相互影响、相互作用，共同组成了企业的并购动机。

追求协同效应、追求市场力量、降低风险、获取目标公司优势资产、进行产业组织这五种企业并购的内驱力及由他们产生的并购动机直至并购行为，最终都是为了企业在市场竞争中能够生存、发展和获利，为股东创造财富。而低价资产出现、有利的技术和经济状况的出现、法律允许和放松管制和市场驱动这四项企业并购的诱因，可以认为是企业并购动机的外部有利条件，企业最终还是需要作用于自身才能使这些有利条件发挥作用。

首先，低价资产的出现是难以预料也是不被企业所控制的，企业主动寻找低价资产的交易成本也会较高，这就使得购买低价资产难以成为企业经常性的行为；其次，管制的变化会作用于整个市场，对市场中的所有企业提供平等的竞争机会。当管制放松时，市场对于所有进入者都是平等的，如果企业没有扩大市场提高收益的冲动，也不会产生并购动机，当然也不会发生并购行为；最后，市场对企业价值的高估是进行并购的有利条件，但企业也不能仅仅因为价值被高估而进行盲目并购，并购活动还是需要在企业战略和财务的总体安排下审慎进行。

上面的分析说明，将企业作为主体来考虑，并购诱因并非直接决定企业的并购动机，而需要作用于内驱力，进一步与企业并购的内驱力相结合才能最终形成并购动机。一项并购活动的动机可以最终归纳为上述五种内驱力和四种诱因的一种或几种的综合作用。这样，就可以从动机的内驱力和诱因两个方面来解释企业的并购动机，将目前的并购动机研究成果整合入一个统一的分析框架内，更深入地研究并购动机系统。

心理学的成就动机理论认为，个体追求较高的目标，完成困难的任务，竞争并超过他人，均出于成就需要。成就动机高的个体，倾向于选择难度较大，有一定风险的开创性工作，从达到目标的过程和结果中获得满足。进一步提出的成就动机模型认为，目标或诱因能否激起个体的行为，取决于它对个体所具有的价值以及个体能够成功达到的概率,前者称为效价(valence),后者称为期望(expectancy)。心理学家 Atkinson(1964)提出行为动机的大小(动机强度)可以用效价与期望的乘积来表示,即行为动机强度=效价×期望。这里的效价和期望,依赖于个体的主观评价,不同的评价结果对个体的行为动力施加不同的影响。

借鉴上述心理学研究的成果,类比考察企业的并购活动。迈克尔·波特教授说过:"并购具有无穷的魅力。它是巨幅的戏剧,是动人的舞姿。大笔一挥之间,你的公司就可以有上亿美元进账,成为报纸的头版头条,引发市场兴奋"。并购活动蕴含着大量的机会和风险,是一项极富挑战性的工作,对于企业的发展有着不可替代的促进作用。前已述及,企业的动机可以被归纳为五种内驱力和四种诱因,内驱力和诱因都正向影响企业的并购动机。另外,企业在进行并购决策时,也会评估并购活动成功的概率(期望),成功的概率越大,并购的动机也会越大。于是,借鉴心理学家阿特金森(Atkinson,1964)提出的动机强度模型,将企业并购动机表示为内驱力、诱因和期望三者的乘积关系,用下式表示:

$$M = d \times c \times e$$

其中:M 为并购动机强度;d 为内驱力的作用;c 为诱因的作用;e 为期望。

上式将企业并购动机分解为内驱力的作用和诱因的作用,结合企业对并购活动期望的估计,得出企业并购动机强度。结合并购理论和实践来考察,企业并购要服务于企业目标的实现,并购的诱因需要通过内驱力来起作用,而内驱力最终都可以归结为最大化企业价值。可见,并购的内驱力和诱因在决定并购动机上的最终作用是一致的。

另外,企业并购动机的强度还和并购活动成功的概率成正相关关系。如果 A 企业的管理层认为并购成功的概率(期望)很高,那么企业的并购动机就很大,并购就很可能会发生。例如,2003 年 1 月,中国最大的二次充电电池生产商比亚迪公司以 2.54 亿港元收购生产福莱尔微型轿车的西安秦川汽车 77% 的股权,实现从二次充电电池行业向汽车行业的相关多元化。在此次收购的准备阶段,比亚迪在二次充电电池的成长空间受到限制,行业边际利润下降,急需选择公司新的"明星"业务。比亚迪总裁王传福认为,充电电池与电动汽车业务之间存在较好的关联性,国内汽车行业整体发展势头良好,加之公司当时拥有12.7亿元现金,也完全具有推行收购兼并发展战略的财务能力。王传福说,"比亚迪收购秦川是经过充分准备的,并不是心血来潮,是公司发展战略的一部分。"可见,当企业预计并购成功的概率较高时,企业对未来会产生良好而乐观的预期,进而使得企业的并购动机也会相应增强。

2.4 利益相关者视角下的并购动机

2.4.1 并购动机与公司治理

上面的论述从企业内驱力和诱因视角考察企业的并购动机,将企业的并购决策过程看作一个黑箱,在不存在委托代理问题的情况下,企业的并购动机体现了管理层的并购动机。但是,在现代企业制度下,所有权和控制权的分离产生了委托代理问题,公司的并购决策需要在公司治理的框架下进行。于是,研究并购动机时,公司治理就成为所需要考虑的最重要的问题。阿奎莱拉等(Aguilera et al., 2015)指出,由于公司治理是一个社会建构的术语,随着时间的推移而不断发展,它的定义因人们对世界的看法而有很大的不同。根据其基于更广泛的利益相关者视角所做的综述可知,公司治理是公司利益相关者之间的权利和责任的结构,目的在于确保管理者尊重公司利益相关者的权利和利益,并确保其在对公司投资的财富的产生、保护和分配方面负责地采取行动。

在广义的公司治理概念下,可以深入企业并购决策的内部进行进一步分析。并购是企业的重要决策,会广泛地影响到各利益相关者的利益,而各利益相关者也会通过公司治理机制将自己的影响(或大或小)作用于企业并购决策过程,各利益相关者之间的利益也会进行相互博弈。所以,从各利益相关者的角度出发,考虑其各自的并购动机,进而探寻各利益相关者动机对于企业并购动机的作用机制,就可以帮助更深刻地认识企业的并购动机。

2.4.2 利益相关者并购动机

弗里曼(Freeman, 1984)明确提出了利益相关者管理理论。与传统的股东至上主义相比较,利益相关者管理理论认为企业的管理者为综合平衡各个利益相关者的利益要求而进行管理,企业管理者不只关心企业股东的利益,还关心管理层、债权人、员工、客户、供应商、政府等利益相关者的利益。任何一个企业的发展都离不开各利益相关者的投入或参与，企业追求的是利益相关者的整体利益，而不仅仅是某些主体的利益。并购活动中利益相关者的利益是各不相同的，最终在各利益相关者的博弈中达到平衡。贝蒂纳齐和佐罗（Bettinazzi & Zollo, 2017）提出，在追求企业目标时，不同的公司在考虑利益相关者的关系时存在异质性，在研究并购动机时需要考虑。下面分析一下企业内部利益主体的并购动机。

1. 股东并购动机

公司治理机制下，股东是公司治理的主体。作为所有者，股东将自己的资本投入公司，通过委托代理机制，将控制权交给管理层，股东就需要对管理层的决策权力和行为进行约束，以确保资本安全和增值。股东对企业拥有剩余索取权，并购是企业发展的方式，企业的发展的种种好处都会最终回馈给股东。另外，并购会导致股票市场对企业股票的评价发生改变，引起强烈的股价波动，形成股票投机机会，这也可能增加股东的资本利得。所以，在并购决策中，股东的并购动机就是在提高收益的同时尽可能控制住风险。

当然，尽管认为股东都是理性的，但股东和股东之间对于风险的喜好是不同的，风险喜好的股东倾向于高风险高收益的并购项目，而风险厌恶的股东会更乐意进行那些稳健的并购项目；有的股东倾向于长期收益项目，有的则倾向于短期收益项目；有的股东倾向于战略性项目，有的则倾向于策略性项目。对于并购项目，控制股东除了谋求剩余收益外，无论是否通过关联交易，还有可能谋求控制权私利。不同的利益偏好和利益冲突，通过不同的公司治理机制解决，例如关联交易的关联方回避表决、中小股东谋求委托投票权等。

2. 管理层并购动机

现代企业制度下，所有权和控制权的分离必然带来委托代理问题，管理层作为代理人拥有公司的法人财产权而非所有权，但他直接控制着公司，控制着公司的剩余。法人财产权和终极所有权的不一致性，导致管理层和股东的利益不一致，从而可能使得管理层的并购动机与股东的并购动机不一致，进而与企业的并购动机发生偏离，最终使得并购活动损害企业价值。

在所有权极为分散的公众公司中，代理问题更为严重。解决代理问题，降低代理成本，一般可以考虑两个方面的途径：（1）组织机制方面的制度安排。法玛和詹森（1983）指出，在企业的所有权与控制权分离的情况下，将企业的决策管理与决策控制分开，能限制代理人侵蚀股东利益的可能性。通过报酬安排以及经理市场可以减缓代理问题。（2）市场机制方面的制度安排。股票市场为企业股东提供了一个外部监督机制，因为股价可以反映管理者决策的优劣。低股价会对管理者施加压力，使其改变行为方式，忠于股东利益。

曼尼（1965）指出，当所有这些机制不足以控制代理问题时，公司控制权市场就为这一问题的解决提供了最后一种外部控制手段。他强调说，如果公司的管理层因为无效率或代理问题而导致经营管理滞后，公司就可能面临着被收购的威胁。

代理理论的一个变形是由穆勒（1969）提出的管理主义理论，用管理主义理论来解释混合并购问题，认为管理层有进一步扩大企业规模的动机。他假设管理层的报酬是企业规模的函数，管理层为了增加报酬就具有强烈的增大企业规模的动机，并认为管理层采取了过低的投资收益率。代理理论表明当经理人市场没能解决代理问题时，公司间的市场或并购活动赖以进行的市场将会发挥作用，即理论认为兼并活动是解决代理问题的一种方法。而管理主义理论认为代理问题并没有得到解决，兼并活动只是与管理层低效率的外部投资有关的代理问题的一种表现形式。管理主义理论认为并购公司的管理层在进行公司并购决策时，不是追求本公司股东的财富最大化，而是追逐管理层自身的利益，即分散经营风险，扩大控制权，具体形式就是开展混合并购，进行多元化经营。因此，管理层的利益与公司的经营风险成反比关系。施莱弗和维什尼（Shleifer & Vishny，1989）认为"通过并购扩大公司规模进而提高公司对现任管理层的依赖程度"也是管理层进行并购决策很重要的并购动机之一。但是，多元化经营不一定符合股东的要求。因为公司股东如果想降低其投资风险，可以简单地将其本身的投资多元化，即分散购买不同公司的股票，建立其自身的投资组合，没有必要通过多元化经营来实现。

综合来看，由于委托代理问题的存在及管理层与股东利益的不一致，使得管理层存在最大化自身利益的动机。在并购活动中，这可能导致管理层的并购决策和股东利益发生偏离，不能最大化股东利益，甚至损害股东利益。为了避免上述情况的发生，防止管理层的道德风险和逆向选择行为，激励其按照公司目标进行经营，企业需要建立一套包括正式或非正式的、内部或外部的制度或机制来协调公司与所有利益相关者之间的利益关系，通过奖金、管理层持股、股权激励等手段，使管理层参与分享企业剩余收益等方式，使管理层的并购动机与企业并购动机相协调，保证并购决策的科学化，从而最终维护公司各方面的利益。

3. 债权人并购动机

在并购活动中，公司的债权人也可以对并购决策施加影响。从银行来看，尽管不一定是公司的资产所有者，但它向公司发放贷款后，处于防范自身风险的考虑，可以通过契约的方式要求对债务人的资本经营进行监督或参与治理，这种权利来自债权。债权人主要关心的是其投入资产的安全性及到期偿还的可能性。财务协同效应中的共同担保效应认为，当合并企业的一部分经营失败时，债权人可以从企业其他部分的获利中得到获偿，这可以降低债务风险，从而增加债务价值，增大的价值来自合并企业股东财富的转移。而在没有发生并购的情况下，不会有这样的企业无偿为另一个企业的债务承担如此的担保责任。所以，债权人的并购动机主要是出于企业并购后偿债能力变化的考虑。债权人可以通过要求提前清偿等机制保护自己的利益。

4. 员工并购动机

根据马斯洛的需求层次理论，员工之所以选择在企业工作，主要是关心薪酬待遇、受尊重程度以及自我价值是否能够实现等因素。在实行员工持股制度和股票期权激励的公司，如果管理层作出了能增加企业价值的并购决策，就相当于提高了员工的薪酬，会在很大程度上受到员工们的支持。成功的战略性并购往往伴随着收购方向目标企业输入其企业文化。员工们大都希望在充满企业家精神的阳光式企业文化背景下工作，如果企业并购预期能为员工创造更加满意的工作氛围和更大的升职空间，员工们并不会反对。如果目标企业员工不满足在收购方的新角色，或者担心在并购后自身的工作或者潜在的发展机会受到影响，并购就会遭到抵制，优秀的员工也会流失。葡萄牙的一家银行（BCP）就曾违背一家投资管理公司员工的意愿，强行收购了这家公司，结果公司员工立即全体辞职，成立了一家取名相似的投资管理公司，成为原公司的强劲对手。

除上述四个利益主体的并购动机外，由于客户、供应商、政府等其他利益相关者与公司之间存在不同程度的利益关系，这些利益关系可能通过书面的或者默许的契约关系维系，这就为他们参与或影响公司治理提供了可能，但这种可能性变成现实性还需要其他条件，如利益关系的专用性，企业的制度环境等。在受客户、供应商和政府影响比较大的企业，并购过程征求这些利益相关者的意见，往往是非常重要的，他们对于并购的态度往往决定着并购的成败。

2.4.3 利益相关者构成的企业并购动机系统

在公司治理机制下，企业的并购决策受到各利益相关者的影响，各种力量均能作用于并购决策，各方力量相互作用、相互博弈，使得决定企业并购行为的常常不是单一的动机，而是一个动机系统。

从动机的静态上分析，企业的并购动机由利益相关者的并购动机共同影响。各种动机种类有别、方向不同、强度各异，他们之间又相互联系，共同形成动机系统的内部结构。在这个内部结构中，有的动机起主导作用，是主导性动机，这种动机往往最强烈，对整体动机的影响程度也最大，是决定动机系统内部结构特点的主要成分，而其余的非主导动机则处于相对次要的地位。但最终决定企业并购行为的，往往是各种利益相关者组成的并购动机系统产生的合力。换句话说，企业最终的并购动机是各利益相关者动机博弈的结果。

从动机的动态上分析，并购动机系统内的各种动机都处于相互作用、不断变化之中。其动态特征表现在动机的冲突、合成和转化三个方面。

动机冲突指的是，由于各利益相关者利益的不一致，加之他们对并购活动的价值判断可能存在差异，导致各利益相关者的并购动机之间不可避免地会存在冲突的关系。比如在委托代理下股东与管理层的动机冲突，管理层与员工的动机冲突等。

动机合成指的是，当企业为达到某一目标进行并购活动时，其动机受内部利益相关者并购动机的合力的支配。这个合力就是由与各利益相关者动机相联系的内驱力、诱因以及种种因素所引起的各种作用力合成的。在动机合成过程中，主导性动机无疑发挥主要作用，但也不可忽视非主导性动机的力量。成功的并购往往克服了企业动机系统内部利益相关者动机的消极作用，最大限度地协调各种动机指向同一方向，从而形成最大的合力。

动机转化指的是，由于企业并购动机受到其内部和外部各种条件的制约，当内外条件发生变化时，企业动机系统内部的利益相关者动机也会发生转化。这种转化可分为两种情况：一是动机的种类发生变化，即在环境变化下，有的动机可能消退，新的动机可能产生；二是各动机的强度发生转化，即主导性动机的强度可能减弱，下降为非主导性动机，而非主导性动机的强度可能增大，上升为主导性动机。例如，企业并购条款如果不符合员工利益，员工会产生抵触并购的动机和行为，但是当条款发生变化或对损失进行补偿时，员工可能就会产生支持并购的动机。

在企业并购动机系统中，利益相关者并购动机之间冲突、合成和转化，相互影响、相互博弈，通过企业的管理决策过程，最终形成企业并购动机。并购是企业的一种发展方式，企业的并购动机应该在企业目标的框架下，与企业的发展方向相一致。企业的目标是生存、发展和获利，结合企业的并购活动将其进一步具体化，可以得到企业并购活动的五个目标，即提高收益率、扩大企业规模、追求稳定发展、获取核心资源、调整产业结构。于是，企业的并购动机也应与这五个并购活动的目标保持一致。

综上所述，企业并购动机系统内部各利益相关者并购动机之间的博弈产生企业并购动机。企业并购动机需要在企业目标的框架下，与并购活动的目标保持一致。有了明确并购动机的企业，才能清楚地评价公司内外部环境，更好地协调公司内外部资源，充分发掘和培育自己的竞争优势，通过并购实现企业超常规的发展。

第3章
并购能力

3.1 现实及理论背景

并购是企业一种超常规的发展模式，可以使企业迅速扩大生产规模、调整产业结构、提高收益率并规避风险。目前世界各大公司无一不是通过大大小小的并购发展起来的，我国的许多知名企业也通过并购实现了跨越式的发展。但是，并购活动同样具有很高的风险，其决策过程常常是复杂的。许多公司拥有并购的动机，却并不十分清楚自身究竟可以实施多大规模的并购，这往往导致其选择的目标企业超出了收购方实施并购的能力，从而导致最终的并购失败。

在并购决策过程中，具备并购动机的企业不一定具备并购的行为能力，具有并购能力的企业，实施并购的方式或者步骤也不完全一样。一系列的问题摆在了本书面前：什么样的企业才能称为具备了并购能力？是不是实施过并购的企业就具备了并购能力？并购能力如何表达和评判？并购能力与企业规模、企业竞争能力的关系如何？理论界和实务界对于这些问题目前还没有比较好的回答。《科尔尼并购策略》（丁焕明等，2004）一书也在一开始提到，"即使是经验丰富的管理者经过了多年的实践和尽职调查，在选择如何做和往哪个方向前进方面，也常常仅比根据经验的猜测略胜一筹而已。"所以，通过研究企业并购能力来指导并购决策，已成为一个现实问题。

并购活动理论层面的大量研究成果集中于并购为什么会发生（并购动机）和并购是否创造价值（并购绩效）等方面，实践层面对于并购目标识别和并购后整合也有颇多积累，但无论是理论界还是实务界，关于企业并购能力的相关问题都鲜有涉及。

彭罗斯（Penrose，1959）提出企业是资源的集合体的命题，为企业资源理论的形成奠定了基础。经过几十年的发展，企业资源理论已经从资源观（Resource-Based View）、能力观（Competence-Based View）发展到了知识观（Knowledge-Based View），三者同宗共源，形成一条理论发展脉络。上述理论从广义的资源角度对企业长期发展的根本动力进行了深入的研究和辨析，为并购能力的研究提供了很好的理论基础。

企业并购能力无疑是企业能力的一种，学者们对于企业并购能力的论述零碎地存在于大量的企业能力和并购研究的文献中，形成了一定的研究成果。张秋生（2005）首先提出了企业并购能力这一概念，认为企业并购能力是指具有并购动机的收购方实施并购的能力（Capabilities of Mergers and Acquisitions），是企业并购基础理论的一部分。斯列普佐夫等（Sleptsov et al.，2013）认为收购决策的质量不仅依赖于收购方有多少信息，还取决于其并购能力。他们同时指出：投资者是理性的，投资者的预期可以从侧面反映企业的并购能力，由此使用历史并购的超额累计收益的均值与方差来控制并购能力的异质性。葛伟杰等（2015）认为并购能力反映的是企业如何将资源转换为并购价值的相对转换效率。他们首次采用数据包络分析方法（DEA）计算相对转换效率，以度量企业的并购能力。度量结果显示，全样本并购能力的均值为 0.435，说明从总体来看，只有不到一半的投入资源可以转化为并购绩效。特里特伯恩等（Trichterborn et al.，2016）基于学习视角的研究表明，并购学习过程有助于建立并购能力。对于企业来说，市场的压力和企业自身发展的要求使得企业产生并购动机，但仅仅有并购动机的企业不一定具有并购的能力，也不一定必须选择并购这种超常规的发展方式。所以，并购能力研究的隐含假设即是企业已经产生并购动机，为了确定是否进行并购就必须对企业的并购能力进行全面评估，以明确自己可以进行并购交易的规模、范围及各项影响因素，为企业并购决策提供支持。需要指出的是，这里的并购能力研究仅仅针对收购方自身而言，目标企业将不成为企业并购能力的影响因素。

3.2　企业资源理论简要回顾

并购是企业的行为，并购能力是企业的能力之一。学术界对于企业能力的研究具有丰富的成果，并随着企业组织的不断发展而不断深入，从企业资源观、企业能力观到企业知识观，形成完整的企业资源理论体系。于是，全面回顾企业资源理论可以帮助本书加深对并购能力的认识。

在研究企业成长机理的过程中，塞尔兹尼克（Selznick，1957）最早提出能力或特殊能力的概念，认为能力或特殊能力就是能够使一个组织比其他组织做得更好的特殊物质。但企业资源理论的开创性人物一般被认为是彭罗斯。虽然从资源禀赋的角度看待经济单位在经济学中已有悠久的传统，但这种分析局限于劳动力、资本、土地等这样的较为抽象的分类。彭罗斯在其1959年的文章《企业成长理论》中构建了"企业资源——企业能力——企业成长"的分析框架，探究企业成长的内在动力，标志着企业资源理论的创立。他把企业定义为"被一个行政管理框架协调并限定边界的资源集合"，认为企业拥有的资源状况是决定企业能力的基础，由资源所产生的生产性服务发挥作用的过程推动知识的增长，而知识的增长又会导致管理力量的增长，从而推动企业演化成长。而后，理查德森（Richardson，1972）正式提出了"企业能力"的概念，认为能力反映了企业积累的知识、经验和技能，是企业活动的基础。

沃纳菲尔特和彭罗斯对于企业成长战略的研究是一脉相承的。沃纳菲尔特（Wernerfelt，1984）在彭罗斯的著作发表25年之后，发表了《企业资源观》（Resource-Based View of the Firm）一文，成为企业资源理论的标志性经典文献。沃纳菲尔特提出了资源位势障碍（Resource position barrier）的概念和"资源-产品矩阵"（Resource-product matrices）的分析工具，从资源的角度（而不是传统的产品的角度）来分析战略选择。他还列出了战略执行方面基本空白而有待研究的问题，比如，资源如何识别，能力（Capabilities）可以多大程度上跨部门合并，如何建立一个支持战略执行的结构与系统。这些问题都成为战略管理领域后来讨论的热点。

普拉哈拉德和哈梅尔（Prahalad & Hamel，1990）发表了著名的文章《企业的核心能力》，提出了企业核心能力的概念。他们认为决定企业竞争优势的能力是组织的积累性知识和各种技能与技术流的有机结合，而不是单纯的企业资源，即核心能力是"组织中的积累性学识，特别是关于如何协调不同的生产技能和有机结合多种技术流的学识"。

格兰特（Grant，1991）认为资源是生产过程的输入品，企业的单项资源包括资本性设备、员工个人技能、专利、品牌名称、资金等。可以分为六类，即财务资源、实物资源（Physical resources）、人力资源、技术资源、名誉和组织资源；而能力（Capability）是一组资源执行某项任务或活动的实力（Capacity），能力本质上是许多相互影响的规范，且可以通过对企业活动的标准职能的分类来识别与评价。格兰特提出了一个以追求竞争优势为目标的基于资源的战略制定方法（A resource-based approach to strategy formulation）。这个方法特别强调把握资源、能力、竞争优势与盈利能力之间的关系。他把资源与能力的特点概括为四个方面，分别是持久性、透明性、可转移性与可复制性，对资源在并购中的研究很有借鉴意义。

巴尼（Barney，1991）在一篇综述性文章中论证了持续竞争优势来自企业所控制的资源与能力，后者具有如下特点：有价值的、稀缺的、不可模仿的和不可替代的。资源与能力可以被看作是大量的有形与无形资产，包括企业的管理技能，组织流程与规范，所控制的信息与知识。格兰特和巴尼初步回答了沃纳菲尔特所提出的资源识别的问题，但他们更大的贡献是把资源与能力引向了持续竞争优势这个战略管理研究的核心主题，从而奠定了企业资源观在战略管理领域日益上升的地位。苏敬勤、王鹤春（2010）在对国内外企业资源理论相关文献回顾的基础上，通过资源的形态、资源与竞争的关系及资源与人的关系三个维度，从适配的视角出发，考虑了企业家的主导作用，对企业内部资源进行重新分类。按企业资源本身的分类将资源分为有形资源、企业家资源与无形资源三类。

上面所提到的企业资源观的经典文献，使用资源或能力作为分析的基本单元。在资源与能力并用的情况下，资源与资产的概念是相似的。一方面，资源是企业具有半永久性（semi-permanently）联系的资产（Maijoor & Witteloostuijn，1996；Wernerfelt，1984）。另一方面，企业资源观同样重视能力的作用，这与十分流行的"核心能力理论"在本质上是一致的。夏清华（2002）更明确地指出，如果将企业的能力也看作是企业资源的话，那么能力学派属于广义的资源学派。这反映了企业资源观与能力观理论基础的一致性与发展的延承性。这种延承性还表现在普拉哈拉德和哈梅尔的论文中，他们还就沃纳菲尔特所提出的问题给出答案。他们给出三条识别核心能力的原则，即提供进入更广阔市场的潜力、有助于理解终端产品客户的利益、竞争者难以模仿。他们还提出开发战略架构（Strategic Architecture），以引导核心能力的培育，也强调高层管理者要促进能力在公司内部的流动。

有的学者认为,能力与普拉哈拉德和哈梅尔所提的核心能力之间的差别是模糊的(Stalk et al.,1992),所以将两个词并用(Wright et al.,2001)。但也有学者强调两者是不同的(Campbell,1995;夏清华,2002),认为能力(Capability)的概念比核心能力的概念更广阔些,前者包括整个价值链,而后者只体现在价值链的某一个或几个环节。

格兰特(Grant,1997)在总结以前关于企业内部知识的研究后提出了企业知识观(The knowledge-based view of the firm)的框架。格兰特本人也是资源观的代表人物,他在谈到知识观的起源时说,"知识观是许多研究流派的融合,其中最突出的是资源观和认识论",并且他还指出,"就其对于增加值(Value added)的贡献和其战略重要性而言,知识是最最重要的生产性资源",阐明了知识与资源的关系。关于知识观的形成有贡献的文献中,他列举了组织学习、组织能力(Organizational capabilities and competences)、进化论经济学等,并进一步指出,"知识观提供了对能力(capabilities)的微观结构的新认识,即能力是个体专家知识基于团队(Team-based)的整合。能力的复杂性关键依赖于所整合知识的范围",明确了能力与知识的关系。知识观的一个重要意义是开拓了从知识的角度,而不仅是价值活动的角度(Porter,1985)或组织资本的角度(威斯通,1998)来认识能力本质的方法。

蒂斯等(Teece et al.,1997)提出的动态能力框架(The dynamic capabilities framework)为变化环境中竞争优势的构建提供了一个分析方法。动态能力是企业整合、构建和再配置内部与外部的竞争力以应对迅速变化的环境的能力(Ability)。他们认为竞争优势来自企业内部运营中高绩效的规范,而规范由流程(Processes)和资产状况(Asset positions,如难以交易的知识资产和互补资产组合)形成。值得注意的是,蒂斯等(1997)和格兰特(1991)都把能力视为规范。对于规范,格兰特引用了纳尔逊和温特(Nelson & Winter,1982)的定义:有规律的、可预测的活动方式,它由个体的一系列协调的活动组成。蒂斯等人进一步指出规范是"软资产"(Soft assets),如价值观、文化和组织经验。苏志文(2012)基于并购视角对企业动态能力相关文献进行综述,同时指出了动态理论的优势。资源观、能力观、知识观因其所具有的静态属性而饱受质疑,均不能充分解释企业如何在复杂多变的环境下取得竞争优势,而动态能力理论能反映当今瞬息万变的竞争环境。

综合上述文献，本书可以看到资源观、能力观和知识观三者同宗共源，形成一条理论发展脉络。它们的联系在于企业资源观所指的资产与能力分类中的"能力"与核心能力理论的"核心能力"具有密切的关联性，能力观只是侧重于对企业长期竞争优势的解释；而"能力的本质是知识"的命题也使得企业能力观与知识观密不可分，不过知识观是侧重于从知识性资源的角度对企业行为的解释。在认可资源观、能力观和知识观内在一致的基础上，本书以"企业资源理论"来概称上述三种观点。

在企业资源理论下，许多学者从不同的侧重点对企业资源进行了分类，这里进行简要的回顾，为并购能力的研究提供借鉴。

沃纳菲尔特（1984）把资源定义为与企业具有半永久性联系的（有形与无形）资产。比如，品牌名称、内部的技术性知识、熟练的雇员、贸易合同、机械设备、高效的程序、资本等。

巴尼（1991）认为资源包括企业所控制的全部资产、能力、组织流程、企业特征、信息和知识等，这些资源可以使企业构思和实施那些能改善组织效率和效益的战略。他进一步将企业资源分为实物资本资源（包括实物技术、工厂和设备、地理位置、原材料获得渠道等）、人力资本资源（包括培训、经验、判断力、智力、关系、单个经理与工人的洞察力等）和组织资本资源（包括正式的报告结构，正式与非正式的计划、控制和协调系统，以及企业内和企业间各团体的非正式联系）。

蒂斯等（1997）将资源分为：技术资源、制造资源、与顾客相关的资源和财务资源。霍费尔和塞亨德尔（Hofer & Sehendel，1978）提出企业资源的构成更复杂，包括财务的、实物的、管理的、人力的、组织的和技术的资源。

达斯和滕（Das & Teng，1998）也曾给出公司资源的四种分类：财务的、技术的、实物的和管理的资源，但后来他们认为，所有以上的分类方法都缺乏充分的理论基础。他们在研究战略联盟问题时推崇的方法是由米勒和夏姆斯（Miller & Shamsie，1996）提出的根据可模仿性障碍对资源的分类，即以产权为基础的资源（Property-Based Resource）和以知识为基础的资源（Knowledge-Based Resource）。以产权为基础的资源是指企业拥有的合法产权的资源，包括财务资本、实物资源、人力资源等。以知识为基础的资源则是指企业的无形技术诀窍（know-how）和技能，是隐性知识。

能力是以信息为基础的、企业专属的、本质上无形的流程，是通过企业资源间复杂的相关作用随时间而逐渐形成的（Amit & Shoemaker, 1993；Conner & Prahalad, 1996；Itami & Rohel, 1987；Kogut & Zander, 1992；Leonard-Barton, 1992；Winter, 1987）。资源与能力存在两个重要差别：首先能力是企业专属的，因为它内嵌于组织及组织流程中，而资源则不同（Makadok, 2001）。能力由企业专属的特点意味着如果一个组织完全解散，则它的能力也将消失。例如，如果英特尔公司被完全解散，那么它的微处理器专利（一项资源）可能将继续存在于一个新的所有者手里，但它的设计新一代微处理器的技能（一种能力）将可能消失。其次，能力的主要功能是增强企业所拥有的资源的效率和生产力以达到组织的目标，能力在这个过程中充当了"中间品（intermediate goods）"的角色（Amit & Shoemaker, 1993）。再次，与资源不同，能力通过人力资本而发挥，并建立在开发、表达和交流信息的基础上（Amit & Shoemaker, 1993）。表3-1显示了部分学者对资源与能力理解上的差异。

表 3-1　　　　　　　　　　企业资源的分类汇总

研究学者	企业资源		
	有形资产	无形资产	能力
沃纳菲尔特（Wernerfelt, 1989）	固定资产	经验资产	文化
霍尔（Hall, 1992）		无形资产	能力
霍尔（Hall, 1994）	资产		能力
普拉哈拉德和哈梅尔（Prahalad & Hamel, 1990）			核心能力
伊丹（Itami, 1987）			看不见的资产
阿米特和休梅克（Amit & Schoemaker, 1993）			媒介产品
塞尔兹尼克（Selznick, 1957）；伊特和艾兰德（Hitt & Ireland, 1985）；霍费尔和塞亨德尔（Hofer & Sehendel, 1978）			独特能力
欧文和迈克尔斯（Irvin & Michaels, 1989）			核心技能

资料来源：王丰，宣国良，范微，资源基础观点及其在企业理论中的应用，经济理论与经济管理，2000.4

综上，企业资源理论经过几十年的发展，学者们对企业资源、企业能力等重要概念进行了全面而深入的研究，形成了丰富的研究成果。尤其是企业资源理论从资源观、能力观、知识观的演进历程，不仅是学者们对于企业发展规律的探索，更重要的是他们为本书提供了一种进一步认识企业"黑箱"的思考方向和逻辑思路。

3.3 并购能力的定义

《辞海》对于能力的定义是：能力通常指完成一定活动的本领，包括完成一定活动的具体方式，以及顺利完成一定活动所必需的心理特征。能力分为一般能力和特殊能力。前者指进行各种活动必须具备的基本能力，如观察力、记忆力、抽象概括力等；后者指从事某些专业性活动所必需的能力，如数学能力、音乐绘画能力或飞行能力等。人的各种能力是在素质的基础上，在后天的学习、生活和社会实践中形成和发展起来的。各种活动所必需的心理特征在个人身上的发展程度和结合方式是不同的，因而能力特征也是人各不同的。《牛津高阶英汉双解词典》对 capability 的定义是能够做某事的素质（quality）、实力（ability）。

企业的运营需要自然力、人力、财力、物力、知识 5 个方面资源的投入和支持，企业的生产过程将这些投入转化为产品或服务的能力。为了达到利润最大化的目标，企业总是需要协调各种资源的投入比例，在各种资源的最优比例下进行生产。但是在现实条件下，来自各方面的压力使得企业的各种资源不可能总是处于最佳的配置状态。如果将企业资源的最佳配置状态当作基准的话，一方面，一些资源由于得不到完全的运用就会处于剩余的状态，如企业富余的管理人员，超额储备现金等，这些资源超过最佳配置的基准状态的部分，就是剩余资源；另一方面，如果一项资源相对于基准状态短缺，该项资源就是短缺资源。因此，剩余资源和短缺资源是相对的，是一个事物的两个不同视角。

在生产要素加速流通的现代市场，当某项资源发生短缺时，企业大多可以通过购买等方式进行迅速补充。而当某项资源出现剩余时，剩余的那部分资源无法与其他资源组合投入生产过程，这无疑会降低企业的资本回报率。在最大化企业价值的目标下，剩余资源应该被投入到具有良好收益和风险特征的项目来获取未来现金流。这时，并购活动就是企业为剩余资源寻找投资机会的一种良好方式，而剩余资源也成为企业进行并购活动的一个内驱力。

并购是企业超常规的发展方式，往往对企业影响巨大，需要企业各种资源的支持，而企业正常的经营活动同样需要企业资源的投入，企业的并购活动不应该影响到企业的正常经营。很难想象一个在人力、资金等各方面资源都不充裕的公司可以成功地实施较大规模的并购活动。所以，具有一定的剩余资源也是企业进行并购的必要条件，企业的并购活动应该在企业剩余资源的基础上进行考虑。葛伟杰等（2014）通过实证研究验证了这一观点。研究发现：不论是地方国有企业还是民营企业，剩余资源都是其发动并购的前提条件。民营企业在并购前贮存更多的剩余资源，更多地依靠自身的并购能力完成交易。对于地方国有企业并购，政府干预则部分替代了剩余资源的作用。陶瑞（2014）将并购能力分为支付能力、信息能力、组织能力和整合管理能力四方面，并建立了基于模糊积分的并购能力评价模型。

余颖等（2004）在《战略并购：管理风险的三大原则》谈到，"有的企业善于并购，有的企业不善于并购。并购可能是基于提升和完善核心竞争力的要求，但并购本身也是一种能力。和人一样，能力可能是以先天因素为基础，但其形成往往来自于后天培养。如果本书将并购看成一种能力，就会从一个新的角度看待一个问题。比如说，企业在刚开始运用并购作为一种发展手段的时候，可以采取尝试性的手法，并购的金额最好控制在一定的范围以内，对并购过程中出现的各种困难要估计得更充分些，等到企业认为并购已经成为自己核心能力的一部分的时候，就可以更多地采取并购手段。这一观点与西方学者的一个研究成果是一致的，西方学者研究表明，从统计意义上讲，企业并购次数越多，成功的概率就越大，其中的原因就在于并购能力本身是一个不断培育和完善的过程。"这段论述将并购作为企业能力的延伸，涉及到并购能力问题，但并未对并购能力概念进行定义。拉马宁和凯尔（Laamanen & Keil，2008）认为：并购能力可以被定义为"并购时可以利用的知识，技能，系统，结构和流程"。并购能力包含组织能力，例如，识别合适的收购目标的能力，协商交易和整合过程的管理等能力。

综合上述对能力的定义以及企业资源基础理论的理念，本书将并购能力定义为企业利用自身剩余资源完成并购活动的实力。

3.4 并购能力的结构分析

现代企业是一个经济组织，投入一定的资源（有形资源、无形资源）组合，经过生产过程，产出产品或服务，通过市场交易获得收益，最终实现企业价值的增加。拟进行并购活动的公司需要必要的资源，如果缺乏足够的资源会阻碍公司战略变革（Iyer & Miller，2008）。具体地，在并购活动中，企业不仅需要投入有形资源和无形资源，还需要管理整个并购过程以保证并购活动的成功实施。所以，明确并购能力要素就成为本书认识并购能力结构的第一步。

3.4.1 并购能力的要素

企业资源理论揭示了企业如何利用各种资源进行生产进而实现企业价值最大化的目标。企业的并购能力也是和企业拥有的各种资源密切相关的。直观来看，并购活动需要人力、财力、物力、自然力、知识等各方面的投入，没有相应资源投入的并购活动是难以进行的，但也并非企业拥有的任何资源都可以构成并购能力。并购能力是一个抽象的概念，应该通过分析加以细化。所以，识别企业并购能力的构成要素，提炼出并购能力的各个表示维度，就成为本书进一步研究并购能力的必要一环。

能力是抽象的概念，但企业的能力可以通过企业的行为表现出来。通过全面考察企业的并购活动，经过识别和提炼，本书就可以透过现象接近本质，识别出企业的哪些资源对于并购能力的形成具有关键作用，从而归纳出并购能力的构成要素。于是，本部分运用多重案例（multiple cases）研究的方法，通过研究多个实际的并购案例，来达到上述研究目的。该研究方法具有如下特点：多重案例应该被视为多个试验一样，具有复现（replication）的逻辑，而非抽样逻辑（Yin，1994）；通过这种方法得到的证据通常都被认为是较强而有力的，也因此整个研究常被认为是比较稳健的（Herriott & Firestine，1983）。

由于并购能力的构成要素并不是单一的，这里选取了七个典型案例[①]以展现并购能力构成要素的各个方面，以期从纷繁芜杂的实际现象中反映并购能力必须具备的人力资源、财务资源、实务和知识资源 4 个资源要素以及对其进行组织的收购管理能力。

[①] 资料来源：罗伯特·J. 博尔盖塞和保罗·F. 博尔杰塞，并购：从计划到整合，机械工业出版社，2004；海尔集团网站：海尔理念；钢铁大王－印度富翁米塔尔的发家史，东方早报，2006.2.8；马里恩·迪瓦恩，成功并购指南，中信出版社，2004；全球最大钢铁企业米塔尔获准收购第二大钢铁公司，证券时报，2006.5.19；王东、张秋生，企业兼并与收购案例，清华大学出版社、北京交通大学出版社，2004。

思科系统公司在20世纪90年代通过并购实现高增长。公司的财务人员和中心商业发展团队进行了所有收购前的谈判，而未聘请投资银行。在绝大多数收购案例中，35个全职员工参与了交易的所有方面，从收购前的尽职调查到收购后的整合，展现了公司良好的人力资源。思科公司一直把收购作为发展战略，在1994~2000年，思科公司收购了大约50家公司，收购对价总计约200亿美元。这一时期，公司高涨的股价和充裕的现金显示了公司有雄厚的财力用于收购，通过并购实现高成长成为可能。创业后能被思科收购是很多硅谷中小型创业公司的理想。互联网技术的飞速发展带动了中小企业的不断创新，而思科良好的品牌和产品线等有形和无形资产资源使得收购中小企业成为一个双赢的选择。思科公司往往专注于3个想要进入的市场，对于每个市场中的5~10个目标公司会密切加以关注。这里，思科的品牌及其对互联网行业的洞察力成为思科不断成功并购的重要因素。

海尔电器吃"休克鱼"。那些设备性能较好，债务也能剥离，仅仅是因为产权模糊、无人负责或经营管理不善导致的效益低下的企业，被海尔集团认为是"休克鱼"，可以兼并。从1988年兼并青岛电镀厂开始，1991年兼并青岛空调器厂、青岛冷柜厂，1992年兼并冷凝器厂，1995年7月兼并青岛红星电器集团，到1997年7月兼并莱阳电熨斗厂，海尔电器共兼并企业14家，投入资金7000万元，盘活资产14亿元，通过兼并实现了低成本的迅速扩张。从兼并红星电器股份有限公司开始，海尔集团会派往每一个被兼并企业3名管理人员，他们把海尔的文化和管理体系带到被兼并企业，使其重新焕发活力。在1997年7月兼并莱阳电熨斗厂的合同中，海尔集团以技术、模具、型号等有形和无形资产计1100万元入股，成为莱阳海尔电器有限公司的最大股东（控股55%）。人力和财力是海尔发展初期开展并购必须具备的基本能力。

米塔尔收购波兰胡塔钢铁控股公司（Polskie Huty Staliholding），在快速的资产注入后，委派稳定工厂运作的15人紧急管理团队进入工厂，团队成员包括管理、财务、市场等方面的专家，耐心地改善工厂的技术和能力，使该工厂在被收购的第九个月就实现了1.21亿美元的毛利。2006年，米塔尔钢铁公司收购全球第二大钢铁集团欧洲阿赛洛钢铁公司。通过强强联合，规模经济得到更好的实现，公司拥有更强的对于上游供应商和下游消费者的谈判能力。收购后整合的过程展示了米塔尔钢铁强有力的将双方人力、财力、物力和知识进行组织，并服务公司战略的收购管理能力。

微软收购科技公司。微软公司是软件业的巨人，号称拥有500亿的收购资金，自1995年以来平均每年购买10家科技公司。目标公司主要包括软件服务和解决方案供应商、互联网服务供应商和开发新技术的公司。强大的资金实力是其收购活动顺利实施的保障。

美国潘特里公司（Pantry Pride）收购露华浓化妆品公司（Revlon），该案例是发行垃圾债券为杠杆收购融资的典型案例。1985年，露华浓化妆品公司是美国最大的保健用品和美容化妆品公司之一，有10亿美元的净资产，营业收入稳定，而潘特里公司是一家总资产只有1.5亿美元的公司。在垃圾债券创始人米尔肯的支持下，潘特里公司获得了5亿美元的银行贷款，发行的3.5亿美元的垃圾债券也得到德莱索尔证券公司的认购，最终成功完成了收购。这里，米尔肯的支持在该并购案例中起了至关重要的作用。

理论界和学术界对于并购活动的研究均认为，并购活动具有极高的风险，无论并购前描绘公司合并后的前景如何美妙，结果却往往喜忧参半。对于大多数公司来说，由于并购活动常常需要付出巨大努力，因而很少有公司能够经历足够多的并购过程来形成一套可普遍应用的模式。对于没有足够并购经验的管理者来说，他们往往仅关注于如何完成收购而不是并购事件本身，忽略了预期协同效应的真正发挥，从而导致并购结果不尽人意。

考虑到并购数量在持续增长而失败率却很高这一现实，关注公司并购过程从始至终的并购管理能力应该对本书有所启示。前面案例提到，思科系统公司和米塔尔钢铁公司都是通过并购实现了高成长，这里再引入通用电气财务公司的例子[1]以进一步解读并购管理能力对于成功并购的关键作用。

1933年，美国通用电气公司为了给购买通用电气公司产品的顾客提供贷款而成立了子公司通用电气财务公司，该财务公司现在已经成长为一家提供金融服务的联合大企业。该公司一直努力把并购资源整合变成保持未来持续增长的一项核心能力和竞争优势，公司在1993~1998年进行了100多起并购，目前一半以上的业务是通过并购获得的。

---

[1] 资料来源：使交易获得真正意义上的成功：通用电气财务公司如何发挥并购的效益，罗纳德·N. 埃斯科纳斯，劳伦斯·J. 狄摩内克，苏珊娜·C. 弗朗西斯，哈佛商业评论，1998年1/2月号。

在频繁的并购活动中，通用电气财务公司及其并购咨询团队创造了从并购前评估到并购后整合的一整套并购资源整合模式，成功地指导了公司的并购实践。该模型把整个并购过程分成四个"行动阶段"，涵盖了从并购开始前就完成的工作到吸收同化阶段的各个步骤，每个行动阶段有 2~3 个子过程。虽然模型是逻辑和理性的产物，但其开创者同样强调艺术性，每一次收购整合行动都能成为全新的演绎。该模型是一种结构化的知识，是对公司并购经验的提炼和总结，同时也随着公司不断的并购实践而越来越完善。在具有并购经验的管理人员的管理下，运用类似于这种结构化的并购管理模式就可以较大的提高并购活动的成功率。

同样，思科系统公司和米塔尔钢铁公司也都有自己的一套对于并购过程的总结和提炼，形成了他们在各自领域独特的并购管理能力。无疑，这种能力已经成为这些公司的一种核心能力，成为公司发展的力量倍增器。并购管理能力对并购活动的重要作用和在并购能力中的重要位置得到了突出的体现。

2003 年以来，五矿集团经历了一系列的并购重组：2008 年重组长沙院；2009 年重组鲁中矿业，扩大集团铁矿资源储备；同年收购澳大利亚 OZ 矿业公司等。在并购初期，五矿集团会认真审视自己的并购能力，确立运用自身有限的资源确保对各个关键环节的有效控制。通过资料收集、情报追踪等了解行业内不同规模的企业情况并建立了并购项目库。在并购重组后初期，五矿总部即对企业快速进行管理整合，包括战略、业绩、资金、预算、人力资源、投资等各项体系，尽快完成对接，使得目标企业一开始就能在集团的管控下运行，从而取得良好的整合效果。通过并购重组，五矿的集团净资产规模扩大了 20 倍，利润规模增长 18 倍，资本结构不断改善，产业价值链更加完善。对资源的动态把握，量力而行使五矿集团走出了一条跨越式发展的转型之路。

3.4.2 并购能力的结构

本书运用多重案例研究方法分析得到了并购能力的构成要素，进一步分析，这些要素并不是随意组合的，它们需要在一定的结构下才能构成并购能力。并购能力的结构反映的是并购能力的构成要素及其相互关系。结合企业能力理论及并购活动的特殊性，本书认为企业并购能力的构成要素包括资源和能力（skills）两个方面，资源是前提条件，能力作用于资源，从而形成企业并购能力。其中，资源包括有形资源（人力资源、财务资源和实物资源）和无形资源，而能力（skills）指企业运用上述资源实现并购活动目标的技能。图 3-1 解析了并购能力的结构。

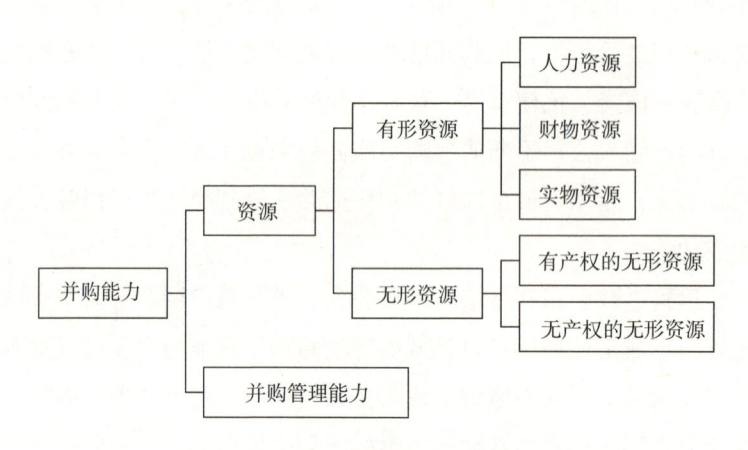

图 3-1　并购能力的结构

3.4.2.1　并购能力要素——资源

1. 人力资源

首先，并购活动需要人力资源的支持。并购活动是一项复杂并且专业性很强的工作，涉及战略、财务、法律、税收等许多方面的问题，需要企业审慎处理。同时，并购还涉及并购双方股东、政府、债权人及员工等利益相关者的利益。处理好各方面的利益关系，是并购成功的保障。上述这些工作都需要企业投入一定的人力资源进行统筹规划和管理，对于某些专业性较强的环节往往还需要聘请有资质的中介机构进行支持。

其次，并购后整合需要人力资源的支持。美国并购研究专家拉杰科斯（Lajoux）曾列举了世界上十五位知名并购专家或研究机构对并购失败原因的研究结果，认为导致并购活动失败的原因包括战略失误、估价不当、整合不力和其他原因。通过综合分析发现，整合不力导致并购活动失败的比例高达50%，远远高于其他因素。可见并购后整合的成败直接关乎并购的成败，并购后整合在整个并购过程中占据举足轻重的地位。正是由于整合的过程是整个并购过程中最艰难，也是最关键的阶段，所以往往需要成立专门的整合工作小组来制定整合策略，确定整合的内容和范围并细致实施。整合过程中会涉及战略、业务流程、组织结构、人力资源、企业文化等诸多方面，这要求企业投入大量的人力和物力来保证整合工作的顺利进行。没有足够多合格的人力资源投入的整合工作是难以成功的。

最后，管理并购后的企业需要人力资源的支持。根据收购方与目标企业在战略依赖性与组织独立性需求上的不同，可将整合分为完全整合、共存型整合、保护型整合和控制型整合四种类型。当企业间战略依赖性不强，同时组织独立性也不强的时候，采取保护型整合可以保持目标企业的相对独立性，不用收购方投入过多的管理和人力资源，去实施较大的整合。在其他情况下，并购活动会带来目标企业组织结构和人力资源的变动，往往会导致目标企业员工的离职，也可能裁减掉不合格的员工。为了保证整合成功进而使得整合后企业的经营正常进行，收购方需要对目标企业实现管理和人力资源的输入。这也要求收购方的人力资源具有一定的剩余。

2. 财务资源

2010年8月2日，吉利控股经过多轮谈判，最终以15亿美元完成对沃尔沃轿车公司100%的股权以及相关资产的收购。这宗典型的"蛇吞象"并购是当时我国最大的汽车产业跨境并购案。本次"蛇吞象"的并购融资颇具特色。其中，吉利控股巧妙地将并购融资与国内生产基地建设紧密捆绑在一起，利用政府对沃尔沃的未来预期，成功获取了大庆、上海嘉定区、成都等多个地方政府的融资支持，一定程度上缓解了吉利的融资压力及并购后持续经营的资金压力。

并购是以商务（business）控制权为标的的交易（张秋生，2005）。在一项并购交易中，为了达到取得商务控制权的目的，收购方就必须向目标方支付一定的对价。并购是企业超常规的发展方式，一旦实施往往会带来并购双方资本结构的较大变动，尤其是收购方必须审慎安排自己的财务资源才能最大限度地保证并购活动的成功。这时，了解并购活动的资金需求及并购的支付方式就成为十分关键的内容。

（1）并购资金需求。

并购的资金需求指的是收购方为完成并购所需要的资金的数量。它和融资数量、融资方式及融资时间安排都有直接的关系，主要由并购支付对价、并购直接费用和承担目标企业表外负债和或有负债所需的支出三项内容构成。当融资能力不足时，企业即使有并购动机，也无法进行整合（Acemoglu et al.，2009）。因此，拟进行并购的公司为了能够抓住并购机会而维持宽松的财务资源，通过保持更低的债务比率、持有更多的现金等手段实现（Almazan et al.，2010；周守华等，2016）。塞利基尔特等（Celikyurt et al.，2010）发现，IPO后企业的并购活动活跃，外部融资能力的提高推动并购。

第一，并购支付对价。并购支付对价是指收购方为取得商务控制权所付的代价。根据支付方式的不同，这一对价可以是现金或现金等价物的金额，也可以是并购日收购方为取得目标企业商务控制权而放弃的其他有关资产项目或有价证券的公允价值，也可以是两种方式的混合。并购支付对价的大小与目标企业权益价值的大小、控股比例和支付溢价率相关，它们之间存在如下关系：

并购支付对价 = 目标企业权益价值 × 控股比例 × （1 + 溢价率）

溢价率是指支付的对价高于出让方权益价值的比率。

第二，并购直接费用。并购活动往往涉及多方利益，为了顺利完成交易，并购活动还会发生一些与并购相关的直接费用，如支付给外聘的投资银行、会计师、法律顾问、评估机构及其他中介机构的业务费用。对于上市公司运用证券融资方式的，还包括注册和发行权益证券的费用。并购直接费用的多少往往与并购支付的对价相关，一般为并购支付对价的1% ~ 5%。

第三，承担目标企业表外负债和或有负债所需的支出。表外负债指目标企业在资产负债表上没有体现但实际上需要明确承担的义务，如职工的退休费、离职费、安置费等。这些费用虽然不包括在目标企业的资产负债表上，但也是收购方实施并购要负担的支出。

或有负债指过去的交易或事项形成的潜在义务，其存在须通过未来不确定的事项的发生或不发生予以证实，或过去的交易或事项形成的现实义务，履行该义务不是很可能导致经济利益流出企业或该义务的金额不能可靠计量。或有负债主要有商业票据背书转让或贴现、未决诉讼或仲裁、债务担保、产品质量保证等，这些事项如果在并购后发生或予以证实，企业就要承担支付义务，构成收购方潜在的支出。收购方是否承担目标企业的表外负债和或有负债所需的支出，取决于收购协议书中是否有对这些相关事项的约定。

（2）并购支付方式。

并购活动中，现金和股票是两种主要的支付手段，而收购的标的可以是资产和股份。这样，根据支付方式和标的的不同就存在四种情况，即以现金收购资产、以现金收购股份、以股份收购资产和以股份收购股份，见表3-2。可以看出，在不同的支付方式下，收购方对于并购交易的支付能力是不同的，换句话说，并购支付方式影响收购方可以完成的最大并购交易的规模，下面分别予以论述。

表3-2　　　　　　　　　　并购标的与支付方式

标的 并购支付方式	资产	股份
现金	以现金收购资产	以现金收购股份
股份	以股份收购资产	以股份收购股份

第一，以现金作为支付方式的情况。

以现金作为支付方式的情况下，收购方需要全面考察自己的财务能力，以确定企业是否有实施并购所需的足够的财力以及企业能承受多少目标企业的前期债务。

为评价一个公司承担收购项目的财务能力，应当利用特殊的解释工具分析公司的财务报表和其他相关运营数据报表。在这种条件下决定企业财务能力的四种评价标准是：

资产和负债质量评价——检验公司资产负债方面的能力

流动性评价——评价公司运用现金和当前资产完成当前任务的能力

偿债能力评价——决定公司对于长期债务的偿还能力

杠杆能力评价——决定公司运用财务杠杆的能力

需要指出的是，图3-2介绍的这些评价工具的使用不是固定不变的，应该根据不同行业的不同需要而相应变化。

收购方在并购决策时，一般首先考虑自有资金，如果收购方拥有充足的甚至剩余的现金，就可以考虑在并购时采用现金支付方式。但如果自有资金难以满足支付全部的并购对价，收购方就必须通过企业外部的债务融资来筹集所需的现金，银行借款、发行企业债券都是常见的方式。收购方选择债务融资方式时，企业应该考虑债务对企业资本结构及资本成本的影响，还应考虑到并购引起企业合并财务报表结构的变化。此外，收购方也可以通过在股票市场上发行新股或向原股东配售新股，即企业通过发行股票并用销售股票所得价款支付并购交易对价。在这种情况下，收购方等于用自有资金进行并购，避免了收购方控制权的稀释。然而在并购后，每股净资产不一定会增加，这是因为合并后的每股净资产变化取决于双方市净率的关系。对每股收益的影响也是同一个道理。

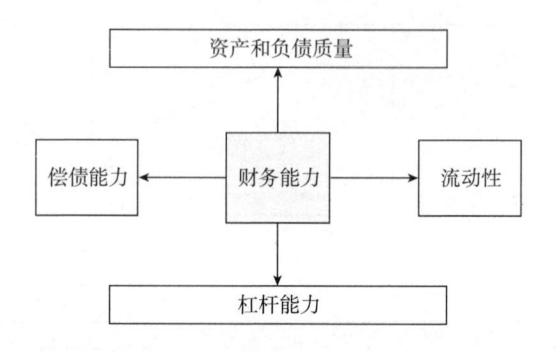

图 3-2　企业财务能力评价

需要指出的是，很多企业会选择通过子公司来实施收购，这种情况下对于公司财务能力的评估还需要综合考虑母子公司的相关财务能力。

第二，以股份作为支付方式的情况。

20世纪90年代发生的第五次并购浪潮，在全球金融、通信、石油、电气、医药等产业造就了一批超级企业。在全球范围内产业整合的大背景下，大企业之间的合并多为自愿组合，而少有敌意接管，由于所涉及金额往往十分巨大，并购双方交换股票的支付方式就成为主流。

收购方以股份作为支付方式时，首要的一点就是要明确收购方自身的公司价值，这可以通过现金流量贴现等价值评估技术得到。在收购过程中，收购价格根据公司的股票价格来确定。如果收购方股票的价值被市场高估，将有利于收购方运用股票作为并购支付方式；反之，如果收购方股票价格被低估，是否运用股票作为支付方式就需要结合交易审慎考虑。因此，以股票作为支付手段，被看作是管理层认为公司股票没有被市场低估的信号。

以股票作为并购的支付手段，即通过换股方式实现收购。根据换股方式的不同可以分为定向增资换股、库藏股换股、母公司与子公司交叉换股等。比较常见的是收购方通过定向发行新股或是从原股东手中回购股票来实现融资。在收购方股票的市盈率高于目标企业的情况下，并购后新企业每股收益可以高于收购方原来的水平。从目标企业股东的角度来看，这可以推迟收益的实现时间，得到税收上的好处。同时，由于继续拥有股权，目标企业股东也可以分享并购产生的协同效应带来的价值增值。但这种方法会受到各国证券法中有关规定的限制，需要较长时间审批，容易为竞争对手提供机会。更重要的是，新股发行会影响收购方原有股权结构，进而对股权价值产生影响。因此，这种方式常用于善意并购中。

以股份收购股份的支付方式中换股比例的确定，可以采取由拉尔森和戈莱德（Larson & Gonedes，1969）提出的"L-G模型"，是目前比较公认的换股比率的确定模型。

第三，两种并购支付方式的比较。

表3-3比较了现金和股票两种支付方式需要考虑的因素和运用条件。

表3-3　　　　　　　　　　并购支付方式的比较

支付方式	考虑因素	运用条件
现金	为收购方股东提供确实价值； 可能影响收购方的信用评级和融资的灵活性； 目标方股东可套现但存在税收影响	收购方具有较强的融资能力和较低的融资成本； 目标方股东希望套现； 目标方具有较高的税基而股东可享受较低的税率
股票	根据股价变动计算交易价值； 需要对收购方的股价作出长期评估； 目标方股东存在股价下跌的风险； 收购方存在股价过高支付的风险	收购方股票的市盈率较高，存在较小摊薄风险； 股价流动不大或采用限价减少股价波动风险； 目标方股东希望继续参与业务经营或避免现时赋税

资料来源：全球并购研究中心，全国工商联经济技术委员会. 并购手册［M］. 中国时代经济出版社，2002.

并购的支付手段不必拘泥于一种，实务中往往将两种方式组合使用。据统计，1998年美国超过一半的并购交易是以现金支付的，剩余的或者以股票支付（约占29%），或者用股票和现金同时支付（约占17%）。此前10年，几乎 70% 的交易是用现金成交的，只有 8% 以股票作为支付手段，其余的为两者混合支付。但是，大部分大型交易都是用股权交换的方式，从 1995~2000 年，在超过 10 亿美元的大型交易中，90% 都是通过双方换股收购完成的①。

3. 实物资源

这里的实物资源主要指厂房、设备、土地、资源储备、信息系统等固定资产。以往对单个企业的竞争优势的资源分析中，实物资产往往不受重视，因为它们一般可以在要素市场直接购得，因此一般不作为竞争优势的源泉。但至少四个原因使实物资产在并购中应受到关注。

第一，与从要素市场购买相比，并购能相对快地取得实物资产，从而获得时间优势；

第二，由于资本市场的波动，有时存在对出让方资产价值低估的情况，使得并购可以获得比直接从要素市场购买更为有利的价格优势；

第三，有些实物资产本身可能并没有特别之处，但如果其效能的发挥依赖于特定的环境，则其价值就可能超越一般同类资产的价值。比如，一个真空管厂房要依赖于所在工业园的供气设施才能提供生产功能，这使得一个在工业园中的厂房要比一个独立的厂房能提供更多的价值。实际上，在马歇尔（1965）所说的外部规模经济的条件下，存在很多这样的例子。

第四，目标方独自开发的某些设备（比如专为本企业开发的信息系统），实际上融进了目标方的专有知识，目标方能力的发挥离不开这些专有资产的支持，因此它也可能成为独特的有价值的资源。

另一方面，管理信息系统这样的资源，它的价值如果用硬件设备或应用软件的价值来衡量，可能如同用实物资产来衡量一个人力资本密集型企业一样，忽略了最重要的价值要素，所以把管理信息系统归为实物资产很大程度上是勉强的。

正因为这类特殊的实物资产与企业内部知识具有较强的联系，所以它们的转移往往存在较大的难度。博乐盖塞、博尔杰塞（2004）指出，把来自两个公司的 IT 系统进行统一是极度困难的，并且通常比预期要花费更多的时间和更高的成本。实际上，管理信息系统体现了企业的业务流程，所以整合信息系

---

① 张泽来. 并购融资 [M]. 中国财政经济出版社，2004.

统更大的难度在于改变信息系统使用者已经习惯的作业方式。

4. 知识资源

企业不仅拥有上述人力资源、财务资源和实物资源,还拥有许多知识资源,其中包括有产权的无形资产,即企业无形资产中的商标权、土地使用权、商誉等,也包括那些无产权的无形资源,即虽然没有明确的产权,但可以给企业带来好处的知识资源,如品牌、社会资本(关系)、知会(know-how)等。

罗伯特和大卫(Robert & David,2005)认为,75%以上的企业市值源于传统财务指标无法捕捉的无形资产,即这里所指的知识资源。并购中对知识资源的关注是因为如下因素:第一,知识资源的价值量往往不易准确评估,这成为影响目标企业价值的重要因素;第二,知识资源在使用中不会被消耗,甚至在某些情况下还能增值,因此可以成为扩张的价值基础。

(1) 无形资产。

财务会计概念框架下的无形资产是指企业拥有或者控制的没有实物形态的可辨认非货币性资产。企业自创商誉以及内部产生的品牌、报刊名等,因其成本无法明确区分,不应当确认为无形资产。该定义清晰地反映了无形资产项目的内涵和外延,其主要特征即会计上的可确认性和可计量性,而这两种属性也是他们区别于企业拥有的其他知识资源的主要特征。

(2) 其他无形资源。

相对于无形资产,企业还拥有许多其他无形资源,如品牌、惯例、流程、采购及销售网络等。虽然由于无法满足确认和计量的条件而不能在报表中得到具体的反映,但它们对于企业经营管理活动往往至关重要。本质上说,它们是一些知识的集合,属于知识资源的最重要组成部分。

美国知识管理学专家戴布拉·艾米顿(1998)指出知识与相关概念的区别:数据是分析的要素,信息是有内容的数据,知识是有意义的信息,智慧是知识与洞察力的结合。对于在特定市场上参与竞争的公司来说,并不是所有的知识都是有价值的,公司需要自己来决定什么样的知识是有意义的,那些对公司有意义的知识才是公司的知识资产。对于企业并购活动,构成公司并购能力的知识资产主要指品牌、社会资本(关系)、知会(know-how)和知谁(know-who)等。

品牌被公认为是一种重要的企业专属的资源(Wernerfelt,1984;Dierickx & Cool,1989;Amit & Schoemaker,1993),并对企业在市场上的成功至关重要

(Kapferer，1992；Shocker et al.，1994)。斯里瓦斯塔瓦等（Srivastava et al.，1998）指出，像品牌这样的市场型的无形资源可以降低成本或增加利润。品牌还是稀缺的、难以模仿和难以替代的资源，它需要长期的构建（Reddy et al.，1994；Bergen et al.，1996）。比如，可口可乐的品牌不可能靠成千上万的广告就可建立或复制，它是来自消费者数十年喝可乐的经验并由此产生的认同。构建品牌的过程需要在广告和营销方面累积投资（Rossiter & Percy，1998），这样才能使客户知晓并产生积极的联想。而客户一旦建立起品牌忠诚，将由于使用习惯而不愿意转换品牌（Wernerfelt，1984）。品牌的这些特点使得有时收购一个品牌比构建一个品牌更有吸引力，在跨国经营时更是如此（Anand & Delios，2002）。

在并购中，收购方良好的品牌可以增强目标方股东的认同感，减少目标方利益相关者的顾虑，有利于保证并购过程得到目标方的良好合作。同时，良好的品牌也有利于市场对并购后企业产生较好的预期，更有利于实现预期的协同效应。可以认为，在其他条件相同的情况下，具有良好品牌的企业的并购能力要大于不具有良好品牌的企业的并购能力。

社会资本（social capital）代表着个体通过社会关系网络可获得的关系资源（Baker，1990；Bourdieu & Wacquant，1992；Coleman，1990；Portes，1998；Portes & Sensenbrenner，1993；Putnam，1995）。社会资本理论认为，一个企业的外部关系网络是其业绩的重要影响因素（Leenders & Gabbay，1999）。企业与供应商及其他伙伴通过网络进行交易以获得外部资源，并以竞争性的价格来生产产品或提供服务来吸引或留住客户（Burt，1992；Pennings & Lee，1999；Pennings et al.，1998；Uzzi，1996）。也就是说，外部联系在采购哪些资产和识别商业机会方面起到了非常重要的作用，因为经济活动内嵌于一个更大的组织间的网络中，而社会关系构成经济交易的媒介（Burt，1992；Granovetter，1985）。

社会关系是社会资本的载体，所以对社会资本的分析一般从分析关系入手。与供应商或渠道的关系被波特称为纵向联系。波特（1997）指出，虽然纵向联系可能作为成本驱动因素或独特性驱动因素成为竞争优势的重要来源，但纵向联系经常被忽视。纵向联系的好处是可以通过对联系所涉及各方价值活动的协调或总体上最优化设计来实现。纵向联系的优化安排是与特定的生产方式、商业政策、同业竞争联系等相关的。并购导致的变化可能使目标方先前的纵向联系的平衡被打破，从而引起供应商或渠道期望重新谈判以获取或保留有利的商业利益。对这种变化的忽视可能导致供应商或销售渠道的流失。例如，飞机制造商波音横向兼并麦道后，麦道的一个供应商停止供货，就是因为该供应商与波音存在竞争关系。

相比较而言，横向联系，即企业与竞争者间的联系，在战略研究中比纵向联系受到的重视要少。这与横向联系在博弈研究和大众媒体的报道中受到的重视形成鲜明的反差。横向联系应该被给予应有的重视，是因为：（1）竞争者可能成为横向并购的目标；（2）并购可能引起产业内的均衡被打破：一个企业实施并购，可能引起竞争者报复性的反应。波特所谓的纵向联系和上面提到的横向联系正好与并购研究中的纵向并购和横向并购相对应。但在社会资本的研究中，纵向联系和横向联系均属伙伴型联系（Partnership-based linkages）中的一种，此外伙伴型联系还包括与大学和研究机构的联系、与企业协会的联系等。与伙伴型联系相对应的是赞助型联系（Sponsorship-based linkages），比如政府机构、提供政策性贷款的商业银行等。伙伴型联系与赞助型联系区分标准在于联系是否涉及明确的双向资源交易。

收购方的社会资本对于并购活动的影响往往是十分巨大的，收购方应该在并购前对于自身的社会资本进行全面的考察和评估。在考察社会资本时，应关注纵向联系（供应商、渠道、客户）、横向联系（竞争者）、赞助型联系（政府关系、债权人关系）等社会资本的价值。

知会（Know-how）通常指的是实际知识、技能、窍门，属于知识的一部分。较权威的对于知识的分类来自经合组织（OECD）。OECD于1996年在《以知识为基础的经济》的年度报告中将知识分为四种类型：知道为什么的知识（Know-why），指事物客观原理和规律性的知识；知道怎么做的知识（Know-how），指满足人们某种需要的技艺、技巧和能力方面的知识；知道是什么的知识（Know-what），指关于事实方面的知识；知道是谁的知识（Know-who），指谁知道某种事物或事实、谁知道如何做某事的知识，见图3-3。

```
        Know-why | Know-how
        ---------|----------
        Know-what| Know-who
```

图3-3 知识的四种类型

知会作为知识的一种，是由"干中学（learning-by-doing）"所产生的（Arrow，1962；Dutton & Thomas，1985；Argote & Epple，1990）。干中学是根据以往经验而积累、总结、提高的过程。过去的经验往往还会对以后的学习过程产生影响，所以其形成过程往往表现出一种逐渐积累和路径依赖现象（Arthur，1989；Levitt & March，1988）。

靳云汇、贾昌杰（2003）研究了惯性对于上市公司并购战略选择的影响。惯性理论认为，每个组织都受到强大的惯性力量的控制，当面临环境改变的冲击时，他们很少能够成功地在战略和组织结构上作出根本性的改变。该研究通过对中国证券市场210家上市公司4年间并购数据的事件分析，得出结论：企业的并购战略的制定和实施过程中存在惯性，企业趋于重复以前实施过的并购类型，而不管环境是否发生了改变。以前执行的某种类型的并购次数越多，企业下一次执行这种类型的并购的可能性就越大。

知会所指的主要是那些技术及实践知识，它产生后会以诸多形式存在于个人、组织惯例（Nelson & Winter，1982）及组织流程中。Know-how 中的一部分可以通过总结、提炼等方式得以显性化，表现为操作手册、模板等，是显性的知会。但是，容易理解、提炼和总结出的往往只是那些成型、成熟并且容易用文字或语言表达的知识，并不会是全部的知识。还有一些知识如技巧、诀窍等是难以表达的，而往往需要通过观察、模仿和实践等方式才能获得，这部分知识就是隐性的知会。

许多对于并购的操作性知识存在于不断翻新的投资银行等中介机构关于并购的指南、模板及业务指导书中，已积累下大量的资料。但是，由于并购活动的复杂性和保密性，成文性的资料往往难以全部表达并购活动的全貌，并且并购涉及到并购双方、利益相关者等多方的利益，对于收购方的管理能力提出很高要求，在这种情况下，隐性的知会往往具有更重要的作用。并购经验对于并购能力具有提高和强化的作用，因为经验有助于并购知识的积累，尤其是那些难以外化的隐性知识的积累。如思科公司是运用并购实现迅速发展的典型，公司有一个内部团队专门从事并购工作，他们在没有聘请外界投资银行的情况下完成了大多数的并购活动，不断地并购使该团队积累了丰富的并购经验，为公司发展提供了强有力的支持。

　　本书认为，并购方面的知会，即并购知会对于并购能力具有十分重要的作用。在其他条件相同的情况下，具备并购方面的知会往往会有更好的表现。这里的并购知会，包括显性并购知会和隐性并购知会两个方面。上文提及，隐性的并购知会在并购中具有重要作用，而隐性的并购知会主要来源于并购经验，那么对于并购经验的作用如何理解呢？结合现实中的并购案例，在其他条件具备的情况下，有些没有并购经验的企业也同样进行了成功的并购。可见，并购经验并不是形成并购能力的必要条件，只是一个起增强作用的因素。但事实同样证明，较之没有并购经验的公司，具有并购经验的公司，并购成功的概率会提高。所以，并购经验对于并购能力的形成起到的是增强的作用，而其背后的并购知会是形成并购能力真正起作用的内在决定因素。

　　知谁（Know-who）也是一种知识，涉及谁知道和知道谁可以做某事的信息。它包含了特定社会关系的形成，即有可能接触有关专家并有效地利用专家的知识。在并购活动中，这种类型的知识集中体现于并购双方对于中介机构的选择。在专业分工越来越细致的当今商业社会，知谁也越来越体现出其重要性。例如，在中介机构的选用方面，许多收购方聘请财务顾问设计并购方案，控制实施节奏。财务顾问在并购活动中常常起到协调律师事务所、会计师事务所等中介机构的作用。发达国家的中介机构在作为收购方公司的财务顾问时，往往还作为其融资顾问，负责融资方案的设计和资金的筹措，支持收购方顺利完成并购计划。所以，对于收购方来说，了解并选择适合自己企业的并购财务顾问也是十分必要的。

3.4.2.2　并购能力要素——并购管理能力

　　并购管理能力，是收购方在综合考察企业自身资源的基础上，通过总结以往并购经验及整合组织知识得到对于并购活动内在规律的知识，并将其通过管理手段作用于并购活动的过程。这里作为能力基础的知识指的是组织知识而不是个人知识。

1. 人力资源管理能力

随着工作性质、组织和组织机构的变化以及全球经济竞争的需要，以能力为基础的人力资源管理成为人力资源管理的发展趋势（宋合义、尚玉钒，2000）。以能力为基础的人力资源管理即是先对员工的能力进行评估，确定员工所具备的能力；然后根据工作的需要，确定每一项工作对工作承担者能力方面的要求，并与员工所具备的能力相比较，确定从事该工作的最佳人选（王东民、金泽民，2003）。在这一过程中，企业需要注意两个重要环节，首先是通过对能力的界定来建立员工能力评价模式；其次要构建能力导向的人力资源管理实践的程序和流程。

对于企业并购中的剩余人力资源管理，企业需要首先对剩余人力资源的数量进行调查，按照企业并购活动的素质要求，将剩余人力资源进行分类评估，评估应包括数量和质量两个方面。然后，在充分调研和分析的基础上，根据剩余人力资源的数量和质量，结合并购活动需要，将其分配到合适的岗位上。另外，由于并购活动的特殊性和复杂性，企业应该充分挖掘剩余人力资源适合并购活动的那些独特的知识、技术和行为，全面提高人员的效率。

2. 财务资源管理能力

从企业核心能力理论的角度看，企业财务资源管理能力是企业所拥有的关于财务管理工作的独特知识、经验的有机结合。独特性是指财务管理者根据本企业的经营环境，运用财务管理的基本原理所创造的本企业特有的财务管理方法（张大德，2004）。

财务资源管理能力和财务能力是两个不同的概念。通常认为财务能力是对企业自身拥有的筹资能力、投资能力、获利能力等的综合评价。财务资源管理能力与财务能力的区别表现为：财务能力是有形资源，财务管理能力是无形资源。财务能力是企业整体经营活动的集中表现，财务管理能力是企业所积累的与财务管理相关知识的集中表现。两者的内在联系表现为：财务能力是企业所拥有的各项能力在过去经营活动中共同作用的结果，财务管理能力是形成财务能力的基础之一，其最终价值体现在企业未来的财务能力之中，财务管理能力的直接目标在于形成良好的财务能力（程宏伟，2002）。

并购活动的高风险的特点对企业财务资源的管理能力提出了更高的要求。在并购活动的准备阶段，企业需要充分评估自己的财务能力，特别是筹资能力、财务风险控制能力及现有资产获利能力等与并购活动直接相关的能力。企业财务部门应该在最大化企业价值的目标下，运用其财务资源管理能力，支持并购活动的顺利进行。

3. 实物资源管理能力

企业的实物资源主要指厂房、设备、土地、资源储备、信息系统等有形资产。在并购活动中，企业需要充分掌握企业拥有的实物资源的数量、价值、用途、特性、位置等信息，在历史纪录的基础上制定实物资源管理计划，预测增长趋势及市场价格走势，将剩余实物资源控制在合理的范围内，为并购决策提供依据。

4. 知识资源管理能力

企业能力理论发展到现在，学者们对于能力是企业竞争优势的来源已经形成统一的认识。越来越多的学者认识到知识是隐藏在企业能力背后决定企业竞争优势的关键因素，尤其是那些很难被竞争对手模仿的隐性知识（tacit knowledge）以及与知识密切相关的认知学习。

几乎所有的企业理论都使用知识这一概念，但传统的企业理论所关注的仅仅是那些能够说明的显性知识，而不是那些一般只可意会的隐性知识。在传统企业理论里，知识被作了同质化的假设，所有知识都是可以转移、交流和共享的。而企业知识理论认为，企业知识是高度情境化的，具有意会性和离散分布的特性。知识的意会性是指知识的不可完全表达性，它意味着企业知识是通过特定实践而形成的惯例，并且它的使用对企业内部环境具有高度的依赖性；知识的离散分布性是指企业知识不可能以集中的形式存在于某一个人的头脑里，而只能由那些处于特定情境中的个人或团队分散地掌握。企业知识的意会性和离散分布性，决定了它的难以转移性和不可模仿性，也就决定了企业的异质性，因而该理论把它看作是企业竞争优势的源泉。

在并购活动中，隐性知识往往起着至关重要的作用，这是由并购活动的几个特点决定的。首先，并购活动的复杂性决定了并购知识难以被完整地表达，隐性知识存储于各并购参与主体之中；其次，并购活动的机密性往往使得并购的某些环节高度情境化，只有若干参与者才能了解最真实的信息；再次，对于多数企业来说，并购还只是一种非常规的发展方式，这使得隐性的并购知识难以持续获取和积累。虽然隐性并购知识难以转移、不可模仿，但是企业还是可以通过一定的方式来获取、积累及扩散这些知识，培养自身的并购能力。

格兰特、斯班德（Spender）、野中（Nonaka）和竹内（Takeuchi）是企业知识观的代表人物。其中，野中主要是从知识管理的角度来研究基于知识的企业理论的。野中（Nonaka，1991，1994）强调知识对情景的依赖，坚持认知与行动相统一。他将企业视为知识创造的机构。他认为，一个组织不是许多个体知识的综合，它可以通过个体在组织内的互动学习来创造知识。他深入研究了日本企业的知识创新经验，提出了著名的知识创造转化模式，这个模式已成为知识管理研究的经典基础理论。野中特别强调隐性知识和知识环境对于企业知识创新和知识共享的重要性。他认为新的知识总是来源于个体，知识创新公司的核心活动就是将个人的知识传播给其他人。他创造了组织中知识创新的四种基本模式，它们形成一个"知识螺旋"，体现了企业的知识进化过程。

野中提出的4种知识创造转化模式分别为：群化（Socialization）、外化（Externalization）、融合（Combination）和内化（Internalization），它们共同组成了SECI模式，见表3-4。这4个方面不断相互作用与转化，最终实现了知识的创造。

第一种模式："群化"，指的是隐含知识向隐含知识的转化。它是一个通过共享经历建立隐含知识的过程，而获取隐含知识的关键是通过观察、模仿和实践，而不是语言。例如，学徒工和师傅一起干活，不用说话，仅凭观察、模仿和实践，就能够学会手艺。

第二种模式："外化"，指隐含知识向明晰知识的转化。它是一个将隐含知识用显性化的概念和语言清晰表达的过程，其转化手法有隐喻、类比、概念和模型等。这是知识创造过程中至关重要的环节。

第三种模式："融合"，指的是明晰知识和明晰知识的组合。它是一个通过各种媒体产生语言或数字符号，将各种显性概念组合化和系统化的过程。通过诸如文档、会议、电话记录或者计算机技术之类的工具或形式对明晰知识（如数据、历史资料）进行筛选、补充、组合、分析等，可以产生新的知识。

第四种模式："内化"，即明晰知识到隐含知识的转化。它是一个将明晰知识形象化和具体化的过程，通过"融合"产生新的明晰知识被组织内部员工吸收、消化，并升华成他们自己的隐含知识。

表3-4 野中的知识创造转化模式

	隐含知识	明晰知识
隐含知识	群化（Socialization）	外化（Externalization）
明晰知识	内化（Internalization）	融合（Combination）

野中的知识创造转化模式为研究并购知识提供了有益的思路，知识通过群化、外化、融合和内化四种模式在企业内得到获取、处理、积累和扩散，进而成为企业持续发展的动力。上述四种模式是对于知识创造和转化过程高度抽象性的总结，但是在企业中，上述四种模式是通过具体的管理手段体现出来的。对于并购知识来说，企业的并购知识管理能力体现为对于并购知识一系列具体的管理手段，正是这些着眼于并购知识并使之群化、外化、融合和内化的具体管理手段促进了并购知识管理能力的强化，具体可以表现为并购管理职能、并购管理工具、并购管理流程及管理制度以及外部中介机构的聘用。并购知识管理能力是构成并购要素能力的重要组成部分。阿米尔雅尼等（Amiryany et al., 2012）提出：并购再配置能力由并购经验、并购专门的工具以及知识管理工具三部分组成。

（1）并购管理职能。

并购管理职能是指，从公司组织结构和职能设置上，明确对并购活动的计划、组织、领导和控制的管理职能，行使这些职能可以促进并购知识在企业内部的获取、处理、积累和扩散，具体有如下三方面：

①负责并购的总经理，是公司决策层负责并购活动的代表，直接影响公司决策机构对并购活动的决策过程和支持力度。

②并购办公室，该办公室负责管理并购活动的具体事宜，通过协调各职能部门的运作，直接影响并购知识的群化、外化、内化和融合，达到运作企业并购管理能力的目的。

③并购经理，负责并购活动的日常实施及管理团队的运作，需要由具有各部门经验的管理人员担任。根据公司并购业务情况的不同，并购经理可以是常

设职位，也可以是短期职位。

（2）并购管理工具。

并购知识需要必要的管理工具才能实现创造和转化，企业可以运用各种并购管理工具实现这一过程，不同的管理工具可能着眼于并购知识转化的一个或几个方面，且其作用是不尽相同的。对于企业并购活动来说，常用的并购管理工具及其对并购知识的作用可以用表3-5表示。

表3-5　　　　　　　　并购管理工具与知识作用过程

并购管理工具	知识创造转化模式	知识作用过程
内部并购培训	外化、融合	扩散
外部并购培训	融合	获取
自身战略及能力评估工具	外化	处理
标准化目标方选择工具	内化	处理
标准化并购方向选择工具	外化	处理
并购数据库	融合	积累
并购实习	群化	获取

上述各项并购管理工具并不是孤立的，企业可以将上述工具进行组合，结合企业战略，突出重点，培养优势，充分发挥各种管理工具的作用，达到最好的效果。

（3）并购管理流程及管理制度。

管理流程和管理制度是公司管理活动的重要组成部分，是公司管理经验通过长时间的积累和完善所形成的惯例。并购管理流程及管理制度不仅可以帮助并购知识的扩散，更重要的是可以使并购知识以结构化的流程和特定的制度等形式积累下来，并在积累中不断完善。具体可以体现在如下几个方面：

①并购决策流程，指企业进行并购的决策程序。细节包括决策程序是否设计合理，是否有明确权责分工，是否有足够的权力制衡及最终决定权等，科学合理的并购决策流程为并购活动的成功提供了制度上的保证。

②各层级经理对并购事件的责任分工，主要指并购活动的责任在高层、中层及各级职能部门之间的分工。很多时候，分工基础上的合作也是十分必

要的。

③自身战略及能力评估，这是标准的公司战略制定的内部条件评价，充分认识自身的战略需求和现状是进行并购的首要前提。

④并购事件负责人激励，人的因素对并购活动往往具有关键作用，对并购事件负责人的合理激励，可以激发他们挖掘企业潜力，促进预期协同向现实协同的转化，为公司实现更多的价值。当然，在这一过程中，委托代理问题也是需要企业特别关注的问题。

⑤并购经验及知识交流，这可以通过召开研讨会、培训班的形式来实现，是并购知识获取和转化的简单而有效的方式。

(4) 外部中介机构的聘用。

外部的中介机构对于并购活动的作用被很多公司所认可，中介机构在并购领域的专业知识和操作经验也是并购知识的重要来源之一。通过聘请中介机构，包括咨询机构、财务顾问、法律顾问、并购利益相关方协调者等，企业可以迅速地得到专业化并购知识的支持，对于企业自身并购知识的群化、外化、融合和内化起到很好的促进作用。中介机构的聘用须把握好中介机构的特长，了解并选择适合自己企业的并购中介机构是十分必要的。所以，企业需要制定一定的标准来进行中介机构的选择，聘请合适的中介机构可以实现事半功倍的效果。

3.4.2.3 并购能力要素与并购能力的关系

1. 剩余的资源是形成并购能力的必要条件

企业的并购能力是由企业的剩余资源（slack resource）形成的。并购活动是企业超常规的发展方式，但企业的并购活动不能影响到企业正常的运营，不能以牺牲正常运营的效率为代价。企业的资源总是需要先满足正常生产经营的需要，保证已有业务的获利能力的情况下，剩余的资源才能用于并购活动。在最大化企业价值的目标下，剩余资源产生的机会成本需要尽可能避免，于是，为企业剩余资源寻求合理回报也成为并购活动的内驱力之一。理论上讲，所有资源已经被充分利用的企业，由于没有剩余资源，就不会进行并购，并购能力也就无从谈起。所以，剩余的资源是形成并购能力的必要条件。

2. 并购能力构成要素与并购能力的逻辑关系

对于并购能力的不同构成要素，由于各要素具有不同的属性，它们与并购能力的逻辑关系也是不尽相同的。

首先，剩余的人力资源是进行并购活动的基础。容易理解，对于任何一个商业组织和商业行为，人都是首要条件。对于收购方来说，如果没有剩余的人力资源，并购过程无人计划、组织与实施，企业的并购活动就无从谈起，当然也不可能形成并购能力。所以，剩余的人力资源是构成并购能力的必要条件。

其次，并购作为以商务控制权为标的的交易，收购方是否能够支付并购交易的对价就成为并购是否能够完成的一个关键性的问题。在并购交易中，收购方可以用剩余的财务资源，如现金、现金等价物等作为交易对价的支付方式，往往也可以用实物资产等进行支付，上市公司还可以用股票支付。本质上说，在活跃的市场上，财务资源和实物资源之间可以方便地进行交换，两者之间存在的仅仅是流动性的差别。于是，当它们作为并购交易的支付方式时，两者之间就存在替代的关系，通过进行流动性折价，实物资源可以转化为财务资源。作为完成并购交易的支付条件，剩余的财务资源或剩余的实物资源也是构成并购能力的必要条件。

最后，并购活动纷繁复杂，如果仅仅拥有资源而不懂得管理和使用资源，并购活动也是难以成功的，企业的并购管理能力在并购中的作用不容忽视。即使是毫无并购经验的企业，在其他资源充足的前提下，通过良好的计划和审慎的执行，也同样可以实施成功的并购。在这里，良好的并购管理能力不仅是并购能力的基本构成要素，同样是并购能力的倍增器。因此，企业的并购管理能力也是构成并购能力必不可少的条件。

另外，企业中还有一些资源，如品牌、社会资本，并购知会等，它们的存在对于企业并购能力具有增强作用。许多并购案例表明，具有良好品牌、社会资本等无形资源的收购方较之其他企业更容易实施成功的并购。在很多时候，但这些因素的增强作用也不可忽视，但这些因素并不是并购能力的必要条件。

综合以上论述，并购要素与并购能力的逻辑关系见表3-6。

3. 资源的剩余数量影响并购能力的大小

并购能力由上述若干种资源要素的剩余所构成，资源的剩余数量会直接影响到并购能力的大小，两者成正相关关系，即资源的剩余越多，企业并购能力越大。比如，某企业有较多的剩余财务资源，这可以用于支付并购交易对价，那么其并购能力也就越大；再如，某企业有一个并购管理团队，该团队有电信行业并购的丰富经验和胜任能力,那么结合其他剩余资源,该企业在电信行业也会具有较强的并购能力。

表3-6　　　　　各资源要素与并购能力的逻辑关系

并购能力	资源	人力资源		必要条件
		财务资源		
		实物资源		
		无形资产		
		其他知识资源	品牌	增强作用
			社会资本	
			知会	
			知谁	
	并购管理能力			必要条件

4. 资源对于并购能力的边际贡献各不相同

资源的剩余数量对于并购能力的正相关作用很容易理解,但其并不是唯一决定因素。并购能力是在若干种剩余资源的组合作用下形成的,并不是有一单位的资源投入就有一单位的能力产出。例如,增加一单位的人力资源和增加一单位的财务资源对于企业并购能力的影响是不同的,而增加一单位的实物资源和增加一单位的并购管理能力对于并购能力的影响也是不同的。因此,企业的剩余资源对于并购能力的边际贡献各不相同。对于一项资源来说,其剩余数量和边际贡献共同决定了该项资源对并购能力的重要程度。

3.5　并购能力模型

对于并购理论界和并购实务界,并购能力都是一个新的概念。本书将其定义为企业利用自身剩余资源完成并购活动的实力。着眼于并购能力的结构,前文已分析了并购能力的构成要素及这些要素和并购能力的关系,为构建并购能力模型打下了理论基础。本部分在上文论述的基础上,提出并购能力模型,明确并购能力各要素之间的关系,以进一步认识并购能力。

3.5.1 模型基本假设

为了使论述更加清楚,在提出并购能力模型之前,这里先就企业资源情况进行一些基本说明和假设。

首先,假设企业拥有的人力资源、财务资源、实物资源为 H、K、M。在公司价值最大化的目标下,企业需要协调各种资源的投入比例,当各种资源的投入达到最优配置的时候,企业获得最大产出。假设企业在最佳资源配置状态下人力资源的投入为 H^*,如果用 H_s 表示人力资源的剩余,那么就存在如下关系:

$$H_s = H - H^*$$

当 $H > H^*$,即 $H_s > 0$ 时,H_s 表示人力资源相对于最优配置状态出现剩余;当 $H < H^*$,即 $H_s < 0$ 时,H_s 表示人力资源相对于最优配置状态出现负的剩余,即人力资源相对短缺。企业人力资源剩余表示见图 3-4。

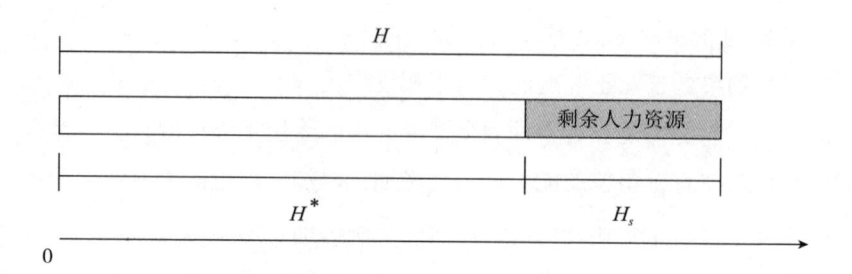

图 3-4 企业人力资源剩余

同理,对于财务资源和实物资源,假设其在最佳资源配置状态下的投入分别为 K^* 和 M^*,K_s 和 M_s 分别表示两种资源的剩余,则同样存在如下关系:$K_s = K - K^*$,$M_s = M - M^*$,则财务资源和实物资源同样存在剩余和短缺两种状态。

考察企业资源的剩余和短缺情况对于并购活动有重要意义。很难想象一个人力缺乏、现金流短缺的企业能够实施并购活动。只有企业拥有剩余资源,才能将这些剩余资源用于并购活动,从而形成并购能力。

3.5.2 并购能力理论模型

基于本章的分析结论，也由于知识资源在并购能力中处于增强作用，假设可以认为企业并购能力是企业剩余人力资源、剩余财务资源或实物资源、并购管理能力的函数。于是，本书得到并购能力基本理论模型：

$$C = f(H_s, K_s, M_s, S_s)$$

其中：C：并购能力，H_s：剩余人力资源，K_s：剩余财务资源，M_s：剩余实物资源，S_s：并购管理能力。

在并购能力基本模型的基础上，结合前文对于并购能力的结构分析，借鉴柯布－道格拉斯函数，并购能力基本模型可进一步拓展如下：

$$C = \lambda H_s^\alpha (K_s + M_s)^\beta S_s^\gamma$$

其中：

C：并购能力，$C > 0$ 且 $C \subset R$；

H_s：剩余人力资源，$H_s > 0$ 且 $H_s \subset R$；

K_s：剩余财务资源，M_s：剩余实物资源，$K_s \geq 0$，$M_s \geq 0$，且 $K_s + M_s > 0$；

S_s：并购管理能力，$S_s > 0$ 且 $S_s \subset R$；

λ 为大于零的常数；

α、β、γ 分别代表剩余人力资源、剩余财务资源、并购管理能力对于并购能力的弹性系数，一般情况下均为正数。R 为企业资源集合。

由于剩余实物资源在活跃市场上可以转化为财务资源，进行流动性折价后，其本质上也可以看成是一种财务资源，于是可以将上式进一步简化为：

$$C = \lambda H_s^\alpha K_s^\beta S_s^\gamma$$

3.5.3 并购能力函数的性质

3.5.3.1 并购能力函数要素的边际贡献

要素的边际贡献指的是要素每增加一单位投入所产生的并购能力的增长量。以剩余人力资源为例，剩余人力资源对并购能力的边际贡献可以用并购能力对该要素的导数来表示，即：

$$MC_{H_s} = \frac{\partial C}{\partial H_s}$$

该指标可以反映剩余人力资源 H_s 对于并购能力的边际贡献。同理，本书可以得到剩余财务资源和并购管理能力对于并购能力的边际贡献分别为：

$$MC_{K_s} = \frac{\partial C}{\partial K_s}, \quad MC_{S_s} = \frac{\partial C}{\partial S_s}$$

并购能力函数的一个重要问题就是能力要素的边际贡献呈现先递增而后递减的现象，这意味着每增加一额外单位的要素投入比前一单位的要素投入所获得的并购能力的量不尽相同。结合并购活动实例，当企业委任并购活动负责人组建并购管理团队时，开始投入的并购人力资源由于得到更加细致的分工，工作效率更高，并购人力资源对于并购能力的边际贡献是递增的；达到边际贡献为零时，如果企业继续增加并购人力资源，由于团队规模扩大引起的沟通不畅、分工混乱而导致的低效率就会出现，从而使并购人力资源对并购能力的边际贡献下降。

3.5.3.2 并购能力要素贡献弹性

如果保持其他能力要素投入量不变，单独变动某种能力要素的投入量，所引起的并购能力的变化率与该能力要素投入量变化率的比值，称为该能力要素的贡献弹性。其数学形式表示为：

$$E_{H_s} = \frac{\frac{\partial C}{\partial H_s}}{\frac{C}{H_s}} = \alpha, \quad E_{k_s} = \frac{\frac{\partial C}{\partial K_s}}{\frac{C}{K_s}} = \beta, \quad E_{S_s} = \frac{\frac{\partial C}{\partial S_s}}{\frac{C}{S_s}} = \gamma$$

由上式可知，并购能力要素的贡献弹性就是并购函数中各要素的指数。指数越大，并购能力要素的贡献弹性就越大，并购能力要素投入的变化率所引起的并购能力的变化率就大。在并购活动中，企业可以结合自身状况，将相应资源投入到贡献弹性较大的要素上去，以得到更好的效果。

3.5.3.3 并购能力函数与规模报酬

如果将并购能力要素的投入量均增加 η 倍（$\eta > 1$），代入（并购能力理论模型），本书可以得到并购能力函数的规模报酬特性。即

$$C' = \lambda (\eta H_s)^\alpha (\eta K_s)^\beta (\eta S_s)^\gamma = \lambda \eta^{\alpha+\beta+\gamma} H_s^\alpha K_s^\beta S_s^\gamma = \eta^{\alpha+\beta+\gamma} \cdot C$$

通过上式可清楚的看到，当 $\eta > 1$ 时，并购能力函数的规模报酬与 $\alpha + \beta + \gamma$ 的取值有直接关系。

当 $\alpha+\beta+\gamma>1$ 时，$C'>C$，并购能力函数规模报酬递增；

当 $\alpha+\beta+\gamma=1$ 时，$C'=C$，并购能力函数规模报酬固定；

当 $\alpha+\beta+\gamma<1$ 时，$C'<C$，并购能力函数规模报酬递减。

规模报酬体现了并购能力要素的投入规模与并购能力的关系。是哪些因素导致并购能力的规模报酬呈现递增或递减的趋势呢？本书认为，企业的并购活动经验是并购能力规模报酬的决定因素。对于具有丰富并购经验的企业，如思科系统公司、通用电气公司等，他们在一次次的成功或失败的并购事件中积累了并购经验，更进一步把握了并购活动的内在规律。在同样的并购能力资源要素的投入下，这些经验让公司的并购能力呈现规模递增的趋势。相反，对于毫无并购经验的企业来说，并购活动的复杂性和高度不确定性会影响其并购资源投入要素的作用，使其并购能力最终呈现规模报酬递减的趋势。

3.5.3.4 并购能力要素的边际替代率

能力要素的边际替代率是指为维持同样的并购能力水平，增加一单位的某要素投入所引起的另一种要素减少的数量。可以表示为：

$$MRS_{ij}=\frac{\Delta x_i}{\Delta x_j}$$

其中：MRS_{ij} 为边际替代率；Δx_i 为要素投入的增加；Δx_j 为要素投入的减少。

要素的替代现象在并购活动的实践中最常见的是在并购对价的支付方式上，如现金、股份、实物资产或他们的组合往往都作为并购支付方式，它们可以转化成财务资产进行衡量。对于并购能力要素之间的替代效应来说，财务资源和实物资源之间的替代效应最明显；人力资源缺乏的情况下，企业可以通过公开市场招聘所需人员来补充人力资源缺口；并购管理能力也可以通过公司向外界聘请具有并购业务经验的投资银行等中介机构来进行补充。

需要指出的是，公司的财务资源是支付并购交易对价的主要资源，也是完成并购交易支付过程的必要条件。当财务资源缺乏的时候，很难通过剩余的人力资源和剩余的并购管理能力来进行替代，也就是说，并购人力资源和并购管理能力对于并购财务资源的替代效应是最差的。

3.6 基于资源属性的并购能力

并购能力模型通过函数将并购能力要素与并购能力的函数关系进行了刻画，为研究并购能力提供了一种视角。并购是实现企业战略的一种方式，企业在制定总体战略时，必然对企业内部条件和外部环境进行了全面而深入的分析，在此基础上，企业根据内部资源状况，评估出剩余资源的数量，结合并购能力函数，就可以进行并购能力评价。

但是，对于企业来说，剩余资源不仅有数量的异同，还具有属性的差别。如果说企业剩余资源的数量决定并购能力的大小，那么剩余资源的属性就决定了企业在该属性方面的并购能力。这里提到的剩余资源的属性主要指剩余资源的方向属性（包括产业、地理）和流程属性（包括采购、研发、制造、营销、服务）。在很多情况下，企业剩余资源的属性对于并购决策往往更具决定性。基于以上认识，进一步研究剩余资源的属性就成为了解并购能力的又一个重要问题。

3.6.1 剩余资源的方向属性

剩余资源的方向属性包括产业维度和地理维度两个方面，它们分别影响企业在特定产业和特定区域的并购能力。

3.6.1.1 产业维度

资源的产业维度主要反映资源的产业属性及其所属产业的相关信息。企业总是在特定的产业中参与竞争，而产业的生命周期、盈利水平、市场结构等往往各不相同。为了在激烈的竞争中实现生存、发展、获利的目标，企业必须投入各种资源，而这些投入的资源按照是否具有产业属性可以分为两类。

一类是具有产业属性的资源，如产业专属的人力资源、实物资源、无形资源等，具体包括熟悉产业状况的管理人员和技术人员，行业专有设备，行业专利、专有技术，销售及客户关系网络等。这些具有产业属性的资源只有应用到其对应的产业中才能发挥最大效用，如果忽视其产业属性就很难发挥作用，例如，很难想象把药品生产设备运用到能源采掘产业还能够取得经济效益。

另一类资源是不具有产业属性的资源，这类资源属于各产业的通用资源，在任何行业中都可以发挥同样的作用。最典型的就是财务资源，在有效市场上，财务资源具有较好的流动性，其作用不受产业限制。另外，通用管理人才由于具有一般性的管理能力，往往也可以认为是不具有产业属性的人力资源。

对于企业的剩余资源来说，明确其是否具有产业属性及具有何种产业属性，可以为了解企业在特定产业上的并购能力提供有益的信息。如果企业的剩余资源具有特定产业属性，那么企业在该产业的并购能力要大于企业在其他产业的并购能力。进一步可以推论，如果企业拥有特定产业的剩余资源，则企业在该特定产业进行并购成功的概率，比在其他产业进行并购成功的概率要大。所以，对于在特定产业进行并购活动的企业来说，深入分析其剩余资源的产业属性就成为其并购决策十分重要的一个维度。

3.6.1.2 地理维度

对应资源的产业维度，资源的地理维度反映的是资源的地理属性及其所属地理区域的相关信息。在经济全球化日益加速的今天，企业经营的范围已不仅仅局限于本地区、本国，国际公司早已在全球范围内整合资源并提供产品和服务。并购活动也随着经济全球化的进程不断加速，海外收购、跨国并购风起云涌。

美国学者格林（Green，1990）曾经从地理的角度研究了企业并购。他发现，经济越繁荣的地区，并购活动进行得越频繁，对其他地区的外部控制率，即某一地区属于收购方与属于出让方数之比越高。经济发达地区的企业并购不发达地区之后，向出让方输入资金、技术，改善生产经营管理，提高出让方的生产效率，消除或减少区域差距，产生资源再配置效应，促进地区经济和整体经济全面发展。

这里的地理因素包括自然地理位置和经济地理位置，包括当地自然资源的分布、经济发展水平、经济法律政策、市场发育程度、交通通信状况、环境状况、公共治安状况、社会公众的文化素质和思想道德观念等诸多因素。

企业的剩余资源同样具有地理属性，可以进一步分为自然地理属性和经济地理属性。对于一项剩余资源，本书可以刻画出其地理属性，如 A 企业在中国北京市拥有一块闲置土地的所有权，该土地距首都机场 5 公里；B 企业在法国里昂市拥有一个强大的并购管理团队等。了解企业剩余资源的地理属性对于认识企业并购能力具有指导意义。

首先，纵向并购的一个主要动机是节约交易成本。纵向并购使得市场内部化，将交易成本转化为内部组织成本，只有当节约的交易成本大于因此而增加的内部组织成本时，才能产生收益。对于自然地理位置和经济地理位置良好的企业，并购同区域的目标企业可以在企业内部和外部物流方面获得更好的协同效应，其管理成本也会有相应地降低。

其次，同一区域内的企业由于风俗习惯、人文环境、价值取向、精神风貌等具有相似性，内部化后组织协调相对来说容易得多，企业为此而增加的组织协调成本就少得多。因此，宜以同一地理区域内的企业作为目标企业。

所以，在其他条件相同的情况下，企业剩余资源在与其地理属性相匹配区域的并购能力就要优于其他区域。

3.6.2 剩余资源的流程属性

剩余资源不仅具有方向属性，还具有流程的属性，即剩余资源往往处于企业价值链的特定流程之中，或者说企业价值链的特定流程中存在着剩余资源。剩余资源的流程属性对于企业的并购能力同样具有重要意义。

现代市场经济中，企业间的竞争已经越来越体现为价值链的竞争，价值链分析工具为识别具有创造竞争优势的资产和能力提供了良好的思路。价值链的概念是由迈克尔·波特教授（Michael Porter）于1985年在其所著的《竞争优势》一书中首先提出的，他将价值链描述成一个企业用以设计、生产、销售、交货以及对产品起辅助作用的各种活动的集合，是一系列连续完成的活动，是原材料转换成一系列最终产品的过程。它由基本活动和辅助活动组成，基本活动是指涉及产品的物质创造及其销售、转移给买方和售后服务的各种活动，包括内部后勤、生产经营、外部后勤、市场营销和服务；辅助活动是指用以支持基本活动而且内部之间又相互支持的活动，包括企业基础设施、人力资源管理、技术开发和采购。

在价值链的各项流程中，企业需要投入相应的人力资源、财务资源、实物资源、知识资源等要素。换句话说，正是这些资源对企业价值链上各相关流程进行运作和支持，企业最终产出的产品和服务的价值是资源在各职能流程中共同作用的结果。周琳（2006）从企业资源的视角重新考察价值链上各流程的关系，建立起基于资源的价值链模型，见图3-5。

	金融资产 / 人力资本 / 通用能力					
实物资源	原材料	设备、仪器	厂房、生产线	产品	存货	价
无形资源		专利、专有技术	行业许可	商标	声誉	
专用能力	讨价还价能力	创新能力	生产能力质量管理	公关能力促销能力	服务能力、信息反馈能力	值
职能流程	采购	研发	制造	营销	服务	

图 3-5 基于资源的企业价值链模型

该模型由两部分组成，模型的底部是企业采购、研发、制造、营销和服务等各项职能活动，这里没有像波特提出的价值链那样区分基本活动和辅助活动，而是将它们综合在一起。模型的上部是资源的主要构成，包括人力资源、财务资源、实物资源、无形资源、通用能力和专用能力，这种资源划分与并购能力的结构部分对资源的划分相一致。从图3-5可以看出，在企业经营过程的各个阶段，不同类别的资源都对企业的价值创造发挥着重要作用。模型的右边是价值，这里也没有像波特提出的价值链中以利润来表示，而是用内涵更丰富的价值来代替。该模型将企业的资源与职能流程结合在一起，为企业识别自身资源的流程属性提供了清晰而有效的框架。

借鉴上述模型的研究成果，可以全面把握企业剩余资源所属的流程，进而了解各项剩余资源的流程属性。具有特定流程的剩余资源的企业，在该流程方面将拥有更大的并购能力。举例来说，如果某企业在制造流程具有剩余厂房和生产线等剩余实物资源，企业可以通过并购生产性人力资源剩余，同时厂房和生产线短缺的企业，两种资源的互补性可以使交易更顺利地进行，并购后企业也会获得很好的协同效应。所以，企业剩余资源的流程属性不仅可以增加企业在该流程上的并购能力，还为企业并购活动指出了方向。

3.6.3 基于资源属性的并购能力构建

在并购活动中,企业剩余的人力资源、财务资源、实物资源、知识资源和并购管理能力相互作用,共同构成企业并购能力。如果企业没有足够的剩余资源,企业会较多的关注于企业内部的生产活动(Iyer & Miller, 2008),而不会过多关注于并购等对外投资。不论对于国有企业还是民营企业,剩余资源都是企业发动并购的前提条件(葛伟杰等, 2014)。从不同维度看,剩余的资源具有的属性各不相同,但资源的方向属性和流程属性对企业并购能力的影响最为深刻。布拉德利等(Bradley et al., 1988)指出,并购可以使收购方有效地控制目标企业的资源,并重新配置两家企业的资源,从而提高资产收益率和企业价值。资源的方向属性和流程属性不仅对并购能力具有重要意义,更会对企业的并购方向产生十分重要的指引。需要指出的是,企业的财务资源虽然有时也存在方向和流程属性,如受到外汇管制的外汇资源等,但在大多数情况下财务资源在方向和流程上的作用是一致的,所以对财务资源不作属性划分。

基于上述分析,这里提出"基于资源属性的并购能力"这一概念,用来表示企业由具有特定属性的剩余资源所构成的并购能力。这一概念不仅可以反映出企业并购能力的数量,更可以反映出资源属性对并购能力的作用,从而全面把握企业并购能力的实质。

3.6.3.1 基于资源属性的并购能力的前提假设

假设用 A 代表剩余资源的方向属性,A_1,A_2 分别代表资源方向属性的产业维度和地理维度。这里的 A_1,A_2 所代表的具体属性还可以根据国家产业标准代码和区域代码进行进一步细化。

假设用 B 代表剩余资源的流程属性,B_1,B_2,B_3,B_4,B_5 分别代表资源流程属性的采购、研发、制造、营销和服务五个维度。那么将两者组合,(A, B) 就可以表示出企业剩余资源对于并购能力的所有属性。例如,$H_s(A_1, B_2)$ 就代表企业的人力资源在 A_1 产业的研发流程上存在剩余;$S_s(A_2, B_1, B_4)$ 则代表企业的并购管理能力在 A_2 地理区域的采购和营销流程上存在剩余。

3.6.3.2 基于资源属性的并购能力矩形图

根据上述前提假设,本书提出"基于资源属性的并购能力矩形图",通过图形对企业并购能力进行更加全面的刻画。具体含义可以论述如下:

（1）基于资源属性的并购能力矩形图的总面积代表企业整体的并购能力；

（2）由左至右的三个矩形分别代表人力资源构成的并购能力、财务资源构成的并购能力和并购管理能力构成的并购能力，它们面积的大小由其对应的剩余资源对整体并购能力的贡献程度所决定，面积越大表示对应要素对并购能力的贡献越大；

（3）在每个矩形中，根据剩余资源的方向和流程属性，可以进行进一步划分，每个小矩形的面积代表特定属性的剩余资源在总剩余资源中所占的比例。

通过上述过程，本书就可以得到企业基于资源属性的并购能力矩形图。图3-6和图3-7分别是某企业基于资源方向属性（包括产业和地理两个维度）的并购能力矩形图。

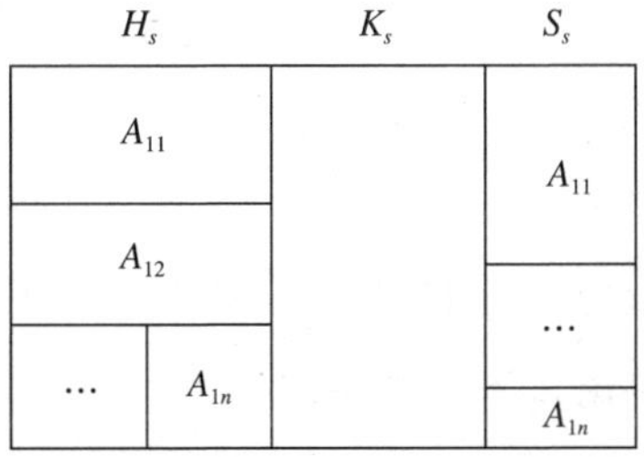

图3-6 基于资源产业属性的并购能力矩形图

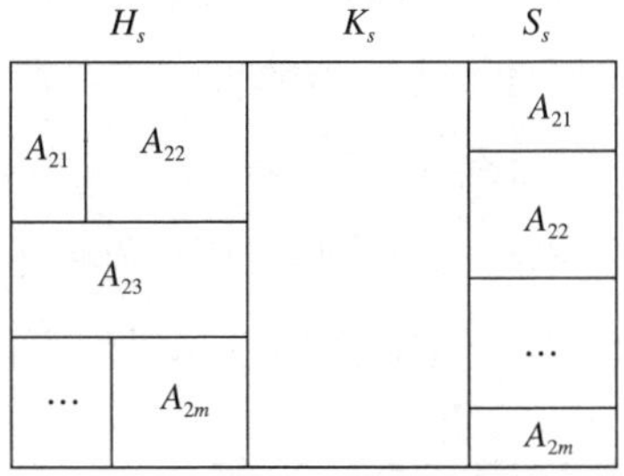

图3-7 基于资源地理属性的并购能力矩形图

图3-6和图3-7代表同一企业的并购能力，所以两图的总面积相同，并且其剩余人力资源、剩余财务资源和并购管理能力在整体并购能力中所占比例也相同。两图的不同之处在于，前者反映的是资源产业属性的并购能力，后者

反映的是资源地理属性的并购能力。对于前者而言，企业剩余人力资源按照产业属性的不同被分为 A_{11}，A_{12}，…，A_{1n} 这 n 个小矩形，具体来说，H_s 列中矩形 A_{11} 的面积表示该企业剩余人力资源在 A_{11} 产业的剩余数量。对于后者而言，企业剩余人力资源按照地理属性的不同被分为 A_{21}，A_{22}，…，A_{2m} 这 m 个小矩形，H_s 列中矩形 A_{21} 的面积表示该企业剩余人力资源在 A_{21} 地理区域的剩余数量。

同理，可以描绘出该企业基于资源流程属性的并购能力矩形图，如图3-8所示。

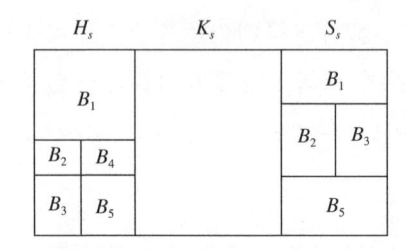

图3-8　基于资源流程属性的并购能力矩形图

通过上述三个基于资源属性的并购能力矩形图，可以对该企业并购能力的大小和属性进行更加具体的说明，并得出如下有用的推论：

（1）该企业整体并购能力的大小由上述并购能力矩形图中矩形的总面积表示；

（2）该企业的剩余财务资源较其他两种要素对于并购能力的贡献要大；

（3）对于资源的方向属性，该企业的人力资源在 A_{11} 产业和 A_{23} 区域存在较多剩余，企业的并购管理能力在 A_{11} 产业和 A_{22} 区域具有较多剩余；

（4）对于资源的流程属性，该企业的人力资源在 B_1（采购）流程存在较多剩余，企业的并购管理能力在 B_1（采购）和 B_5（服务）流程有较多剩余。

3.6.4　并购能力矩形图与并购决策

并购能力研究的目的是为企业并购决策提供科学的分析思路和分析工具。并购能力矩形图不仅可以帮助企业直观且有效地了解企业并购能力，更重要的是，完成并购能力矩形图的过程本身就是一个对于企业并购能力全面深入的逻辑思维探讨过程。企业可以按照并购能力矩形图的思路进行并购能力要素的识别、评价，构建并购能力模型，确定剩余资源属性，进而最终得到并购能力矩形图。

并购能力矩形图对于并购决策的意义还在于它明确了企业并购方向的资源限制。通过基于资源属性的并购能力矩形图，企业可以提炼出其剩余资源在特定产业、特定地理区域及特定流程的细节信息，这些信息对企业认识自己在相关产业、区域及流程上的并购能力具有十分重要的意义。企业在特定产业的剩余资源越多，其在特定产业的并购能力就应该越大，进而其并购成功的概率就会增加，那些在特定区域及特定流程具有剩余资源的企业同样如此。所以，企业在进行并购决策时也需要考虑其剩余资源的属性，只有将具有特定属性的剩余资源投入到其对应属性的并购活动中，并购的效果才能达到最好，企业才能获得最大的价值。

第4章
并购边界

4.1 并购边界的概念

企业要实现增长,只有通过新建投资、并购和战略联盟三种方式不断进行规模扩张和能力提升。企业在成长过程中可以利用企业的内部资源和生产能力实现企业规模的扩张和生产能力的提升,即内部增长如新建投资;也可以利用外部资源和生产能力实现企业规模的扩张和生产能力的提升,即外部增长如并购和战略联盟。但是不同的企业、不同行业、不同的制度环境,甚至即使相同企业在不同发展阶段的特殊情况都会影响企业增长方式的选择,而企业增长方式选择正确与否关系到未来企业绩效和企业发展,这就需要确定并购与新建投资和战略联盟的边界。

并购边界(Boundaries of Mergers & Acquisitions),即并购活动适用边界,解决企业发展战略是否通过并购这种外部投资方式进行,即与新建投资和战略联盟两种战略发展方式的比选问题。具备了并购能力的企业,不一定要以并购作为战略发展的方式或者手段,还可以通过诸如战略联盟、内部投资等手段达到发展的目的。企业扩张和成长过程中,采用哪种方式不但受到企业自身条件的限制也受到外部环境的制约。不同的扩张方式具有不同优点和缺点,适用于不同的企业,不同的发展时期以及不同的战略目标。

因此,研究企业在什么时候、什么条件下采用并购,什么条件下采用新建投资,什么情况下采用战略联盟,区别什么因素决定企业通过并购实现扩张是有利的,哪些因素是不利的;在企业的外部环境中,什么因素制约了企业投资方式的选择,什么因素促进了企业投资方式的选择。这些对于企业的决策是现实而又无法回避的选择。"在什么环境下使用并购，以什么样的方式进行并购，成为企业并购边界理论研究的对象"（张秋生，2005）。

4.2 并购与新建投资的边界

4.2.1 并购与新建投资的概念与比较

并购是以商务控制权为标的的交易（张秋生，2005）。新建投资在国际投资中也称"绿地投资（Greenfield Investment）"，是指投资者投入资金或其他生产要素设立新的企业，一般新建投资生产的企业由投资者完全占有。新建投资包括企业通过购买生产资料形成新的生产能力，也包括通过建立新的部门形成新的营销能力和研发能力等。

并购与新建投资特点各异，并购的长处往往就是新建投资的短处，反过来也一样，并购的缺点往往正是新建投资的优点。与并购相比，新建投资表现出如下优势：

第一，有利于选择符合投资公司对外扩张目标的生产规模和投资区位。直接投资是投资公司实现对外扩张的主要实现途径，选择新建投资方式发展，有利于投资公司根据战略目标的需要，准确定位生产规模和投资区位，而选择并购方式则有可能因难以寻找到生产规模和投资区位均符合投资公司意愿的标的方而无法实现。在新建投资方式下，投资者还可以尽量按照自己的意愿和要求来构建生产、销售、管理模式，使企业的运作贯彻投资者所偏好的经营理念。

第二，投资费用通常较低。一般来讲，在形成同等生产规模的条件下，新建投资比并购的费用要低。在近年的投资并购中，标的方大都是具有较强竞争力的企业，交易价格一般高于新建同等规模企业的投资。此外，投资并购必须更多地依赖于外部市场，投资企业必须通过标的方所在的证券市场或与标的方谈判来完成投资过程，标的方有可能待价而沽。特别是在恶意并购中，收购方大都要付出昂贵的代价。除直接支付的费用外，并购中的收购方还要支付一些间接费用，如对标的方现有资产的整合、缩减现有雇员和处理对外债权债务等。在新建投资中，所有这些间接费用均不存在。

第三，易于获得目标市场所在地政府和社会各界的支持。新建投资直接形成新的生产能力，只要不是对国内投资的完全替代，就会提供新的就业机会，因而受到目标市场政府和社会各界的普遍欢迎。并购则并不形成新的生产能力，如果标的方存在明显的冗员问题，并购后企业裁员还可能减少就业。此外，许多目标市场的政府和社会各界忧虑，以并购方式进入的投资还有可能导致以外来企业为主导的垄断市场结构。特别是一些发展中国家将外国投资公司对本国企业的大量并购视为侵蚀国家主权。许多发达国家对外国投资公司以并购方式大规模进入本国市场也表现出同样的忧虑。一般来讲，选择新建投资方式比并购方式易于获得目标市场政府和社会各界的支持。

与新建投资相比，并购特点主要集中在以下几方面：

第一，可迅速进入目标市场。与新建投资相比，并购最大的优点是无需建设期，进入的时间快。通常情况下，若不考虑筹备时间，并购只需三到五个月就可以形成生产规模，即使加以改造最多也只需一到两年。20世纪90年代以来交易金额高达数百亿美元的并购交易屡见不鲜，如此巨额的投资若通过新建投资的实现途径，其建设期可能要长达几年、十几年甚至更长。市场竞争的加剧和产品生命周期的缩短，使得投资公司对市场变化作出迅速反映的必要性较前大为增强。为实现全球发展战略目标、迅速扩大生产规模和市场份额，越来越多的投资公司选择并购作为直接投资进入的方式。

第二，获得战略资产。战略资产是指对企业生存和长远发展具有战略意义的资源，主要有研究与开发能力、商标、商誉、特许权和营销网络等。战略资产是企业拥有的最重要的所有权优势，一般难以在外部市场获得，而内部形成又需要较长的时间。通过并购，投资公司能够在极短的时间内获得标的方的战略资产，还可以减少竞争对手的数量，进一步增强其所有权优势。此外，若投资者并购的目标是自己的竞争对手，还可以达到消除竞争对手的目的。

第三，逃避投资国政府管制。某些特大型跨国投资公司在投资国特定产品市场上处于垄断地位，投资国政府往往运用"反垄断法"等工具进行干扰。基于此，该投资公司通过并购的方式，将公司核心资产转移到国外目标的企业，逃避投资国政府管制。

无论是并购还是新建投资，没有哪一种方式可以在任何情况下都占据绝对优势，本章在比选直接投资以何种方式进入时，充分考虑了两种方式的各自特点及多方面的影响因素，力求发挥其优点，弥补其缺陷，以期为企业的战略投资提供理论分析工具。

4.2.2 对外直接投资的理论解释

当今跨国公司的直接投资研究已经成为全球化经济条件下投资研究的主流经济理论。对外直接投资的解释主要有垄断优势、产品生命周期、国际生产折衷等理论。

4.2.2.1 垄断优势理论

垄断优势理论（The Theory of Monopolistic Advantage），又称特定优势理论，被认为是西方跨国公司理论的基础和主流，是由美国学者斯蒂芬·海默（Stephen Hymer）在其1960年撰写的博士论文《本国公司的国际性经营：一种对外直接投资的研究》（*International Operations of National Firms：A Study of Direct Foreign Investment*）中首先提出来的。海默的导师查尔斯·金德尔伯格（Charles Kindleberger）在后来的著述中对海默的理论进行了阐述和补充，使之成为系统、独立地研究跨国公司与对外直接投资最早和最有影响力的理论，因此一些文献中将他们的研究称为海－金传统（H－K Tradition）。

该理论的核心内容是"市场不完全"与"垄断优势"。海默认为，市场不完全体现在以下四个方面：①商品市场不完全，即商品的特异化、商标、特殊的市场技能以及价格联盟等；②要素市场不完全，表现为获得资本的不同难易程度以及技术水平差异等；③规模经济引起的市场不完全，即企业由于大幅度增加产量而获得规模收益递增；④政府干预形成的市场不完全，如关税、税收、利率与汇率等政策。海默认为，市场不完全是企业对外直接投资的基础，因为在完全竞争市场条件下，企业不具备支配市场的力量，它们生产同样的产品，同样地获得生产要素，因此对外直接投资不会给企业带来任何特别利益，而在市场不完全条件下，企业则有可能在国内获得垄断优势，并通过对外直接投资在国外生产并加以利用。

在此基础上，海默认为当企业处在不完全竞争市场中时，对外直接投资的动机是为了充分利用自己具备的"独占性生产要素"即垄断优势，这种垄断优势足以抵消跨国竞争和国外经营所面对的种种不利而使企业处于有利地位。企业凭借其拥有的垄断优势排斥东道国企业的竞争，维持垄断高价，导致不完全竞争和寡占的市场格局，这是企业进行对外直接投资的主要原因。

通过对美国跨国公司对外直接投资的实证分析，海默认为，进入东道国的投资者不采取通过资本市场证券投资等进行间接投资，而是通过办企业进行直接投资，其原因是在非完全竞争的条件下，投资者拥有东道国当地竞争者没有的企业优势，这些优势可以保证投资者获得高于在母企业的收益率和利润率。这些优势表现在以下方面：资本优势、货币优势、管理优势、技术优势、营销优势、获取资源能力方面的优势、规模经济优势、政治力量优势。

垄断优势理论通过企业进行对外直接投资应该具备的条件回答了企业要不要进行对外直接投资的问题，这些条件适应于任何一种对外直接投资方式，对不同投资方式（在这里指并购和新建投资）的影响是共性的。但是该理论并没有回答在什么样的条件下采用什么样的方式进行投资，即没有说明对外直接投资方式的选择。并购和新建投资对垄断优势理论的借鉴之处就是该理论提供了一些可以用来分析并购与新建投资选择的影响因素，如管理水平（管理优势）、政府政策的倾向性（政治力量优势）、技术水平（技术优势）等。

4.2.2.2 产品生命周期理论

雷蒙德·弗农（Raymond Vernon）在1966年发表的《产品周期中的国际投资与国际贸易》（*International Investment and International Trade in the Product Cycle*）一文中提出了产品生命周期理论（The Theory of Product Life Cycle），该理论将产品生命周期划分为创新、成熟和标准化阶段，说明在产品生命周期的不同阶段，各国在国际贸易中的地位不同，并把企业的区位选择与海外生产及出口结合起来进行系统的动态分析。该理论将世界各国大体上分为三种类型，即创新国（一般是发达国家）、次发达国家和欠发达国家。

在创新阶段，创新国企业凭借其雄厚的研究开发实力进行技术创新，开发出新产品并投入本国市场。由于需要投入大量的研发力量和人力资本，产品的技术密集度高，且由于生产技术不稳定、产量低，所以成本很高。生产主要集中在创新国，因为新产品的需求价格弹性较小，创新企业通过对新产品技术工艺的垄断地位即可在国内获得高额垄断利润。对于经济发展水平相近的次发达国家偶尔的少量需求，创新企业通过出口即可满足，因此这一阶段无须到海外进行直接投资。

在成熟阶段，随着新产品生产和市场竞争的发展，市场出现了一系列变化：新产品的生产技术日趋成熟，开始大批量生产；产品的价值已为经济发展水平相近的次发达国家的消费者所认识，国外需求强劲；需求价格弹性增大，企业开始关注降低生产成本；生产工艺和方法已成熟并扩散到国外，研发的重要性下降，产品由技术密集型逐渐转向资本密集型。与此同时，随着创新国向次发达国家的出口不断增加，进口国当地企业开始仿制生产，而进口国为了保护新成长的幼稚产业开始实施进口壁垒限制创新国产品输入，从而极大地限制了创新国的对外出口能力。因此，创新国企业开始到次发达国家投资建立海外子公司，直接在当地从事生产与销售，以降低生产成本、冲破市场壁垒，占领当地市场。

在标准化阶段，生产技术的进一步发展使产品和生产达到了完全标准化，研发费用在生产成本中的比重降低，资本与非技术型熟练劳动成为产品成本的主要部分。企业的竞争主要表现为价格竞争，创新国已完全失去垄断优势。于是，创新国企业以对外直接投资方式将标准化的生产工艺转移到具有低成本比较优势的欠发达国家，离岸生产并返销母国市场和次发达国家市场。最后当该技术不再有利可图时，创新国企业将其通过许可方式转让。

产品生命周期理论将垄断优势和区位选择结合起来，对企业进入国外市场的动机、时机及区位选择进行了动态的分析，但同样没有涉及对外直接投资的具体方式。产品生命周期理论对并购与新建投资的在投资时机方面的影响是共性的，该理论对并购与新建投资的选择的借鉴之处是提供了一些区位方面的影响因素，如技术创新优势（技术水平）、东道国的市场增长情况、市场竞争情况和东道国政府的政策。

4.2.2.3 国际生产折衷理论

约翰·哈利·邓宁（John Harry Dunning）在1977年撰写的《经济活动的贸易区位与多国企业：一种折衷理论的探索》（*Trade Location of Economic Activities and the MNE: A Search for an Eclectic Approach*）中提出了国际生产折衷理论（The Eclectic Theory of International Production）。邓宁认为，过去的各种对外直接投资理论都只是从某个角度进行片面的解释，未能综合、全面地分析，因此需要用一种折衷理论将有关理论综合起来解释企业对外直接投资的动机。该理论的核心是，企业跨国经营是该企业具有的所有权特定优势、内部化优势和区位优势这三优势综合作用的结果。

第一，所有权特定优势（Ownership Specific Advantage），又称垄断优势（Monopolistic Advantage），是指企业所独有的优势。所有权特定优势具体包括：

①资产性所有权优势，指在有形资产与无形资产上的优势，前者指对生产设备、厂房、资金、能源及原材料等的垄断优势，后者指在战略性资产如专利、专有技术、商标与商誉、技术开发创新能力、管理以及营销技术等方面的优势；反映企业资产性所有权优势的是企业的规模。②交易性所有权优势，指企业在全球范围内跨国经营、合理调配各种资源、规避各种风险，从而全面降低企业的交易成本所获得的优势，反映企业交易性所有权优势的是企业的投资经验。企业对外直接投资一方面是为了利用自身的所有权优势，另一方面获得其他企业的所有权优势。

第二，内部化优势（Internalization Advantage），是指拥有所有权特定优势的企业，为了避免外部市场不完全对企业利益的影响而将企业优势保持在企业内部的能力。内部交易比非股权交易更节省交易成本，尤其是对于那些价值难以确定的技术和知识产品，而且内部化将交易活动的所有环节都纳入企业统一管理，使企业的生产销售和资源配置趋于稳定，企业的所有权特定优势得以充分发挥。

第三，区位优势（Location Specific Advantage），是指某一国外市场相对于企业母国市场在市场环境方面对企业生产经营的有利程度，也就是东道国的投资环境因素上具有的优势条件，具体包括：当地的政府对外投资政策倾向性、经济发展水平、市场规模、基础设施、资源禀赋、劳动力及其成本等。如果某一国外市场相对于企业母国市场在市场环境方面特别有利于企业的生产经营，那么这一市场就会对企业的跨国经营产生非常大的吸引力。另外不同区位的文化差异对对外直接投资方式的选择也具有重大的影响，文化差异小可以使企业更容易获得该地区的区位优势。

在企业具有了所有权特定优势和内部化优势这两个必要条件的前提下，又在某一东道国具有区位优势时，该企业就具备了对外直接投资的必要条件和充分条件，对外直接投资就成为企业的最佳选择，但是该理论仍然没有涉及对外直接投资方式的选择问题。

邓宁（1998，2000，2001）在研究中认识到：由于OLI范式没有明确区分FDI的不同进入方式，其分析的素材大都来源于新建投资而非并购，因此很难解释现实中跨国并购作为FDI常态的现象，而对于跨国公司间的巨型并购现象及其联合内部化现象就更无法解释。为此，邓宁进一步将并购因素纳入到OLI

范式之中。OLI 范式为分析跨国并购提供了一个理论框架，只要把其中包含的三种优势要素与跨国并购具体方式结合起来，就可以得到一个有关跨国并购的分析范式，见表 4-1。事实上，运用 OLI 理论框架来解释跨国并购，其主要意义在于加入了时间因素。然而，这种解释其理论本质仍然是一种关于"动机"和"存在性"的解释，无法解答关于跨国公司的组织结构及其整个生产体系的动态化问题。

表 4-1　　　　　　　　OLI 范式下的跨国并购与新建投资

类型	新建投资	跨国并购
"O" 优势	通过形成新的厂房、设备、营销网络等在公司内部转移特定的所有权优势	既可以迅速地在公司内部转移特定的所有权优势，也可以获得外部的所有权优势
"L" 优势	厂址所在的区位优势能够和公司使用的 "O" 优势形成最佳的配合	迅速地进入目标区位，和（或）获得该区位内的"优势"
"I" 优势	克服中间产品市场失灵带来的高额交易成本	一种更为迅速的内部化方式，以便克服时间约束

资料来源：根据邓宁（1998，2000，2001）相关文献整理。

邓宁（2000，2001，2003）在考察 20 世纪 90 年代以来跨国公司 FDI 的新趋势、新特征的基础上，结合这一时期 FDI 理论的最新发展，对其 OLI 范式中的三要素即 "O"、"L" 及 "I" 同时进行了动态化的分析，并尝试将相关的 FDI 理论整合到其 OLI 范式中来。对于跨国公司 FDI 中的所有权优势 "O"，邓宁结合基于资源观的跨国公司组织理论、企业的演化理论和内部化理论的最新研究成果，认为跨国公司 FDI 的动机，一方面是要运用自身已有的所有权优势获得最大化利润，另一方面也是为了开发和增加战略性资产。在肯定静态 "O" 势依然重要的基础上，开始关注跨国公司获得动态 "O" 优势的能力。对于跨国公司 FDI 中的区位优势 "L"，邓宁结合了区位理论、经济集聚理论、知识增进（Knowledge - Enhancing）的动态区位理论及国际化理论等最新的研究成果，在强调传统的国家层面区位比较优势的同时，更加注重一种次国家层面的区位竞争优势，认为跨国公司 FDI 与东道国诸如企业集群等的网络融合所形成的不可转移和难以复制的战略性资产，是跨国公司 FDI 中区位竞争优势的所在。对于跨国公司 FDI 中的内部化优势"I",邓宁则吸收了传统内部化理论、动态内部化理论、企业理论以及知识获得和分享理论等的最新进展,将战略资产寻求和增加型如跨国并购、国际战略联盟等的 FDI 纳入到其分析框架之中。邓宁在最近几年对其 OLI 范式所进行的修正和补充,吸收和融合了相关 FDI 理论的诸多研究成果,也从一定程度上反映了跨国公司 FDI 在近些年来的发展趋势和特征。正如他自己所言:"经过拓展后,一个附加了动态内容的折衷范式,将与资产增加型(Asset – Augmenting)及联盟行为相关的跨国投资活动纳入到理论框架中来,作为检验国际生产决定因素的一个主要分析框架,其理论地位得以加强。"然而,有学者认为此次修正关注了跨国公司 FDI 及其竞争优势的一些动态性特征,但依然是在原有 OLI 框架内进行的,采用的方法基本以整合相关理论的最新发展为主,未能将 OLI 中各因素互动中的动态化特征及其互动机理全面揭示出来。

基于邓宁的 OLI 范式,许多学者展开了深入研究,并大胆提出新的理论框架。王焕祥(2004)引入"要素交易整合优势(T)"构造出 T – OLI 四要素菱形模型。他认为利用邓宁的 OLI 范式来解释跨国并购,只能运用内部化理论强调跨国公司转移或取得资源,没有对当代跨国公司的逆内部化(逆向并购)行为作出较充分的解释。主流 FDI 理论强调了内部化优势(要素的公司内交易)基于交易成本节约的重要性,而更重要的是交易活动(正向及逆向并购)提高了公司现有要素的使用和生产效率,降低了总成本(包括交易成本和生产成本)。他提出应该把跨国并购作为独立的因素纳入 OLI 范式,可以根据内外因素或 OLI 结构中各优势相对重要性的变化对其进行整合,从而使得 OLI 范式中的既有优势成为一种动态可变的整体性优势。

黄中文(2004)将 OLI 理论和企业并购理论结合起来,他认为一个具有传统意义上的三优势的跨国公司之所以会在并购与新建之间作出不同选择,是因为并购投资比新建投资具有显著的速度优势(S),将这一优势引入就形成了一个新的解释跨国并购的理论框架(OLIS 框架),它可以弥补 OLI 范式对并购解释不足的缺陷。

国际生产折衷理论解释了企业对外直接投资的条件,同样没有涉及对外直接投资的方式选择问题,但是对并购和新建投资的选择提供了一定的借鉴意义,它通过所有权优势、区位优势和内部化优势提出了一些对并购和新建投资的影响因素，如战略资产的可转移性、企业管理水平、以往的并购经验、企业的研究开发能力、项目建设速度、文化差异。

4.2.3 并购与新建投资选择的影响因素分析

基于以上理论分析得出影响并购与新建的因素有企业规模、企业的研究开发能力、企业的管理水平和并购经营的经验、项目建设速度、东道国市场增长情况、市场竞争情况、东道国政府的政策倾向性、战略资产的可转移性、文化差异等，其中企业规模、企业的研究开发能力、企业的管理水平和并购经营的经验、项目建设速度可归为企业的所有权优势和内部化优势，而东道国市场增长情况、市场竞争情况、东道国政府的政策倾向性、战略资产的可转移性、文化差异可归为东道国的区位优势，这些影响因素归纳起来可分为外部因素和内部因素。

4.2.3.1 外部因素

1. 市场增长状况

并购与新建投资的区别之一就是并购是对于市场存量的调整，而新建投资新增了市场供给。根据西方经济学的基本理论，在市场容量一定的情况下，单纯的增加供给，为达到新的均衡，必须降低价格以扩大需求，而这是投资方不愿意看到的。因此，本书认为市场增长率高的情况下，市场容量是在不断扩大的，此时更倾向于通过新建投资进入市场。而市场增长率低的情况下，市场已趋向饱和，此时，更适合于通过并购优化资源配置，进行现有生产能力的调整。

凯夫斯和梅赫拉（Caves & Mehra，1986）等对投资方式与GDP的关系进行了实证研究，结果表明，GDP增长率高的国家发生新建投资的可能性要高于GDP增长率低的国家，这一结果在侧面上也印证了以上的推论。公司选择新建投资方式还是并购投资方式，受行业销售增长率的吸引，增长率越高的行业，公司越倾向于选择新建方式进入（Mudambi & Mudambi，2002）。

2. 市场结构状况

产业集中度是指产业内企业分布的规模结构，它主要有两大指标：即绝对集中指标（Industrial Concentration）和相对集中指标（Summary Concentration Index）。绝对集中指标是指某一产业市场中，规模（一般用销售额，也可以用资产、收入以及劳动力数量等指标）以上少数几家最大企业的市场占有率。通常使用的产业绝对集中度是最大四厂商集中度（CR4）和最大八厂商集中度（CR8）。贝恩（Bain，1959）对制造业的集中度进行分析后，以市场占有率为基准提出了他的基本标准相对集中度指标（Summary Concentration Index），则是反映产业内企业相对集中度的指标。通常以洛伦茨曲线（Lorenz Curve）以及以洛伦茨曲线为基础的基尼系数（Gi-ni Coefficient）来表示。

通常来讲，产业集中度高的行业中，前几家企业的市场占有率较高，已经形成了规模经济，并形成了自己的营销策略和客户群体。对于投资者来说，进入时如果采用新建投资的方式，则要面临着两个方面的风险：一是几家市场占有率高的企业为了避免利润的摊薄，对新入者采取联合的抵制行动；二是与已经形成规模经济的企业相比，新入者在初期所面临的竞争更加激烈。基于以上考虑，投资者一般会采用并购方式，而不是新建投资。因此，可以推断，产业集中度与企业采用新建投资的可能性呈负相关关系。凯夫斯（1976）的研究表明，在进入企业集中的市场时，为避开市场价格的跌落，选择并购方式的可能性更大。

在对外投资方式的选择中，同样存在并购与新建的权衡，具体表现为跨国并购与绿地投资两种模式。如果 FDI 投资者采用绿地投资模式进入东道国，那么新建的标的方的市场份额需要从东道国市场内原有的同行业企业手中夺取，因此将面临激烈的竞争；如果 FDI 投资者通过跨国并购模式进入东道国，由于并购行为并未改变东道国市场内原有的竞争格局，因此标的方面临的竞争会弱于绿地投资模式。李善民、李昶（2013）推断，由于面临的竞争压力更大，总体上绿地投资模式新建的标的方未来的增长速度将会慢于跨国并购模式获得的标的方。这一推断与乔治欧普罗斯和普罗伊塞（Georgopoulos & Preusse，2009）的实证研究相一致。

而对于投资方自身而言，由于其自身往往已经形成了规模优势，因此，在选择投资方式时更倾向于选择新建投资，而不是并购。而此时，行业集中度的影响指的主要是企业自身的特点。企业在行业中的地位，也就是市场势力，往往可以由企业在行业中的排名所反映。

3. 政府政策的倾向性

东道国的投资风险反映在对企业的生存和盈利起关键作用的经济政治条件

和政府政策持续性的不确定上。政府政策包括政府对外资企业和某些行业的态度、政府对外资企业的资金控制政策、政府对外资企业的资产征用政策以及汇率政策等。东道国制定的政策需要能够影响到外资投资者从投资标的方中获取价值的能力，才会起到引导外资流向的作用。一般来说，税收政策（减税或加税）、限定外资最高持股比例、行业禁入等方法都是引导外资进入模式选择的政策手段（李善民、李昶，2013）。一些研究学者认为东道国政府限制型的政策可能阻止向内的外国投资（Rugman，1979；Stopford，1976），企业最好不进入这样的国家，即使进入也可能偏好非投资模式（Agarwal & Ramaswami，1992）。

政府对某一行业的政策倾向往往也会左右投资决策。政府对某一个的行业的管制可能对某种投资方式有倾向性，或是更加有利于某种投资方式的实施。例如，对于某些实力较弱、缺乏竞争优势的行业，可能会制定优惠政策，鼓励向这一领域的新设投资；而对于某些趋于饱和、重复建设严重的行业，可能会鼓励其进行并购整合，以期进一步优化资源配置。相应地，行业中的企业在进行投资时，很大程度上会考虑政府的政策倾向性，以使得企业的投资决策更具合理性。

汇率的变化某种程度上也反映了东道国政府的政策倾向或者东道国的政治经济稳定性。例如东道国出于吸引外资的需要、出口的需要或外汇管制的需要采取不同的外汇政策，东道国国内经济景气程度出现的变化或者突发的经济危机，这些因素都会直接造成汇率变化。当外币升值、实际购买力超过票面价值时，外国投资者通过并购方式进入东道国市场，可以获得价值低估的资产，实现低成本扩张。一个典型的例子是20世纪80年代日元对美元升值所造成的对美国企业的收购。戴维森（Davidson，1980）的研究也表明，汇率平价方面的差异提高了通过国际并购方式进行海外投资的可能性。50年代和60年代美国企业大量并购了欧洲企业。那时，美元正处于强势地位。

东道国汇率变化所造成的东道国企业价值低估，会对企业的并购产生正面影响。但值得注意的是，这种影响的作用相对有限。首先，标的方的价值低估是短期现象，更多的时候市场机制能够准确对公司的价值进行估价；其次，大部分并购交易的实际操作中往往是标的方价值被相对高估。另外，公司的并购行为更多地会考虑一些战略因素，短期内标的方的价值低估只是提供了一个进入的契机，一般不会成为并购的决定因素，而只是影响了企业某一时段投资方式的选择。

1916年瑞典经济学家卡塞尔（Gustav Cassel）在总结前人学术理论的基础上，系统地提出两国货币的汇率主要是由两国货币的购买力决定的。这一理论被称为购买力平价说（Theory of Purchasing Power Parity，PPP理论）。运用该理论编制的购买力平价指数，可以反映国家与国家之间的汇率差异。在某一时段，标的方名义汇率偏离实际购买力差异越大，企业越倾向于选择并购，反之，越倾向于新建投资。

莫斯卡廖夫（Moskalev，2010）研究了世界上57个国家或地区的数据发现，针对跨国并购的法律对跨国并购的数量和形式都有影响。那些放松了跨国并购管制的国家，跨国并购的数量显著增加了。同时，在针对跨国并购的管制法律较弱的国家，FDI投资者也更加倾向于收购东道国标的方而非进行绿地投资或者设立合资公司。研究还发现，东道国增强对跨国并购的法律监管，将导致FDI投资者转而通过绿地投资或者合资新建等途径规避法规的限制，寻找更有益于增加其对投资标的方控制权的进入模式。安瓦尔（Anwar，2012）分析对比了中国与美国、澳大利亚、加拿大、英国针对FDI的具体法律规制，指出这5国的政策对各自国家FDI的发展都有非常明显的影响。

4. 战略资源的可获得性

全球化下公司的战略性并购，最重要的动机是通过并购获取标的方的战略性资产，从而保持和增进在世界市场中的竞争优势。战略性资产包括研究与开发能力、技术诀窍、专利、商标、供应商网络、营销网络等[①]，是构成企业所有权优势的一个重要部分。这些战略性资产或者是收购方难以得到的（如标的方的商誉），或者是收购方难以短时间内形成的（如在东道国的营销网络）。并购这些战略性资产会使公司迅速进入当地市场、获取标的方的技术和营销网络、实现双方管理和经营优势的结合、达成世界范围内的规模经济，使公司的全球生产布局更有效率，或在东道国的产品市场竞争中处于一个更加有利的地位，这对公司而言，具有超越标的方自身内在价值的更为特殊的战略意义。

---

① 一般意义上来说，战略资产可能还包括人力资本。但是由于人力资本既有行业特性，又有企业特性。相比较而言，因为人力资本的密集程度往往很大程度取决于行业特点，所以行业特性的影响更大一些。由此，把这一因素放到行业特性中进行考虑。

此外，根据交易成本理论，企业可以从以下几方面节约交易成本：首先，在信息不对称和外部性的情况下，企业通过研发投入获得知识的市场价值难以进行转移，即使实现转移，也需要付出高昂的谈判成本。此时，通过新建投资使知识在同一企业内使用，可以达到节约交易成本的目的；其次，企业的商标、商誉作为无形资产，其运用也会遇到外部性的问题。因为某一商标使用者降低其产品质量，可以获得成本下降的大部分好处，而商誉损失则由所有商标使用者共同承担。解决这一问题的途径一是增加监督，二是采用新建投资使得所有的商标使用者都为内部成员。在外部交易的情况下，监督成本会大大增加；作为内部成员，降低质量只会承受损失而不得利益，消除了机会主义动机；再次，有些企业的生产需要大量的中间产品投入，而中间产品的市场存在供给的不确定性、质量难以控制和机会主义行为等问题。企业通过并购将合作者变为内部成员，就可以消除上述问题。当标的方和投资公司处于不同行业中时，会更倾向于选择绿地投资，因为它的交易成本很高。而双方处于同一行业时，可能更倾向于选择并购。

在所有战略性资产中，技术作为所有权优势中最重要的部分，占有特殊的地位。现代企业之间的竞争主要表现在技术上的竞争，企业通过并购能获取或发挥技术上的竞争优势，增强其核心竞争力。采用并购方式可直接获得标的企业的技术、专利及有关的专业技术人员，这将有利于收购方向陌生领域的扩展，节省研发费用，减少技术开发中的时间风险和失败风险，或迅速实现技术的升级和赶超。著名通信系统供应商美国朗讯科技公司[①]为进军数据通信领域，1996~1999年进行了12次对数据通信企业的并购活动，不断充实了数据网络部门。1999年1月，朗讯以200亿美元价格并购了美国著名计算机网络厂商奥升德（Ascend）公司，达成电信厂商与数据网络供应商最大的合并案。合并后，朗讯成立一个由奥升德和朗讯原来的数据网络系统、光纤系统和软件部门组成的宽带网络部门，实现了由传统通信生产行业向数据通信领域拓展的重大战略转移。

在初期，并购投资与新建投资在技术转移效应上存在一定区别。新建投资是建立一家新企业，一般从一开始就便用新的设备、技术和工作场所，可以根

---

① 2006年，与法国阿尔卡特合并成为阿尔卡特朗讯；2015年，诺基亚宣布收购阿尔卡特朗讯公司。

据标的方实际发展状况采用相适宜的先进技术。通过并购后建立的新公司是在原有企业的基础上成立的，并且存在一个并购后的整合期，在收购方继续使用出让方现有的技术和设备时，并购投资不能像新建投资那样迅速转移新的或更好的技术与技能。但如果收购方的设备陈旧或没有效率，收购方很可能投入新的设备、技术和生产方式，以便使标的企业迅速增强竞争能力，进行收购后的投资。埃纳尔（Hennart,1988）的结果表明，当一个公司所需的资产与自己目前所不需的资产混合在一起时，它更倾向于通过收购来获得这部分资产。他认为目标资产的可消化性是决定采用绿地投资还是收购的最关键因素，他的研究更集中于整合标的方的人力资源所需的成本。

在长期条件下，并购通常与新建投资一样，是一种着眼于长远发展的产业性投资。作为长期投资者，公司有动机改善和提高出让方的经营效率，增强竞争力。因此，长期内并购也能够为企业带来先进的生产、销售技术和管理方法。

在大多数发展中国家和转型国家中，外国投资者通常拥有较强的实力。因此，并购，特别是由发达国家公司所进行的并购会提高标的企业的硬技术和软技术水平以及相关能力。并购既提高了标的企业的劳动生产率，也提高了这些企业的全要素生产率，而且，标的企业生产率的提高一般要大于本地标的企业生产率的提高。即使在发达国家，在并购双方技术差距相对较小的情况下，并购也往往会提高标的企业的生产效率。

于成永、施建军（2012）认为在跨国经营中并购不是必然选项，选择并购有利于提升企业绩效的推断至少有两个前提条件：一是学习效应大于溢出效应。采用并购获取外部互补知识的学习效率及可能源于组织间学习的竞赛效应足够抵销组织间的收益独占或者溢出效应，由于对外部互补资产控制的增强和不同组织间利益冲突的减少，并购在组织利益一致性和防止机会主义行为等方面要优于联盟，联盟的最终发展趋势基本是并购；二是内部学习效率高于外部学习效率。兼并的"学习经济效应"可能源于内部学习的效率高于外部学习，企业之间知识转移扩散的学习与模仿会受到知识转出方的限制，兼并使双方成为一体，竞争关系不复存在，兼并方为强化自身的战略资源，会设法促进并购双方知识的交流和融合，同时，外部学习中企业间知识转移的困难来源于隐性知识自身的难以模仿性和路径依赖性，兼并让外部学习内部化，有组织、有意识地交流和沟通能够降低模仿的难度，使得知识转移的效率高于外部学习。

埃纳尔和帕克（Hennart & Park，1993）应用资源理论和交易成本理论对日本企业进行经验研究，指出拥有较强技术优势的日本企业一般采用绿地投资方式进入他国市场，研究认为由于复杂技术，其转移一般比较困难，培训标的企业的员工的难度和风险都较大。因此，高科技企业更倾向于采用绿地投资方式进入国外市场。

戴维森（1980）的研究表明，拥有集中化生产技术和国际知名度品牌的投资企业更加主张新建投资方式，而不是并购方式。库尔汗等（Curhan et al.，1977）的共同研究也表明，具有很高水平市场技术的企业多数倾向于主张通过新建投资方式进行新建投资，而不是并购方式。本书对这种现象的解释是，这种企业比被投资企业拥有优秀的技术和市场营销的能力，并通过这种优势可以追求产品差别化的战略，可以大幅减小因投资方的不确定性带来的风险。

根据斯托普福德（Stopford，1976）的研究表明，研究开发费用低的企业更倾向于选择并购作为投资方式，而具有技术密集度高的企业为了避免损失竞争优势而选择新建投资方式，而不是并购。

根据上述分析，可以看出，投资方战略资产越多，越倾向于使用新建投资。标的方战略资产越多，越倾向于并购。

4.2.3.2 内部因素

1. 企业规模大小

企业需要资产实力以进行国际扩张并成功地与东道国企业竞争，要消化高营销成本、要加强专利和契约、要获得规模经济都需要资源（Hood & Young，1979）。企业规模的大小反映了企业消化这些成本的能力（Buckley & Casson，1976；Kumar，1984）。实证研究表明企业规模对对外直接投资的影响是正面的（Buckley & Casson，1976；Cho & Padmanabhan，1995；Caves & Mehra，1986；Yu & Ito，1988；Terpstra & Yu，1988；Kimura，1989）。换句话说，通常企业规模与进入国际市场的倾向是正相关的。但是，企业规模大小与并购或新建投资的关系尚无确定的结论。

2. 企业以往的经营经验

美国堪萨斯大学教授游伯龙（Po‐Lung Yu，1980）在研究个人发展时指出："好智力不如好习惯"，个人的习惯性行为来自其习惯领域（Habitual Domains），有一个丰富的习惯领域是一个人发展的潜能，而作为有机整体的企业组织也是如此，其模式〔方法、方式〕制度、文化也出自其企业组织惯域，因此，变革、创新制度、文化的关键是不断丰富、改善企业组织惯域，企业持续发展的关键是企业有一个不断完善的惯域。从这一角度来说，企业在完成了相似的数次决策之后，在以后制定决策的过程中，也更倾向于采用相似的决策。以往的决策经验非常重要，决策者的决策思维具有一定的惯性，过去的决策方式和决策结果对企业经营者在并购和绿地投资的选择上有重要的影响（Padmanabhan & Cho，1996）。换句话说，企业如果曾经进行过数量相对较多的并购决策之后，以后的决策也往往会倾向于采用并购而不是新建投资，从而形成自己的企业组织惯域（EOHD）。而企业组织惯域一旦形成，如果没有较强的外界冲突，是很难加以改变的。

另一方面，作为投资的一种方式而言，不管是国内企业间形成的并购，还是国内企业对海外企业的并购，其初期目的都属于同一范畴。因此，企业在不断的并购过程中，可以积累到相应的经验，吸取失败教训，从而为以后的并购决策提供有力的支持。实证研究的结果显示（Barkema & Vermuelen，1998；Larimo，1993；Larimo，1995；Wilson，1980；Zejan，1990），企业进行新建投资的历史越长，也就越倾向于采取同样的方式进行投资，这也可以从侧面印证前面的推论。

3. 企业的研发实力（发展差异化产品的能力）

企业的研发能力强弱及研发支出大小，也是影响跨国公司 FDI 进入方式选择的重要因素。如果，跨国公司以新建投资方式进入东道国，其必须为了解当地市场，获取市场信息，研究市场机会付出较高的研发成本，企业的研发投入越大，研发能力越强，强大的研发能力无需太多转移成本即可注入新企业，可以降低新建企业的研发费用。安德森和斯文森（Andersson & Svensson，1994）的研究认为，具有高研发能力的企业倾向于新建投资。

另外，当一个企业拥有发展差异化产品的能力时，如果与东道国企业分享这项知识，企业将面临着长期收益损失的风险，因为国外企业可能利用这项知识在未来的时期内作为一个独立的法人企业经营（Poole & Ven，1989）。因此当一个企业拥有这种能力的时候，高控制的模式即新建投资就非常有效。实证研究也表明高产品差异化水平需要使用高控制模式（Anderson & Coughlan，

1987；Caves，1982；Coughlan，1985；Davidson，1980；Stopford，1976）。

4. 企业管理水平

莱本斯坦（Leibenstein，1966）提出，企业中广泛存在着非配置型低效率现象的理论模型，优势企业与劣势企业在管理效率上的差异，成为企业并购的重要内在动机。建立在该模型基础之上的X—效率理论的核心要点是，公司并购对整个社会而言具有潜在收益，并购行为的发生不仅有利于改进管理层的经营业绩，而且将导致某种形式的协同效应。

按照X—效率理论，由于组成每个企业的管理层不同，每个企业的管理效率也是不同的。当A公司的管理层比B公司的管理层更有效率，且当A公司认为把本公司的管理效率"输出"到B公司将给自己带来效益时，A公司就有了并购B公司的效率动机。通过并购实现的"管理溢出"，使A公司的管理资源得到充分发挥，B公司的非效率资本与有效管理相结合，其效率提升至与A公司相同的水平，管理协同效应便由此达成。

管理协同效应说暗含着三方面的基本假定，第一，收购方具有剩余的管理资源，这些管理资源是有效率且不可分割的，或者这些管理资源具有规模经济，通过并购交易可以得到充分利用；第二，对于标的方而言，其管理的非效率可经由外部经理人的介入和增加管理资源的投入而得到改善；第三，管理协同效应的取得，还在于收购方具有标的方所处行业所需的特殊经验并致力于改进标的方的管理。因此，该论说更适用于解释横向并购。将该论说极而言之，就可能出现这样一个极端的假设，即经过一系列并购，整个社会只剩一家管理层最具效率的企业，社会经济效率也达到最大化。显然，公司内部的协调和管理资源的有限性阻止了并购的无限扩大。

并购技术转移效应也体现在对东道国标的方软技术的转移方面，如管理和组织方法等信息资源的转移。采用并购的方式，可以在使用原有设备和生产技术的基础上，通过软技术的转移实现出让方生产效率的提高。例如，在20世纪90年代阿根廷的私有化进程中，私有公司收购了阿根廷的一些国有公用事业公司，并在收购后对原有企业进行了诸如解雇冗员、改进客户记录和收集方法、修改采购政策和分包政策等重大改革。收购方还对原有企业的组织技术进行了改进，实现了管理的计算机化和自动化。为了解决劳动力素质低下的问题，公司对收购后的子公司还进行了大量的员工培训。通过并购软技术的移植，出让方的生产效率及质量标准都有了显著提高。其他的研究证据也表明，外国投资者大多在标的企业中引进了新的或改进的管理技术，特别是在对国有企业的收购中。

从某种程度上来说，管理水平低的企业更倾向于采用新建投资的方式，以规避整合一个高水平企业的风险。

5. 项目建设速度

与新建投资相比，并购方式具有速度上的优势。当企业在国内或海外扩张时，并购通常是达到目标的最快捷的方式。在经济全球化的条件下，速度不仅可以使收购方迅速进入相关市场，而且会关系到企业的生存和发展。在企业进行海外投资时，速度优势显得尤为重要。

首先，并购比新建投资具有进入上的速度优势。通过并购，公司可以大大缩短项目的建设周期或投资周期，迅速进入当地市场，在激烈争夺市场的竞争中抢得先机。而新建投资一般涉及项目论证、政府审批、基础建设、设备安装、人员配置等不同阶段的工作，建设周期长，不确定因素多。创建新企业从考察谈判到开业一般要用 1.5～2 年时间，要达到一定的规模至少要用 3～5 年。相比之下，收购方只需要短短 3～5 个月即可迅速形成生产规模，即使加以改造最多也只需 1～2 年，比新建企业缩短 2～3 年。在新经济条件下，科技的飞速发展使得并购在进入时较大程度上避免了新建投资所面临的时间上的压力和风险。李善民、李昶（2013）的研究便发现在工程建设速度快的国家或地区，FDI 投资者倾向于采用绿地投资的方式进入东道国；反之，在工程建设速度慢的国家或地区，FDI 投资者偏好于跨国并购模式。

其次，并购可以使投资者以最快的速度获得出让方的所有权优势或实现双方所有权优势的结合，进而迅速占领目标市场。这些所有权优势包括出让方现有的生产设备、技术工人、先进的技术和管理经验及其品牌商标和销售网络。同时通过并购还可以获得标的企业的市场份额，减少竞争，巩固市场地位。

最后，并购可促进企业的快速成长。近年来，技术突破和重大创新越来越依靠学科间和产业间的交流与合作，原先那种有明确边界的学科划分和产业部门划分被打破。一个企业所具备的能力和资源极其有限，仅仅依靠自己内部的研究与开发工作，很难进行有效竞争。而且，产品生命周期日益缩短，技术变得日益复杂，研究与开发费用也由于人工成本和资本成本的提高而大幅增加，这既增加了时间的紧迫性和风险性，又降低了大量研究与开发的潜在回报。因此，企业在日趋激烈的市场竞争中需要以最快的速度增长。通过在全球市场上的并购不仅可以远远快于自身发展速度，而且可以获取外部专项资产或资源，乃至一个新的业务领域，可以抢占知识源头，形成持续的技术开发能力。因此，并购所具有的速度优势就成为公司投资的最佳选择。近年来所发生的许多网络并购案中，相当一部分是计算机生产企业或软件企业为了快速进入网络业而采取的投资战略。许多实证研究也表明，新建时间越短，企业越倾向于选择新建投资而不是并购（Andersson & Svensson，1994）。对于对外投资方式选择而言，当东道国市场需求的波动率越高、绿地投资工程建设期越短、东道国文化对绿地投资越具有吸引力时，FDI 投资者越倾向于采用绿地投资模式，反之则倾向于跨国并购模式（Brouthers et al.，2008）。

6. 文化差异

由于母国与东道国在地域上的距离以及东西方传统文化的不同，跨国公司在选择 FDI 进入方式时，必须充分考虑东道国的地域文化与自身文化的差异。原因是这类所有权优势依赖于特定的环境，一旦离开环境，或到了陌生的国家，这些所有权优势不再存在。要利用这些所有权优势，使其更好的内部化，必须在相似的环境下方有可能。

当一个公司获得另一个公司时，由于两个公司之间的文化差异不同，进行整合是十分困难的（Jemison & Sitkin，1986）。这些文化差距既可能是不同国家产生的，也可能是不同行业产生的。一般来讲，两个国家之间的差距越大，越倾向于采用新建投资，因为整合两种不同文化的企业是十分困难的。

科格特和辛格（Kogut & Singh，1988）编制了一个指数来总结目标国家和投资方所在国家每一个 Hofstede 维度的差距，并得出结论，指数差距越大的企业之间越不倾向于并购。杜宾（Dubin，1976）把 1948~1967 年间的海外投资作为对象，以美国企业的国际并购为依据，调查了关于投资方法选择的决定因素。他发现投资国与被投资国之间的文化、地理的隔阂越高，越倾向于选择新建投资。但也有学者认为较小的文化差距使得企业无需本土企业的帮助就可以建立自己生产经营体系，因此更倾向于选择新建投资（Brouthers & Brouthers，2000）。

4.2.3.3 内部因素和外部因素的相互关系

为了便于表述，本书将内部因素和外部因素进行进一步的归类，企业的外部因素分为市场潜力（主要体现在市场增长、市场竞争和获得战略资产等方面）和投资风险（主要体现在东道国政府对外资企业和某些行业的态度、对资金控制和资产征用的可能以及汇率的变动），内部因素则主要表现为企业的规模、跨国经营的经验、研发实力及发展差异化产品的能力等所有权优势。

1. 规模、跨国经营经验和市场潜力

企业战略对企业市场进入方式具有较强的解释力。一般来说，奉行本土化跨国经营战略的企业更倾向于选择跨国并购，而奉行全球化战略的企业倾向于新建投资（Harzing，2002）。

一方面，大规模和具有高水平的跨国经营经验的企业更有可能选择新建投资进入相对较低的市场潜力的国家。布罗瑟斯和迪科娃（Brouthers & Dikova，2010）的研究表明绿地投资可以从非常小的规模做起，并在未来市场状况向好时逐渐增加投资、扩大规模，因而相对于跨国并购，绿地投资享有一项正的实物期权（延迟期权）。而从市场角度，具有相对较低市场潜力的国家吸引国外的企业的可能性相对较小，但是一些跨国经营的大企业可能对这样的市场感兴趣，以达到他们成长和获利的目标。这些市场可能对保证企业报酬有足够的潜力和战略重要性，另外由于市场的不完善，获得额外报酬的机会也大。只有大企业有足够的资源以承担与进入低市场潜力相关的风险（Lambkin，1988）。如果企业决定进入潜力相对较低的市场，他们更倾向于选择新建投资模式以满足他们的战略需求（Bartlett & Ghoshal，1986）。全球战略研究表明这样的企业关心的是他们的全球战略而不是与特定市场相关的交易成本。出于降低风险的考虑，出口、并购和合资企业也适用于低潜力的市场，但是他们没有保证长期全球性竞争优势的战略控制、战略改变和战略弹性。在特殊情况下，合资企业的合作方和收购方的少数股权持有者可能对战略目标的实现创造障碍，他们的动机和投资企业的动机不一致可能会产生很大的困难（Prahalad & Doz，1987）。相反地，新建独资企业可以利用一体化经营产生的战略选择获得竞争优势（Kogut，1989）。

另一方面，规模小并且跨国经营经验水平低的企业更有可能选择新建投资模式进入具有较高的市场潜力的国家。规模小并且没有跨国经营的经验的企业预期没有足够的资源和技能进入很多个外国市场，因此它们都使用选择新建战略并把他们的精力集中于更有潜力的国外市场，这是因为它们在这种市场上获得更高的回报率的机会大。另外，资源限制（包括规模）使他们更倾向于与行业内的领头企业进行合资（Contractor & Lorange，1992；Fayerweather，1982；Stopford，1976）。合资企业使他们能够分散风险和成本并能够与东道国的合作企业的资产和技能互补（Harrigan，1985）。这样合资企业与纯组织化或市场方式相比，企业就可能低成本地降低企业长期的不确定性（Beamish & Banks，1987）。

2. 发展差异化产品的能力和投资风险

拥有发展差异化产品能力的企业更有可能选择新建投资形式进入高投资风险的企业。另一方面，规模大并拥有高水平的跨国经营经验的企业在这种市场上选择新建投资的可能性就小。

在高投资风险的环境里，企业最好的选择是不进入，如果企业却要选择进入的话，出口比投资要好得多。但是，不同企业由于所有权优势不同，企业处理风险的能力也不同，尤其拥有有价值的资产和技能的企业可能与东道国政府进行谈判以获得能够给他们提供高风险的免疫力的让步（Leontiades，1986）。如果他们得不到这样的让步他们就不会进入。实证结论显示拥有自主产品和技能的企业能够提高他们与东道国的谈判地位（Lecraw，1984）。企业规模和跨国性未必提供这种谈判优势（Fagre & Wells，1982），这种不同的原因是东道国政府能够找到资本供选择的来源，而不易找到技能供选择的来源，这就暗示着即使在高投资风险的国家，需求的技术能够决定谈判地位。另外处于降低风险的考虑，拥有自主产品和技能的企业会选择高控制模式，因为这种模式可以使企业更改他们的投资，使他们放在东道国的资产如果被东道国征用的话，这些资产对他们也无利可图（Eaton et al.，1983）。如果没有控制，这些企业面临一种威胁，即东道国政府改变他们的政策以利于他们当地的企业。

4.2.4　并购与新建投资的选择方法

在定性分析了影响投资公司直接投资进入方式选择的各方面因素后，本书利用经济学中分析各种市场结构下市场均衡状况的理论模型建立了用于分析企业新建、并购选择的分析模型，对直接投资进入方式的选择进行定量分析。首先引入一个简单的市场竞争的模型——古诺模型，这一模型的基本假设在于参与竞争的企业采取的竞争策略是单纯的数量竞争，而非价格竞争。在这一基本假定下，本书将古诺模型应用于投资公司新建或并购进入方式选择上。模型分析主要思路：面对三种基本的市场结构，投资企业通过新建投资或并购方式进入市场，对原市场结构是否产生影响，进入后的新的市场结构下投资公司获利较投资前是增加还是减少，利润的增减成为唯一的投资决策指标。这三种基本的市场结构分别是：完全竞争性的市场结构、垄断性的市场结构以及寡头性的市场结构。

4.2.4.1 模型建立

本书以简单的古诺模型作为分析基础。古诺模型也称为库诺特模型，由法国经济学家古诺于1838年提出。古诺模型通常被作为寡头理论分析的出发点，通常也被称为"双头模型"，但是，这一模型同样也可以被用于两个厂商以上的情况中，比如说以纯粹产量变动为竞争手段的多家厂商中。本书针对新建投资与并购对比分析的特殊性，首先给出模型的基本假设、模型的变量选择以及模型的总体描述，然后在这一基础上分三种市场结构进行分析。

1. 基本假设

（1）所有企业生产的产品是同质的，不存在品牌的差异；

（2）不同企业之间只存在生产、销售成本的差异。这里所指的生产、销售成本差异包括企业中存在的一切可能的企业运用资本、生产产品、销售产品以及提供服务时所产生的成本差异，包含企业的品牌效应、技术水平、销售成本等一系列差异；

（3）投资公司在作出投资决策时是自由的，即投资公司不受非经济因素的影响，比如目标市场的政策影响或其他影响；

（4）投资公司在作出投资决策时仅仅考虑经济利益，即是纯利润最大化；

（5）市场信息及产品信息共有；

（6）投资公司有足够的资本来实现任何方式的投资；

（7）如果发生并购活动，并购只能是投资公司对标的方的并购，投资公司之间、标的方之间不能发生并购；

（8）企业的生产、销售固定成本为零；

（9）只有一家投资公司进入目标市场；

（10）投资公司的扩张针对其产品及服务是横向的而非纵向的，也就是说投资公司只是同种产品及服务规模的扩张而不考虑投资公司丰富其产品及服务的目的；

（11）投资公司并购价格的确定以目标资产的实际价值为基础，本书假定此时的并购价格不小于标的方的实际资产价值；

（12）企业以改变自身产量的方式参与市场竞争，不考虑其他竞争方式。

2. 模型的变量选择

很显然，本模型中最重要的变量为投资公司采用新建投资方式进入时的纯利润和采用并购进入时的纯利润，这两个变量成为投资公司进入方式决策的唯一标准。

在模型中需要考虑的变量参数：

（1）目标市场规模 a：目标市场上 X 产品的市场规模用市场需求曲线来描述。

$$P = a - bQ$$

其中：P 为价格，a 为市场规模，b 为需求弹性，Q 为产量。

直观上来看，市场规模的大小对投资公司进入在一定程度上有影响，较小规模的市场容易被投资公司的进入改变。但是，在这里，市场规模的改变不在考虑之列。

（2）标的方生产、销售边际成本 c_{ai} $(i = 1,2,\cdots,n)$，a 为标的方。

（3）投资公司生产、销售边际成本 c_b，b 为投资企业。假定由于投资公司拥有先进生产技术、先进管理经验等一系列相对于目标生产企业的优势，导致其生产、销售产品 X 的边际成本要小于目标生产企业，即

$$c_b < c_{ai} \ (i = 1,2,\cdots,n) ,$$

同时假定成本函数为线性函数，即

$$c(q_i) = c_i q_i \ (i = 1,2,\cdots,n)$$

（4）标的方生产经营资产实际价值 K_i $(i = 1,2,\cdots,n)$，是指标的方用于生产、销售所生产产品 X 的可用资产，包括机器、产房、专利技术、社会网络资源等一系列可用资源。

（5）标的方生产经营资产竞争价格 rk，r 为融资利率，k 为并购价格。这一变量只会在垄断市场或者寡头市场条件下，由于标的方原有市场势力的影响，当公司意图对该企业进行并购时，并购价格高于或等于其实际资产价值，即 $K \leq k$。设融资利率为 r，则分摊于一个计算期间内为 rk。

(6) 投资公司新建投资所需固定资产成本 rf，f 为投资总量。

假定投资公司新建投资所需投资总量为 f，r 为融资利率，那么 rf 即为在这整个投资期望持续期内投资成本在一个计算期间内的分摊。

(7) 投资公司进入新市场的市场信息获取成本 rm，m 为市场信息费。

投资公司缺乏与目标市场相关的市场信息。为获取这一信息，必须付出一定成本，假定总费用为 m，r 为融资利率，那么 rm 即为在这整个投资期望持续期内该市场信息获取成本在一个计算期内的分摊。如果投资公司以并购的方式进入目标市场，那么认为这一成本可以忽略不计，因为投资公司可以借助标的方的相关信息熟悉目标市场；如果投资公司以新建投资的方式进入目标市场，那么这一成本将成为投资公司熟悉一个新市场必不可少的一部分。即

$$rm^G > 0$$
$$rm^A = 0$$

其中：G 为新建投资进入方式；A 为并购进入方式。

(8) 投资公司与标的方的资源整合成本 rd，d 为整合成本。

投资公司与标的方由于所处环境不同，生产技术水平不同，经营管理水平不同，以及企业文化的差异，如果发生并购，那么两家企业的充分融合必定需要花费一定的成本，这种整合成本以 d 表示，同上，r 为融资利率，那么 rd 即为在这整个投资期望持续期内资源整合成本在一个计算期内的分摊。

3. 模型构想

在该模型中，把直接投资活动分为两个不同的阶段：第一阶段为投资公司未进入目标市场之前的阶段，这也是投资公司的投资决策阶段；第二阶段为投资公司进入目标市场，对市场诸多变量产生影响的阶段。

第一阶段：在这一阶段，目标市场处于均衡状态，或是多家厂商完全竞争，或是一家企业垄断整个市场，或是若干企业共同形成一个寡头市场，假定目标市场上产品 X 的市场需求曲线为：

$$P = a - bQ$$

为简化讨论，设 $b = 1$，即因为该模型为静态模型，需求函数的斜率等于 -1，不考虑收入需求弹性变化，则市场需求曲线为：

$$P = a - Q$$

面对这一市场需求曲线，在不同市场结构下，不同的生产厂商由于具有不

同的生产销售成本，其产量及利润也是不同的，不同的情况本书将在不同的市场结构之下分别讨论。

第二阶段：投资公司进入目标市场之后，由于处于不同的市场结构之下，又由于投资公司进入的方式不同，既有可能对目标市场结构产生影响，也有可能不对当前市场结构产生影响（见表4-2）。在不同的情况下，投资公司的进入利润会有所不同。

表4-2　　　　　　　　　不同直接投资方式投资前后市场结构

投资前	投资后	
	新建投资	并购
完全竞争市场	完全竞争市场	完全竞争市场
垄断市场	寡头市场	垄断市场
寡头市场	寡头市场	寡头市场

在这里，为分析问题的简便，考虑投资公司的进入时，只考虑可能发生的两种情况：①投资公司以新建投资的方式进入；②投资公司以并购的方式进入。

本书只考虑只有一家投资公司进入目标市场。实际上，即使假定同时有多家投资公司进入目标市场，其分析思路、分析方法以及最后得出的结果都将是一致的。但是，有一种情况本书不得不加以重视，那就是当有多家投资公司同时意图对一家标的方进行收购时，标的方的生产经营资产价格可能会远远高于其实际资产价格，导致投资公司的进入决策发生与常规的偏离。在这一阶段中，投资公司的投资进入方式决策取决于其预期的进入利润大小，即收益减去成本的大小。本书以投资公司的微观经济决策作为出发点，以投资公司进入之后在目标市场形成的新公司的利润最大化为判断投资公司进入的决策标准，而不考虑投资公司进行直接投资的其他意图。

在古诺模型中，由于假定企业之间的竞争仅仅是纯粹地改变自身产量的竞争，因此市场的均衡价格与参与竞争的各企业的边际生产经营成本密切相关。由于古诺假设的严格性，本书很容易依据市场规模、各企业生产经营成本等市场参数得出均衡的市场价格、投资公司的产量以及利润，比较投资公司两种进入方式下的净利润大小,可以得出投资公司选择采取何种进入方式为最优决策。

4.2.4.2 完全竞争市场中并购与新建投资的比较

1. 模型描述

在本节的讨论中,市场被假设为完全竞争性质的。由于完全竞争市场本身超乎现实的完美假设,本章的分析以及得出的结论都将是理想化的。但是正是由于市场的理想化,所以外部条件对投资公司的投资决策几乎不产生任何影响,所有因素都将集中于企业内部,反而更能凸显投资公司在进行投资时的内部因素。

(1) 投资公司进入之前的市场描述。

假定产品 X 的市场需求函数为:

$$P = a - bQ$$

为简便起见,令 $b = 1$,则市场需求函数为:

$$P = a - Q$$

原市场内企业 $D_{ai}(i = 1,2,\cdots,n)$,其资产实际价值分别为 $K_{ai}(i = 1,2,\cdots,n)$,生产、销售产品 X 的边际成本为 $c_{ai}(i = 1,2,\cdots,n)$,产量为 $q_{ai}^B(i = 1,2,\cdots,n)$,则

$$Q_a^B = \sum q_{ai}^B$$

其中:B 为投资前的状态。

此产量为均衡市场的均衡产量。X 产品市场均衡价格 P^B。

标的方生产、销售纯利润为:

$$\prod_{ai}^B = (P^B - c_{ai})q_{ai}^B, (i = 1,2,\cdots,n)$$

(2) 投资公司进入之后的市场描述。

投资公司进入目标市场可以采取两种方式:新建投资和并购。由于市场是完全竞争的,所以单个厂商的进入并不能改变该产品的市场结构以及目标市场上 X 商品的均衡价格。

投资公司以新建投资的方式进入的净利润为:

$$\prod_b^G = (P^G - c_b)q_b^G - (rf + rm)$$

标的方利润为:

$$\prod\nolimits_{ai}^{G} = (P^{G} - c_{ai})q_{ai}^{G} \ (i=1,2,\cdots,n)$$

投资公司以并购的方式进入的净利润为：

$$\prod\nolimits_{b}^{A} = (P^{A} - c_{b})q_{b}^{A} - (rk + rd)$$

标的方利润为：

$$\prod\nolimits_{ai}^{A} = (P^{A} - c_{ai})q_{ai} \ (i=1,2,\cdots,n)$$

2. 投资公司决策分析

由于市场的完全竞争假设，所以投资公司的进入不会对目标市场产生影响，所以

$$P^{G} = P^{A} = P^{B}$$

并且假定 $q^{G} = q^{A}$，则有，$\prod\nolimits_{b}^{G} - \prod\nolimits_{b}^{A} = (rk + rd) - (rf + rm)$。

很显然，若 $(rk + rd) > (rf + rm)$，则投资公司新建进入的利润大于并购进入的利润，投资公司将选择新建投资进入；若 $(rk + rd) < (rf + rm)$，则投资公司新建投资进入的利润小于并购进入的利润，投资公司将选择并购进入。这时可以看到，由于完全竞争市场的完美假设，投资公司的进入决策取决于四个因素：标的方的生产经营资产价格 rk，以并购方式进入时的资源整合成本 rd，投资公司新建投资所需固定成本 rf，以及投资公司新建投资进入后所需的市场信息获取成本 rm。因此，在完全竞争的假设条件下，投资公司的进入不对目标市场产生影响，可以把这一过程看作是一个静态的过程，投资公司进入时只需考虑其进入成本。

从上面的分析本书得到以下结论：

如果投资公司采用并购方式进入，标的方的价格很高，或者是这一价格高出标的方生产经营实际价值很多的话，投资公司将考虑采取新建投资进入。一般来讲第二种情况更可能发生，这种情况可能发生在当标的方拥有某种紧缺性资源，或者是某项关键技术，或者是某种市场资源，投资公司并购的标的方拥有的资源成为众多投资公司的理想目标，这种情况下，对于投资公司来讲，并购不一定会成功。

投资公司如果采取并购方式进入，新的企业的正常高效运行需要投资公司资源与标的方资源的成功整合。投资公司与标的方在诸多方面存在差异，尤其是两者在技术水平、经营管理水平、企业文化等方面的差异都会对企业的正常

运行产生影响。对于生产性企业，标的方的现有资产不一定能够满足投资公司生产新产品的要求，这都要求有一段时间花费一定的成本把两者现有的资源优势结合起来，使其能够实现协同效应。如果投资公司事先考虑到这些差异可能会给两者资源整合带来的高额成本，那么就不会选择以并购方式进入目标市场。

投资公司以新建投资方式进入时，需要初始的固定投资，如果这一固定投资的数额较大，那么投资公司可能会考虑选择并购。因为对于同等数额的生产经营性资产而言，如果采取并购方式，由于并购相对来说可以采取多种融资方式，因此对投资公司的资金压力相对较小，而且这种风险可以与标的企业共同承担，不像新建投资那样需要投资公司独自承担投资失败的风险。因此，一些数额较大的直接投资都是以并购方式进行的。

投资公司以新建投资方式进入时，由于投资公司对目标市场缺乏必要的信息，因此为使公司生产经营正常运行，需要对目标市场有一个从不熟悉到熟悉的了解过程，这一过程同样需要花费时间和成本，比如目标的市场需求、消费者的消费偏好、目标的相关法律法规等一系列与公司生产经营有关的信息。但是如果投资公司以并购的方式进入，这一成本就可以忽略不计，因为投资公司可以通过标的方得到有关目标市场的相关信息。因此，这一成本也是投资公司在选择进入方式时必须考虑的因素之一。

4.2.4.3 垄断市场中并购与新建投资的比较

1. 模型描述

在这一部分的讨论中，市场被假设为垄断性质的。在投资公司进入之前，只有一家企业提供 X 产品，这个企业面临的需求曲线就是市场需求曲线，企业决定产量而获得最大利润。投资公司采用不同的方式进入之后，X 产品市场结构会发生不同改变，相应地，投资公司面临的利润函数也会不同。下面分析不同情况下投资公司依据利润最大化而作出的决策。

（1）投资公司进入之前的市场描述。

假定产品 X 的市场需求函数为：

$$P = a - bQ$$

为简便起见，令 $b = 1$，则市场需求函数为：

$$P = a - Q$$

原市场内企业 D，其资产实际价值为 K，生产、销售产品 X 的边际成本为 c_a，产量为 Q。此产量为均衡市场的均衡产量。X 产品市场均衡价格 P^B，

$$P^B = \frac{(a + c_a)}{2}$$

$$Q_a^B = \frac{(a - c_a)}{2}$$

原市场内企业生产、销售纯利润为：

$$\prod_a^B = (P^B - c_a)q^B = (q^B)^2 = \frac{(a - c_a)^2}{4}$$

（2）投资公司进入之后的市场描述。

投资公司进入目标市场可以采取两种方式：新建投资和并购。由于投资公司的进入，市场中 X 产品的供给增加，同时该市场结构也可能发生改变，这取决于投资公司的进入方式。同上，在这一过程中，本书也只考虑新建投资和并购两种情况。

投资公司以新建投资的方式进入。如果只有一家投资公司以新建投资的方式进入，那么新进入的投资公司与原有市场中企业形成两家寡头垄断，形成古诺均衡，均衡价格为：

$$P^G = \frac{(a + c_a + c_b)}{3}$$

投资公司产量为：

$$q_b^G = \frac{(a - 2c_b + c_a)}{3}$$

标的方产量为：

$$q_a^G = \frac{(a - 2c_a + c_b)}{3}$$

投资公司净利润为：

$$\prod_b^G = (P^G - c_a)q_b^G - (rf + rm) = \frac{(a - 2c_b + c_a)^2}{9} - (rf + rm)$$

标的方利润为：

$$\prod_a^G = (P^G - c_a)q_a^G = \frac{(a - 2c_a + c_b)^2}{9}$$

如果投资公司以并购方式进入，那么目标市场内仍然只存在一家企业，这

家企业对市场进行垄断，均衡价格为：

$$P^A = \frac{(a+c_b)}{2}$$

投资公司产量为：

$$Q_b^A = \frac{(a-c_b)}{2}$$

投资公司净利润为：

$$\prod_b^A = (P^A - c_b)q_b^A - (rk+rd) = (q_b^A)^2 - (rk+rd) = \frac{(a-c_b)^2}{4} - (rk+rd)$$

标的方被并购，利润为零。

2. 投资公司决策分析

投资公司的进入决策取决于两种进入方式的利润大小。由于投资公司的进入对目标市场结构的影响，新建投资与并购两种进入方式对于投资公司而言所产生的利润不同。$(rf+rm)$ 和 $(rk+rd)$ 对于跨国公司进入决策的影响在完全竞争假设条件下已经分析。在这里，重要的是比较 q_b^G 和 q_b^A。因此，

当 $c_b < 2c_a - a$ 时，$\prod_b^G > \prod_b^A$，表明当投资公司技术优势较为明显时，边际成本足够低，投资公司将选择新建投资方式进入。

当 $c_b > 2c_a - a$ 时，$\prod_b^G < \prod_b^A$，表明当投资公司技术优势不明显时，投资公司将选择并购方式进入。

从式中还可以看出，当市场规模较大时（即 a 足够大时），投资公司倾向于采用并购方式进入，而当市场规模较小时，则采用新建方式进入，因为新兴发展中的市场更有能力容纳新企业的进入，而相对饱和的市场则不太利于新建企业。

从本模型的结论可以看出，投资公司与标的方技术水平直接影响双方的销售边际成本，从而决定不同进入方式下新企业利润的大小。有差别的市场规模也为投资公司的进入提供了选择适宜方式的环境因素，因此，投资公司的决策取决于三个因素：目标市场规模、标的方生产销售边际成本和投资公司生产销售边际成本。

4.2.4.4 寡头市场中并购与新建投资的比较

1. 模型描述

在本节的讨论中，市场被假设为寡头性质的。在这一市场中，投资公司进

入之前，市场上有若干家企业提供 X 产品，它们共有一个市场。投资公司采用不同的方式进入之后，X 产品市场结构会发生不同改变，相应地，投资公司面临的利润函数也会不同。本节分析不同情况下投资公司依据利润最大化而作出的决策。

(1) 投资公司进入之前的市场描述。

假定产品 X 的市场需求函数为：

$$P = a - bQ$$

为简便起见，令 $b = 1$，则市场需求函数为：

$$P = a - Q$$

原市场内的企业 D_{ai} ($i = 1, 2, \cdots, n$)，其资产实际价值为 K_{ai} ($i = 1, 2, \cdots, n$)，生产、销售产品 X 的边际成本为 c_{ai}，产量为 Q，市场上有 n 个厂商，令

$$c = \sum c_{ai} \ (i = 1, 2, \cdots, n)$$

此产量为均衡市场的均衡产量。X 产品市场均衡价格 P^B，

$$P^B = \frac{(a + c)}{(n + 1)}$$

$$q_{ai}^B = \frac{[a - (n+1)c_{ai} + c]}{(n+1)}$$

原市场内企业生产、销售纯利润为：

$$\prod_{ai}^{B} = (P^B - c_{ai}) q_{ai}^B = (q_{ai}^B)^2$$

(2) 投资公司进入之后的市场描述。

投资公司进入目标市场可以采取两种方式：新建投资和并购。由于投资公司的进入，市场中 X 产品的供给增加，同时该市场结构也可能发生改变，这取决于投资公司的进入方式。

同上，在这一过程中，本书也只考虑新建投资和并购两种情况。

如果投资公司以新建投资的方式进入，那么新进入的投资公司与原有市场中企业形成 ($n + 1$) 家寡头垄断，形成古诺均衡，均衡价格为：

$$P^G = \frac{a + c + c_b}{(n + 2)}$$

投资公司产量为：

$$q_b^G = \frac{a - (n+1)c_b + c}{(n + 2)}$$

目标市场企业产量为：

$$q_{ai}^G = \frac{a - (n+2)c_{ai} + c + c_b}{(n+2)}$$

投资公司净利润为：

$$\prod_b^G = (P^G - c_b)q_b^G - (rf + rm)$$

标的方利润为：

$$\prod_{ai}^G = (P^G - c_{ai})q_{ai}^G = (q_{ai}^G)^2$$

如果投资公司以并购方式进入，那么目标市场内仍然存在 n 家企业，这 n 家企业在市场中形成寡头均衡，假设标的方原有生产经营边际成本 c_{ai}，均衡价格为：

$$P^A = \frac{a + c - c_{ai} + c_b}{(n+1)}$$

投资公司产量为：

$$q_b^A = \frac{a - nc_b + c - c_{ai}}{(n+1)}$$

投资公司净利润为：

$$\prod_b^A = (P^A - c_b)q_b^A - (rk + rd) = (q_b^A)^2 - (rk + rd)$$

标的方产量为：

$$q_{ai}^A = \frac{[a - (n+1)c_{ai} + c - c_{ai} + c_b]}{(n+1)}$$

标的方利润为：

$$\prod_{ai}^A = (P^A - c_{ai})q_{ai}^A = (q_{ai}^A)^2$$

2. 投资公司决策分析

投资公司的进入决策取决于两种进入方式的利润大小。通过投资公司的进入对目标市场结构的影响可以看出，新建投资与并购两种进入方式对于投资公司而言所产生的利润是不同的。式中 $(rf + rm)$ 与 $(rk + rd)$ 对于投资公司进入决策的影响在完全竞争假设条件下已经分析。比较两种进入方式的利润，等价于比较 q_b^G 与 q_b^A，

$$q_b^G - q_b^A = \frac{[(n+2)c_{ai} - a - c - c_b]}{(n+1)(n+2)}$$

同垄断条件下的分析类似，当 $c_b < (n+2)c_{ai} - a - c$ 时，$\prod_b^G > \prod_b^A$，表明当投资公司技术优势较为明显时，边际成本足够低，投资公司将选择新建投资方式进入；当 $c_b > (n+2)c_{ai} - a - c$ 时，$\prod_b^G < \prod_b^A$，表明当投资公司技术优势不明显时，投资公司将选择并购方式进入。

从式中还可以看出，当市场规模较大时（即 a 足够大时），投资公司倾向于采用并购方式进入；而当市场规模较小时，则采用新建方式进入，因为新兴发展中的市场更有能力容纳新企业的进入，而相对饱和的市场则不太利于新建企业。

与垄断条件下的分析一样，从本模型的结论可以看出，投资公司技术优势直接影响边际成本，从而决定新企业利润；市场规模大小左右在目标市场中新建企业的难度，因此，投资公司的决策取决于三个因素：目标市场规模、标的方生产销售边际成本和投资公司生产销售边际成本。

实际上，如果对寡头条件下的标的方生产销售成本作一约束，假定标的方生产销售边际成本大小相等，则寡头条件演变为垄断条件，两者分析结果完全一致。

4.2.4.5 小结

古诺模型通过修正原模型的一些前提条件，从成本和收益分析角度入手，研究投资公司面对不同的目标市场结构，采取不同的进入方式获取的利润有何不同，以此作为直接投资方式选择的标准。

在完全竞争的市场环境中，投资公司无论并购还是新建投资，收益是一样的。投资方式的选择取决于四个成本变量：收购价格、整合成本、新建成本和信息获取成本。当收购价格与整合成本之和高于新建成本和信息获取成本之和时，投资公司将选择新建投资；当新建成本与信息获取成本之和大于收购价格与整合成本之和时，投资企业更乐于选择并购。

在垄断市场环境中，投资公司如果选择新建投资，市场结构将转化为双寡头市场，投资公司如果选择并购，市场结构仍然维持垄断性质。垄断市场中投资公司的决策影响因素除前述四项外，还取决于目标市场规模、标的方边际成本和投资公司边际成本。如果投资公司技术优势显著，两公司边际成本相差悬殊，或者目标市场规模较小，新建投资变得更为有利；反之，并购应为首选。

在寡头市场环境中，投资公司无论以何种方式进入对市场都有一定的冲击力，投资公司的投资决策影响因素和基本结论与垄断市场是一致的。当投资公司具有技术优势或者目标市场规模较小时，倾向于新建投资，否则偏好并购投资。

古诺模型的建立有着严格的假设条件，如决策自由假设，排除了政策影响；产品同质性假设，忽略了品牌效应、商誉作用等，但其结论与前面影响因素的分析趋同。如投资方技术优势越强，双方技术差异越大，越倾向于新建投资；投资双方文化差异越大，整合成本越高昂，投资公司越倾向于新建投资；收购价格与新建成本相比，哪一种方式融资规模大，哪一种方式就倾向于并购；沿用以往的投资经验，选择进入壁垒较低的市场或投资公司本身具备较强的研发实力，都会节约信息获取成本，从而使投资公司的选择倾向于低成本方式；市场规模大往往意味着市场发达程度高，可选择标的方充足，投资公司会倾向于并购。定性与定量的分析，虽然方法不同，角度各异，但结论趋同。

新建投资与并购的根本不同点在于投资公司是建立了一个全新的企业，还是收购或合并了一个已有的公司。这就决定了并购具有快速进入市场，获取战略资产，规避政府管制等优势，而新建投资有合理选择投资区位和规模，投资费用低，易于获得目标市场各界支持的优势。从全球范围来看，并购占直接投资的绝大多数份额，在发达国家中，并购增长尤为迅速，在行业分布和区位分布上，并购与新建投资呈现出显著的不同，应该说这都是源于并购与新建投资的特征差异。但无论哪一种方式都不能在所有情况下占据绝对优势，进行投资决策时，应充分考虑企业自身实际情况和面临的周边经济环境，结合两种直接投资方式的特点，以期实现企业战略投资的最终目标。

4.3 并购与战略联盟的边界

4.3.1 并购与战略联盟简介

4.3.1.1 战略联盟的概念

战略联盟是指由两个或两个以上有着对等经济实力的企业（或特定事业和职能部门），为达到共同拥有市场、共同使用资源等战略目标，通过签订协议、契约而结成的优势相长、风险共担、要素水平式双向或多向流动的松散型网络组织。战略联盟多为长期性联合与合作，是自发的、非强制的，联盟各方仍旧保持着原有企业管理的独立性和完全自主的经营权。美国战略管理学家迈克尔·波特（Michael Porter，1985）给战略联盟下的定义是："企业之间达成的既超出正常交易，可是又达不到合并程度的长期协议。联盟无需扩展企业，一般做法是通过与一家独立的企业签订协议来进行价值活动（如供应协定）或与一家独立的企业合作共同开展一些活动。"帕克河（Parkhe，1991）把战略联盟定义为："相对持久的企业间合作安排，其中含有来自自主组织的资源和政府结构的流动和关联，是为了共同取得与每个发起企业的公司使命相关的个体目标。"古拉蒂（Gulati，1995）归纳为一个更简洁的定义："任何独立发起的企业间链环，其中含有交换、共享或开发"。张维迎（2000）把战略联盟看作"介于独立的企业与市场交易关系之间的一种组织形态，它既没有集中化的权威控制，又不是市场上一手交钱一手交货的交易"。

战略联盟可以采取许多种形式，其中包括合资企业、少数股权联盟、R&D合约、联合R&D、联合营销、供应商伙伴关系、分销协议和特许协议。为了更好地梳理这么多的联盟形式，理论家们提出了几种战略联盟分类方法（Dussauge & Garrette，1995；Lorange & Roos，1990；Oliver，1990）。大多数研究对战略联盟的分类是以股权与非股权为基础的。因此，本书也遵循这个思路，将战略联盟分为股权联盟与非股权联盟。股权联盟包括股权合资企业和少数股权联盟，非股权联盟是指不包括股权交易的所有其他合作安排。根据联盟企业参与度的大小，将联盟企业参与主要形式分为见图4–1。

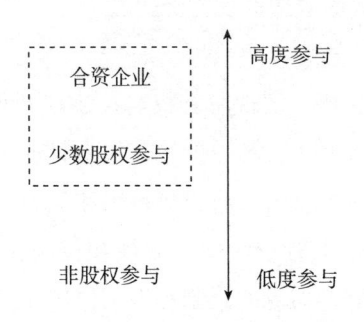

图4–1 联盟企业参与主要形式

4.3.1.2 根据一体化程度区分并购与战略联盟

长期以来人们一直认为只有市场和企业两种非此即彼的资源配置方式，随着经济发展，许多介于市场和企业之间的组织也不断涌现（Lorange & Roos, 1993）。并购活动是一种企业交易内部化的表现形式。根据一体化的程度，可将资源配置的组织形式表示见图4-2，左边是市场体制，右边是典型的企业结构的科层体制，并购和战略联盟介于市场价格调节和企业科层组织之间，是两者的某种结合，兼具两方面优势。

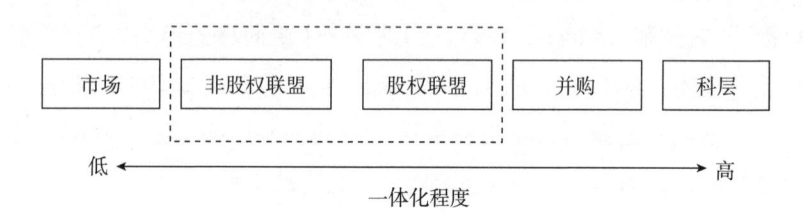

图4-2 资源配置的几种形式

综上所述不难发现，战略联盟与并购是两个不同的概念。战略联盟强调的是合作，联盟的成员企业彼此独立、平等，是一种"双赢"战略，即使在结盟过程中伴随着股权的参与，也不会发生控制权的转移；而并购则不同，强调的是合并，它是以控制权有偿转让为基本特征的。两者的区别不在于是否有股权参与，而是在于控制权是否发生转移。本书认为这在本质上界定了并购活动与联盟活动的边界。

4.3.1.3 并购与战略联盟的优劣势比较

1. 并购的优势

第一，与战略联盟相比，实现所有权与控制权转移是并购的最突出特点。对标的方进行并购后，控制了标的方的经营权和管理权，收购方可以根据自己的战略意图，对标的方进行整合，将市场行为和契约行为变为内部组织管理行为，企业在实现战略目标上有较大的主动性和控制权，而不会像战略联盟那样，所有行为要受到联盟参与者的牵制和得到他们的配合。

第二，通过并购可以迅速进入目标市场。不论是在国内还是在国外扩张，并购往往是达到目标的最快方式。不断加剧的激烈竞争和不断缩短的产品生命周期使公司不得不加快其对经济环境变化的适应性。同时，当某一个跨国公司在某一地区投资成功时，为防止先行进入的公司独占市场，其他公司会竞相前往同一市场进行投资，此时并购便是最快捷的进入方式。并购之所以具有这一特点是缘于：首先，它可以大大缩减项目的投资周期，节省建厂房的时间，使公司很快在目标市场上获取现在的管理技术人员、生产设备、供应商和营销渠道等。其次，并购有效地降低了进入新行业的壁垒。一个全新产业的进入，需要投入大量的人力、物力和时间，还要面对一系列不确定的因素，如生产的专门技术、原料的供给、地理位置和东道国的管制等。通过并购，跨国公司可以迅速进入一个全新的产业，实现其多元化经营和产业转移。

第三，并购还可以迅速获取市场份额。收购方可以直接消灭竞争对手，占有标的方原有的市场份额，可以充分利用原公司的销售渠道、商标和原有的管理制度和人力资源。而且不会有新增生产能力，对行业的供求平衡不产生影响，因此短期内行业内部的竞争结构保持不变，引起价格战或报复的可能性不大。

第四，并购可以充分应用经验曲线效应。当企业在生产经营中经验积累越来越多时，一种产品的单位成本会呈下降趋势。企业通过并购方式发展时，不但获得了原有企业的生产能力和各种资产，还获得了原有企业的经验。并购可以在抓住时机廉价获得资产。当标的方在经营中遇到某种问题而陷入困境，或目标市场股市价格普遍下跌，或是利用两地之间汇率发生较大变化等有利于并购的情况出现时，公司可以以较低的价格进行并购。

2. 并购的劣势

第一，价值评估非常困难。由于不同国家有不同的会计准则，而且收集标的方的真实信息也是件比较困难的事情，所以导致对标的方的价值评估成为并购最关键和最复杂的环节。

第二，标的方原有的一些契约和传统关系，使得收购方在生产经营中受到一定的束缚。同时对冗余资源的利用，也是一个比较棘手的问题。有时会为这些契约和关系的解决付出沉重的代价。

第三，并购后的管理整合阶段也是一个难题。事实上，许多并购的失败并不是在获取标的方的控制权阶段，而是在获得控制权后的整合和管理阶段。由于两个公司的文化背景不同，造成双方在管理和沟通上的困难，给生产经营带来许多困扰，有时甚至会导致经营失败或者收购后的分立。同时，标的方的规模和地理位置不一定完全符合跨国公司战略布局的需要。

第四，失败率较高。从目前所能够采用的衡量指标看，通过并购建立的子公司经营失败率要高于新建方式，而且从公司经营的最终目标——股东财富最大化这个角度来讲，收购方的股东并没有从并购中获得多少收益，而是标的方的股东从被并购中获利甚多。

3. 战略联盟的优势

第一，战略联盟的优势主要体现在具有较大的灵活性和松散性。战略联盟各成员间的关系并不正式，其目标的实现完全依靠协商而非法定的权力和义务。一旦外部技术和市场发生变化，这种联盟关系会随时改变，所以，国际战略联盟基本属于一种动态的、开放式的合作体系。

第二，战略联盟改变了传统的以消灭竞争对手为目标的、对抗性极强的竞争方式。企业间除了对抗性竞争外，还可能存在合作和联盟。联盟双方都有自己的目的，以对方之长补己之短，防御性地去分配市场和进攻性地开辟市场。战略联盟所强调的是合作和双赢。联盟各方保持原有企业的独立性，但在联盟内要求共担责任、相互协调，为达到一个共同目标采取一致行动。联盟公司虽然在部分领域内进行合作，但在协议之外以及在公司活动的整体态势上仍然保持着经营管理的独立性，相互间仍是竞争对手。合作是暂时的，有条件的，而竞争是永久的，无条件的。这种合作式竞争可以分为三种，一是在合作领域内合作，在合作领域外竞争；二是先合作，合作结束后进行竞争；三是联盟内合作，与联盟外企业竞争，或联盟与联盟之间展开竞争。

第三，实行全方位合作组织机构实现创新。战略联盟拓展到了技术、市场、资金、人才、信息等方面的全方位合作，它把分散在各国的研究开发、生产加工、市场营销及售后服务等价值链各个环节上具有特定优势的不同企业联合起来，实行分工合作，优势互补，资源利用，利益共享。这样，加盟者既可从对方获得各自所需，又确保各自的独立性。

4. 战略联盟的劣势

联盟是一种松散的组织形态，这种组织对各联盟方的约束是有限的。所以联盟的缺点也是非常明显的。只有双方都具有合作竞争的态度，都遵守约定才能奏效。众多合作型企业的经验强调，这种伙伴关系也存在风险和成本，组建联盟的意图是长期合作，但合作关系的维持时间并不一定很久。从总体来看，战略联盟确实存在着较高的失败率。因此必须对联盟的风险有充分的考虑，关于风险主要表现在以下几个方面：

第一，对潜在合作者进行战略和组织能力的分析过程，是战略联盟的重要步骤之一，但也是最困难的一项任务。进行联盟前的有效分析，不仅需要潜在合作者的有形资产数据（例如，工厂和设备的状况和生产力），还需要一些无形资产的数据（包括品牌力、与顾客的关系质量和专业技术水平）以及组织能力的资料（例如，管理能力、雇员忠诚及共享价值观等）。由于许多联盟成立的短期时间限制，使原本就很难获得的信息更加难以获得。

第二，承诺与现实是有差距的。在进行联盟计划和协商过程中，可能会出现一些不现实的要求或错误选择。联盟的运作中必会面临潜在、隐性的困难和问题。

第三，联盟范围的界定是否合理关系到联盟的稳定性。联盟越复杂，越需要管理层的重视，也越难管理。需要对交叉职能部门进行协调和整合，需要了解合作活动的数量和范围度。战略联盟的范围和它们必然面对的不确定性环境，使得双方很难理解在合作演进过程中，可能产生的报酬或风险的性质、程度和分散情况，甚至弄不清联盟各成员企业的角色地位和任务。

第四，企业进行合作的目的，很大程度上是为了获取能使各方互惠互利的技术和资源。而联盟各方竞争地位的平等是联盟得以维持的一个重要因素。当联盟各方间既合作又竞争时，联盟中的一方可能利用合作发展自身的优势，给对方造成风险，并最终导致竞争地位的失衡与合作关系的解体。当一方企业的技能和能力，隐蔽在复杂的组织过程中，很难进行学习和模仿；而另一方的技能和能力，则较为清晰，相对易于学习和模仿时，这种竞争能力联合的安排，完全有可能导致在合作过程中，一方合作者学习另一方技术优势的同时，也能保护自身的技术优势，最终还有可能抛弃合作者，独自享受合作所带来的收益。同时，当一方积极主动地投资于产品开发、生产制造、市场营销或任何一种具备战略重要性的价值链上，且比合作者更具备对重大投资的控制权时，可以在保证自身独立性的前提下，有效地约束另一方，造成对方对自己的单方面依赖，进而随意地削弱、控制合作方。此外，由于联盟的目的通常是为了分担风险，每家合作的企业将部分任务"外部化"给合作方"边干边学"，企业几乎不可避免都要丧失一些利益，并为自己塑造了未来的潜在的竞争对手。

第五，战略和组织合作关系管理的复杂性也是战略联盟的劣势。它的复杂性首先来源于合作方具有不同的管理传统和战略思想。合作各方不同的管理传统，东西方文化的差异，给联盟带来了不同的战略思想和管理实践，这种在长期实践中形成的企业文化，特有的规章制度和管理模式，文化冲突都可能造成联盟运行中的不稳定。其次，复杂性还来源于环境的不确定性。没有一个联盟能事先预知所有的可能变量，而联盟的战略目标具有高度的环境敏感性。合作双方的义务并非一成不变，而是随着环境的变化进行调整。这种随时的监控和调整增加了合作关系的风险。这种对监控和重新谈判进行的额外投资，亦增加了联盟的总风险和总成本。

4.3.2 并购与战略联盟的理论解释

4.3.2.1 交易成本理论

交易成本是指完成一项交易所必需的活动（例如拟订和实施一项合约）所产生的成本。科斯（Coase，1937）的分析为兼并决策提供了一个有力的架构。在他的研究中提出了一个基本问题——公司的规模大小是由什么决定的？为什么并且何时公司会参与横向联合或纵向一体化的问题。科斯核心的观点是：一个公司将面对各种各样的成本，有些是内部的，有些则取决于外部的供应商或分销商。他认为公司的规模与兼并应该由相关的公司内部和外部的交易成本所决定。科斯模型为管理者们的兼并决策提供了一个重要指导。科斯指导管理者在进行一项兼并交易之前应该先权衡独立实体与合并实体的交易成本。当两个独立实体的交易成本高于合并实体的交易成本时，考虑并购战略是适宜的。由于内部化（如并购和内部开发）能够有效地控制交易成本，因此当一项交易的交易成本很高时，内部化就受到青睐。科格特（1988）认为，企业的所有权决策强调交易成本和生产成本的总和最小化。当交易成本高（即较高的资产专用性、不确定性和交易频率，较高的控制机会主义行为成本）且生产成本（即协作和学习）低时，宜采用并购或内部开发等内部化决策。

战略联盟是把一项交易进行部分内部化（如合资企业），因此战略联盟把内部化和生产交易的特征结合起来，成为"介于独立的企业与市场交易关系之间的一种组织形态"（张维迎，2000）。合约仍然是必需的，但是由于合约的不完善性，许多行为活动有待于共同协作。因此，有研究者提出，当一项交易的相关交易成本不高不低，不足以垂直一体化（内部化）时，联盟将被考虑（Gulati，1995）。即使联盟被看作是一种半内部化，仍有一种略有不同的观点认为，当内部化最有效率时，但是各种约束阻止完全内部化（Ramanathan et al.，1997），这时联盟是合理的。

综上所述，基于交易成本理论的并购与战略联盟的比较如表4-3所示。

表4-3　　　　基于交易成本理论的并购与战略联盟的比较

	交易成本基本原理
决策原则	使生产和交易成本总和最小化（Kogut，1988）
市场	低交易成本和/或高生产成本
战略联盟	当与一项交易相关的交易成本是中等的，没有高到有必要采用垂直一体化时（Gulati，1995） 当交易风险表明内部化有效率时，但是受到条件的制约不能完全内部化时……，就形成合资企业（Ramanathan et al.，1997）
并购	高交易成本（即较高的资产专用性、不确定性和交易频率，较高的控制成本）以及低生产成本（即协作和学习）（Kogut，1988）

资料来源：陈扬. 并购战略与联盟战略的适用边界研究［D］. 北京：北京交通大学博士学位论文，2007.

从交易成本的视角看，企业外部成长战略的选择主要受以下几个方面的因素影响：资产投入的专有性、机会主义行为引发的行为的不确定性、经济协同效应的大小和持续时间的长短、资产的占用性体制以及管理成本。

4.3.2.2 资源基础理论

资源基础理论的基本原理是强调通过集中并利用有价值的资源使企业价值最大化。即企业被看作通过更好地实现资源价值，而不是通过资源的其他结合方式，找到最优资源边界。资源基础理论提出，有价值的企业资源往往是稀缺的，不能完全模仿的，而且缺乏直接替代品（Barney，1991；Peteraf，1993）。这样，资源的交易和集中成为一种战略需要。当资源可以借助有效的市场交易得到时，"企业可能自行前进"（Eisenhardt & Schoonhoven，1996），依靠市场发展。但是尽管市场交易是默认模式，在现货市场上往往不能形成有效的交易。由于有价值的资源有时与其他资源混合在一起，或者嵌入组织内部（Chi，

1994），因此某些资源不能完全依赖交易得到。于是，兼并、收购和战略联盟在不同的情况下得到运用。于是，资源基础理论把战略联盟、兼并和收购看作是获取其他企业资源的战略，为企业储存难以获得的竞争优势和价值。

沃纳菲尔特（Wernerfelt，1984）最早从企业资源角度给出了收购的定义。他指出，收购可以被看作是在高度不完全市场中对一类资源的购买。谢尔顿（Shelton，1988）认为收购是标的方和收购方资产的合并；当这些资产在合并企业比分属并购双方能被更有效利用时，就创造了价值。实证研究也表明，并购创造的价值来自因并购而获得的对特定资源利用的机会（Chatterjee，1986；Jensen & Ruback，1983；Bradley et al.，1988）。杰米森和锡特金（Jemison & Sitkin，1988）更是明确地指出，并购的价值创造源自战略能力转移。索尔特和温霍尔德（Salter & Weinhold，1978）的研究发现了关键技能（key skills）与价值创造潜力之间存在正向联系，即通过加强对合并企业的成功有关键作用的技能，可以创造价值（所创造的价值将在企业股价中得到反映）。

资源观对战略联盟的解释是，没有任何一个公司可以完全拥有发展其核心竞争力所需的全部资源，一个技术上的突破所要求的人力和物力往往会超过单个公司的能力。企业通过寻找拥有它所缺乏资源的合作者，并与之合作，来完成资源的聚集和组合，这是进行战略联盟的主要原因。科格特（1988）的组织学习模型是广义资源基础理论的一个组成部分，它提供了联盟形成的一个精练观点，联盟的形成是以企业的资源（如知识和技术）为基础的。由于战略联盟本质上是企业间资源结合的结果，资源基础理论能够帮助更好地理解联盟。从资源基础角度，艾森哈特和斯库恩（Eisenhardt & Schoonhoven，1996）把联盟看作是由于战略资源渴求和社会资源机会的一种逻辑所驱动的合作关系。冯（Ven，1976）很早就注意到，建立组织间关系的过程可以看作组织间的资源流动。例如，合资企业的形成时机是当两个或多个企业在一个共同的合法组织内共同占有一部分资源时（Kogut，1988）。

在科格特（1988）看来，企业构筑联盟有两种可能的原因：获取其他组织的诀窍，或保住自己诀窍的同时从其他组织的资源中获益。把这种分析方法扩展到所有类型的企业资源，因此企业使用战略联盟或并购有两种相关的、但又有区别的动机：获取他人的资源；通过把自己和他人的资源结合来保持和开发自己的资源。

企业可以使用联盟或并购获取其他企业占有的资源，这些资源对于取得竞争优势是很有价值而且是必需的。在国际舞台上，跨国公司可以通过收购一家本地公司进入外国市场。他们还可以借助形成国际合资企业来谋取他们当地伙伴的资源，例如设施、知识和关系（Beamish & Banks, 1987; Yan & Gray, 1994）。在新产品开发上，战略联盟被用于集合各个企业的技术诀窍和专长（Leonard-Barton, 1992; Teece, 1992）。此外，并购往往被用于创造研发（R&D）的规模经济。尽管战略联盟和并购都能够达到获取某企业资源的目标，资源基础理论提出了联盟区别于并购的两个条件：第一，当标的方拥有的全部资源对于收购方企业没有多少价值时，战略联盟比并购更可行。第二，由于存在一定程度的资产专用性，并购中某些没有价值或多余的资源不易于处置（Ramanathan et al., 1997）。埃纳尔和雷迪（Hennart & Reddy, 1997）解释到，当不想要的资产与需要的资产混合时，并且两种资产很难分离，那么收购会不可避免地产生无用资产。当非渴望的资产不易于分离时，战略联盟可以让伙伴企业只接近渴望的资产，回避非渴望的资产，因而增大了总体价值。这样，战略联盟的明显优势是准确地接近需要的资产，使额外的不需要资产最少。作为对这种观点的支持，埃纳尔和雷迪（1997）发现，当渴望的资产具有"可消化性"时，企业青睐收购方式。

鉴于获取资源的动机是接近他人的资源，"留住资源"的动机就是使自己的有价值的资源安全地留在本企业。科格特（1988）认为，企业可能想保留某些资源，但是缺乏装备来利用它们。例如，有时候企业的研究人员超额，手头上没有足够的工作去做。与其把这些人员解雇，企业不如与其他企业的资源（例如，财务资源和物质资源）合作开展项目，让这些人员人尽其用。为了这个目的，战略联盟可能有助于留住那些目前没有被利用的内部资源。尼尔森和温特（Nelson & Winter, 1982）认为，为了防止诀窍的衰减，企业有时需要利用联盟，让他们不断应用这些能力。在这种情况下，在战略联盟和并购之间的选择就是关于一个企业应该长期（即并购方式）地还是应该在某个特定时期放弃其资源（即联盟方式）。战略联盟区别于并购的是，企业只是短暂地放弃其资源，这些资源以后可以用于内部配置。这样，当资源配置的未来折现价值超过现在出售的实现价值时，战略联盟将被选用。否则企业应该考虑出售。

获取其他企业拥有的额外资源，以及留住自己的资源，这两种动机的区别是，获取资源更多的是为了迅速地创造竞争优势，留住资源更多的是保护未来的竞争优势。除了这个区别，两种动机的共同之处看起来更重要：贡献给联盟的那些资源的实现价值必须比出售或自行利用的价值高。不管动机是长期利用他人资源（即获取资源）还是让别人暂时利用自己的资源（即留住资源），首要的决策原则应该是资源的机会成本。当贡献给联盟的那些资源的实现价值比内部利用或放弃实现的价值高时，将采用联盟形式。如果资源的内部配置或出售可以创造更多的长期价值，战略联盟根本就不会被采用。

综上所述，基于资源理论的并购与战略联盟的比较如表4-4所示。

表4-4　　　　　基于资源理论的并购与战略联盟的比较

	资源基础理论
决策原则	通过接触其他企业的有价值资源使自身企业价值最大化（Madhok，1997；Ramanathan et al.，1997）
市场	当从拥有者手中购买到资源服务时，通过市场来运作更有效率
战略联盟	当抓住机遇所需要的关键投入要素为不同的主体所有，而且这些投入要素不能与所属企业的其他资产分离时（Ramanathan et al.，1997），最好选择联盟。合作是增加关键领域知识的一种有用手段，在这里缺乏必要的知识，而且不能在可以接受的时间框架或成本范围内开发出来（Madhok，1997）
并购	当一个企业需要的资产没有与标的企业的其他不需要资产混合，通过购买该企业或其部分可以获得这些资产，那么它将青睐收购而非合资企业形式。（Hennart & Reddy，1997） 如果市场是宽松的或者企业正在追寻广泛资源能力战略，那么合作缺乏激励。企业更可能并购或独立开发（Eisenhardt & Schoonhoven，1996）

资料来源：陈扬. 并购战略与联盟战略的适用边界研究［D］. 北京：北京交通大学博士学位论文，2007.

从资源基础理论的视角看，影响企业外部成长战略选择的因素有：企业自身的资源禀赋、企业的吸收能力、知识的隐含性程度等。

4.3.2.3　企业战略选择理论

按照战略选择理论的观点，并购和战略联盟的目的是提高企业的竞争能力或市场支配力，主要分为四方面：第一，通过设立市场进入障碍或创造垄断势力，提高市场的支配力。第二，提高对经济实体的影响力。第三，提高研究开发、生产、市场营销等功能的效率。第四，提供产品或服务的差异化。但由于企业外部环境的不确定性，企业的战略是很灵活的，不同的环境会影响企业的战略目标，进而影响企业对并购和战略联盟的选择。可见企业面临的外部环境的变化也是影响企业并购和战略联盟选择的因素之一。

4.3.3 并购与战略联盟的影响因素分析

从前面的理论分析可以看出，在选择企业外部成长战略时，依据不同理论就会得出不同的影响因素。交易成本理论强调依据经济活动的效率来选择外部成长战略；资源基础论和战略选择理论则根据企业的竞争优势的标准来进行战略决策。一般来说，企业的内部和外部因素是企业进行战略决策分析的两个基本维度，但考虑到并购和战略联盟是企业之间的一种交易行为，因此还应包括交易维度。由此，本书从环境特性、企业特性和交易特性三个维度构建并购与战略联盟的决策分析框架，如图4-3所示。

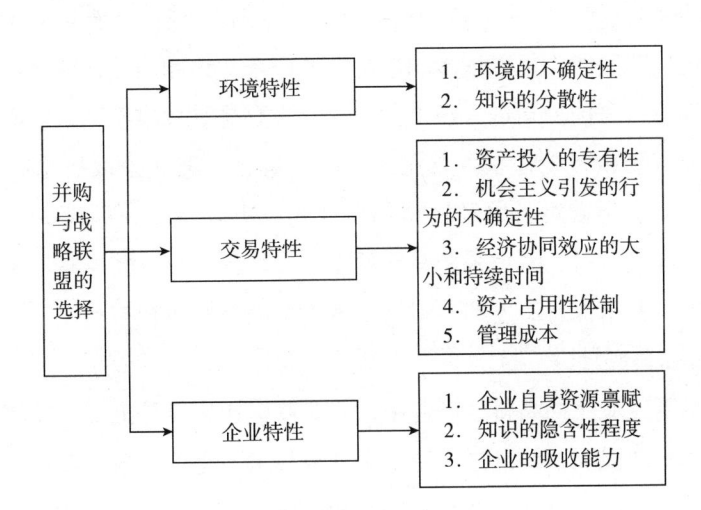

图4-3 并购与战略联盟的决策分析框架

4.3.3.1 环境特征

1. 环境的不确定性

现有统计表明，并购在成熟产业（如钢铁、纺织、食品等）中较为常见，而战略联盟发生在一些新兴的高科技产业（如生物技术、多媒体、电信、计算机等）。理论上，企业可以通过战略联盟或并购，来促进市场、技术、企业规模等方面的发展。但企业在进行战略选择时，必须充分认识环境的动荡性和不确定性所带来的影响。环境的不确定性，包括市场需求的不确定、技术的不确定、市场竞争的程度、产业政策等等。由于环境的不确定性，导致了企业战略的不确定性，这就要求企业在战略上保持灵活性，并进而影响企业外部成长战略的选择。一般来说，随着企业战略不确定性的增加，企业选择外部成长战略时，企业与目标资源的紧密程度将随之降低。如果企业对产业的未来主导发展方向不明确，通过兼并可能使企业只掌握某一发展方向的进程，而丧失其他可能的发展机会，这就是说在不确定的环境下，如果并购不能降低环境不确定的风险，那么通过战略联盟则可以降低这种不确定性，因为战略联盟给企业提供了更多的合作机会和灵活的战略选择，企业对战略联盟的投资相对较小，而且可撤回。此外，合作不确定性也是合作交易成本的直接影响因素。不确定性越高风险越大，可以使用联盟来规避风险，反之并购战略是可行的（陈扬、张秋生，2008）。同时，企业战略的不确定性，还表现在企业对未来市场缺乏了解，通过战略联盟，可以逐步积累更多的市场知识和经验，并尽可能减少风险。大家知道，跨国公司进入国外公司时，主要是受战略不确定的影响，比如缺乏对国外市场、产业管制等方面知识的了解，一般先采取战略联盟（包括合资）的方式，随着对当地经济体制、文化、市场等知识的深入了解，跨国公司可能会改变战略，考虑采用并购的方式。由此得出，在战略不确定程度很高的情形下，要求保持高度的战略灵活性，对战略联盟较有利。

2. 知识的分散性

在技术迅速变化的高科技产业中，战略联盟比较容易出现，其原因是新知识和新技术不断涌现，并且这些新知识和新技术不是由少数几家企业拥有，知识的分布较为分散，没有一个企业可以绝对占主导地位。企业通过战略联盟，彼此交换知识，对分散的知识进行重新组合来创造价值。同时，战略的不确定性促使企业通过战略联盟来快速和灵活地获得知识和技能。企业的战略联盟能帮助企业在一定时间内迅速获得为实现一项新的业务活动所需的知识，而无须通过并购将其长期纳入企业的经营活动体系。由此得出，在知识分布较为分散的环境中，战略联盟较有利。

4.3.3.2 交易特征

1. 资产投入的专有性

在实践中,交易中的专有投入对联盟或并购战略的选择有一定的影响。企业在与其他企业联合获取互补性资源时,需要投入一些专有资源、技能等,当联合失败时,这些专有投入可能会丧失价值甚至会变得毫无价值。霍夫曼和沙佩尔尼思(Hoffmann &Schaper - Rinkel,2001)的研究表明,资产投入的专有性和企业间联合的紧密程度有很大的关联。如果企业在联合中需投入一些专有性程度较高的资源,若采取联盟形式,一旦联盟失败,又找不到类似的企业来结盟时,企业将面临高昂的撤退成本和机会成本,此时企业倾向并购。专有投入增进了彼此的互相依赖,从而增强了联合的紧密程度。

2. 机会主义行为引发的行为的不确定性

由机会主义行为和道德风险引起的行为不确定性需要昂贵的保护和控制机制的建立,这将导致管理成本(即持续性的交易成本)的加大和经济效率的降低。如果获取的互补性资源带来的利益较小而行为不确定性却很高,将会使得企业的联盟合作出现交易劣势。在这种情况下,并购将会比联盟有效率。

3. 经济协同效应的大小和持续时间

如果经济协同效应持续的时间很长,波及的范围很大,尤其是能带来规模经济和范围经济时,并购虽然一次性成本较大且不可逆转,仍不失为可选战略;另一方面,如果获得的互补性资源是短期性的,且一次性交易成本(搜寻、协商、评估等成本)可能无法由联合后产生的累积协同效应所补偿时,适合采取联盟形式。经济协同效应的大小和持续时间的长短不仅与联合的资源类型及彼此建立的关系有关,还和环境有着密切的关系。环境的变化在一定程度上会危及协同效应的持久性。如果环境的不确定性很高,企业战略就必须具有一定的柔性,这时联合的协同效应就会减弱。

4. 资产的占用性体制

资产的占用性体制(appropriability regime)决定了企业保护其核心资源和能力不被伙伴占用的能力,这是影响企业间关系的交易成本的另一个因素。对某一特定交易来说,占用性体制的强弱依赖于专利、许可证等隔离机制,也就是这些隔离机制能否对关键资源提供足够的保护。在联盟里,对核心资源带来的竞争优势的保护越容易,合作的风险也就越小。反之,如果一些关键知识和技能能通过付出一定的交易成本即可得到,那么此时企业适宜采取并购战略。

5. 管理成本

并购和战略联盟都需要投入一定的管理成本,如果交易双方之间的文化、地域、产业之间的差异较大时,通过并购的管理成本(对标的方进行整合的成本)就比较高。而战略联盟则容易避开双方之间存在的差异性,在特定的方面达成共识,并发挥协同效应。较高的管理成本不利于企业的并购活动。企业对于标的方的并购,必须具备较高的管理经验和能力,以减少管理成本,提高并购效果。随着企业市场知识和管理经验的增加,企业选择并购的可能性也相应提高。由此得出,若交易双方的文化、地域、产业等差异带来较高的管理成本,战略联盟较有利。

陈扬、张秋生(2008)研究发现,合作双方的地理距离也会直接影响交易成本的大小。它会直接影响合作双方沟通了解、信息获取的准确度问题。本书并不否认随着信息和交通技术的发展,地理距离已经不是什么困难。但需要注意的一点是,地理距离不仅仅表现在时间、空间距离上,还体现在诸如文化差异、政策法规差异等方面。所以本书认为地域的差异对合作双方交易成本的影响是很大的。距离越近越可以降低并购的风险,距离远应考虑联盟。

4.3.3.3 企业特征

1. 企业自身资源禀赋

资源基础论在解释企业之间的关系方面得到广泛应用。并购和战略联盟,在本质上都是企业寻求获得外部资源,以提高企业自身的竞争优势。如果企业通过内部发展资源的能力较强,那么企业通过外部寻求发展的可能性就会大大减少。因此,企业内部的资源储备,在很大程度上影响着企业外部成长战略的决策。并购和战略联盟,要求企业具备相当的内部资源,特别是财务资源和人才资源。一般来说,战略联盟所投入的财务资源较少,并可以较快地速度获得目标资源,因此,从这个角度上,财务资源比较短缺的企业倾向于战略联盟,而财务资源丰富的企业则可能更多地选择并购。在人才资源方面,并购对企业管理的要求比战略联盟的要高出很多,如果不具备对标的方的专业管理人才,很难取得较好效果。由此得出,强大的企业资源储备,对并购较有利。

2. 知识的隐含性程度

根据知识理论,企业是一种社会共同体,企业中的个体和群体之间不断发生的相互作用促使知识在这种社会共同体中得以创造和转移（Kogut & Zander，1993）。从这个角度讲，企业选择并购或联盟取决于企业内部知识创造和转移的速度和效率，而知识转移的速度和效率又主要取决于知识的隐含性特征。知识的隐含性程度越高，企业利用市场进行知识交易就越容易出现障碍，市场方式的有效性也就会越低。科格特和赞德（Kogut & Zander，1995）对跨国企业规制结构决策的研究表明，隐含程度较高的知识在跨国企业层级结构内部各个单元之间的转移比市场上企业之间的转移要更加有效，更加迅速，也就是说知识转移成本更低。这个结论对一般性企业仍然适用。因此，知识的隐含性程度越高，企业越倾向于选择并购。

3. 企业的吸收能力

企业的吸收能力，也就是学习和适应能力同样影响着联盟或并购战略的选择。联盟在很多时候被视为"学习竞赛"，即参与企业总想尽可能多地从伙伴那里学到知识（如有关产品、市场等知识），而尽可能少地泄露自己的知识。如果一个企业的学习能力很强并且能有效地保护自身核心能力避免其被联盟伙伴学得更快，它将在学习竞赛中占据主动地位，获得更多的利益，此时联盟是企业的最佳战略选择。

4.3.4 并购和战略联盟的决策矩阵

至此，本书通过环境特性、交易特性、企业特性三方面的因素分析，各自从不同角度提出企业选择外部成长战略的有利条件。虽然，企业选择并购或战略联盟，没有一个绝对的判别准则。但是，企业在选择外部成长战略时，必须全面考虑以上提出的这三方面因素，并需要有个整体的决策矩阵，来指导企业的战略抉择。本书提出的决策矩阵，建立在企业对战略灵活性和控制两方面要求的基础上，如图 4-4 所示。

本书已经发现，战略联盟特别适合不确定的环境，使企业能保持高度的战略灵活性。正如前面分析，环境的不确定、较为分散的知识分布、有限的资源储备、非持久的协同效应等因素，都要求企业保持高度的战略灵活性。在保持高度的战略灵活性的同时，视控制的需要程度，来选择战略联盟的类型，其中在控制要求低的情形下，可采取建立在协议合作基础上的战略联盟，即战略联盟 I；对控制要求高的则采取合资形式的战略联盟，即战略联盟 II。而并购特

图 4-4 并购与战略联盟的决策矩阵

别适用于较为稳定的战略环境，对战略灵活性的要求低，着眼于充分发挥规模经济和范围经济，并且这种形式能有效控制因资产的专用性、相互之间的不信任、战略目标的不一致等因素所导致行为的不确定性。也就是说，并购强调企业对目标资源的控制需要。对于企业之间一般的合同关系，则对战略灵活性和控制两方面的要求都很低。

4.3.5 并购与战略联盟的相互转化

战略联盟常被认为能带来企业数量的增加，而并购则带来企业数量的减少，这种观点有失偏颇。实际上，并购没有使出让方消失，而有可能仍保有其法人地位，因此并购不总是带来企业数量的减少。由此看来，战略联盟和并购不是两个极端，它们之间有一种的必然的联系。战略联盟各成员之间的参股最终会导致股权分配上的不均衡，并可能引起并购。战略联盟的最终发展趋势基本上是并购。布莱克和恩斯特（Bleeke & Ernst, 1995）的研究表明，联盟的平均寿命只有7年。合资是最常见的战略联盟形式，有近80%的结果都是被某个联盟伙伴所购买，即战略联盟的结果实际上是所有权的转移。

第5章 并购方向

5.1 并购方向的概念及意义

5.1.1 并购方向的概念

企业为了提高其竞争优势，会制定一个战略目标以及为实现这个目标准备所需要的资源，战略目标资源与企业自身资源之间的差距就表现为资源剩余或是资源缺口。资源剩余即是企业的并购能力，它是企业并购的资源基础，也是企业并购的约束条件；而资源缺口就是企业的资源需要，能够满足并购能力约束的资源需要就是资源需求，即并购方向的内在资源范围，这些资源在行业、区域、规模、盈利能力四个维度表现出的属性就是企业的并购方向（Directions of Mergers and Acquisitions）。并购方向实质上是并购在行业、区域、规模和盈利能力方面的战略规划，是企业具备了并购动机和能力并决定实行并购时制定的，既与企业的总体发展战略相一致，又是总体发展战略的细化。

根据并购方向的概念，并购方向实质上是并购战略方向，其内在需求是企业的短缺资源，外在表现是这些资源在行业、区域、规模和盈利能力方面的属性，具体表述为企业在行业方面是相关并购（完全相关和不完全相关）还是非相关并购，在区域方面是同省并购、跨省并购、跨区并购还是跨国并购，在规模方面是大型并购、中型并购还是小型并购，在盈利能力方面企业并购是高盈利能力要求还是低盈利能力要求。本书从行业、区域、规模、盈利能力四个维度来考察并购方向。

行业是根据一个企业生产的产品或提供的服务来判断，国家统计局的国标行业分类标准将所有的行业进行细分，并统一进行编码。每一行业代码都用行业门类、大类、种类和小类表示，最终表示出来就是一个字母与4位数字的结合。企业在行业方面的并购方向可借助国标行业分类标准确定，假设企业并购所选择的目标行业的国标代码为 X；而企业当前可能涉及多行业经营，本书假设企业的主营业务行业的国标代码为 X1，企业兼营业务的行业代码为 X2、X3……。如果 X = X1，则并购为相同的行业内的并购，即横向并购，称为完全相关并购；如果 X 与 X2、X3 等兼营业务或其供销企业的行业代码相同，则企业并购为不完全相关并购，不完全相关并购包括纵向并购；如果目标行业 X 与企业的主营业务乃至兼营业务行业 Xn（n = 1，2，…，）都不相同，则企业并购为非相关并购。李和利伯曼（Lee & Lieberman, 2009）指出：公司主要业务领域内的并购主要目的在于完善现有产品体系，而在公司主要业务领域外的并购主要目的在于扩展新的业务领域。

区域是一个企业所在的地理位置，我国的"中华人民共和国行政区划表"将每一个行政区划乃至每一个省份都确定了一个代码，共六位数，其中后四位都是零，所以本书只取前两位代表不同的地理位置，第一位是区域代码，第二位是省份代码，国外企业的两位代码均用零表示。这样一个企业的地理位置就可以借助行政区划代码方便地表达出来了。

假设企业确定的并购目标区域为 Y，而企业自身所处的地理位置为 y，企业自身的地理位置按照企业注册的地理位置确定。如果 Y 与 y 的代码完全相同，则说明他们处于中国的同一个省市内，企业并购为同省并购；如果 Y 与 y 的第一位相同，第二位不同，说明他们处于中国的同一个经济区域，但是不同一个省份，企业并购为跨省并购；如果 Y 与 y 完全不同，说明他们都是中国企业，但是既不是同一个经济区域更不是同一个省份，企业并购为跨区并购；如果 Y = 00，y ≠ 00，则两个企业处于不同的国家，企业并购为跨国并购。同样的道理，地域的划分还可以按更粗或者更细的分类进行。

企业的规模用总资产指标来衡量，本书将并购规模划分为三种类型：大型、中型和小型。假设企业目前的总资产为 A，如果并购的规模为 $\alpha A - \beta A$，则视为中型并购，小于 αA 为小规模并购，大于 βA 为大规模并购，其中 α、β 视企业的具体状况而定。表示规模的指标除了总资产外，还可以用净资产、有形资产、收入等财务指标，也可以采用产量、市场占有率等非财务的总量指标或相对指标表示。

企业盈利能力用投资回报率来表示，投资回报率是个综合性比较强的指标，并购后企业的投资回报率具有较大的不确定性，但是企业对并购后盈利能力有一个能够容忍的最低限度。本书将企业的盈利能力分为高、中、低三种情况，假设企业目前的投资回报率为 B，如果收购方期望的投资回报率处于 $\chi B - \delta B$ 这个区间则视为中盈利能力，大于 δB 为高盈利能力，小于 χB 为低盈利能力，其中 χ、δ 视企业对盈利能力的不同承受能力而定。

从并购方向的概念可以看出，并购方向的确定受两方面的约束，企业的战略目标以及实现战略的目标资源和企业自身已有的资源。第 2 章中曾论述企业的并购动机应该在企业战略目标的框架下，与并购活动的目标保持一致；而企业现有的相对于战略目标的资源剩余视为企业能力，所以并购方向源于动机，受能力限制。

就企业的并购战略而言，把握并购方向蕴含着双层决策，即确定满足各种维度要求的集合和搜寻并确定目标企业，本书所指的并购方向是狭义的并购方向，仅指前一项内容，而搜寻并确定目标企业则是并购匹配的主要内容。在双层决策中，满足各种维度要求的集合的确定是双层决策的前提，并购方向决策的准确与否直接影响着并购匹配的准确度和目标企业的选择，并间接影响并购绩效和整个并购活动的成败。可见并购方向是企业有效实施并购战略的重要前提，明确并购方向有助于企业避免并购的盲从性，使并购能够更好地服从、进而服务于企业的长远发展战略，真正地为企业创造价值。

5.1.2 并购方向的重要性

2009 年 6 月 11 日，中国五矿集团公司以总价 13.869 亿元的交易价格收购 OZ Minerals 公司主要资产，获得了公司 100% 的股权。从行业层面来看，中国五矿集团是资源型的企业，它的并购目的是希望获取资源，扩大市场份额。而同行业的 OZ 矿业以丰富的矿产资源著称，这一点正符合五矿的并购意图。从区域层面来看，受 2008 年金融危机的冲击，中澳两国为了应对世界经济格局的变化，建立了良好的经济伙伴关系。从规模和盈利能力层面来看，首先，OZ 矿业的自然资源储备丰富，在锌、铅、铜、镍、金、银等资源上拥有可观储量，开拓了多个市场，在澳洲、亚洲和北美都有发展项目，具有很好的平台优势，能够满足中国五矿整合海外资源的目的。此外，OZ矿业受到金融危机的影响，处于财务困境，公司的价值被低估，收购成本也相应较低，能够通过资本的注入，获得超额的收益。综上所述，从各方面来看，OZ矿业都满足中国五矿的并购目的，是一个不错的并购目标。

随着全球并购浪潮的涌动，越来越多的企业参与到并购的行列中来，尽管有一批优势企业通过并购得以快速扩张，但也有相当一部分企业的并购以失败而告终，并没有为企业创造价值。麦肯锡公司的一份研究报告表明，61%的并购由于产生的回报不足以弥补支付成本而导致失败（Sirower，1997）。在我国并购浪潮的背后，也孕育着一股盲目并购的危机，贪多求大、追逐行业热点，决策时缺少认真分析，是我国当前大规模企业并购中的巨大隐患。据估计我国2000年以前的几年间，成交的并购事件中真正成功的不足10%（王东，1999）。并购失败的原因主要有三个：目标企业选择错误、支付过多及整合不利，而其中80%在于并购目标选择错误（Marks & Mirvis，2000），也就是说在并购方向的定位上就可能存在偏差或定位不当。

由此可见，明确并购方向有助于企业避免并购的盲从性，使并购能够更好地服从、进而服务于企业的长远发展战略，真正地为企业创造价值。

5.2 并购方向的相关研究综述

5.2.1 产业相关性与并购绩效研究

企业扩张战略可以通过兼并收购（外部扩张）和内部成长两种方式实施。波特（Porter，1985）、威斯通（1998）等学者通过研究发现外部扩张是主要方式。与企业扩张的方向相对应，并购被区分为相关并购（多指横向并购和纵向并购，下同）和非相关并购（多指混合并购，下同）。并且，在对企业通过并购实现扩张的研究中还推论出一个命题：相关并购优于非相关并购，这个命题即为并购相关性假说。长期以来，这一假说引起了国内外学者们的广泛关注。

国外方面，鲁梅尔特（Rumelt，1974；Rumelt，1977）从三个维度定义两个企业的相关性：①利用相似的渠道服务于相似的市场；②使用相似的生产技术；③运用相似的科学研究。鲁梅尔特的研究发现相关多元化战略的业绩表现总体上优于非相关多元化战略。虽然鲁梅尔特的经验研究未能给出这种差异的原因，但他无疑发现了一个非常有意义的问题。相应地，支持并购相关性假说的学者们建议收购方应寻找具有相关性的目标企业。

索尔特和温霍尔德（Salter & Weinhold, 1978）、谢尔顿（Shelton, 1988）、辛格和蒙哥马利（Singh & Montgomery, 1987）等认为混合并购给公司带来的好处（如资本成本的降低，管理效率的提高以及由于规模扩大、业务增加而带来的市场势力的增强）同样存在于相关并购中，但是相关并购所创造的来自规模经济和范围经济的协同收益，以及核心技能（core skills）在相关产业间的转移却是混合并购难以实现的，因此相关并购应表现出更好的绩效，即并购双方的相关程度越高，并购所创造的价值就越大。

詹森（Jensen, 1986）认为，对于混合并购来说，由于并购公司的经理人员不熟悉目标公司所在行业的业务，或者由于他们会在效率不高的并购活动上浪费"自由现金流量"，所以相对于相同行业内的合并（横向并购和纵向并购），一般更难以成功。穆勒（Mueller, 1969）的管理者主义理论认为，混合并购的动机是追逐自身利益而一味扩大企业规模。效率理论也认为，混合并购的目的是为了降低经理人员自身风险，并不能使企业效率提高。可见，理论上混合并购的效率是相对低下的。

但是，蒙哥马利和威尔逊（Montgomery & Wilson, 1986）认为非相关多元化也是战略规划的工具之一，公司可以通过非相关并购进入新产业，并逐步退出未来发展潜力有限的产业；相关并购虽然收益潜力大，但实现收益所要付出的努力也更多，整合和管理的难度增加了失败的风险，因此相关并购不像预期那么成功。

赛斯（Seth, 1990）则认为与相关并购相比，非相关并购能够使合并后的实体获得更多的来源于联合保险（coinsurance，由于非相关并购中并购双方的收益流相关性较低而使公司破产风险降低）和财务多元化（financial diversification，通过并购非相关业务使得公司的现金流更加稳定，回报率的波动性降低）的价值增值。赛斯（Seth, 1990）强调不同的并购类型有不同的价值创造来源，仅在理论层面上无法断定哪一种来源所创造的价值更大。因此相关并购是否更优于非相关并购只能通过实证检验来证实。

对于不同类型的并购在绩效上的差异，学者们作了大量的实证研究。这些研究按照所分析对象的不同可分为三类,即分别从目标方、收购方或者并购双方合并后的实体的角度,检验其在相关并购或非相关并购前后的绩效差异。其中每一类研究按照对"相关性假设"实证检验结论的不同又可分为三类,即相关并购比混合并购更能为公司创造价值,如弗拉纳根(Flanagan,1996)、谢尔顿(Shelton,1988)、辛格和蒙哥马利(Singh & Montgomery,1987)等;相关并购不优于混合并购,如卢巴特金(Lubatkin,1987)、赛斯(Seth,1990)、阿加瓦尔和拉马斯瓦米(Agraawal & Ramaswami,1992)等;混合并购比相关并购创造的价值更高,如埃尔格和克拉克(Elgers & Clark,1980)、查特吉(Chatterjee,1986)等。具体的研究结论分类列示如表5-1~表5-3所示(刘岩,2005)。

表5-1　　　　　　　相关性研究的具体结论:整体角度

类型	作者	研究结论
支持	谢尔顿(Shelton,1988)	一致型和增强相关型并购提供了大量创造价值的机会;增强相关型并购创造价值变动性最小;不相关并购创造价值最少;目标方相对于收购方的价值越大(规模越大),则并购所创造的价值越多;若存在竞价者,则目标方、收购方合并后的价值增加
中立	赛斯(Seth,1990)	相关和非相关并购都能够创造价值,相关并购的绩效表现并非优于非相关并购;相关并购中存在明显的规模效应(size effect),即在大规模的并购交易中,相关并购的协同收益大于非相关并购
中立	卢巴特金(Lubatkin,1987)	并购引起交易双方普通股股东权益价值的永久性增加;产品、市场具有相关性的并购不像预期那样优于非相关并购

表 5-2　　　　　　　　　相关性研究的具体结论：目标方角度

类型	作者	研究结论
支持	辛格和蒙哥马利（Singh & Montgomery, 1987）	在相关并购和非相关并购中的收益都是正的、显著的，且在相关并购中的收益明显高于在非相关并购中的收益
中立	弗拉纳根（Flanagan, 1996）	在相关并购中获得的收益并不高于在非相关并购中获得的收益，但在以现金支付的并购交易中收益较高
反对	查特吉（Chatterjee, 1986）	在不相关并购中获利高于相关的、非横向并购（因为在选样时将横向并购排除在外）中的获利，且目标方的收益与并购双方相对规模成比

表 5-3　　　　　　　　　相关性研究的具体结论：收购方角度

类型	作者	研究结论
支持	弗拉纳根（Flanagan, 1996）	在相关并购中获得的收益明显高于在非相关并购中获得的收益，且在善意收购或以现金支付的并购交易中，收购方股东取得的回报更高
中立	辛格和蒙哥马利（Singh & Montgomery, 1987）	在并购（包括相关和非相关并购）中收益不显著
中立	帕克（Park, 2002）	处于高盈利水平行业的公司比处于低盈利水平行业的公司更倾向于实施相关多元化战略；若一个公司实施多元化前在其所处行业中具有较强的盈利能力，则其更倾向于实施相关多元化战略；公司在实施相关多元化后所表现出的较强的盈利能力是由于并购前公司所处的行业及公司本身就处于高盈利水平，而不是因为相关并购战略更具有优越性
中立	查特吉（Chatterjee, 1986）	并购收益不显著（其原因可能是收购方相对于目标方规模过大）

国内方面，曾颖（1999）以成熟期企业为研究对象，探析企业并购战略。

该研究以企业财务管理和管理会计的相应决策为研究重点，指出成熟期企业处于其生命周期的强势阶段，其战略条件和财务特征决定主要采用横向兼并（针对生产部门而言）、纵向兼并与控股（针对购买、营销、服务部门而言）、兼并成熟前期企业和投资 R&D 联合体（针对科技开发部门而言）等并购形式，以巩固其价值链薄弱环节，提高灵活性和反应速度，获取创新能力，延缓衰老。

郭永清（2000）应用长期绩效研究法比较了不同并购模式对上市公司绩效的改善程度。该研究以 1994~1998 年发生的 351 起上市公司并购事件为样本，并选取主营业务收入、主营业务利润率、净资产收益率和每股收益作为衡量并购绩效的指标。通过比较并购当年与并购前一年的综合得分，发现混合并购对提高上市公司经营状况有明显效果，纵向并购效果不明显，横向并购恶化上市公司经营状况。

高见、陈歆玮（2000）对重组的行业相关性比较关注，并进行了定量分析。研究发现，相关行业的资产重组多发生在经营绩效较好的企业。相关行业发生资产重组的企业普遍净资产收益率偏高。但从资产重组对经营绩效改善的效果来看，他们认为，中国证券市场上，资产重组绩效与是否行业相关关系不大，一定程度上表明，中国的资产重组还没有上升到从资本营运的角度进行战略投资的层次，"做"题材的成分还不少。

娄静、黄渝祥（2001）研究行业结构对横向并购战略的影响。该研究通过分析企业并购后产出的变化、对市场价格和平均成本的影响，来考察企业市场支配力的变化，以此分析同一行业不同发展阶段和不同行业采取不同并购战略时，企业市场支配力的变化，并以此变化判断企业并购效果。该研究得出结论，对于同一行业来说，若企业处于新兴成长阶段，则采取横向并购后显著扩大产出的战略易于增强企业市场支配力；若处于成熟集中阶段，则采取横向并购后显著降低产出的战略易于增强市场支配力；而对不同行业而言，需求弹性、供给弹性、市场结构和成本优势都不相同，因此所属行业规模经济性越显著的企业，采取横向并购后维持产出不变的战略，越有利于市场支配力的增强；若企业所属行业规模经济越显著，市场结构越趋于完全竞争，需求弹性越大，供给弹性越大，则采取横向并购后扩大产出的战略，有利于市场支配力的增强；而对所属行业市场结构越趋近于完全垄断，需求弹性越小，供给弹性越小的企业而言，实施横向并购后显著降低产出的战略，有利于市场支配力的增强。

方芳、闫晓彤（2002）根据上市公司并购前后绩效的变化，分析了不同并购模式的效果。该研究从 2000 年发生的 115 起收购兼并案例中选取 80 家公司作为研究对象，把这些样本按并购的模式细化为横向并购 46 起，纵向并购 10 起，混合并购 24 起，并选取反映公司盈利能力、偿债能力及成长性的 9 项指标作为对上市公司并购绩效的综合评价指标。研究旨在根据上市公司并购前后绩效的变化，分析不同类型并购的效果，从而说明目前公司并购的误区和有效并购的主导方式。该研究得出的结论是，2000 年证券市场上市公司的横向并购活动推动了企业的发展，改善了企业的财务状况，使企业的获利能力得到了提高，是有效益的；但目前上市公司的混合并购，业绩呈下滑的趋势，很多并购的上市公司，利润呈现抛物线式的变化，即在并购前，许多公司盈利能力、盈利水平一般，在并购当年业绩有明显的提高，但是随后第二年开始出现增长速度下降乃至负增长的趋势。

刘笑萍等（2009）发现，不考虑行业周期因素，不同并购类型的绩效不存在显著差异。考虑行业周期因素，不同并购类型的绩效存在显著差异。与之结论不同，劳德祖斯等（Raudszus et al., 2014）发现：纵向和混合并购降低企业绩效，横向并购提高企业绩效。宋淑琴、代淑江（2015）发现：相关并购的并购绩效优于非相关并购。

吴育平（2002）应用长期绩效法研究了不同并购模式的长期绩效。该研究以 1997～1999 年发生的 542 起并购案例为样本，选取总资产收益率、总资产利润率、每股收益、净资产利润率指标，组成综合得分模型评价并购绩效。研究发现并购当年和并购后第一年业绩呈正向变化，随后呈下降态势；从长期来看，混合并购优势有限，横向并购整体绩效稳定且呈上升趋势。

关于相关性假说的经验研究结论莫衷一是，究其原因是多方面的。如各项研究选取的分析对象不同、对相关并购和非相关并购的分类方法不同、所选取的绩效指标不同，另外所选取的并购事件样本中并购双方相对规模、样本时间跨度、样本公司所属的行业差异较大，企业成长的发展阶段不同等等，而且他们的研究只是立足不同并购类型对企业绩效的影响，没有看到企业的战略目标资源和企业本身已有的资源实力对并购的影响。

5.2.2 关于目标企业选择的研究

麦格拉思等（McGrath et al.，2000）首先提出了价值增长矩阵的概念，这一概念用于评估产业中哪个公司将是制定成功收购策略时最好的收购目标起点。收购竞争对手中的"经营不善（Underperformer）"意味着你需要彻底改变，因为收购目标的收入增长和价值增长都低于产业平均水平，这种收购常常带来十分大的风险，除非收购方能使被收购方的业务快速增长，并控制负面的影响。"简单增长者（Simple Growers）"和"利润寻找者（Profit Seekers）"是更合理的收购目标，因为它们已有成长的基础，价格也便宜，不会过多牵涉管理层的精力。最后，"价值增长者（Value Growers）"通常是最好的战略性收购目标，但他们的价格常常十分昂贵。

李雨田（2002）提出选择目标企业时需要考虑以下因素：商业因素、财务因素、目标企业的规模等因素。

戚汝庆（2001）认为选择并购目标时应考虑产业和企业两个因素，在产业层面上，并购者面临三种发展方向，即同产业、相关产业或非相关产业。在企业选择层次面，影响并购目标选择的因素很多，主要包括目标企业的规模、股本结构、财务状况、地理位置、技术水平、市场地位、专项资产、企业文化等。

曾颖（1999）运用财务管理和管理会计学的若干基本分析方法，借鉴企业竞争优势的价值链分析框架和企业生命周期的诊断工具，为成熟期企业并购战略的制定与实施提供了一种较为科学并且有可操作性的具体思路。该研究提出在制定成熟企业并购战略时，首先是对成熟期企业的价值链分析及并购形式的选择，通过价值链分析后，作者得出职能部门之间的关系一般遵循如下原则：①生产部门：横向兼并；②购买、营销、服务部门：纵向兼并或控股；③科技开发部门：兼并成熟前期企业或投资 R&D 联合体。其次，成熟企业所并购的目标企业，必须满足如下条件：①具有成熟期企业并购的目标要素，且目标要素的规模和结构达到要求；②经过资产结构调整，能为成熟期企业带来长期的净收益；③企业并购可在一定的场所、以一定的程序进行。最后，该研究分析了成熟期企业的并购方式，曾颖的论述指出成熟期企业并购战略的分析框架，也适用于企业生命周期其他阶段的企业。因各企业所处的发展阶段和产业不同，采用的具体方法也不同。

张义芳（1999）将决定并购策略时备选目标的基本情况分析归纳为以下几点：①目标企业面临的产业环境、国内外竞争状况；②目标企业拥有市场份额与实力的大小；③目标企业利润水平及前景；④目标企业所有制、财政隶属关系；⑤目标企业净资产规模、负债等情况；⑥目标企业经营管理水平等。

刘可新等（1999）提出了并购战略的评判准则为：①产业：可能的并购目标所从事的业务是否有吸引力？②地理：哪些地区是有吸引力的？哪些应避免或太远不利控制？③价格：从内部资源或外部借贷两个方面需要多少资本才能完成并购？④规模：对营业额、净资产、员工人数等进行比较，什么是可能承受的？⑤资金条件：对固定资产和运作资本需要做多大规模投资才能支持和发展被并购的企业？⑥管理：被收购者是否应具有一个好的管理模式？刘可新等在所构建的目标企业选择的模型中，将不同的目标企业的前景描述向量 A 赋予一定的权重 W 以表示其相对重要性。目标企业 i 的整体吸引力 $S(i)$ 可以表达为：

$$S(i) = \sum_{j=1}^{n} A_i(j) \times W_{ij}$$

其中，i 表示第 i 家目标企业，j 表示第 j 个并购前景分析时所考虑的因素，n 表示前景分析因素总数。对不同的目标企业，可以按照 $S(i)$ 值的大小进行排序，这将是收购方选择最终目标的一项重要决策依据。

余凯等（2003）认为在有多个待选目标企业的条件下，可以利用层次分析和关联分析构建其选优模型，如图 5-1 所示。

对任一属于同一上级因素的同级因素集合，设为 C'，$C' = (C_1', C_2', \cdots, C_n')$。运用一定的算法，可分层次求得在同一层次内，同一上级因素下各要素的相对重要程度，综合可求出准则层中关键因素集 C 中各要素 Ci 相对于目标层的综合重要度 Wi，即 C 中各要素 Ci 相对于目标层的综合重要度 Wi，即 C 的权重集 W。如对任一要素 Ci，以（-2，-1，0，1，2）表示评价集 V ＝｛不利影响，较不利影响，无影响，较有利影响，有利影响｝，对任一待评价目标企业 i（即可选方案），可由并购专家及相关决策人员对各要素进行评价，得出评价集 Vi ＝｛Vi₁，Vi₂，…，Viₙ｝，则可得对待选的 P 个目标企业的评价矩阵 V，在 Vi 中取最大值即为企业并购决策中待选目标企业的最优方案。

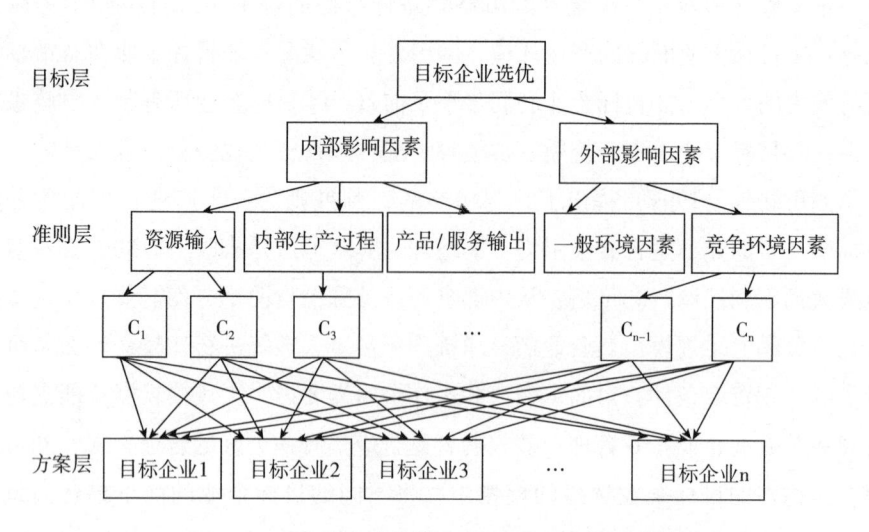

图 5-1 目标企业选优模型的关键因素相关结构图

另外，并购的地域方向也会影响目标企业选择适当性。例如：达成协议不能保证异地并购的效率，信息劣势很可能导致主并企业选择错误的目标公司（Tu 等，2013；刘春等，2015）。

5.2.3 对于影响并购战略选择的因素研究

5.2.3.1 行业状况

1. 行业盈利能力

产业经济学家认为一个行业的平均盈利能力反映了该行业的吸引力。威斯通和曼辛卡（Weston & Mansinghka，1971）认为当一个行业整体盈利能力较差，不具有吸引力时，该产业内企业管理层更有可能实施防御型多元化战略（主要通过混合并购战略实现），进入具有吸引力的行业，以抵御传统产业的衰退风险。鲁梅尔特（Rumelt，1974）也提出多元化（主要通过混合并购战略实现）是企业避免在原有产业的衰退前景的有效方式之一。所以若并购前企业所处产业盈利性较差，则企业更倾向于实施混合并购进入非相关行业。

随着产业盈利能力的增强，管理层实施防御型多元化战略的动机逐渐减弱，而实施进攻型多元化的动机相应增强。所谓进攻型多元化是指企业在其现在所处产业或相关产业里进一步拓展和充分利用自身的资源和能力。

当行业具有较高盈利性或者当该产业内的企业拥有占据强势地位的、难以复制的资源和能力时，管理层往往有很强的动机在其他产业拓展使用这类资源和能力。这些在当前产业培育和发展起来的能力和资源更倾向于被转移到相关行业而非无关行业（Lecraw，1984），所以相比较而言，处于高盈利性产业的企业更青睐相关多元化并购。

可见，一个产业盈利能力水平是会影响产业内企业的目标企业选择的。若行业盈利能力较差，则企业的防御性动机较强，其更倾向于非相关多元化并购来选择目标企业，以避免未来产业衰退的黯淡前景。随着产业盈利能力的增加，企业的进攻型动机逐渐占据主导，为了在相关产业拓展使用其建立起来的、难以被复制的资源和能力，企业更倾向于相关多元化来选择目标企业。

2. 行业市场结构

企业在选择进入哪个行业时，首先要对该行业的市场结构进行分析，以确定是否应该进入。市场结构是指在某一特定市场中，企业间在数量、份额、规模上的关系，以及由此决定的竞争形式。市场集中度和进入壁垒是描述市场结构的两大要素。市场进入模式与行业维度的并购方向相关。李和利伯曼（Lee & Lieberman，2010）在研究市场进入模式时指出，公司的市场进入模式取决于新市场是在公司的主要业务领域之内还是之外。公司为了进入主要业务领域之外的新市场，进行非相关并购；而为了完善现有产品体系，在主要业务领域之内进行相关并购。

（1）市场集中度

市场集中度反映了特定行业内企业间的关系及规模和数量分布特征。市场集中度高意味着某一行业被少数几家大企业所控制，行业内竞争程度较低，因此大企业可以凭借自己的控制力获得高额垄断利润，而且市场的集中度越高，其所获得的垄断利润也就越多。行业内频繁的并购活动有助于市场集中度的提高；反过来，企业由于市场集中度的提高而获得的垄断利润又刺激其继续进行行业内的横向并购。

（2）进入壁垒

进入壁垒反映了特定行业内现有企业与潜在进入者之间的关系，进入壁垒为资源的自由流动和优化配置设置了障碍。因此当企业考虑进入一个新的行业时，要对可能遇到的障碍作充分的预计和考虑，产业壁垒的高低会影响并购战略决策。

①规模经济性壁垒。

一个行业是否具有显著的规模经济决定了进入该行业的壁垒的高低。一方面，规模经济性越显著，该行业内现有大企业的成本优势也就明显，潜在进入者如果不能在较短时期内形成一定规模，获得相应的成本优势，则很难与原有企业抗衡。另一方面，行业规模经济性越显著，该行业的企业就会更倾向于横向并购，以获得更大的成本优势，并购所创造的价值也更大。可见，行业规模经济性越显著，规模壁垒越高，同行业的横向并购也越集中。

当然，并不是所有的行业都具有规模经济的要求，因此不能要求所有的行业都实施横向并购战略以追求规模经济效应。以我国制造业的次级子行业为例：纺织、服装、皮毛属于劳动密集型的行业，这类行业的规模经济性不明显，其战略的主要目标是革新技术、建立品牌优势，而不是实施横向并购扩大规模；而对于家电行业（如洗衣机、电冰箱、电风扇、空调器、电视机等）而言，技术已经比较成熟，且具有明显的规模经济效益，又要面对外国品牌的竞争，应通过横向并购战略提高规模与效益水平，扩大市场占有率；又如食品、饮料等制造企业，属于区域性较强、运输距离短、不易贸易的行业，其实施横向并购扩张规模时必须考虑到区域性市场的容量有无扩展的空间，生产规模必须与市场规模相匹配，才能获得规模经济效益；对于资本和技术密集、规模经济效应明显的行业，如汽车、钢铁、石化、通信设备等，适度生产集中和规模经济是这类行业的固有特征，而我国目前这类行业的生产程度不高，企业规模过小，应通过横向并购战略减少重复建设、重复生产现象，实现企业间跨部门、跨地区的战略性整合，提高国际竞争力。

②技术壁垒和政策壁垒。

产业组织理论认为，除了企业的最低有效生产规模以外，核心技术和政府对产业进入的限制等，也将对企业进入行业，形成产业壁垒。若技术壁垒和产业进入政策壁垒较高，则企业可以通过对行业内原有企业的并购，获得生产能力、技术，以降低或消除障碍，实现有效进入。可见，纵向并购和混合并购将有助于企业跨越技术壁垒和政策壁垒。

5.2.3.2 地理位置

阿尔马桑等（Almazan et al.，2010）对公司地理位置、并购机会与财务结构之间的关系进行了研究，发现处于本行业集群地理位置的公司面临更多的并购机会。

首先，可从地理因素的角度来了解收购方的市场类型是全国性、地区性还是特殊类型狭窄市场，如果是全国性市场，则目标企业的选择并不局限于某个地区；相反地，区性市场应考虑相同区域的并购，否则企业市场优势无法在其他地区得到体现。而特殊性市场适应性就更窄，并购目标范围就更小。

其次，在决定采用纵向并购时应着重考虑相同区域内的上下游企业。纵向并购的一个主要目的是节约成本。在市场上交易有交易成本，将市场内部化后，交易成本转化为内部组织成本，只有当节约的交易成本大于因此而增加的内部组织成本时，进行并购才能真正节约成本。而材料或产品的运输费用是构成交易成本的重要部分，因此，降低并购双方之间的运输成本是节约交易成本的重要途径。另一方面，同一区域内的企业由于风俗习惯、人文环境、价值取向、精神风貌等具有相似性，内部化后组织协调相对来说容易得多，企业为此而增加的组织协调成本就少得多。因此，宜以同一地理区域内的企业作为目标企业。

以同地企业作为目标企业的另一原因在于：异地并购需要承担更高的成本。地方国有企业同地并购可能更容易获得政府支持。地方国企异地并购的概率显著低于民营企业，与同地并购相比较，地方国企异地并购后获得的政府支持有所减少，从而导致负面的经济后果（潘红波、余明桂，2011）。方军雄（2009）发现：市场分割与企业异地并购显著负相关，即市场分割提高了异地并购的成本。

总之，若目标企业所处地理位置优越，当地自然资源丰富、经济发展态势较好、市场发育成熟、基础设施建设到位、生态环境保持较好、百姓安居乐业、公众的文化素质较高且思想较开放，则并购后获得发展的余地和机会较大，否则，收购方应考虑放弃并购。对于目前区位环境较差但预计区位优势会较快凸显，且并购条件优惠的，亦应积极考虑并购。

另外，不同的经济和法律政策会影响并购区域的选择。经济政策中主要是产业政策、金融政策以及财税政策影响并购在产业和地区选择。比如，我国金融信贷政策按地区借贷制度影响企业选择跨地区并购。而按行政隶属关系的财税政策会由于当地政府出于保护地方利益而影响企业选择跨产业、地区并购。

并购使企业规模迅速扩大，容易造成产业垄断，国外发达国家对并购一般都有法规限制。对企业并购的相关法律和政策限制比较完善的有美国、欧盟和德、日等地区和国家,我国的《反垄断法》也已经于2008年施行。比较这些法律因素的差异,有助于理解世界范围内并购活动在区域选择上的内在差异。实际上,政策法律因素也因越来越成为各国引导并购活动的重要手段而被广泛采用,并购方向决策时也应该考虑这方面的影响。此外,并购的宏观法律环境也会影响并购的产业选择。目前我国一系列法规对企业并购问题作出了某些规定,收购方选择应避免涉及法规限制的目标企业。例如,我国对国有股权转让政策中规定"涉及国家安全、国防、尖端技术的企业和国家专卖的以及国家明令禁止出让的其他企业,不得出让国有企业产权股权;属于国家产业政策重点发展的能源、交通、通信等垄断或自然垄断产业,以及其他关系到国计民生的重要产业和国家支持发展的骨干企业,可以有选择地出让企业部分产权(股权),但国家必须控股经营。"显然企业如果选择上述目标企业就难以达到并购目的。

5.2.3.3 企业规模

谢尔顿(Shelton,1988)认为目标公司规模越大,其为收购方提供的资产就越多,以此为基础创造的价值越大。公司规模通常被认为是用以衡量规模经济和市场势力的指标。规模经济效应和强大的市场势力为企业提供的成本优势使规模较大的企业能够保持较高的盈利能力,因此罗宾斯和威尔斯玛(Robins & Wiersema,1995)认为企业规模与绩效存在正的相关关系。

帕克(Park,2002)认为规模大的公司通常组织结构复杂、分工精细,其计划、控制及资源配置有一套正规的体制。这种组织结构的复杂性及正规的经营体制、操作流程可能会导致企业对组织结构及体制的变动产生较大的抵制,认为公司规模越大,其实施相关并购的可能性越大。而查特吉和沃纳菲尔特(Chatterjee & Wernerfelt,1991)认为目前还没有成形的、严密的理论可以预测公司规模对多元化类型的影响,而现实中的大公司往往经营非相关的多种业务,因此公司规模越大,非相关多元化的倾向越大。达斯(Dass,2000)的实证研究认为,随着公司规模的增大,公司惯性也增强,公司就越有可能进行突然变革而不是渐进式的变革来打破组织惯例。

企业的规模不同,其总体的战略思路也就不同,可能是扩张也可能是收缩。退一步讲,即使企业企图通过并购实现扩张,其具体的并购路径(横向、纵向或者混合)也会因企业规模的不同而有所差异。若企业生产规模小,未达到规模经济，产品在市场的占有率较低时，企业欲接近长期成本曲线的最低点，达到经济规模，往往倾向于实施横向并购。此时，企业的发展不是靠增大企业的规模，而是依靠增加工厂的数量——即并购得以实现的。若企业已经具备了相当的规模水平，实现了规模经济效益，而且较好的盈利、管理能力又使企业有剩余的资金、经营、管理资源，则此时若企业考虑将这部分剩余资源用于投资主业继续扩大经营规模，并非明智之举。一方面，因为剩余市场份额已经很有限，而限制了企业在主业上市场占有率发展的空间和潜力；另一方面，如果生产规模过大，原有的合理技术比例将被打乱，规模不经济将随之而至。在这种情况下，企业通过混合并购涉足其他行业消化剩余资源是较为理智的替代选择。以上是从规模对行业偏好的角度研究的，仅说明不同的企业规模对产业的选择，而且实证研究结论莫衷一是。

被收购方与收购方的相对规模也是影响并购成功与否的一种因素，查特吉（Chatterjee，1986）在研究并购相关性与绩效的关系时，发现并购收益不显著的原因可能是收购方相对于目标方规模过大。相反如果目标方相对收购方的规模过大，可能导致企业并购后的整合不利，导致并购失败，所以并购规模的合理与否是影响并购成败的一个因素，也应该作为企业并购方向的一个维度来考察。

5.2.3.4 企业盈利能力

组织学习相关文献（Cyert & March，1963；March & Olsen，1975；March & Simon，1958）认为当企业采取的行动得到正向反馈时，则会倾向于重复以前的与所获得的正反馈相关的行动，其结果通常是企业维持现状。而负面的反馈则要求企业寻找问题、深入调查，面临进行战略转换的压力（March & Simon，1958）。所以相比之下，盈利性高的企业由于获得正向反馈而将寻求较小程度的战略转变，绩效较差的企业由于面临负面的反馈而将寻求较大程度的战略转变。

卡罗尔和德拉克洛瓦（Carroll & Delacroix，1982）、汉南和弗里曼（Hannan & Freeman，1977，1984）认为组织绩效与惯性（inertia）是正相关的。高盈利性企业由于存在强大的组织惯性，往往难以推行战略变化。而对于绩差的公司来说，由于其组织惯性较小，使得其推行较大程度的战略变化成为可能。卡内曼和特沃斯基（Kahneman & Tversky，1979）认为不利环境的影响将迫使企业寻求变化，甚至不惜冒险。

综上,一个具有较高盈利性的企业处于有利的经营环境中,具有较强的组织惯性,并且不断获取其所作决策和采取的行动的正向反馈,因而通常不会冒着较大风险实施重大战略转变,所以更倾向于相关并购;而对于绩差企业而言,组织惯性较小,在所处环境不利,且面临所作决策及经营活动的负面反馈等多重压力的情况下,更倾向于冒险实施重大战略转变,即进行非相关并购。

5.2.3.5 其他因素

1. 企业生命周期

企业生命周期理论将企业生命周期划分为初生期、成长期、成熟期、衰退期。随着生命周期的演进,企业灵活性下降,而可控性一直增高,到成熟期达到顶峰,随后开始下降,企业进入衰亡。虽然企业生命周期有自然发展的顺序,但企业通过适当的措施,是可以改变其状态的,而且在许多情况下,这种来自"外部"的帮助是必要的。对此英国管理学之父查尔斯·汉迪认为企业长寿的奥秘在于:如何在既有的成长曲线快接近"抛物线顶点"的时候,适时地通过多元化经营或产业转型开辟第二条曲线。这样当旧曲线所依托的资源开始衰微的时候,企业已经在新的产业中开辟了一条崭新的成功轨道,并保证了企业的迅速成长。也就是说,成功只是针对一个阶段而言的。收购方应当辨析自己处于生命周期的哪一个阶段,以作出目标企业选择的决策。比如,某企业在某个时段的成功,意味着在这个时段它已接近其"抛物线顶点"。若在此基础上进行横向并购在产业内部实现外延扩张,至多只能在一定程度上减小曲线向下的斜率,即减缓衰退的速度,而无法扭转其向下的趋势。

范从来、袁静(2002)研究了成长性、成熟性和衰退性产业上市公司的并购绩效。该研究对我国上市公司 1995~1999 年 336 起并购事件进行实证分析,结果表明,处于成长性产业的公司进行横向并购绩效相对较好;处于成熟性产业的公司进行纵向并购绩效相对最好;处于衰退性产业的公司进行横向扩张的绩效最差。这个实证结果在一定程度上证实了"行业周期理论与并购类型"关系假说的有效性。

但是,这一结论并不是绝对的,不是要求所有处于成长性产业的公司都选择进行横向并购,所有处于成熟性产业的公司都要进行纵向并购,而所有处于衰退性产业的公司都要进行混合并购,因为每个公司所面临的具体产业环境、其自身的产业位势以及在产业中的地位等等都不尽相同。处于成熟初期的企业，其市场份额可能比较大，因而行业地位比较高，但是由于其在产业链条上可能被上游或下游的瓶颈所制约，即产业位势较低，如果此时企业花大力气进行大规模扩张，表面上看来能够产生规模经济，但实际效果恰恰相反，因为此时规模越大，其受上下游瓶颈的制约就越大，产业位势不仅不会提高还会受到严重的削弱，因此比较合理的选择是确保当前的行业地位，通过种种方法谋求提升产业位势。当企业拥有更强的产业控制力后，就可以进一步通过横向扩张提高其行业地位（范从来、袁静，2002）。所以企业横向扩张获得规模经济的前提是企业发展不受产业瓶颈的制约，而且企业已经具有一定的行业地位。

若企业处于成长性产业，且这个产业又具有明显的规模经济，那么公司可以采取横向并购战略，获取规模经济优势，扩张市场势力。当然，市场扩张性的混合并购也不失为一种选择；若处于成熟性产业，由于该产业经历了成长期的激烈竞争后，市场上仅剩下几个势均力敌的公司，此时提升企业竞争力应更倾向于以成本为导向，所以可采取前向或后向一体化的战略。但是纵向并购也意味着企业要冒更大的风险。因为企业实施纵向并购后，其大量资产集中在一个产业里，这将导致企业转换到其他产业的弹性降低，所以一旦该行业不景气，企业必然受到很大的冲击。如果公司在这个成熟的产业中并没有相当的市场力量，也可以考虑产品扩张性的混合并购，利用原有的销售渠道和市场，涉足与原产品相关的一些新行业，以较低的成本实现退出原市场的过渡。如果处于衰退性产业，而该产业又没有受到任何政策优惠和保护，那么纯粹的混合并购是较为明智的选择，公司可以通过并购不相关的产业顺利退出原产业。但是若公司虽处于衰退性产业，却在市场中具有举足轻重的地位，则仍然可以考虑成为该产业的领袖，或者在某一细分的市场中继续保持其竞争优势，这时的并购战略也可以是获取成本优势的纵向并购。

刘笑萍等（2009）发现考虑行业周期因素，不同并购类型的绩效存在显著差异。衰退行业之间的多样化并购绩效显著优于衰退行业内部的横向并购绩效。对于收购方，成长行业之间的多样化并购绩效显著优于成长行业内部的横向并购绩效。衰退行业与成长行业之间的多样化并购绩效优于衰退行业内部的横向并购绩效。对于目标企业，成长行业与衰退行业之间的多样化并购绩效优于衰退行业内部的横向并购绩效。

杨艳等（2014）基于企业生命周期理论与资源基础理论，研究发现：处于生命周期不同阶段的企业并购策略选择存在显著差异，成长期企业倾向于横向并购，成熟期企业倾向于横向和混合并购，衰退期企业倾向于混合和纵向并购。

2. 企业以前的并购经验

靳云汇、贾昌杰（2003）研究了惯性对于上市公司并购战略选择的影响。惯性理论认为，每个组织都受到强大的惯性力量的控制，当面临环境改变的冲击时，他们很少能够成功地在战略和组织结构上作出根本性的改变。该研究通过对中国证券市场210家上市公司4年间并购数据的事件分析，得出结论：企业并购战略的制定和实施过程中存在惯性，企业趋于重复以前实施过的并购类型，而不管环境是否发生了改变。以前执行的某种类型的并购次数越多，企业下一次执行这种类型的并购的可能性就越大。他们还认为企业并购活动中的惯性是一把"双刃剑"。一方面，惯性有助于管理者集中注意力，专注于一种并购战略，并在此过程中学习知识、积累经验；另一方面，惯性限制了管理者的视野，使他们沉醉于过去曾被证明过正确的并购战略，从而忽视了新的选择和机会。所以企业不但要善于利用惯性的积极作用，更要注意培育创新型的企业文化，树立动态的、前进的公司远景以克服"惯性"的消极影响。

5.3 并购方向决策理论及方法

5.3.1 竞争优势理论

20世纪80年代初，波特的竞争优势理论成为战略管理的主流。该理论将以"结构（Structure）——行为（Conduct）——绩效（Performance）"为主要内容的产业组织理论引入企业战略管理领域中，为解释企业如何制定战略和获取持续竞争优势提供了较为可靠的经济分析依据。其核心是五种竞争力量模型，即产业竞争者、购买者、供应商、替代者、潜在竞争者五种产业结构力量。该理论认为企业制定战略与其所处的外部环境（即市场）高度相关，并且最关键的环境因素是企业所处的产业。产业的结构影响竞争的规则，五种竞争力模型的综合作用随产业的不同而不同，其结果是使不同产业或同一产业在不同的发展阶段具有不同的利润水平，进而影响企业战略的制定。因此，企业战略分析的基本单元是产业、企业和产品，关键点是通过对五种竞争力量的分析，确定企业在产业中的合理位势，通过战略的实施对五种竞争力量产生影响，从而影响到产业结构，甚至可以改变某些竞争规则。产业的吸引力和企业在市场中的位势就成了竞争优势的源泉。

按照竞争优势理论，企业应根据产业吸引力和自身在市场中的位势来制定和实施战略。该理论对并购战略选择的意义表现在：（1）收购方分析所处产业的特性和位势。如果并购公司现处的产业有吸引力，则选择进行横向并购扩大自身的规模，或纵向并购巩固自身的地位；如果收购方现处的产业缺乏吸引力，则应通过混合并购实行战略转移与撤退。（2）收购方通过并购战略的实施影响五种竞争力形成的格局。在某些情况下，企业可以通过相关混合并购进入某些产业，在这些产业中它可以利用关联征服单一业务的竞争对手或具有较差业务单元阵列的竞争对手。（3）收购方在决定进行混合并购时，通过分析产业吸引力来确定进入的产业。

但是本书认为，运用波特的竞争优势理论选择并购战略有其内在缺陷。表现在：第一，没有吸引力的产业并不代表没有盈利的机会。越来越多的事实表明，同一产业内企业间的利润差距并不比产业间利润差距小，在没有吸引力的产业可以发现高利润的企业，在吸引力高的产业也有经营状况不佳的企业。鲁梅尔特（Rumelt，1974）的研究表明，产业内长期利润率的分散程度比产业间的分散程度大得多，产业内的利润率的分散程度是产业间分散程度的4~6倍。由此可见，企业的竞争优势并非完全来自外部的市场力量。第二，该理论隐含着企业可以在任何有吸引力的产业取得成功。波特以产业作为研究对象，企业在进入一个新产业时，首先是根据产业的吸引力选择一个产业，然后在竞争者理性的前提假设下，对其战略作一个合理判断后制定一个进入战略，最后进行战略性投资，参与竞争。

综上所述，单用该理论指导企业选择并购战略，很容易诱导企业进入一些看似利润高，但缺乏经验或与自身竞争优势毫不相关的产业，进行无关混合并购。现有的经验研究已证明，企业间的能力差异与产业间的结构差异相比，前者更能解释企业间绩效的差异。另外，比较优势理论在跨国并购中应用较为广泛。布雷克曼（Brakman et al.，2013）发现，跨国并购是由跨国差异的比较优势驱动的，收购方在具有比较优势的行业中经营。谢红军、蒋殿春（2017）认为"竞争优势假说"无法解释近年来高速增长的中国海外并购，国内企业海外并购需要结合国内外资产价格因素进行解释。

5.3.2 资源基础理论

资源基础理论范式构造了"资源——战略——绩效"的基本框架。该理论认为，企业是一个由一系列各自具有其用途的资源所组成的集合。企业竞争力的差异是由战略的差异，或者更进一步说是由资源差异来解释的。资源基础理论明确提出了与产业组织学派不同的两点假设：（1）产业中的企业拥有的战略性资源是异质的；（2）战略性资源不是完全流动的，也就是说，资源具有粘性，因而使得异质性可以持续。因此，企业的竞争优势来自企业内部具有特殊性质的资源。该理论进一步指出，这种形成竞争优势的特殊资源具有价值性、稀缺性、难以模仿和难以替代等特征。资源基础理论强调企业应制定和实施基于资源的竞争战略。该理论对并购战略选择的意义表现在两个方面：（1）通过并购，获取和补充企业必须具备的具有持续竞争优势的资源。当企业不具备或缺少在该产业的战略资源，而且也很难在要素市场上获取时，企业可以选择进行横向并购或纵向并购。若通过横向并购或纵向并购获取的成本大于获取进入其他产业所需的战略资源时，企业可以选择进行混合并购。（2）根据企业资源所具有的特性选择并购战略。如果收购方拥有可以重复使用而不会贬值的战略资源（如品牌、知识、声誉、管理模式等）以及可以顺利转移到目标产业的资源（如资金、设备、原材料等）时，则可以通过横向并购扩大企业的规模，获得规模经济效应，扩大自身的竞争优势。如果收购方所需要的战略资源表现为具有较强的专用性，即缺乏从一种用途转移到另一种用途的可转移性时，则可以通过纵向并购来降低市场交易成本。而进行相关混合并购，收购方一般拥有丰富的复用性资源，进行无关混合并购的企业拥有丰富的可分割性资源。纳特等（Nath et al., 2010）认为，企业多元化战略受制于自身资源。因此，企业应在自身资源合理范围内实施多元化战略。

需要注意的是，资源基础理论也存在如下不足之处：第一，目前该学派对资源的定义仍不够清晰，对资源所涵盖的范围和具体内容也比较模糊，因此操作起来比较困难。第二，在充分竞争的市场上资源可以通过市场交易获得，因而资源并不是生成企业竞争优势的充分条件。第三，资源基础理论忽视了企业资源所存在的产业环境。企业资源的价值评估不能仅局限于企业自身，而应放在产业环境中并与竞争对手相比较才能判断出优劣。第四，资源基础理论忽视了运用资源的能力。实际上，企业的竞争优势不仅与公司所拥有的独特资源相关，而且也与企业在特定的竞争环境中配置这些资源的能力相关，资源配置的能力影响资源运行的效率。

5.3.3 并购方向决策方法

竞争优势理论和资源基础理论分别是从企业所处的外部环境、拥有的战略资源两个角度对企业竞争优势的来源展开研究的，很显然这两者之间是相互影响，密不可分的。而制定合适的并购战略最终就是为了维持并保持企业的竞争优势，实现企业的总体发展目标，所以应综合利用这两种理论来制定并购战略。

并购方向是企业总体发展战略的一个分战略，是企业为了实现企业的总体发展战略而采取的并购活动的战略指导，其前提是企业已经确定了总体发展战略及为实现这个战略所需要的资源。所以收购方选择并购战略的思路是：在比较企业的战略目标资源和自身资源的基础上得出企业的资源缺口，这些短缺的资源就是企业的资源需要，它一方面受并购能力的约束（资源冗余），另一方面还受企业的外部竞争环境的约束，它们综合作用于企业的资源需求。然后通过资源的分析建立并购方向的决策模型，确定企业在产业、区域、规模和盈利能力四个维度的并购方向。按照这一思路，收购方在选择并购战略时的基础是全面分析企业所处的竞争环境、所具备的和所需要的战略资源。

5.4 企业竞争环境和资源分析

5.4.1 企业面临的竞争环境分析

企业的并购活动是在市场的大环境下进行的，并购前首先要分析企业面临的外部竞争环境，尤其是产业的结构特性、发展前景、竞争程度、市场状况、进入壁垒的高度以及产品生命周期等诸多因素。在分析产业结构特性时，企业要对该产业的技术特点、生命周期以及企业所处的竞争地位和未来趋势进行全面的分析。如果该产业的技术结构呈现高度专业化，则该产业的资源专用性程度就比较高，资源在不同产业之间的转移成本会很高，企业核心能力的价值通常会被锁定在相关产业内，则企业应当优先考虑选择专业化并购战略。同样，如果该产业正处于快速发展的时期，企业的核心能力相对于竞争对手而言正处于增强期，则横向并购和纵向并购将会是企业的首要选择；如果该产业正处于衰退时期，混合并购战略就会成为企业的首要选择。

通常，我们可借助产业吸引力评价工具和产业相关性评价两种分析工具辅助企业决策。通过综合评价不同产业的吸引力和产业内企业活动与本企业活动的相关性，从中选择本企业最具有竞争优势和发展前景的产业。产业吸引力可以从以下四个方面进行评价：（1）成长性，可以通过市场规模、增长率、生命周期中的阶段、国际市场规模、销售额的稳定性等指标进行衡量。（2）获利性，可以通过利润、经济增加值及其稳定性进行衡量。（3）可进入性，可以通过产业集中度、开工率、进入壁垒、渗透难度、价格弹性等衡量。（4）环境条件制约，分析社会、法律的制约和劳动力的制约。产业相关性主要体现为价值链的相关，如市场相关、生产相关、技术相关、采购相关、基本活动相关、管理技术相关等。一般来说，按相关性原则选择并购战略，可以获得以下优势：（1）将不同经营业务的相关活动合并在一起运作，降低成本；（2）关键技能、专有技术或管理秘诀由一种业务有效地转到另一种业务；（3）在新的经营业务中分享共同品牌的信誉；（4）以能够创建价值的竞争能力和协作方式实施相关的价值链活动。

5.4.2　企业的资源分析

根据资源基础理论，企业是一个资源的集合体，任何两个企业都不可能是完全相同的，因为他们不可能拥有完全相同的资源。但是，对一个企业来说，它的许多资源是一般性和基础性的，别的企业也会具备这类资源。与此同时，一个具有竞争力的企业也必然具有一些其他企业无法或难以获得的战略资源，这类资源在很大程度上决定着企业的生存和发展，在其全部资源中处于核心地位。在每一宗并购交易中，收购方所关注的战略资源可能都是不同的，这就需要从企业的资源群中识别出战略资源，并分析和描述它们之间的联系。拟进行并购活动的公司需要必要的资源，如果缺乏足够的资源会阻碍公司战略变革（Iyer & Miller, 2008）。

根据大量学者关于资源基础理论的研究，企业赖以获取持续竞争优势的资源包括资本（Penrose，1959；Grant，1991）、机器设备等实物资产（Wernerfelt，1984；Barney，1991；Grant，1991）、熟练的员工（Wernerfelt，1984）、技术性知识（Wernerfelt，1984）。尽管学者们对于企业资源的界定和分类所持的观点并不完全一致，但其研究结论是相互补充、紧密联系的，而非冲突和矛盾的。张金鑫（2006）在总结企业资源理论经典文献的基础上，构建了应用于并购研究的资源概念体系，并进行了系统的分类，包括实物资产、金融资产、无形资产、社会资本、人力资本和企业文化。苏敬勤、王鹤春（2010）在对国内外企业资源理论相关文献回顾的基础上，通过资源的形态、资源与竞争的关系及资源与人的关系三个维度，从适配的视角出发，考虑到企业家的主导作用，对企业内部资源进行重新分类。按企业资源本身的分类将资源分为有形资源、企业家资源与无形资源三类。结合前面的分析和研究，本书将企业的资源分为人力资源、财务资源、实物资源、知识资源以及运用各种资源的能力。人力资源是依附企业员工而存在的知识和技能（Coff，2002；Becker，1983）并可以为企业创造未来的收入；财务资源是以金融债权、货币黄金、公司股票等形式存在的资产；实物资源包括企业的厂房、设备、土地、生产线、资源储备、信息系统等；知识资源包括公开的信息（Information）和隐性的、微妙的诀窍（Know-how）。知识包括无形资产和社会资本。无形资产是企业为生产商品、提供劳务、出租给他人或为管理目的而持有的、没有实物形态的非货币性长期资产，包括专利权、非专利技术、商标权、著作权、土地使用权、特许权、商誉等；社会资本代表着企业或个体通过社会关系网络可获得的关系资源。能力包括通用能力和专用能力，通用能力即企业的管理能力，专用能力包括讨价还价能力、供货速度、创新能力、生产能力、质量管理能力、服务能力等。

对企业而言，识别具有创造竞争优势潜力的资产和能力可以借助价值链分析工具，并结合战略资源自身的特性，从企业资源清单中逐一筛选。同时通过对并购双方价值链的分析还可以明确两个企业之间所能获取的关联以及判断价值链组织的合理性。

价值链的概念是由波特（Porter，1985）在其所著的《竞争优势》一书中首先提出的，他将价值链描述成一个企业用以设计、生产、销售、交货以及对产品起辅助作用的各种活动的集合，是一系列连续完成的活动，是原材料转换成一系列最终产品的过程。它由基本活动和辅助活动组成，基本活动是指涉及产品的物质创造及其销售、转移给买方和售后服务的各种活动，包括内部后勤、生产经营、外部后勤、市场营销和服务；辅助活动是指用以支持基本活动而且内部之间又相互支持的活动，包括企业基础设施、人力资源管理、技术开发和采购。在价值链的各项活动中，企业都有相应的人力资源、实物资源、财务资源、知识资源和与其相联系的运用资源的能力。换句话说，正是这些资源对企业的价值链活动起支撑作用，企业最终才能通过产品销售或者服务创造价值，这些价值是资源在各职能活动中共同作用的结果。周琳（2006）将企业资源的主要构成引入价值链，建立基于资源的价值链模型。该模型将资源的主要构成与企业职能活动结合在一起，为企业识别自身资源提供了简洁有效的框架。

企业资源分析是从全局来把握企业各个职能活动上的资源在量和质方面的情况，它形成企业的经营结构，也是构成企业实力的物质基础。企业资源的现状和变化趋势是制定总体战略和进行经营领域选择的最根本的制约条件。因为企业能投入到经营活动中的资源是有限的。这种有限性是双重的，第一，外部能提供的资源是有限的。第二，除了资金的限制还与供应渠道等其他要素有关。所以，在企业战略管理中的资源分析，一是要对企业现有资源的状况和变化趋势进行分析，二是要对战略期中应增加那些资源（资源缺口）进行预测。表5-4提供了一种企业资源分析的框架和思路，其中的每一项内容，既可以是企业的现实情况，也可以是企业战略规划对资源的需求。资源的现实情况与规划对资源的需求之间的差距就是企业的资源缺口。

表 5-4　　　　　　　　　　　　企业资源分析

职能活动 价值链资源	研发	采购	制造	营销	服务
人力资源					
实物资源					
财务资源					
知识资源					
能力					

并购方向是通过价值链的职能活动在识别自身资源以后，对资源进行分析的基础上确定的企业资源缺口，这些资源缺口的外在表现形式就是并购方向，包括这些资源的行业属性、区域属性、规模属性和盈利能力属性。

首先要分析企业自身的行业、区域、规模和盈利能力，假设企业自身所处的行业、区域、规模和盈利能力分别用 x、y、z、w 表示。企业的经营范围可能不仅仅局限于一个行业，本书确定企业的产业位置时按照企业注册时所用的行业分类或者企业的主营业务确定；企业自身的区域位置按照企业注册时的地理位置确定；企业的规模要根据企业的总资产确定；企业的盈利能力用投资回报率来衡量。

企业自身资源的分析是在确定的行业、区域、规模的基础上按照"基于资源的企业价值链模型"框架进行，企业资源分为人、财、物、信息、能力，企业的职能活动包括研发、采购、制造、营销、服务。

企业的人力资源按照职能活动划分，包括研发人员、采购人员、生产人员、营销人员和服务人员。根据上面分析的企业所处的行业、区域、规模和盈利能力可以确定企业的人力资源满足如下条件：x 行业、y 区域、企业规模为 z、盈利能力为 w。企业规模和盈利能力限制企业人员数量；不同职能活动人员的行业专有性不同，比如研发人员的行业专有性就比采购人员的行业专有性强，所以不同的职能活动人员要分别表示。

财务资源中的金融资源流动性较高、专有性较低，具有较强的可转移性，所以其不受行业、区域的影响，也不受职能活动的影响。

实物资源按照企业的职能活动划分，实物资源包括原材料、设备仪器、厂房、生产线、产品等。企业的实物资源能够在企业之间顺利转移，具有可获得性和可转移性，其在使用过程中会因消耗而不断地减少。不同行业的实物资源专有性较强；企业的规模和盈利能力决定企业实物资源的数量和质量；同时，由于企业实物资源具有可获得性和可转移性，所以实物资源的区域性要求不高。

知识资源在"基于资源的企业价值链模型"中即无形资产，包括企业的专利、专有技术、行业许可证以及商标、声誉等，具有可重复使用性而且不会贬值。不同行业甚至不同企业的知识资源专有性较强，对区域性的要求不高，企业的规模和盈利能力则反映企业的无形资产数量和质量。

能力资源有行业专用能力和通用能力，专用能力按照不同的职能活动划分又包括讨价还价能力、创新能力、生产管理能力和服务能力等。

5.5　企业的并购方向决策

5.5.1　企业资源特征分析

企业资源特征是指人力资源、财务资源、实物资源、知识资源和能力在行业、区域、规模和盈利能力方面表现出的特征。由于不同价值链环节的同类型资源基本具有相同的特征，暂且不具体到分析各个环节的资源其特征。

5.5.1.1　人力资源

非管理人力资本是企业生产机构专属的（制造人员），至多只能通过向类似的机构中获得；行业专属人力资本（研发人员）只能通过相同或相关行业的其余企业获得；一般人力资本可以通过不相关行业企业的并购获得。

从区域维度来看，由于劳动力的流动受限制，导致一国不同地区，尤其是不同国家的劳动力成本存在较大差异。人力资本成本的地域差异是企业进行并购方向选择时需要考虑的重要因素。

对每一个行业，不同规模需要配备的人力资本数量是有一定规律的，按照这个规律和企业短缺的人力资本，就可以确定企业需要并购的企业规模。

5.5.1.2　财务资源

金融资产流动性最高，专用性最小，因而具有较强的可转移性，对不同并购方向的选择不存在明显的偏好，但是金融资产的数量会限制企业的并购规模甚至盈利能力。

5.5.1.3　实物资源

实物资源能够在企业之间顺利转移，具有可获得性和可转移性，其在使用过程中会因消耗而不断减少。

若实物资产（原材料）的专用性较高需重复购买时，企业为了节约交易成本，将对纵向并购产生明显的偏好。若专用性较高不需重复购买，如研发设备以及行业专属设备（生产线），企业将对横向并购产生明显偏好。在矿产等资源依托型产业中，若企业缺乏对原料资源的控制，则倾向于实施纵向并购，整合上游资源，并且更倾向于实施跨区域并购，向拥有该种原料的区域扩张，从而弥补资源缺口。

实物资源短缺的数量可以确定企业的并购规模。

5.5.1.4 知识资源

无形资产属于可重复使用而不会贬值的资源，其可转移性和共享性决定了分享这类资源的产品数量越多，分摊到单位产品中的成本就越小。

优势品牌资源的获取（相对于资源缺口而言）、延伸和转移对相关行业具有明显的偏好；从区域维度来看，品牌资源对跨区域并购甚至跨国并购具有较大的偏好；企业的信息与企业的盈利能力成正比。

若企业已经掌握其主导产业的核心技术，不受产业瓶颈制约，则对横向并购和纵向并购具有明显的偏好；反之，则对混合并购具有明显偏好。

5.5.1.5 能力

通用能力可以在不同行业之间顺利转移，不受行业的约束。专用能力如研发的创新能力、生产质量管理能力等行业专属性较强，这类能力偏好相关性并购。企业的能力通常与盈利能力成正比。

5.5.2 评价资源的战略重要性

在明确了企业当前处于非均衡状态的各类资源后，则需对其战略重要性进行评价。评价时应综合考虑企业所属具体行业的特性及企业自身的资源状况。同一类资源对不同行业的企业，或同一企业的不同发展阶段而言，其战略重要性是不同的。例如，在咨询服务行业中，难以模仿的人力资本是竞争的关键；而对于电子信息、生物医药等高新技术行业而言，技术资源的战略意义则更为突出。再如，在企业发展初期，财务资源可能成为持续竞争优势的来源（Lee等，2001），而到了发展阶段后期和成熟阶段，技术和品牌等无形资产将成为企业扩张的关键性资源要素。所以不同行业、处于生命周期不同阶段的企业要根据资源的战略重要性，确定它们在资源中所占的权重比例。

对资源战略重要性的评价，可以根据行业内的专家对资源的重要性的评价确定：$W_r = \sum S_{rf} / f$

其中，W_r 用百分比表示，代表不同资源的重要性比重；r 取值（1，2，…，5），代表不同的资源；S_{rf} 代表第 f 个专家对资源重要性比重的打分；同一专家对不同资源的比重打分加总为100%。f 取值 1，2，…，n，代表对资源重要性评价的专家人数。

5.5.3 并购方向决策模型

在并购方向的内在资源需求中，企业并购的资源范围是受企业并购能力和外部环境约束的，内部资源需要是并购所要获得的资源的最大值，而并购所需要获得的资源的最小值是零。所以企业并购的资源范围是零（大于零）到内部资源需求之间。但是有些资源不属于总资产范围，如人力资本、能力等，本书认为人力资本数量与企业的规模总是存在一定规律的，所以通过实物资产、无形资产以及金融资产可以确定总资产范围，即企业并购的规模范围。

依据企业的特性分析，分别设定企业并购在行业、区域和盈利能力方面的选择模型。

5.5.3.1 资源对行业的选择模型

资源对行业的选择模型为：$I_k = \sum i_{rk} \times W_r$

其中：

I_k 为资源对行业选择的加权平均得分；

k 取值为 1，2，…，n，n 是按照国标行业分类标准依次排序；

i_{rk} 为依据资源 r 对行业 k 的偏好打分，代表资源 r 对各种行业的不同偏好；

r 取值 1，2，…，n，分别代表细分的各类资源；

W_r 为资源 r 的战略重要性权重，$\sum W_r = 1$ 且 $0 < W_r \leq 1$。

5.5.3.2 资源对区域的选择模型

资源对区域的选择模型为：$G_j = \sum g_{rj} \times W_r$

其中：

G_j 为资源对区域选择的加权平均得分；

j 取值为 1，2，…，n，代表资源 r 对区域的不同偏好，n 按照行政区划标准依次排序；

r 取值为 1，2，…，n，分别代表细分的各类资源；

g_{rj} 为依据资源 r 对区域 j 的偏好打分；

W_r 为资源 r 的战略重要性权重，$\sum W_r = 1$ 且 $0 < W_r \leq 1$。

5.5.3.3 资源对盈利能力的选择模型

资源对盈利能力的选择模型为：$M_h = \sum m_{rh} \times W_r$

其中：

M_h 为资源对投资回报率选择的加权平均得分；

h 取值为 0.01%，0.02%，…，n，n 代表资源 r 对投资回报率的不同偏好；

r 取值为 1，2，…，n，分别代表细分的各类资源；

m_{rh} 为依据资源 r 对投资回报率 h 的偏好打分；

W_r 为资源 r 的战略重要性权重，$\sum W_r = 1$ 且 $0 < W_r \leqslant 1$。

根据所建立的模型计算企业资源对不同行业、区域和投资回报率选择的加权平均得分 I_k、G_j 和 M_h，($max(I_k)$，$max(G_j)$，$max(M_h)$)，即资源对并购的行业、区域和盈利能力的偏好选择，确定了企业的并购方向，明确企业并购是相关并购还是非相关并购，是同区并购、跨区并购还是跨国并购，是大规模并购、中型并购还是小规模并购以及要求目标企业应该具备有的盈利能力。以上并购方向决策模型仅列举了各方向的选择，对于其综合决策见并购匹配章节。

第6章 并购匹配

目标企业选择是并购战略执行的重要环节,是策划并购方案的基础,但是对目标企业的选择不能只单纯地考察目标企业的素质,因为单纯从目标企业可能为收购方所带来的价值的角度看,目标企业对于不同的收购方的价值(目标企业的独立价值)是相同的,而这种价值会因为竞争市场中的竞争机制更多地为目标企业的股东所获得(张金鑫,2006)。因此,目标企业的选择应是衡量并购双方的匹配。收购方应该首先对他们感兴趣的目标企业类型和潜在的目标企业选择有一个粗略的概念以实现匹配(Chen et al.,2018)。

通过并购匹配的分析,可以清楚地了解到收购方的并购需求,这提供了目标企业的筛选范围。本章将以并购双方整体为研究对象,在给出并购匹配的定义基础之上,以尽职调查为界线,将并购匹配划分为战略匹配和资源匹配两个阶段,然后通过对两阶段并购匹配度的评估进行目标企业群筛选,最终为目标企业的选择提供判断依据。

6.1 并购匹配的概念

6.1.1 并购匹配相关概念

匹配本身并不是一个新概念,它来源于战略和组织文献中的权衡理论(The Contingency Theory)(Ginsberg & Venkatraman,1985),主要分析企业的战略或组织结构是否与企业的外部环境匹配的问题。在多元化研究中,匹配的概念着眼于母子公司的匹配关系研究,桑希尔和阿米特(Thornhill & Amit,2001)将母子公司的匹配关系分为关系匹配和经济匹配。关系匹配影响组织的文化与结构，而经济匹配是子公司需求与母公司资源的函数。

与战略管理领域中的匹配概念不同，并购中的匹配侧重于并购双方的匹配关系。杰米森和特金（Jemison & Sitkin，1986）将并购匹配区分为战略匹配与组织匹配。战略匹配是指目标企业在产业、市场或技术方面增进或补充收购方战略的程度。组织匹配是指目标企业与收购方在管理体系、企业文化和员工特点上的匹配。

6.1.2 并购匹配概念的界定

并购匹配（Mergers & Acquisitions Fit）是指收购方确认的目标方资源满足收购方需求的程度。并购匹配的分析实质是求解一个供求关系问题，即目标方现有的资源供给能否满足收购方需求。当目标方现有资源与收购方需求存在较大差距时，收购方将存在较大的需求缺口，那么，目标方满足收购方需求的程度较低，则并购匹配度就较低。反之，目标方拥有较高的并购匹配度。以尽职调查为界限，并购匹配可以划分为两个阶段，即战略匹配阶段和资源匹配阶段。

战略匹配阶段主要研究的是尽职调查前根据并购方向确定并购范围，通过测算并购匹配度对目标企业群进行初步筛选。在尽职调查以前，收购方不能详细、具体、清晰地了解目标方内部资源情况，因而不能判断目标方资源在与收购方资源相互作用后所产生的效应，但收购方通过目标方披露的外部信息可以了解目标企业基本情况，确认是否满足自己的基本需求，从而达到对目标企业群进行初步筛选的目的。因此，战略匹配是从宏观的角度分析并购双方的匹配性。

资源匹配是指并购双方在具体资源类别上的匹配性，该阶段主要研究的是尽职调查后，在对目标企业资源状态了解基础上，确定目标方的能力是否能够得到保全、转移和发展，以达到进一步筛选目标企业的目的，是从微观的角度分析并购双方的匹配性。资源匹配又包括实物资本匹配、财务资本匹配、人力资本匹配、知识资本匹配。其中，对于知识资本匹配主要考虑组织资本匹配情况，而关系资本匹配是组织资本匹配中尤为重要的部分。

需要注意的是，在并购基础理论中，目标企业选择横跨三个环节，即并购方向、并购匹配和并购协同。收购方应全面评估自身与目标公司的匹配程度，以这种评估应该有助于收购方决定目标公司充分潜在的素质是否可以结合起来产生协同效应。如果是这样，这可以进一步协助制定实际计划，以利用潜在的协同效应（Ahammad & Glaister，2013）。并购方向将解决潜在目标企业所在的区域的问题，并购匹配将解决潜在目标企业的资源能否被标的企业所保全、转移和发展等问题,而并购协同将解决收购方和潜在目标企业并购后到底能创造多大的价值的问题。所以,并购基础理论的研究将为目标企业选择提供系统、完善的指导。通过图6-1对并购基础理论中目标企业选择过程进行简单的描述,以更好地理解并购匹配研究的内容以及与其他环节的关系。

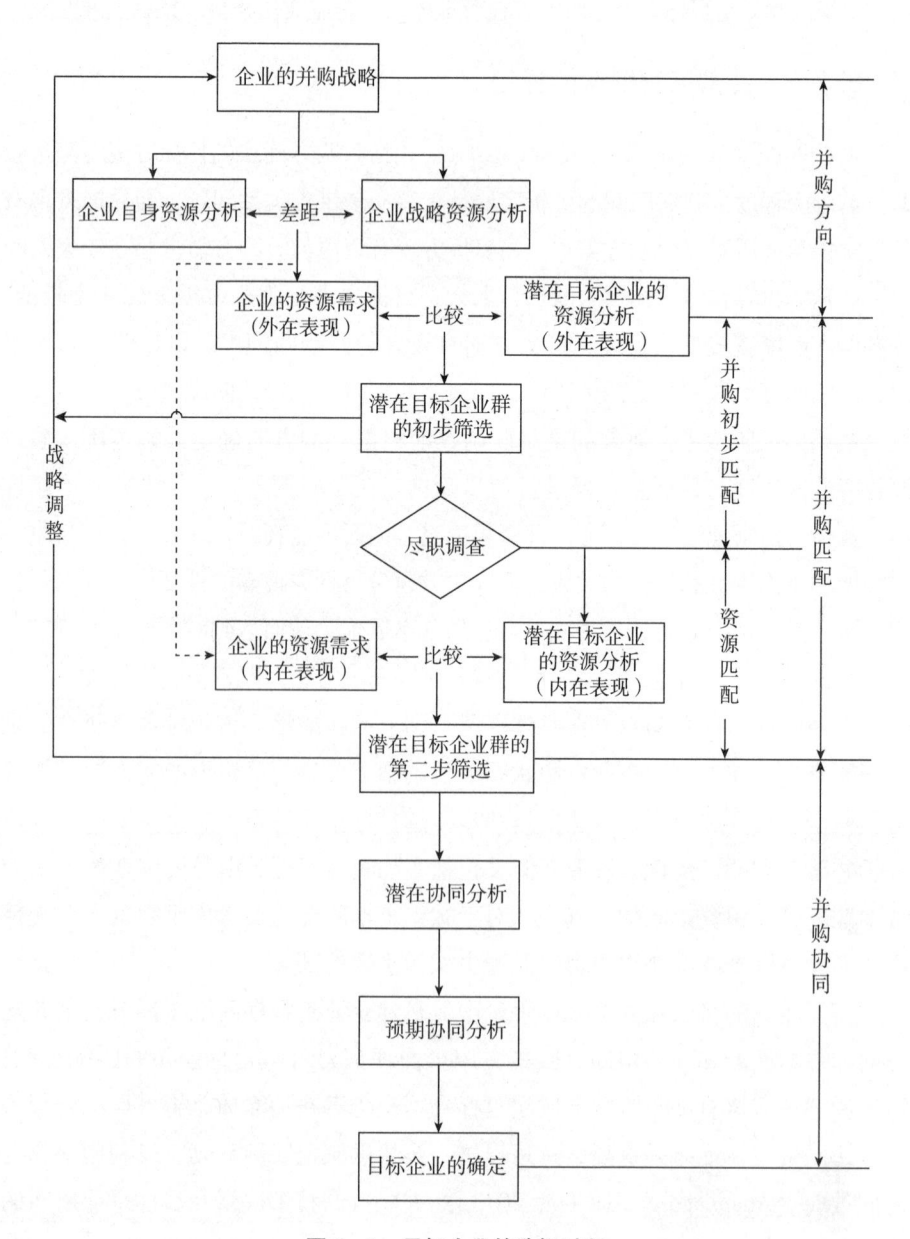

图6-1 目标企业的选择过程

值得注意的一点，中国企业并购目标企业选择具有其自身的特点，而这些特点通过并购目标识别来实现。张金鑫等（2012）通过建立并购目标预测模型的实证研究发现：中国市场上的并购目标公司具有高财务杠杆、低偿债能力、盈利能力差、增长乏力、股权分散且股份流动性强等特点。

6.2 并购匹配理论的研究现状

6.2.1 关于匹配理论的研究

目前，理论界对并购匹配的直接研究还很少，既有的与并购匹配相关的文献主要讨论的是并购中价值创造的影响因素，其研究的基本思路是在理论分析的基础上，提出"影响因素"与"并购绩效"关系的假设，然后通过经验研究方法对假设进行检验。这些文献可以划分为三个方面，即战略匹配、组织匹配、权衡匹配和资源匹配。艾哈迈德和格莱斯特（Ahammad & Glaister，2013）利用英国公司收购的样本数据，研究了并购前对目标公司进行评估对跨境收购绩效的影响。研究表明，收购方对目标公司的了解越多，并购绩效就越好。具体来说，对战略匹配与文化匹配的评估是影响跨境并购成败的因素。目标公司员工和业务能力的详细评估提高了并购绩效。

6.2.1.1 战略匹配

战略匹配的概念来源于多元化的研究，后来索尔特和温霍尔德（Salter & Weinhold，1978）通过研究收购方与目标企业之间存在的战略关系将战略匹配的概念引入并购领域，并根据双方的战略匹配性把并购分为相关并购和不相关并购，他们认为相关性是并购成功的关键因素，而这种相关性是从企业之间关键技术的转移中体现出来的，同时他们还发现了关键技能或产品市场地位的收购与价值创造潜力之间存在着正向关系。此后，辛格和蒙哥马利（Singh & Montgomery，1987）采用了财务经济学的研究方法——基于事件的分析方法，通过股价的变动来比较相关并购与不相关并购的优劣。研究结果表明，相关并购所创造的价值比不相关并购要高，但是对于收购方的影响依然不是很明确。他们的研究模式成为随后的许多学者都遵循的研究范式，即相关性（Relatedness）/战略匹配性（Strategic Fit）——并购绩效（Post-merger Performance），学者们通过划分和界定相关性并购，提出理论假设，通过实证检验的方法验证相关并购是否比不相关并购具有更大的可获利性，目标方是否能增强或补充收购方战略以及创造新价值。学者们通过大量研究，得出了以下三种不同的结论：

第一种研究结论认为由于相关并购有更大的战略匹配的可能性，因此相关并购比不相关并购存在更大的可获利性，即相关并购优于不相关并购。辛格和蒙哥马利（1987）基于索尔特和温霍尔德（1978）相关并购的分类方法，将相关并购界定为至少具有相似的生产技术、相似的科研、相似的产品或市场三个特征之一，通过采用事件研究法，得出以下三个结论：（1）相关并购总收益高于非相关并购；（2）标的方在相关和不相关并购中的收益都是正的、显著的；（3）标的方在相关并购中的收益明显高于在非相关并购中的收益、收购方在并购中收益不显著的结论。他们建议对于标的方而言，应选择相关的企业并购以获取较高收益；对于收购方而言，更应注重并购创造的价值中有多少是收购方自己可以获得的，而不是看并购到底能够创造多少总价值。希尔顿（Shelton，1988）将相关性并购界定为至少满足相同的顾客类型、相同的生产技术、相同的产品类型、相同的功能用途四个特征中的三条，同时他提出了四种战略匹配类型，即完全相关型、不相关型、互补相关型和替代相关型，然后他把收购方公司和目标公司的价值累加起来，以消息公布日前后三天为考察期，得出以下结论：完全相关型并购和替代相关型并购提供了大量价值创造的机会，而替代相关型并购创造价值的变动性最小，不相关并购创造价值最少。他建议资产规模大、质量高、受欢迎的目标公司可以作为理想的并购对象。弗拉纳根（Flanagan，1996）采用SIC和主观分类方法相结合的方式将并购区分为纯粹相关并购和纯粹不相关并购，通过实证检验得出在纯粹相关并购中，收购方收益明显高于纯粹不相关并购，且若并购是善意的或以现金交易的，收购方股东将获得更高的收益。霍普金（Hopkins，1987）对相关并购可获利性高于不相关并购的原因进行了解释，他认为战略匹配能增强合并公司协同效应，所以强调战略匹配的长期收购战略可为收购方带来高额的资产回报和股权回报。蔡（Tsai，2000）更具体地指出，当两个业务单元具有战略相关性时，他们共同的利益可能激励他们以双方都能获益的方式交换信息与资源。在其他情况给定的条件下，两个业务单元的战略相关性越高，他们就有越强的动机交换资源。

第二种研究结论认为相关并购和不相关并购在为股东创造价值和实现协同方面差不多。卢巴特金（Lubatkin，1987）基于联邦贸易委员会（Federal Trade Commission）的分类方法将并购分为产品中心型并购、横向和市场型并购、密集型并购、垂直型并购四类，通过对收购方和标的方在四类并购中股东价值增值排序假设的验证，得出产品中心型并购及横向和市场型并购这两种相关性并购不像预期的那样优于非相关并购。赛斯（Seth，1990）采用两种方式对并购进行划分，即 FTC 分类方法和波特（Porter，1985）的基于买卖方关系的分类方法，同时他基于两个问题进行实证检验了并购双方整体在并购中是否存在协同效应；相关并购是否比不相关并购创造更高的协同效应。实证结果表明相关并购和不相关并购同样创造价值，没有结果显示相关并购比不相关并购更创造价值。

第三种研究结论认为不相关并购比相关并购创造的价值更高。查特吉（Chatterjee，1986）比较了三种资源（资本成本、产品成本和价格）对并购价值创造的影响，他认为相关资本成本将产生财务协同，与其关联的并购类型是不相关并购或者混合并购；相关产品成本将产生经营协同，与其关联的并购类型是相关并购或垂直并购；相关价格将产生共谋协同，与其关联的并购类型是纵向并购。通过从 FTC 并购统计报告中随机选取 1969～1972 年发生的并购双方规模在 1000 万美元以上的 157 起并购交易，采用事件研究法进行分析，得出以下结论：(1) 一般来说，共谋协同效应创造更高的价值；(2) 财务协同对应的资源比经营协同对应的资源创造更高的价值；(3) 不相关的目标公司要优于相关的、非纵向的目标公司，即不相关并购高于相关并购的收益；(4) 目标公司的收益与并购双方相对规模成正比。埃尔格斯和克拉克（Elgers & Clark，1980）对 1957－1975 年之间发生的 377 起并购的普通股风险调整回报（risk－adjusted common stock returns）进行考察发现，股票的买卖双方在混合并购中获得的收益要高于非混合并购，但差异并不显著。

另外，还有研究注意到在 20 世纪 80 年代相关并购比不相关并购可使收购方获得更多回报，但这不适用于 20 世纪 70 年代（Morck et al.，1990），也有学者认为相关并购对业绩毫无影响（Fowler & Schmidt，1989）。

以往文献的研究结果存在很多的矛盾，一些学者对此矛盾做了分析，大致分为两类：一种观点，如赛斯（1990），认为是研究方法的差异，价值创造的度量方法不同，并购分类系统不同，样本、时间跨度以及控制变量的处理方法不同，或者存在漏洞，是结果不同的根源。如各项研究选取的分析对象不同——有的以目标方作为分析对象，有的以收购方作为分析对象，有的以合并后的实体作为分析对象；对相关并购和不相关并购的分类方法不同——有的采取主观分类法，有的采取客观分类法，有的采取主、客观相结合的分类方法；所选取的并购事件样本中并购双方的相对规模、样本时间跨度及样本公司所属的行业差异较大；所选取的绩效指标不同——事件研究法所采用的绩效指标是超常累计收益或货币收益，而回归分析所采用的绩效指标主要是资产收益率。另一种观点认为，如杰米森和西特金（Jemison & Sitkin, 1986）所说的，战略匹配性虽然重要，但不足以解释并购，进一步研究需要关注的是并购"过程"。

综合以往文献，可以看出战略匹配的研究是从企业外部因素方面对并购价值创造进行考虑，矛盾的研究结论表明并购匹配的研究不能只局限在企业的业务层面，需要深入到企业资源层面，因为，在相同的产业环境内，企业价值创造的差异性主要取决于资源的差异。相同的业务可能有不同的运营方式（商业模式），也就需要不同的资源组合。因而，只有深入到业务的构成层面，才能更清晰地了解为何相同的业务却创造不同的价值。

6.2.1.2 组织匹配

针对并购中战略匹配理论与经验研究结果的不一致，20世纪80年代末，许多学者开始重视组织匹配对并购绩效的影响，形成了组织匹配（Organizational Fit）——并购绩效（Post - merger Performance）的研究范式，主要关注管理风格、评估与报酬系统、组织结构与组织文化等方面对并购绩效和并购潜在价值实现的影响。因此，对组织匹配性的研究可以分为三大类：第一类是人力资本匹配问题，第二类是组织制度匹配问题，第三类为文化匹配问题。

1. 人力资本匹配问题

大量著作集中讨论了并购的人力资源影响和对这种影响的管理。施魏格尔和沃尔什（Schweiger & Walsh, 1990）曾对此作过综合性的评论，人力资源研究者考察的两个问题都涉及并购前和并购后的事件。其典型的表现是，他们只考察消极的影响，而在他们的研究中对并购给员工带来的职业机会及财务或非财务报酬的改善这些积极影响很少涉及。相反，这些著作集中讨论了雇员对冲突、紧张、孤立、职业的不确定性、行为难题、压力、生产率的损失、财务安全、工作地点重新安排及同事间信任的典型感受。有些研究虽然没有涉及对并购后留职人员的影响，但涉及了并购与雇员离职间的关系。施魏格尔和沃尔什（1990）在他们的评论中指出，这种复杂的关系会被大量结构变量（contextual variables）所中和。

组织行为学家也研究了标的方的成员是否会接受和认同新的所有者和管理者的问题（Graves，1981）。这些研究的一个隐含的假设是，识别并购中的主要人力资源问题将有助于更公平、冲突更少地解决执行的问题。此外，在讨论并购对人力资源消极影响的基础上，他们也提出了大量可用于减少人力成本的管理措施，包括加强沟通、关心员工、提供心理咨询等等。钟等（Chung et al.，2014）基于174名经历过由西方公司发起意外并购的中国员工的实证分析，提出理论模型，解释了员工适应跨境并购的过程。研究发现：变革管理实践（即提供培训和工作保障保证）与变革后绩效之间的关系是受员工的个人变化适应性调节的。潜在的文化（例如集体主义和儒家思想）影响中国员工对变革的态度及行为。

另外，关于组织匹配性的研究表明，并购双方的不匹配有较大可能引发标的企业员工与收购方及其员工的冲突，导致关键管理、技术人才的流失，这对于协同的实现是非常不利的。如果协同意图通过业务流程的调整来实现，关键人员的流失就削弱了业务流程的有效运行；如果协同意图通过无形的技能、知识转移来实现，这些人的离开更是致命性的打击。

2. 组织制度匹配问题

达塔（Datta，1991）在检验收购后整合效应时，对组织匹配和收购绩效之间的关系进行了探讨。他认为"组织匹配"影响收购后两个组织间同化的容易程度，并可以通过多个维度对组织匹配性进行评价。但是从收购后整合的角度出发，两个经常被提及的、十分重要的领域则是并购双方在管理风格（management styles）（Callahan，1986；Davis，1968；Diven，1984；Seed，1974）和组织制度，尤其是奖励和评价制度（reward and evaluation system）（Diven，1984；Ferracone，1987；Hayes，1979；Magnet，1984）上的差异。基于美国制造业发生的173项收购，达塔（1991）检验了并购双方之间的组织差异对收购后绩效的影响。研究结果表明，无论并购后整合的程度高低，高层管理风格上的差异都将对并购后绩效产生负的影响。但是，报酬和评估制度对并购后绩效则并不存在此类影响。

对于报酬和评估系统变化可能带来的影响上，杰米森和西特金（1986）认为收购方将自己的系统强加于标的方会引起不良反应。这是由收购方的傲慢无礼以及标的方员工的防御心理造成的。合理的解决办法就是让两个系统在组织内共存。

另一类组织行为学者的研究集中在标的方中个人的集体经验上。以组织危机理论为基础，这类研究把并购的消极影响至少在一定程度上看作一种必要的组织危机，并提出所谓的"并购危机期间"，即标的方的成员将要经历震惊、防御性撤退、承认现实和最后适应等几个心理过程（Devine，1984）。

3. 文化匹配问题

许多研究者把并购整合看作一种文化驱动的现象。收购方应评估文化匹配，以增加并购成功的机会。这种评估应有助于收购公司选择适当的一体化形式，并确定需要的变化程度或所需的适应程度，以实现并购的成功（Ahammad & Glaister，2013）。在原有的考察组织内和组织间文化差异的文献基础上，这些研究者认为，在进行兼并决策时，应更多地考虑组织间的文化兼容性。从文化冲突的观点看，并购是一个文化冲突过程，其原因之一在于并购可能导致一个更强有力的群体单方面地强加自己的文化要素给别人，而不顾力量较弱群体的抵制（Sales & Mirvis，1984）。因此，并购在组织中引起的变化大小和范围是一个影响组织冲突和并购绩效的重要变量（Napier et al.，1989）。

戴维和辛格（David & Singh，1994）将并购的文化风险来源分为四个层次，即环境文化风险、跨组织的文化风险、组织的文化风险和经营的文化风险。奈哈迈德和马里扎德（Nahavandi & Malekzadeh，1993）提出了并购中的"文化适应"概念，并指出了组织间的文化适应可能采取四种模式，包括文化的同化、整合、隔离和破坏。除了公司文化外，公司历史也被看作一个影响因素。在某种程度上，每个雇员群体的历史都会影响该群体的行为及其对周围环境的认识。那些有过冲突却被要求协作的群体可能已经形成了严重的协作障碍（Blake & Mouton，1984）。公司过去的并购经验也会对并购产生影响。巴苏尔和达塔（Basuil & Datta，2015）发现特定行业的并购经验对并购绩效的影响取决于收购方和标的方国家之间的文化相似性水平。过去的并购经验表明，文化越相似，并购创造的价值越多。文化相似性的这种调节作用也会受到收购方的特定区域并购经验的影响。

标的方的担心主要集中在它将在多大程度上可以继续保留自己的个性。尤其在跨境并购中，不同国家的文化差异会对企业并购过程和并购结果产生显著的影响，并购双方难以理解并购过程中出现的复杂性问题（Nadolska & Barkema, 2007）。由于文化差异会阻碍知识的有效转移，收购公司无法充分利用从先前的并购中学习到的经验（Nadolska & Barkema, 2014）。

对此应采取的对策之一是增进对两个公司文化要素的了解和两个组织间的相互理解和尊重（Sales & Mirvis, 1984）；对策之二是就即将发生的变迁进行积极有效的沟通（Buono et al., 1985）。

尽管组织行为理论是对战略研究者的并购观点的一种补充和修正，但组织行为理论的研究却走向了另一种极端，即把组织看作比战略更重要的一个问题，并且主要是从个人是否接受或适应新环境的角度来考虑并购的整合问题（王长征，2000）。因此，针对文化匹配的全面评估应提高目标企业的文化意识，并协助收购公司选择合适的整合方式（Weber et al., 2011）。

6.2.1.3 权衡匹配

一些研究者同时从战略与组织两个方面对并购过程如何影响企业战略目标的实现进行了讨论。在传统观点上，并购绩效被看成实现两个企业间的战略匹配和组织匹配的结果。但是，现实中越来越多的并购不能产生预期的绩效，从而导致人们对这一观点的质疑。在这种情况下，便开始出现了承认并购过程本身是一个决定并购绩效的重要潜在变量的观点（Jemison & Sitkin, 1986）。这种观点仍然承认战略匹配和组织匹配的重要性，但增加了对并购决策和整合过程影响最后绩效的考虑。

平衡战略和组织因素的观点最早出现在梅斯和蒙哥马利（Mace & Montgomery, 1962）的著述中。两位研究者通过275次的面谈，发现了并购在组织人事上的影响，并且认为这种影响是"明显而真实的……原有的工作忧虑会因为可能的变化而被加剧，同时整个组织可能会脱离它的日常工作"。同时，研究者并没有回避企业的战略任务："必须向其报告的总部执行经理承认他的责任，而且应采取积极的态度并花费时间努力使新增加的公司成为整个经营结构中的一部分。"他们明显地注意到了过程的重要性，正如他们自己所说："源自并购的价值主要取决于处理整合管理问题的技能。许多潜在的有价值的标的方的资产因为整合过程中的疏忽和低水平的处理而被浪费掉了。每一个被收购的组织都是独一无二的人力和物质资产的组合，因而需要激励和管理这个独一无二的群体，以实现那些能使并购一看起来就好像是一笔好交易的目标。"

20世纪80年代中期以来，有大量的并购研究者论述了与过程有关的问题，甚至支持了过程的观点。其中，有两位研究者在研究并购整合问题时对战略匹配和组织匹配问题给予了高度的关注。杰米森（Jemison, 1988）是第一个把并购结果（竞争优势的改进）与实现结果的整合过程（导致战略能力转移的两个组织中成员的相互作用）联系起来的研究者，他明确提出并购的价值创造源自战略能力的转移。竞争优势是通过并购双方的不同组织层次间的相互作用形成的。然而，他没有在可转移、可流动、可模仿、非专用性能力与不可完全转移、不可完全流动、不可完全模仿、专用性能力，即一般能力与核心能力间进行区分。因此，并购整合过程中的能力保护、积累、发展问题在他那里却受到了忽视。而且在他的"战略能力转移"概念中，只涉及经营资源共享、职能技能转移、一般管理技能转移，而对作为企业能力主要来源的组织设计、流程再造、组织学习、优质企业文化的培育和保护、知识的积累等重要因素没有给予应有的重视。

哈斯帕拉夫和法夸尔（Haspeslagh & Farquhar, 1987）第一次提出了一个综合考虑战略匹配与组织匹配的并购整合随机架构。战略匹配（或战略关联性）是指目标企业在产业、市场或技术方面增进或补充收购方战略的程度。组织匹配（或组织关联性）是指目标企业与收购方间在管理、文化和员工上的匹配，它可能直接影响并购后两个企业间日常经营的整合。组织匹配与战略匹配有一定的联系，战略匹配决定着并购的价值创造潜力，组织匹配则决定着实现潜在价值创造（即并购战略执行）的困难程度。换言之，战略匹配和组织匹配都是价值创造的必要条件。同时根据战略匹配和组织匹配的要求，收购方可以在三种整合模式中进行选择：（1）吸收模式；（2）保护模式；（3）共生模式。同时考虑战略和组织的因素针对特定的并购选择适当的整合模式和方法，这无疑提供了一种整合决策的分析方法，但它的理论基础和分析方法本身的完善还需要大量的研究工作。

杜马等（Douma et al., 2000）以匹配为核心概念讨论了构建战略联盟的动态过程，认为联盟双方的匹配性是决定一项联盟能否成功的前提。而一项联盟能否成功受匹配的五个层面的影响，即战略匹配、组织匹配、文化匹配、人力匹配和运营匹配。在强调任何一项匹配的不充分都可能导致联盟失败的基础上，作者采用案例研究的方法，重点探讨了战略匹配和组织匹配的驱动要素（drivers）以及管理匹配动态性的能力。作者分别论述了战略匹配和组织匹配的评价方法，并探讨了成功联盟所要求的匹配程度等问题。结论认为，（1）好的匹配（good fit）是成功联盟的关键，通过有效管理，开始为有限匹配（limited fit）或混合匹配（mixed fit）的联盟能够转化为好的匹配，从而带来联盟的成功；（2）联盟双方拥有随时间管理匹配的能力是保证联盟长期成功的必要条件。该文章的目标是致力于为构建成功的联盟提供有效的指导框架，另一方面，也为研究匹配问题提供了一种很好的思路，但文中所有的阐述都仅限于定性描述，正如作者所说的，对所有这些理论假设的检验将是进一步的研究方向。

6.2.1.4 资源匹配

资源匹配的概念最早由伊丹（Itami, 1987）提出，他主要是指公司战略与公司内部资源的匹配，这种匹配关系可以从三个方面来判断：公司是否有足够的资源来实现战略，公司现有的战略是否能使资源得到充分利用，公司是否在为未来有效地积累资源。张金鑫（2005）从识别并购双方战略资源的基础上，判断资源的潜在协同和转移效率，认为资源转移效率是潜在协同转化为预期协同的关键影响因素，战略资源的潜在协同和转移效率是并购双方匹配的关键，并得出结论：战略资源的潜在协同决定协同的潜力，战略资源的转移效率决定潜在协同实现的难度。

6.2.2 并购匹配理论研究小结

综观国内外关于并购匹配问题的已有研究，可以看到，围绕战略匹配和组织匹配问题，研究者们已经进行了较多的理论研究和实证检验，并推动了并购匹配理论向前发展。战略匹配和组织匹配的重要性已经得到了学者们的公认。但是，已有研究仍然无法提供切实有效的、能够指导并购实践的并购匹配理论和分析方法，主要存在以下几点不足：

（1）对战略匹配和组织匹配关系的认识和管理有待加强。就并购的价值创造而言，战略绩效关系研究中最重要的缺陷是没有考虑战略执行的困难，即把战略匹配与管理"依存关系"两者等同或混淆了起来。这些研究者一般假设,战略匹配决定了通过"依存关系"管理可以获得的价值创造的范围,而这个范围就是并购所要追求的首要目标。正如哈斯帕拉夫和杰米森(Haspeslagh & Jemison, 1991)所指出的,战略匹配只是一个价值创造潜在来源的事前"指示器",它并不能决定实际价值创造的性质、范围和可能性。这些研究者过度地强调了战略任务,而往往忽视了人际间、组织间和文化间的摩擦和冲突等这些价值创造的实际障碍,并且即使在意图通过"依存关系"管理开发战略匹配的价值创造潜力的情况下,并购的实际结果也会有非常大的差异。

(2) 研究方法和手段有待改进。以往的研究多是通过经验研究或案例分析,逐步确认影响匹配的因素。这种方法对于认识个别因素的影响是具有价值的,但对于全面理解并购匹配的影响因素则显得力不从心。对匹配问题的系统分析应从企业基本构成要素着手。

(3) 研究视角有待转变。以往的战略匹配分析的角度是以企业整体的特点为中心的,而不是以企业的资源为分析的出发点。从资源的角度看,相同的和不同的资源均可能产生协同,而且有些情况下不同资源的互补协同对并购绩效的贡献可能更大,而从企业的整体的特点出发则不能反映这些差别。因此基于企业整体特点的匹配分析可能会模糊企业间的差异,没有抓住影响并购绩效的最本质因素。相对于战略匹配理论本身,基于效率与规模的并购匹配分析同样尤为重要。施海柳等(2015)指出:并购匹配从效率和规模两方面考虑更符合企业理性决策。原因在于:提高效率和追求规模经济是企业并购的重要动机,相比企业潜在价值,结构相容性和资源互补性,参与并购的企业更为关注的是并购后效率是否受损,规模是否过大。

(4) 以往的研究仅关注到企业的内部因素,没有充分考虑外因作用。企业资源理论认为竞争优势不仅取决于企业内部资源的禀赋,还取决于竞争者、供应商、顾客等环境因素,为此有必要将这些外部因素与企业的关系内部化,作为企业信息资源中的一类重要资源——关系资本。实际上匹配已不仅要考虑到两个企业之间的问题,还要考虑到企业的内外因素的匹配。应从建立竞争优势的角度来研究匹配问题,而不应就并购本身谈匹配。

(5) 未能充分重视无形资产的影响,尤其是人力资本、组织资本和关系资本等因素的影响常被忽略。而这也可能正是那些学者不能在相关型多元化与非相关型多元化战略之间发现显著差异的原因。在并购的情况下，如果学者们在经验研究中忽视了无形资产的影响，则并购的绩效就难以从是否相关角度进行区分。

6.3 并购匹配分析

在本章第 1 节已经提到，并购基础理论中并购匹配以尽职调查为界限划分为两个阶段，在进行目标企业选择过程中，需要分别对每一阶段的并购匹配度进行评价。第一阶段战略匹配阶段，主要从战略匹配性分析。第二阶段是资源匹配，即按照双方资源之间可能存在的关系及对价值创造的影响，分析实物资本匹配、财务资本匹配、人力资本匹配、知识资本匹配带来的规模经济、范围经济和网络经济收益。其中，本书对于知识资本匹配主要围绕组织资本匹配进行分析，组织资本匹配中将重点介绍关系资本匹配。

以资源匹配为核心的企业并购匹配的价值分析框架如图 6-2 所示。

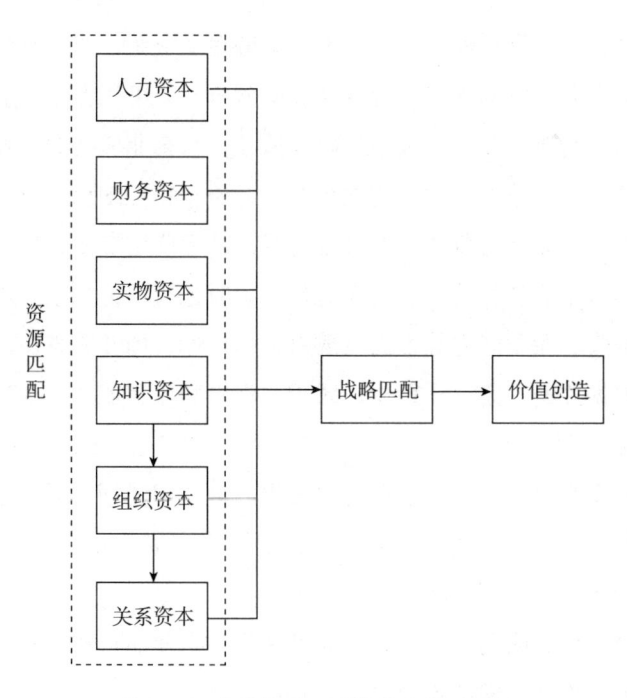

图 6-2 企业并购匹配的价值分析框架

整个框架分为三个层次。其一,左侧的虚线框表示双方资源匹配,包括人力资本匹配、财务资本匹配、实物资本匹配和知识资本匹配四部分。其中,知识资本匹配主要围绕组织资本匹配进行分析,组织资本匹配主要介绍关系资本匹配;其二,图形中部是战略匹配,它是由资源层匹配驱动的;其三,图形的右侧表示匹配的效果,资源匹配是并购创造价值的主要源泉,战略匹配意味着并购具有价值创造的潜力。

6.4 并购战略匹配程度的确定

6.4.1 并购匹配度的评价标准

6.4.1.1 并购匹配度评价的基本思路

在第1节中,本书提到并购匹配是以并购方向的确定为基础,所以,在进行并购匹配度的评价时,也需要以并购方向的确定为起点。下面,本书根据并购方向与并购匹配之间的逻辑关系,结合并购匹配的定义,确定了并购匹配度评价的基本思路。

第一,对收购方自身资源进行分析,了解短缺资源,明确收购方的资源需求,确定并购方向。收购方在进行自身资源分析时,可以根据企业价值链,按照研发、采购、制造、营销、服务的职能活动,从企业所处的行业、区域,企业的规模、盈利能力等方面对企业现有的人、财、物、知识进行分析,然后与企业实现未来战略需要具备的资源进行比较,从而确定资源缺口,所以收购方最终将得到一份企业自身的资源需求清单,同时也可以得到这些需求资源在行业、区域、规模、盈利能力等方面表现出来的属性,即并购方向。

第二,根据并购方向,从行业、区域、规模和盈利能力方面选取衡量并购匹配度的指标。

第三,对潜在目标企业的信息进行搜集、分类和整理,区分用于定性和定量分析的数据。对目标企业信息的搜集过程,应该基于并购方向划定的范围,这样可以节约成本,缩短时间,提高效率。

第四,分别计算收购方并购方向和潜在目标企业在行业、区域、规模、盈利能力方面各评价指标间的差距。

第五,计算并购方向和潜在目标企业的综合指标差距,即综合并购战略匹配度。

第六，将计算的综合并购战略匹配度结果按照从高到低排序，再结合潜在目标企业的其他基本信息，例如企业文化等，进行综合评价，筛选得到目标企业群。

相应地，并购战略匹配度的评价步骤如图6-3所示。

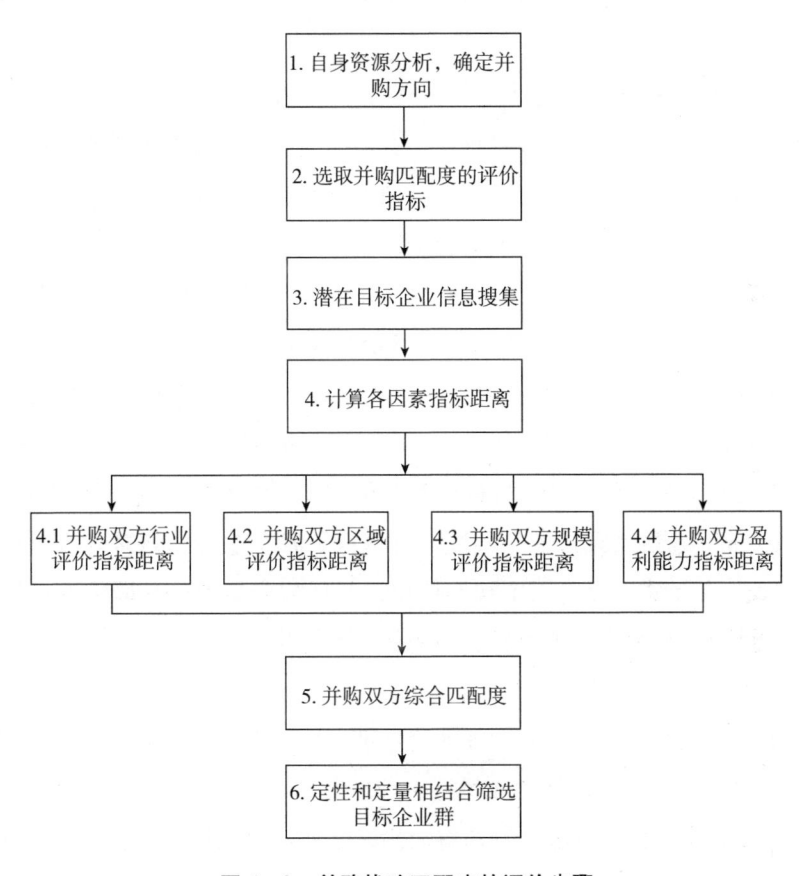

```
┌─────────────────────┐
│ 1. 自身资源分析，确定并  │
│    购方向            │
└──────────┬──────────┘
           ↓
┌─────────────────────┐
│ 2. 选取并购匹配度的评价 │
│    指标              │
└──────────┬──────────┘
           ↓
┌─────────────────────┐
│ 3. 潜在目标企业信息搜集 │
└──────────┬──────────┘
           ↓
┌─────────────────────┐
│ 4. 计算各因素指标距离   │
└──────────┬──────────┘
    ┌──────┼──────┬──────┐
    ↓      ↓      ↓      ↓
┌───────┐┌───────┐┌───────┐┌───────┐
│4.1 并购││4.2 并购││4.3 并购││4.4 并购│
│双方行业││双方区域││双方规模││双方盈利│
│评价指标││评价指标││评价指标││能力指标│
│距离   ││距离   ││距离   ││距离   │
└───┬───┘└───┬───┘└───┬───┘└───┬───┘
    └───────┴────┬───┴────────┘
                 ↓
     ┌─────────────────────┐
     │ 5. 并购双方综合匹配度 │
     └──────────┬──────────┘
                ↓
     ┌─────────────────────┐
     │ 6. 定性和定量相结合筛选│
     │    目标企业群         │
     └─────────────────────┘
```

图6-3 并购战略匹配度的评价步骤

6.4.1.2 并购战略匹配度评价指标选取原则

并购匹配度的指标选取应体现全面性、重要性和相关性原则。反映收购方需求的外部信息有多种表现形式，从产品（服务）质量、成本、企业形象、技术水平到企业人力资源、市场营销、内部管理与外界的联系等，指标选取应针对收购方的并购方向，在尽可能全面考虑收购方需求的同时，应着重体现重要性原则，选取最能体现并购双方是否匹配的指标。指标选取要从不同角度衡量并购战略匹配程度，克服单一角度衡量的局限性，从而反映并购战略匹配程度深层次的内涵，特别是反映并购战略匹配程度的决定因素。

6.4.1.3 评价数据的搜集与筛选

并购前期的信息收集作为并购活动的起点，对保证并购的成功具有至关重要的作用。在并购活动中，全面收集各方面并购信息，将有助于对目标企业的选择。

1. 信息搜集的途径

并购匹配度评价数据主要是指从公开及私人的数据来源中获取的信息，这些信息包括原始数据，即直接从目标公司获取的数据；也包括二手数据，从除了目标公司以外的其他途径获取的数据。

克莱门特和格林斯潘（Clemente & Greenspan，2003）提出了5种信息数据采集的途径：（1）收集行业信息，可从商业期刊和专业的新闻报道以及行业协会组织中获得；（2）与关键的局外人员交流，可与公司的同事讨论以及与行业中权威的行业观察员访谈；（3）利用"循环链"方法访问其他人员，可以在向已有老顾客销售产品的同时询问他们知道的可能会成为公司新客户的消费者；（4）考察政府文件，通过官方材料了解有关公司的财务状况和经营状况；（5）直接从目标公司中获取信息，从目标公司为公众提供的一些关于公司基本情况的材料中了解目标公司的最新动态。

2. 信息搜集的内容

收购方可以在确定并购匹配度评价标准之后，根据评价标准的信息需求确认信息搜集内容，主要包括潜在目标企业的数量、所处的行业、区域、规模、财务状况以及企业的发展战略等内容。由于是初步筛选目标企业阶段，所以搜集的信息可以不必太深入，否则可能会支付较高的信息搜集成本，进一步的信息可以在确认需要尽职调查的企业之后再进行搜集。

3. 评价数据的筛选

数据的表现形式主要分为两种：一是客观数据，如企业内部的财务、会计部门和外部独立机构的专门调查统计；二是主观评估数据，主要通过企业管理人员，包括收购方高层管理人员进行主观评判得出的数据。在进行评价过程中，应尽可能地选取客观评估的数据，尽可能减少主观评判数据的比重。

6.4.2 并购战略匹配度的评价指标

战略确定是战略管理的一个重要组成部分，主要是通过对企业的外部环境和自身实力的分析确定企业的发展目标以及实现这个目标所需要的资源。外部环境包括一般环境和行业环境，而企业自身实力主要指企业的资源。并购作为企业实现发展战略的一种重要手段，在并购实施过程中，需要不断地对企业所处的外部环境和自身实力进行分析，尤其在寻找与自身发展战略相匹配的目标企业时，收购方更需要考虑自身的实力，以确定是否有足够的能力吸收、消化、转移目标企业的资源。通常，企业对自身资源状况分析着重于行业、区域、规模和盈利能力四个方面，而企业并购方向是企业自身资源分析的结果，也就是目标企业选择的范围，那么，本书在选取并购战略匹配度评价指标时也应该从这四个方面考虑。

6.4.2.1 行业因素

索尔特和魏因霍尔德（Salter & Weinhold，1978）关于公司多元化战略三个模型之一的战略模型给出了目标企业选择的建议。他们建议收购方应把目标企业的筛选原则限定为两个简单的原则：（1）增强相关，即获取更多的收购方已有的资源；（2）互补相关，即获取能与收购方的资源有效结合的资源。鲁梅尔特（Rumelt，1974；1977）从三个维度定义了两个企业的相关性：（1）利用相似的渠道并服务于相似的市场；（2）使用相似的生产技术；（3）运用相似的科学研究。相应地，支持并购相关性假说的学者们建议收购方应寻找具有相关性的目标企业。

并购相关性首先体现在收购方和目标方所处行业的相关性上。根据并购双方所处的行业关系，并购可区分为横向并购、纵向并购和混合并购。如果并购是为了扩大市场份额，通过形成规模经济来降低产品成本，最终实现垄断利润，则需要通过横向并购实现，那么潜在的目标企业的业务必须与收购方的业务相同或密切相关；如果并购是为了减少交易成本，优化资源配置，实现纵向一体化的战略目标，则需要通过纵向并购来实现，那么潜在的目标企业一般是原材料供应者或产成品购买者，并购双方的业务必然不相关；如果并购是为了分散经营风险，优化投资组合，则可以通过混合并购来实现，那么潜在的目标企业的经营范围与收购方的经营范围可以相关，也可以不相关。因此，收购方在明确了自己的发展战略之后，就可以选择与自身所处行业相关的企业进行并购，那么，行业相关性指标是衡量并购双方是否匹配的一个标准。

一般来说，企业的经营范围不可能仅仅局限于一个行业，尤其是多元化发展的企业，有时很难判断其主营业务，如果采用企业注册时所用的行业分类或者主营业务来确定，则不能真实地反映企业现有的状态。因此，本书采用企业经营范围中包含的行业数量作为并购双方行业相关性判断的指标，并购双方经营范围中所共有的行业数量越多，两个企业行业相关性则越高。目前，中国国家统计局公布的《国民经济行业分类与代码》将所有的行业按门类、大类、种类和小类进行了细分，并统一编码，那么将很容易了解到企业经营范围中所包含的行业数量。

6.4.2.2 区域因素

区域是指一个企业所处的地理位置。当收购方在进行目标企业选择时，需要考虑并购双方所处的地理位置对并购绩效的影响。因为，一个地区的自然环境、经济发展水平、法律法规政策、社会公众素质和道德修养对企业的目标市场、企业组织结构和文化氛围有很大的影响，如果并购双方拥有相互冲突的企业文化，那么必然会增加并购后整合成本，甚至会导致并购最终失败。另外，如果收购方实施并购的主要目的是节约成本，那么，选择同一地理区域的目标企业，能够降低材料或产品的运输成本，从而节约交易成本。所以，选择与收购方所处地理位置相近的目标公司，将有助于提升并购绩效，实现企业的并购目标，因此，收购方和目标方所处区域的相似性是衡量并购双方是否匹配的标准之一。

企业所处的地理位置可以按照注册地或经营地进行确定，同时，中华人民共和国行政区划表将中国版图进行了划分，每一个地区都有一个代码，因此，可以将地区代码作为判断并购双方所处区域相似的指标。在跨国并购中，目标企业所处的经济区、所处的洲都可以是衡量区域因素的指标。收购方所在国－东道国特定的区域优势是影响企业跨国并购数量与质量的重要因素（Buckley et al., 2012）。吴先明、谢慰云（2016）进一步研究了收购方特定优势与东道国特定优势的匹配度对并购的影响，研究发现：匹配度与企业并购进入东道国显著正相关，正式制度约束减弱了匹配度与并购之间的正向关系。不同国家的制度环境在匹配度对并购的影响中发挥了调节作用。

6.4.2.3 规模因素

虽然随着高风险、高利率债券以及杠杆收购的出现和兴起,企业并购不仅限于"大鱼吃小鱼",还出现了大量的"小鱼吃大鱼",但目标企业的规模仍是决定并购能否进行的重要因素。一些学者(Shelton,1988;Robins & Wiersema,1995;Park,2002)认为企业规模与并购绩效存在正的相关关系,目标公司规模越大,其为收购方提供的资产就越多,以此为基础创造的价值越大。但是,同时规模经济理论表明,收购方尽管可通过并购交易来扩大企业规模,获得规模经济,但企业的规模过大,也会适得其反,导致规模不经济。查特吉(1986)在研究并购相关性与绩效的关系时发现,并购收益不显著的原因可能是收购方相对于目标方规模过大,而如果目标方相对收购方的规模过大,也可能引起企业并购后的整合不利,最终导致并购失败。因此,只有并购双方的企业规模相匹配时,收购方才有足够的能力吸收、消化、转移目标方的资源,而目标方也有足够的资源满足收购方的需求,所以在目标企业选择过程中,必须考虑并购双方企业规模的匹配程度。

目前,有很多指标可以用来衡量企业的规模,对于经营不同种类业务的企业来讲,指标是不同的。例如,一个贸易企业,用销售量来定义其规模就比用通常的资产额来衡量更能反映企业的真实价值。在实务操作中,支付成本(收购方愿意并且能够承担的并购价格)、市场占有率、企业职工人数等经常被作为衡量企业规模的指标,上市公司也经常采用总股本作为衡量标准。

6.4.2.4 盈利能力因素

盈利能力对企业的生存和发展是至关重要的,其高低不仅对本期,而且对以后各期均会产生较大影响。盈利不仅是企业的出发点和归宿,也是核心能力的最终体现。企业的盈利能力越强,给予股东的回报能力越高,企业价值越大,带来的现金流量也越多,企业的偿债能力和融资能力也越强。因此,盈利指标是评价财务状况的首要指标。目前,仍有许多企业希望通过并购来改善自身的财务状况,提高盈利能力和经营效率。盈利能力良好的目标企业,并购后,一方面可提高收购方的资产收益水平,直接为收购方带来大量的现金流,另一方面也可为收购方提供良好的融资渠道。因此,收购方无论是在对自身评价还是在对潜在目标企业评价的过程中,盈利能力始终是其关注的重要因素。

反映企业盈利能力的指标有很多,主要分为绝对数字和相对比率两类指标，绝对数字指标有销售收入、销售利润、利润总额、净利润等各项指标，这些指标值越大说明企业盈利能力越强，但还要结合企业的规模一起衡量才较有实际意义。在选取的指标数量不多时，选取净资产收益率等相对比率指标能更好地说明企业盈利能力。

6.4.3 并购战略匹配度的评价模型

6.4.3.1 并购战略匹配度评价工具

并购匹配度的量化最终由距离函数来实现。如果收购方和目标方依据距离函数计算出的值越大，则表示他们之间的相似性越小（差距越大），反之则相似性越大。设 d 是一个距离函数，值域在 [0, 1] 之间，0 表示两个企业完全匹配，而 1 表示两个企业完全不匹配，其他数值则介于中间。当距离越接近 1 时，表明匹配程度越低，反之，距离越接近 0，表明匹配程度越高。距离函数对应的是相似性函数，可以用 $1-d(*)$ 或者 $1/[1+d(*)]$ 表示。

由于衡量并购匹配度的指标性质不相同，所以距离函数的表示方式也不尽相同，下面将根据不同指标进行匹配度的评价。

6.4.3.2 行业因素匹配评价

衡量并购双方所处行业相关性的指标采用了企业经营范围中包含的行业数量，这里借助 Jaccard 相关性函数[①]，对并购双方是否存在行业相关性进行量化。

假设存在收购方 A 和目标企业 T，A 的经营范围集合为 $X = (x_1, x_2, \cdots, x_n)$，T 的经营范围集合为 $Y = (y_1, y_2, \cdots, y_n)$，其中 x_i，y_i 是根据《国民经济行业分类与代码》表确认的行业分类，行业分类需尽可能细化，且集合 X 和集合 Y 中的各元素相互独立。根据 Jaccard 相似性函数，则：

$$sim(X, Y) = \frac{X \cap Y}{X \cup Y}$$

那么，X，Y 的距离函数为：

$$d_1(X, Y) = 1 - sin(X, Y) = 1 - \frac{X \cap Y}{X \cup Y}$$

---

① Jaccard 相似性函数是一种传统的、简便的度量集合相似性程度的函数，其原理是如果集合间存在相似性，那么两个集合间将存在交集。

可以看出，当收购方 A 和目标企业 T 所处的相同行业越多，两个企业的行业相关性越大，距离函数越小。如果两个企业经营范围完全一致时，那么距离函数为 0。

例 1，假设收购方 A 根据《国民经济行业分类与代码》表对经营业务的划分为 $X = (C_{2710}, C_{2730})$，目标企业 T_1 对经营业务的划分为 $Y_1 = (C_{2710}, C_{2720}, C_{2730})$，目标企业 T_2 对经营业务的划分为 $Y_2 = (H_{6470}, H_{6171})$，目标企业 T_3 对经营业务的划分为 $Y_3 = (C_{1499}, C_{2730}, A_{0110})$，计算收购方 A 与三个目标企业间的距离为：

$$d_1(X, Y_1) = 1 - sim(X, Y_1) = 1 - \frac{X \cap Y_1}{X \cup Y_1} = \frac{1}{3}$$

$$d_1(X, Y_2) = 1 - sim(X, Y_2) = 1 - \frac{X \cap Y_2}{X \cup Y_2} = 1$$

$$d_1(X, Y_3) = 1 - sim(X, Y_3) = 1 - \frac{X \cap Y_3}{X \cup Y_3} = \frac{3}{4}$$

则 $d_1(X, Y_1) < d_3(X, Y_3) < d_2(X, Y_2)$，所以目标企业 T_1 与收购方 A 产业距离最相近。

从实际情况来看，收购方 A 与目标企业 T_1 都属于医药制造业，T_1 的经营范围比 A 略为广泛，所以两个企业所处的行业高度相关，如果收购方 A 因为行业竞争过于激烈，希望通过并购扩大市场份额，提高销售利润，那么 T_1 无疑是最佳的选择。目标企业 T_2 属于药品的零售、批发业，与收购方 A 所处的行业完全不同，所以两个企业所处的行业不相关，如果收购方 A 希望通过并购建设自己的营销网点提高流通环节的盈利空间，避免国家医药流通体制改革带来的销售效率下降的影响，那么目标企业 T_2 应该是最佳的选择。目标企业 T_3 业务比较广泛，包含了保健食品加工业、中药材加工业、中草药种植业，如果收购方 A 希望通过并购分散经营风险，进行多元化发展，那么目标企业 T_3 也是合适的选择。所以，在进行目标企业选择过程中，不能只从距离函数的计算结果来确认哪个企业适合并购，还需要结合收购方的自身战略需求来决定。

6.4.3.3 区域因素匹配评价

判断并购双方区域方面相关性的指标本书采用了区域代码，然而这项指标由于无法通过常规的计算方法来判断并购双方在这个指标上是否存在相等或不相等的精确关系，还是需要判断收购方在区域方面与哪个目标企业的关系更密切，因此，这里借用了 Web 结构数据的语义距离的衡量方法，把区域代码作为一种语义结构，然后通过语义路径来建立距离函数，从而将区域因素进行有效的量化。

1. 关系树的概念

在 Web 结构数据中有多种语义结构，关系树就是其中的一种。

定义 1（关系树）：关系树是一个有向根树 $G = \langle V, E, W, r \rangle$，其中 $V \neq \phi$ 是项集合，r 是树的根，也记为 $root(G)$。$E \subset \{r\} \cup V \times V$ 是有向边的集合，W 是 $E(G)$ 到正实数集合的函数，称为权重函数。G 中只有 r 的入度为 0，其余节点的入度均为 1。

W 作为权重函数代表了每个地区的相对重要性，可以通过一些属性来建立权重函数，例如，可以采用收购方到目标企业的运输成本来建立。当然，权重函数也可以是一个常数，即每个区域对收购方来说都是同等重要的。

根据关系树的定义，结合我国的行政区域编码，本书建立了图 6-4 的关系代码树。

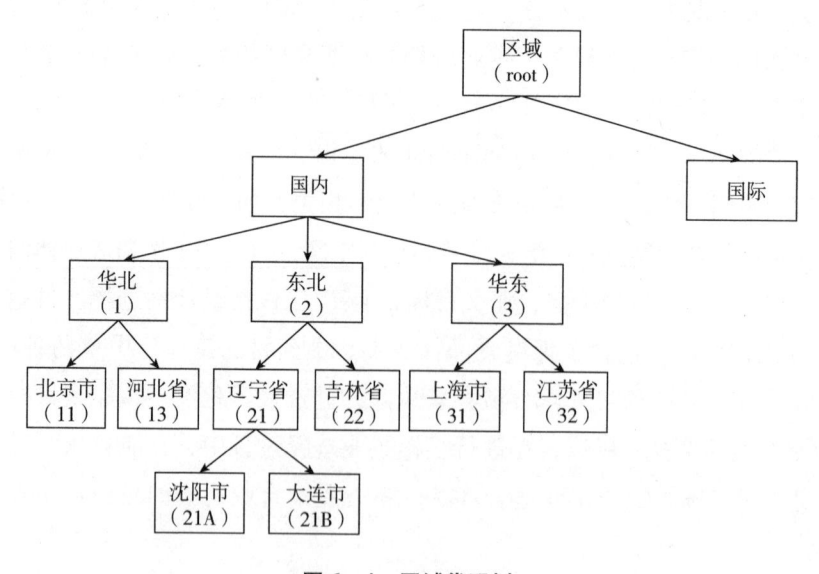

图 6-4　区域代码树

从图 6-4 中可以看出，根据区域代码的细化程度可以将区域代码树划分为多个层次，层和层之间逐级细化，每一个地区都是树的节点，收购方和目标企业可以根据所属地区确认在区域代码树中的位置。

2. 语义路径

这里把关系树中的路径记为边的序列。

定义2（路径）：设 $G = \langle V, E, W, r \rangle$ 是一个关系树，设有项 $x_0, x_1, \cdots, x_n \in V$，$n \geq 0$，如果有向边序列 $P = (e_1, e_2, \cdots, e_n)$，满足任意 $e_i \in E$ $(1 \leq i \leq n)$ 是 x_{i-1} 到 x_i 的边，则称 P 是从 x_0 到 x_n 的路径。用符号 $W(P)$ 表示 P 中所有边的权重总和。特别地，如果两个项之间没有路径，定义为空路径，用 $\perp$ 表示，$W(\perp) = 0$。

定义3（语义路径）：设有关系树 $G = \langle V, E, W, r \rangle$，称从 r 到任意节点 $v \in V$ 的有向路径是一条 (v) 的语义路径，v 的语义路径有且只有一条，记为 $\phi(v)$。

定义4（语义路径的交）：设关系树 G 上有语义路径 $P = (e_1, e_2, \cdots, e_n)$ 和 $Q = (e'_1, e'_2, \cdots, e'_m)$，不妨设 $n \geq m \geq 0$，则 P 和 Q 的交是一条语义路径，记为 $P \cap Q$，具体定义是：如果存在一个最大的 $k \geq 1$ 满足 $e_i = e'_i$，$1 \leq i \leq k$，$k \leq m$，且 $e_{k+1} \neq e'_{k+1}$，则 $p \cap Q = (e'_1, e'_2, \cdots, e'_k)$；否则 $P \cap Q = \perp$。

例2，假设收购方 A 注册地为辽宁省沈阳市，目标企业 T_1 注册地为辽宁省大连市，目标企业 T_2 注册地为上海市，根据图6-4，设所有边的权重都为1，那么三个企业所处区域的语义路径是：

P_1（〈行业，国内〉，〈国内，东北〉，〈东北，辽宁省〉，〈辽宁省，沈阳市〉），$W(P_1) = 4$

P_2（〈行业，国内〉，〈国内，东北〉，〈东北，辽宁省〉，〈辽宁省，大连市〉），$W(P_2) = 4$

$P_3 = $（〈行业，国内〉，〈国内，华东〉，〈华东，上海〉），$W(P_3) = 3$

$P_4 = $（〈行业，国内〉，〈国内，东北〉，〈东北，辽宁省〉），$W(P_4) = 3$

$P_5 = $（〈行业，国内〉），$W(P_5) = 1$

$P_1 \cap P_2 = P_4$；$P_1 \cap P_3 = P_5$

其中各节点的语义路径集合是：

ϕ（沈阳市）$= \{P_1\}$；ϕ（大连市）$= \{P_2\}$；ϕ（上海市）$= \{P_3\}$

3. 距离函数

下面基于语义路径描述两个地区间的距离，这里将借用 GCSM 相似性函数[①]。

设有关系树 $G = \langle V, E, W, r \rangle$，存在节点 $u, v \in V \cup \{r\}$，u, v 在 G 上的 d_2 距离定义为：

$$d_2(u,v) = \begin{cases} 1 - \max\left\{ \dfrac{2 \times W(P \cap Q)}{W(P) + W(Q)} \mid P \in \phi(u), Q \in \phi(v) \right\} & u \neq v \\ 0 & u = v \end{cases}$$

例3，沿用例2，计算收购方 A 与目标企业 T_1 和 T_2 的距离为：

$$d_1(沈阳,大连) = 1 - \frac{2 \times W(P_1 \cap P_2)}{W(P_1) + W(P_2)} = 1 - \frac{2 \times 3}{4+4} = \frac{1}{4}$$

$$d_2(沈阳,上海) = 1 - \frac{2 \times W(P_1 \cap P_3)}{W(P_1) + W(P_3)} = 1 - \frac{2 \times 1}{4+3} = \frac{5}{7}$$

比较 d_1 和 d_2，本书可以看出收购方 A 与目标企业 T_1 在地域上拥有更高的相似性。从定性上分析，收购方 A 无论是希望扩大公司规模、实现多元化发展，还是节约交易成本，提高经营效率，收购在大连的目标公司 T_1 可能比收购在上海的目标公司 T_2 在区域上具有更大的相似性。与上海相比，沈阳和大连由于地理位置上相距较近，人文环境、经济环境、地方法规政策等方面都比较相似，可能有利于降低并购后的整合难度。同时，对于收购方 A 的实现纵向一体化的战略来说，由于两个地区距离较近，也会节约原材料、产品的运输成本，缩短运输时间，提高经营效率。

6.4.3.4 规模因素和盈利能力因素匹配评价

本书将企业的总资产（TA）和净资产报酬率（ROE）分别作为衡量目标企业与收购方在规模和盈利能力方面的匹配程度的指标。在计算目标企业与收

[①] GCSM 相似性函数是 Prasanna Ganesan 等人基于传统相似性函数提出的用于衡量项间相似性程度的函数，这种函数在推导中采用了数据分层结构，即关系树，通过计算树上两个节点间最大深度（深度是指从根到节点的级数，最大深度是指两个节点共有的最大级数）来确认两个节点的相似程度，GCSM 函数最终推导的结果是一个空间相似性函数，其实为余弦相似性函数的扩展。阮备军在 Prasanna Ganesan 等人构建的 GCSM 相似性函数的基础上，将语义路径概念引入到相似性的衡量中，对 GCSM 函数进行了修改，修改后的相似性函数没有从空间角度进行度量。因此，更贴近本书的情况，所以本书在建立距离函数时实际采用的是阮备军重新修改后的相似性函数。

购方两个指标的距离时，本书采用相对值，为了使距离函数的值域在 $[0, 1]$ 上，采用并购双方整体作为基准。

设收购方 A 的总资产为 TA，目标企业 T 的总资产为 TA'，则并购双方总资产的距离为：

$$d_3(TA, TA') = \frac{|TA - TA'|}{TA + TA'}$$

设收购方 A 的净资产报酬率为 ROE，目标企业 T 的净资产报酬率为 ROE'，则并购双方净资产报酬率的距离为：

$$d_4(ROE, ROE') = \frac{|ROE - ROE'|}{ROE + ROE'}$$

例4，假设并购前，收购方 A 的总资产 TA 为 211486.39 万元，净资产报酬率 ROE 为 4.62%，目标企业 T_1 的总资产 TA'_1 为 258536.27 万元，净资产报酬率 ROE'_1 为 0.33%，目标企业 T_2 的总资产 TA'_2 为 82148.02 万元，净资产报酬率 ROE'_2 为 5.06%，那么分别计算并购双方在规模和盈利能力方面的距离为：

$$d_3(TA, TA'_1) = \frac{|TA - TA'_1|}{TA + TA'_1} = \frac{|211486.39 - 258536.27|}{211486.39 + 258536.27} = 0.10$$

$$d_3(TA, TA'_2) = \frac{|TA - TA'_2|}{TA + TA'_2} = \frac{211486.39 - 82148.02}{211486.39 + 82148.02} = 0.44$$

$$d_4(ROE, ROE'_1) = \frac{|ROE - ROE'_1|}{ROE + ROE'_1} = \frac{4.62\% - 0.33\%}{4.62\% + 0.33\%} = 0.87$$

$$d_4(ROE, ROE'_2) = \frac{|ROE - ROE'_2|}{ROE + ROE'_2} = \frac{4.62\% - 5.06\%}{4.62\% + 5.06\%} = 0.05$$

比较以上结果，目标企业 T_1 的规模与收购方的规模接近，而目标企业 T_2 的盈利能力与收购企业的盈利能力更相当。收购方需要根据自身的战略目标，确认公司关注的因素，然后权衡哪一个目标企业是更好地选择。例如，如果收购方只是希望扩大公司规模，提高市场占有率，对目标企业盈利能力的高低并不十分关注，那么收购方可能更偏好于目标企业 T_1。如果目标企业 T_2 是一个上市公司，收购方以上市作为自己的发展目标，那么 T_2 可能是一个较好的壳资源。

6.4.3.5 并购战略匹配度综合评价模型

在进行目标企业筛选过程中，如果收购方仅对影响并购进行的每项因素单独进行匹配性的测算，那么选择的结果可能是片面的，所以收购方需要对并购双方的匹配度进行综合评价。在进行综合评价前，需要计算出每个因素的匹配度，然后根据每个因素对收购方的重要程度，确认权重，最后进行综合计算。

设收购方 A 和目标企业 T，其在行业、区域、规模和盈利能力方面的距离分别为 d_1、d_2、d_3、d_3，每个因素的权重分别为 α_1、α_2、α_3、α_4，$0 \leqslant \alpha_1$、α_2、α_3、$\alpha_3 \leqslant 1$ 且 $\alpha_1 + \alpha_2 + \alpha_3 + \alpha_4 = 1$，则并购双方的综合距离函数为：

$$d(A, T) = \alpha_1 d_1 + \alpha_2 d_2 + \alpha_3 d_3 + \alpha_4 d_4$$

根据定义，可以看出 d 的值域仍为 [0, 1]，即当 $d=1$ 时，并购双方差距最大，相反，$d=0$ 时，并购双方完全没有距离。在确认权重时，收购方可以根据自身的发展战略进行决定，例如，如果企业的并购目标是希望拓展市场，那么可以赋予区域因素较高的权重，如果企业的并购目标是扩大企业规模，那么可以赋予规模因素较高的权重，如果企业以改善财务状况、提高盈利能力为并购目标，那么可以赋予盈利能力因素较高的权重。当然，如果各个因素对于收购方来说都是同等重要的，那么权重可以赋值为 1。

与前面的结论一样，这里提供的仅仅是以距离作为匹配的评价工具，而距离越接近并不代表双方越匹配。匹配与否取决于收购方的战略需求。

旺克等（Wanke et al.，2017）通过使用网络 DEA（Data Envelopment Analysis）模型方法对涉及南非银行的并购交易进行战略匹配，将变量代入模型，通过计算机拟合算出公司并购后的效率指标。从而判断并购双方的战略匹配效果。

6.5 并购资源匹配的确定

6.5.1 资源匹配性分析

6.5.1.1 资源匹配分析的步骤

资源匹配性分析分为三个步骤，首先，运用价值链工具在对双方的资源进行总体识别的基础上，针对有形资产中的实物资本和财务资本、人力资本、知识资本中的组织资本和组织资本中的关系资本分别进行资源匹配性的机理分析；其次，建立资源评价的指标体系，分别评价并购双方的有形资产、人力资本、组织资本和关系资本的优劣程度，继而结合价值链上的业务流程判断双方每类资源的匹配性；最后，以单项资源的匹配性评价为基础，评价并购双方总体的匹配性。

而按照企业资源基础理论，企业资源是持续竞争优势的来源，并购活动使两个原本独立的资源系统合并在一起，经过相互作用新的资源体系产生，并决定着并购后企业的价值创造能力和持续竞争优势。不同企业拥有的资源是不同的，而拥有同类资源的企业，其资源的价值也是千差万别，这一方面取决于资源的本质属性，另一方面也依赖于资源之间的相互作用关系。由于资源及其相互关系决定着并购后企业的特性及功能，同时也是并购双方匹配性的内在驱动要素，所以正确识别并购双方的资源及关系是匹配分析的基础步骤。

6.5.1.2 资源匹配分析的价值链模式

波特（Porter，1985）在回答企业竞争优势的来源这一问题时提出了"价值链"的概念，认为价值链是被一个组织用来设计、生产、营销、交付和支持它的产品或服务的活动的集合，包括基本活动和辅助活动。基本活动由内部后勤、生产作业、外部后勤、市场营销和服务五种作业组成。辅助活动则是指采购、技术、人力资源及各种公司范围的职能活动，基础设施支持基本活动和整个价值链。每种价值活动都为公司的相对成本位置和创造差异化基础作贡献，共同构成了公司的竞争能力。利润是总价值与从事各种价值活动的总成本之差。价值链模型如图 6-5 所示。

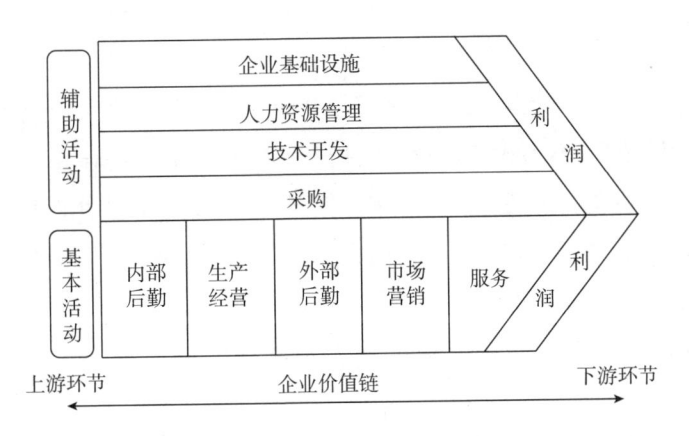

图 6-5 波特的价值链模型

1. 价值链的属性

价值链能够成为识别企业资源的工具，一方面是由于价值链揭示了企业的价值创造机制，另一方面也取决于价值链本身所具有的属性。一个企业的价值链和它执行各项活动的方式是它的历史、它的战略、它执行战略的方法及活动本身所隐含的经济学的反映（Porter，1985）。此外，也有学者认为一个企业的价值链也是它的政治和组织文化的反映（Schweiger et al.，1993）。

（1）价值链的基本概念。价值链是企业的基本活动及活动间联系的反映。构成价值链概念基础的一个重要前提，是企业可以通过发展特殊的集成和联络其活动的方式建立它的市场竞争优势。波特认为，价值链同时存在于拥有单个业务或多个业务的企业之中，并且竞争优势是企业价值链结构的函数。单个价值链中活动间的联系和两个或两个以上价值链中活动间的联系，都是企业建立竞争优势的手段。而且，实施水平一体化战略的企业，可以利用它在某个市场中的位置有效地制约在另一个市场中的竞争者。相应地，如果一个企业要在它的价值链内和价值链之间交换或共享资源，大量的联系就可能是必须的。当存在潜在的经营或合谋的协同效应时，最可能需要这种联系；反之，当并购仅仅是以获得一定的财务效应为目的时，可能只有很少的或者根本不存在相互间的依存关系，因此也就不需要价值链的联系。要使价值链变成一个能够正常运行的组织，企业必须为它的各个单位配备合格的人员，并对这些人员进行适当的监督和激励。这又会进一步要求企业建立相应的流程，并完善相关的结构、系统和制度。

（2）价值链的政治属性。在任何一个企业中，除了正式的组织外，还有非正式组织（即较不正式的流程、结构、系统和规则）的存在。这种非正式组织通常与企业的正式流程、结构和系统同时演进，并且往往带有浓厚的政治色彩。非正式组织会影响其成员的能力和工作的积极性，也可能会促进或妨碍企业竞争优势的形成与发展。一个企业的价值链不仅反映了单位、活动间的"技术"联系，而且反映了成员间的社会和政治的联系。并购后组织的合并必然在一定程度上要引起原有社会、政治关系的变化。支撑一个企业价值链结构的正式流程、结构和系统也会受到企业政治的影响。

（3）价值链的文化观。非正式的流程和系统意味着在企业的价值链中也会带有一定的文化特性。价值链的文化特性主要体现在它的象征形式上，如人们将之用来赋予他们自己的工作、他人行为及其所处环境中各种事件意义的语言、名称、概念和范畴。其他语言的（如神话、故事、传奇及仪式）和非语言的（如对员工着装的要求，员工的技能、习惯和偏好，企业的建筑、标识、艺术收藏）文化形式，也可以体现价值链的重要活动。在极端的情况下，这些文化形式也可以超越他们自身，增加价值链中创建竞争优势的来源。一个企业的文化可以影响其员工的行为。当企业文化随着时间的推移被转化成特定的价值观念、行为准则、企业传统或共识时，它的影响就会更直接、更明显。如果企业文化被企业成员广泛共享，就可以激发和引导他们的努力，使他们能够从事可能接受或期望的价值链活动（Geertz，1975）。

企业价值链的技术、政治和文化属性与企业的资源（有形资源和无形资源）形成了呼应，这就为正确识别和比较并购双方的资源提供了一种很好的工具。

2. 资源识别的价值链结构

波特的价值链模型从企业选择的基本战略（总成本领先、差异化或集中化）出发，对企业的价值链进行有效地设计和管理，是企业获得和保持市场竞争优势的根本途径。通过分析企业内部的价值链，可以发现企业价值增值的作业环节，确定企业价值创造的源泉。基本活动和辅助活动的本质是企业的各种资源及其相互关系的作业层面的反映，每一种活动都对企业的价值创造有着一定程度的影响，但资源类别的差异决定了这些不同活动在价值创造中的作用是不同的。在企业价值链诸多的作业环节中，并非所有环节在创造价值中都起着同等的作用，那些起关键作用的特定环节被称为战略环节，尽管知识、能力对企业价值链的作业流程主要起支撑作用，但其日益成为这些战略环节的主导要素。无形资源对于价值创造的关键作用已经引起了学者们的重视，并出现了一些以强调无形资源或知识资本为特征的价值链模型（Holsapple & Singh，2000；Powell，2001；Sullivan，2000；Lev，2000）。

企业的资源就像是按遗传法则决定人类个体的体貌及性格特征的 DNA 一样，每个企业的资源就是价值链中对业务产出有独立价值贡献的一个基本组成部分。鉴于不同类型企业资源的属性，尤其是知识性资源对价值创造的影响，本书将资源要素纳入到企业价值链体系中，如图 6-6 所示。

人力资本	领导者	研发人员	中层管理者 一般员工	中层管理者 工人	中层管理者 营销人员	中层管理者 服务人员
组织资本	管理风格	知识产权	业务流程 信息系统	业务流程 信息系统	组织结构 信息系统	企业文化
关系资本	权益关系		供应商关系		客户关系 市场运作	市场运作与公 众、政府关系
作业流程	战略规划	研发	物资采购	制造加工	市场营销	服务

图 6-6 企业资源价值链体系

首先，本书将波特价值链的基本活动进行扩展，使其成为一个包括从战略规划、研发、物资采购、制造加工、市场营销到服务这六个作业环节的链条。其次，针对不同资源对企业价值链作业环节的不同影响，在每一类资源与作业环节之间建立起联系。由此，本书不仅可以识别价值链上区别不同作业环节的关键资源，同时也为正确比较并购双方不同作业环节上的资源要素的匹配性奠定了基础。图6-6从价值链的角度反映了企业无形资源的总体情况，有助于判断并购双方总体资源的匹配性。人力资本、关系资本和组织资本之间具有共性，但三者的本质差异也决定了每一类资源在企业的价值创造中发挥着不同的作用。而且在并购情形下，两个企业的人力资本、组织资本和关系资本之间可能发生的作用关系，如互补、替代、增进、冲突还是相互独立是不同的，从而导致并购双方之间存在的匹配关系和匹配程度是不同的，所以在具体分析并购双方资源的匹配性时，可以针对双方价值链上的具体资源类型进行比较、判断。

总之，知识经济时代，许多企业开始以知识能力代替物质能力，以提升产品价值，获得超额利润；同时，由于知识的专有性，也使得这些公司更有市场价值能力。将资源纳入价值链体系的优点在于：价值创造的主要来源——人力资源和知识性资源的地位被凸现出来，这对于识别资源及其作用关系，从而从本质上认识价值创造的潜力和障碍具有重要意义。按资源类别建立价值链体系既可以从总体上比较双方资源的匹配性，同时也有助于依据不同资源的价值创造特性来分析具体资源的匹配性。

3. 资源匹配分析的基本思想

资源价值链体系将企业的价值创造源泉分解为一系列相互关联的资本活动，各个环节相互影响，共同决定整个价值链的收益。并购在两个企业原本独立的价值链条之间建立起了密切的联系，形成了新的资源网络关系结构。正是这两条价值链的属性及其网络关系决定着并购后企业的功能、特性与效益。单个企业不可能在所有的环节都保持绝对优势，因此，企业只会在具有比较优势的环节上发展自己的核心能力。企业应选择具有价值链互补、增进结构的目标企业进行并购，使并购后企业的整体价值链更为强大。另一方面，必须分析两个企业无形资本价值链的差异性和不相容性。如果存在严重的冲突，可能导致并购的失败。分析并购双方之间的匹配性可以从比较收购方和目标企业的价值链开始，如图6-7所示。

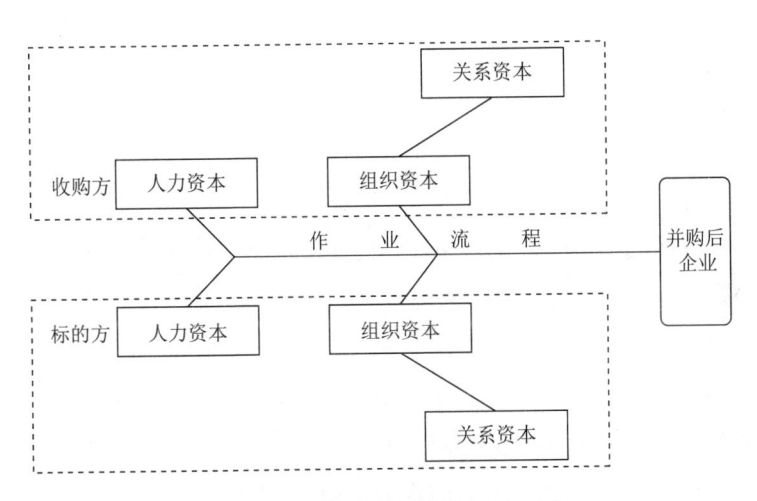

图6-7 并购双方价值链体系的比较

根据上述价值链模型，可以对收购方和标的方的人力资本和知识资本进行分析与比较，分析的主要步骤包括：①根据图6-7建立的资源价值链体系，按照价值链作业流程，识别并购双方各自的无形资本。这一步骤的目的是要初步判断双方资本的存量状态，结合企业资源价值链上的六个作业流程评价收购方人力资本、组织资本和关系资本是否属于稀缺资源，以及目标方相应资源的满足程度。②比较价值链六个作业流程上收购方和目标企业的资源的相互关系，判断并购双方知识资本的互补性、替代性、增进性、冲突性或者相互独立性。具体分析时可以分别针对每一种资源建立匹配性评判矩阵，将在下文中阐述。

并购双方之间资源的相互关系决定了双方资源的匹配性，而匹配性是并购具有潜在协同效应的前提和基础。双方资源类型及匹配性的差异将导致协同效应类型的差异。大多数企业并购都是为了获取一定的协同效应或创造企业价值。在对收购方和目标企业各自的价值链进行评价的基础上，通过判断并购双方价值链上对应不同作业流程的资源之间的关系，能够对两个企业具体资源的匹配性作出评判。基于资源之间可能存在的相互关系及两条价值链的相似性和差异性，收购方和标的方的价值链可能存在的匹配效果体现在如下几个方面：

（1）规模增加型匹配。

当收购方与标的方的价值链几乎完全相同时，两条价值链的结合带来原有资源规模的增加，产生规模经济效应。这种纯粹增加效应可能源自实物资源的替代性而带来的成本节约，或者源自无形资源的共享而带来的市场力量的增强。这类并购效应可能更多地来自资产匹配而非能力或知识性资源的匹配，所以对于获取和维持持续竞争优势以及价值创造来说不是较佳选择。

（2）加强型匹配。

当收购方与标的方的价值链相同，但各对应价值环节强弱差异明显或者不同环节间强弱不同时，并购整合通过能力的转移和扩散，就会形成加强或互补效应，实现竞争优势的共享和价值创造的增加。这种并购可能要求将标的企业价值链中不合适、不需要的部分剥离或拆分出去，使价值链活动合理化。

（3）转移、扩散型匹配。

当收购方与标的方的价值链不同，但其中一条价值链的某些关键部分对另一条价值链有用时，企业并购就会存在潜在的转移与扩散效应。转移与扩散效应可以以三种形式发生：当收购方在它的某项关键业务活动上的技能水平低于其主要的竞争对手时，技能从目标企业转移或扩散到收购方；相反地，技能从收购方转移或扩散到目标企业；或者技能在两条价值链间进行双向转移或扩散。为了获得正的净效应，类似于实现加强效应的价值链活动的合理化也是需要的。

（4）互补型匹配。

当收购方与标的方的价值链完全不同，但存在两种情况时并购会产生互补性效应。其一，双方价值链属于新（创新价值链）旧（原有价值链）替代关系时，并购整合能够通过知识资本的转移和扩散，实现竞争优势的共享和价值创造的增加。其二，收购方和目标企业各自处在不同的业务领域，但是出于战略的考虑只有通过进入新的业务领域才能实现企业的战略意图，如将业务领域扩展到互补性产品或者延伸公司的核心能力时并购会带来互补性效应。

6.5.1.3　资源匹配与并购价值创造

在对并购双方的价值链进行比较分析的基础上，企业可以对一项并购能否创造价值作出判断，从而为选择目标企业和整合决策提供必要的依据（王长征，2000）。判断并购能否创造价值的一般原则是通过评价并购双方价值链的优势，进而衡量双方价值链的匹配性。

1. 价值链的优势评价

收购方和标的方价值链的优势可以划分为高、中、低三个档次。比较并购双方的价值链，可能存在如下三种情况：

（1）收购方和潜在的标的方都拥有相当完好、健全的价值链，则这两个企业的价值链就具有高水平的优势；如果这两条价值链能够成功合并，就可以实现真正的"强强联合"。否则，就可能需要进行资产剥离。

（2）如果并购双方中只有一条优质的价值链，那么这两个企业的价值链综合起来看就属于中等的优势水平；如果收购方的价值链较优，它就可能通过对标的企业进行注资或转移与扩散技能实现重组；如果标的企业的价值链较优，并且两个企业之间存在高度战略匹配的活动领域，并购者也可能通过技能转移与扩散，减少它自身价值链中的劣势。但是，如果潜在目标企业拥有的优势领域不能与收购方相匹配，并购者可能就要考虑出售相应的资产。

（3）如果并购双方组织的价值链都具有明显的劣势，两个企业的价值链就应被看作低劣的。在这种情况下，目标企业不一定就是无价值的，但应谨慎对待。当两条价值链具有高度的战略匹配性时，两个企业价值链的成功重组仍会给企业带来理想的协同效应。另外，如果两条价值链在相同的领域存在劣势，合并则可能带来并购的负效应，加剧原来的竞争劣势。

2. 价值链的匹配性与企业价值的关系

价值链的战略匹配水平也可以划分为高、中、低三个档次。

（1）如果两个企业的价值链目前就已经是匹配的，并且预期重组不会给企业能力带来严重的破坏，那么战略匹配水平就是高的。

（2）如果两条价值链在目前的条件下不具有明显的匹配，但在未来却有获得适当匹配的潜力，那么就存在中等的战略匹配。这种情况需要对潜在目标企业的价值链的可能变化（如营销和销售流程的变化）进行分析，并确定价值链的变化能否达到令人满意的战略匹配，进而促进两个组织的共同成长。这种变化也可能具有外部效应，如带来一个变化了的或重新定义的市场。

（3）如果两个企业的价值链不能匹配或互补且没有机会通过并购后的管理克服这一缺陷时，就可以认为这两条价值链的匹配水平是低的。在这种情况下，匹配问题必须被看作一个战略问题。这一战略问题仅仅依靠价值链的相似性是无法解决的。

使用价值链优势和价值链战略匹配这两个指标可以建立一个"并购匹配矩阵"，如图6-8所示。横轴代表并购双方企业价值链的战略匹配水平，纵轴代表对两个企业价值链优势的综合评价。运用这个矩阵就可以对每一个潜在目标企业的并购匹配作出评价。处于矩阵中左下角三个区域中的目标企业，并购匹配性最低；处于左上角到右下角对角线方向上的目标企业，并购匹配性属于中等水平；处于右上角三个区域中的目标企业，并购匹配性最高。

价值链的优势	低	中	高（并购匹配性上升）
高	非协同效应资产		强效应
中			
低	负效应		少许协同效应

价值链的战略匹配

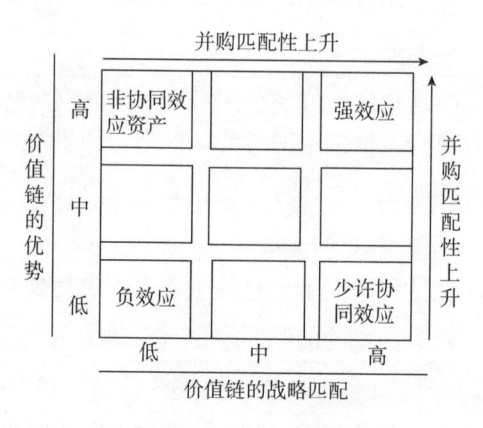

图6-8 并购匹配矩阵

6.5.2 资源匹配的机理分析

6.5.2.1 战略并购双方有形资产的匹配性分析

在企业的自然力资源、人力资源、物力资源、财力资源、知识资源五要素中，财力和物力资源，即有形资产构成了企业的基础结构，体现的是企业的生存能力。有形资产也是作业活动的载体。

并购双方的资产匹配是指收购方和目标方的资产结合以后能够带来规模增加效应，并且获得的财务资本收益大于两者各自独立时的收益之和。按照这一含义，资产匹配影响着并购后企业的综合运转效能，将带来并购后企业规模的扩大，产生的直接收益是为企业带来规模经济效应，具体可分为财务资本的匹配和实物资本的匹配。

1. 财务资本的匹配性分析

财务资本的匹配是指并购双方财务资本的结合和重新配置能够给企业在财务方面带来效益，并且大于两者独立时的资本效益之和。

尽管在企业资源理论中，财务资本并非具有稀缺性、难以模仿性以及不可交易性的资源，但下述几点原因使得财务资本在并购中仍有其独特的价值：(1) 财务资本属于流动性高、专用性小的资产，因而常常成为收购方进行混合并购的资源基础，或者成为目标方具有吸引力的资源基础。(2) 财务资本在企业生命周期中的发展期可能成为持续竞争优势的来源（Lee et al., 2001），因为在发展期中一个拥有更丰富财务资本的企业将比缺少财务资本的企业有机会积累更多的战略资产（Dierickx & Cool, 1989）。(3) 在特定的金融环境中，某些财务资本可能对企业具有重要影响。(4) 企业出于财务安全的考虑，收购方也愿意把现金流充足且稳定的企业作为目标企业，在经济波动大的产业中收购方更是如此。(5) 对特定类型的产业而言，财务资本与风险承受能力是密切相关的。如果收购方具有较多的财务资本，往往对资本密集型产业的投资具有更大的风险承受力（张金鑫，2005）。

分析并购双方财务资本的匹配性除了要考虑上述宏观因素以外，也要关注财务资本的匹配性可能带来的微观收益。财务资本的匹配性源于资源的互补性机制。财务资本匹配带来的规模经济效应可能包括：(1) 合理的避税效应。按照税盾理论，由于不同收益类型的资产所征收的税率不同，企业可以采取某些会计处理方法来达到避税的目的。（2）股价预期效应。按照理财原则的信号理论和价值低估理论，并购公告会使股票市场对上市公司股票的评价发生改变而引起价格波动效应[①]。（3）综合杠杆效应。指通过并购可能获取的公司长期负债与资本比率的变化、企业偿债和举债能力增加、资本成本降低等财务杠杆效应（郭俊华，2002）。如果并购双方的财务资本结合能够产生上述效应中的一种或多种，就可以认为并购双方的财务资本是匹配的。

2. 实物资本的匹配性分析

实物资本包括存货、房屋建筑物、机器设备等物质资源，它是企业资产负债表中反映企业财务状况的重要部分。如果实物资源可以应用于并购双方，但它的全部效能在原有企业中并未得到充分利用，或者在另一企业的利用效率更高，以及在不同时间的使用强度不同时，就可以通过对实物资源的充分利用实现规模经济效应。实物资本的匹配所带来的规模经济效应通常体现为成本的降低或效率的提高。

与财务资本类似，实物资本在企业资源体系中也属于非优势资源。因为它们一般可以在要素市场直接购得，所以通常不会成为竞争优势的源泉。但下述几点原因是在分析并购双方的匹配性时应予以关注的：（1）与从要素市场购买相比，并购能相对快地取得实物资产，从而获得时间优势；（2）由于资本市场的波动，有时存在对标的方资产价值低估的情况，使得并购可以获得比直接从要素市场购买更为有利的价格优势；（3）有些实物资产本身可能并没有特别之处，但如果其效能的发挥依赖于特定的环境，则其价值就可能超越一般同类资产的价值；（4）目标方独自开发的某些专用设备（比如专为本企业开发的信息系统），实际上融进了目标方的专有知识，目标方能力的发挥离不开这些专有资产的支持，因此它也可能成为独特的有价值的资源（张金鑫，2005）。

6.5.2.2　战略并购双方人力资本的匹配性分析

1. 人力资本匹配的基本分析

人力是企业重要的资源要素，可以为企业创造未来的收入。

[①] 信号理论：目标公司被并购时传递了新的信息，资本市场将重新对该公司的价值作出评估。价值低估理论：当目标公司的市场价值由于某些原因未能反映出其真实价值或潜在价值时，会发生并购活动。

人力资本是所有知识资本的基础能力，只有个人学习才可以创造知识，必须通过员工所拥有的知识才能开创、建立各种关系资本、组织资本。人力资本会影响关系资本与组织资本，企业内部信息技术系统、作业流程、产品开发与创新，以及与外部顾客和供应商关系的经营，都会受到员工本身的知识、技能和经验的影响。素质越高的员工就越有可能形成生产力高的作业流程。

人力资本匹配是指收购方和目标公司的人力资本结合在一起以后获得的效益大于两者各自独立时的人力资本之和。并购双方的人力资本不匹配可能会造成并购的失败。并购双方人力资本之间可能存在替代性或冲突性，同样也会存在着互补性或增进性。正是人力资本的属性和人力资本之间的相互关系决定了并购双方人力资本的匹配关系。

第一，人力资本是企业内部最活跃的资产。由于较强的自主移动性，有价值的人力资本可能会在一定条件下发生计划外流失。这种流失有时可能会给企业带来较大损失（尤其当该企业是知识密集型企业时）。一方面可能使目标企业的关键技能受到损害（尤其是对关键人员依赖性较强的中小企业）从而降低了目标企业的独立价值及协同价值（Coff, 2002）。另一方面，在存在"毒丸"等反收购措施的并购交易中，人力资本流失还意味着要支付大额的补偿金。虽然为了调整绩效差的目标方的战略方向，部分流失也是期望中的，但这一般限于高层管理团队（Walsh & Kosnik, 1993）。但也有研究开始置疑是否替换绩效差的目标企业的 CEO 能够改善后续绩效（Cannella & Hambrick, 1993；Walsh & Ellwood, 1991；Walsh & Kosnik, 1993）。

第二，人力资本是具有能动性的能力的载体。由于人力资本的能动性，它不同于财力和物力那些一般的能力载体，能够有意识地改善或破坏能力。在并购中，为引导人力资本发挥积极的作用，必须重视报酬激励和文化激励。比如，如果目标公司员工与关键客户的关系是销售的主要驱动力，则制定保住关键员工的激励计划就相当重要。

第三，人力资本是构成组织资本的基础。实际上，并购研究中最为关注的不是单个人力资本，而是作为人力资本集合的组织资本。组织资本是关于人与人匹配、人与事匹配、人与组织匹配的信息，即一个员工与哪些人一起工作，做哪些事情能发挥最高的效率的信息。这种特有信息对企业是有价值的。此外，由于从事特定任务的高效团队的长期合作，团队内成员对角色定位，甚至角色互补等都非常熟悉,团队成员间的信任感也较强,这种默契性也构成了组织能力的基础。特有的信息和特有的默契性使得团队比单个员工更有价值,也更难从要素市场获得。这也是诱发并购的动机之一。

2. 基于价值链的人力资本匹配的机理分析

并购双方人力资本之间可能存在替代性或冲突性,同样也会存在着互补性或增进性。分析并购双方人力资本的匹配性,应该首先针对价值链上的作业流程明确收购方自身对具体人力资本的需求情况,在此基础上,通过判断并购双方人力资本的优劣性,进而分析双方在每个作业环节具体人力资本之间可能存在的相互关系。为了便于分析,将人力资本和作业流程从资源价值链中提取出来,如图6-9所示。

收购方 人力资本	领导者	研发人员	中层管理者 一般员工	中层管理者 工人	中层管理者 营销人员	中层管理者 服务人员	价
目标方 人力资本	领导者	研发人员	中层管理者 一般员工	中层管理者 工人	中层管理者 营销人员	中层管理者 服务人员	值
作业流程	战略规划	研发	物资采购	制造加工	市场营销	服务	

图6-9 资源价值链中的人力资本要素

本书将基于图6-9中的六个作业流程对并购双方的人力资本之间的匹配性进行分析,具体分析步骤如下:

(1) 就战略规划环节而言,与之密切相关的人力资本为企业的领导者。本书首先判断双方领导者的优劣程度。在此基础上,考虑如下两种情况:①收购方如果想要提高自身的战略规划能力,并将获得优秀的领导者作为并购的一项重要目标的话,那么可以通过分析目标企业的领导者的优势程度,进而判断双方的互补性。如果目标企业的领导者具有优秀的素质,收购方还需关注其在并购后离职的可能性。②目标方的领导者并非稀缺资源,收购方需要在判断其优劣程度的基础上,确定其去留。如果目标方的领导者表现强势且并购后必须留在企业,那么收购方一定要考虑双方可能存在的冲突性,并制定消除冲突的方案,如安排适当的岗位并能为对方接受。如果冲突无法解决,那么收购方应考虑放弃这一目标方。

（2）就研发环节而言，直接相关的人力资本为企业的研发人员。首先需要对双方的技术人员的基本情况进行评估。然后考虑下面几种情况：①双方的研发人员均具有优势，但拥有不同的研发能力，此时两者的合并将会使并购后企业的整体研发能力增强，那么可以判断双方的研发人力资本具有增进性。②双方研发人员均具有优势，但拥有相同的研发能力，并且企业原有的人员已经满足需要，那么可以判定双方具有替代性，应该考虑在执行并购交易时对冗余人员的妥善安置；如果双方的研发人员均保留在并购后企业，冲突性及其消除的可能性就是收购方不得不考虑的一个问题。③增强研发环节的能力属于企业的并购目标，并且目标方的研发人员具有优势，那么双方研发环节的人力资源就具有互补性。

（3）就物资采购、生产制造、市场营销和服务作业而言，都会直接涉及企业的两类人员，一是各部门的中层管理者，如采购部经理、营销总监等；二是一般员工，如生产工人、售后服务人员等。以市场营销环节为例，①如果对目标方营销总监这项人力资本的判断为优，并且其属于收购方所需的稀缺资源，那么就可以认为双方具有互补性，但要考虑其流失情况；如果并非稀缺人员，且并购后留在企业就要判断其与收购方原有的营销总监是否会存在冲突，如果两个营销总监分属于不同区域，发生冲突的可能性就很低。②如果一般营销人员属于收购方的稀缺资源，目标方恰好能够满足，可以认为双方具有互补性，此时还需进一步判断可能的流失性；如果属于非稀缺资源，但具有较强的营销能力，在并购后又愿意留在企业，且与收购方的原有营销人员不重叠，双方就不会发生直接的作用关系，反之，就要判定双方此项人力资源具有替代性。由于物资采购、生产制造和服务环节直接涉及的人力资本与市场营销环节类似，所以针对并购双方价值链上这三项作业流程的人力资本可能存在的相互关系可比照市场营销环节进行判断。

6.5.2.3 战略并购双方组织资本的匹配性分析

1. 企业并购中面临的组织问题

组织资源是内嵌在企业组织结构中的集体知识，是组织储存和积累的、影响企业运作的组织知识和能力。个人的知识必须要能有效地转移成组织中知识密集的作业流程、核心能力、管理制度和战略，即员工知识只有转化成为组织的集体知识（Collective Knowledge），才能形成组织的优势。员工个人的能力就像是一般的零件，如果无法用最有效的方式通过协调、整合，使其能产生正向的效应而提升组织资本与关系资本，那么就会因为管理制度、组织结构与文化的不良，使员工彼此间钩心斗角、争权夺利、不共享知识、沟通协调不良及缺乏团队精神，即使有再好的员工也绝不代表企业绩效必定会提高（林东清，2004）。

组织资本匹配是指收购方和目标企业的组织资源结合在一起产生的效果大于两者各自独立时组织资本的效果之和。企业组织资本的匹配性将直接影响到并购后企业的综合运转效能和发展潜能。并购双方的组织资本之间可能存在着互补或增进效应，也可能产生替代或冲突效应。互补性和增进性可能发生在双方从战略到业务活动各类流程中。由于组织资本的存在对组织具有依附性和不可转让性，是组织动态运作过程中各种关系相互作用所形成的企业个性，所以并购将两个企业的组织资源结合在一起，冲突在一定程度上就是不可避免的。分析组织资本的匹配性应更关注冲突性。组织资源的冲突可能表现在如下几个方面：

（1）并购双方管理风格的冲突。管理风格是指组织的管理文化或主观文化（Bhagat & McQuaid, 1982；Sathe, 1985），包括管理者对待风险的态度、决策方法、控制和沟通方式偏好等。对于不同组织而言，管理风格具有唯一性，并且在组织之间可能存在着极大的差异，例如，不同管理集团可能会采取十分不同的风险承担倾向。因此，一个管理集团认为过于鲁莽和极度冒险的政策和程序，对于另一个管理集团来说可能却是再适当不过的方法（Davies，1968）。同样，一个管理团队对于变革的容忍程度可能要大于另外的团队。高层管理集团的决策方法也可能是不同的。

（2）并购双方企业文化的冲突。企业文化是指企业在长期发展演变过程中，企业全体员工逐渐形成的共同价值观和行为规范，它包括最高目标、经营哲学、历史传统、礼仪习俗、行为规范、管理制度等以及由此表现出来的企业风范和企业精神等。企业文化是在一定的社会历史文化背景中兴起并发展的，与企业创始人的品格、创业意识、经营思想、工作作风有直接关系。企业经营和管理风格的形成也是一个长期的实践探索过程，而一旦形成，其影响力就可能长期存在，具有稳定性和鲜明的个体差异，表现在对问题的认识角度、思维方式和判断标准的认识差异上。企业文化冲突是企业制度、机制、组织、心理冲突的集中体现，因而不同的企业往往有不同形态的企业文化，给并购整合带来文化差异。

正确认识战略并购双方可能存在的组织资源的冲突，既是正确评价并购双方的组织匹配性，进而判断并购能否顺利实现价值创造的需要，同时也利于明确并购后的整合难度及指导并购后的整合方向。

2. 管理风格匹配性的基本分析

有关管理风格的兼容性对组织匹配的影响的研究最早可追溯到戴维斯（Davies，1968），其后的代表性学者包括达塔（1991）和舍恩伯格（Schoenberg，2004）。戴维斯（1968）基于早期的案例研究阐述了收购方和目标方之间在管理风格上的差异是如何导致收购结果次优化的。达塔（1991）以173项发生在美国国内的收购为样本，通过实证研究综合检验了管理风格的兼容性对并购绩效的影响，结果表明并购双方管理风格的差异性与收购绩效之间在统计上呈现出显著的负相关关系。但他没有提供并购双方在具体管理风格上的差异性或相似性的衡量方法。舍恩伯格（2004）注意到了这一问题，以管理风格的不同维度作为自变量，实证检验了管理风格具体维度的差异对跨国并购绩效的影响，并得出结论，在并购情形下，管理风格的兼容性是一项重要的绩效决定因素。

并购将两个企业的管理集团合并在一起，这两个集团的管理风格可能是相似的也可能是不同的。管理风格的明显差异会导致文化模糊性（cultural ambiguity），也就是并购后哪一方的管理风格或文化将占主导地位具有不确定性（Buono et al.，1985）。一般说来，收购方的管理者最终往往会将自己的风格施加给标的企业，这可能导致标的企业管理者身份的丧失（Hirshch & Andrews，1983）。由此，增加了管理人员的不安、不信任和冲突并导致了生产率和并购后绩效的下降（Ivancevich et al.，1987）。管理风格的兼容性有助于并购后双方的同化，而管理风格和管理哲学的主要差异则可能成为并购成功的严重障碍（Davies，1968）。

通过衡量并购双方管理团队对待风险的态度、决策参与方式、管理的灵活性以及组织程序的正式程度等几个层面的差异性或相似性来判断双方在管理风格上的匹配性。

(1) 风险定位差异的衡量。

风险定位对于并购决策过程具有关键性影响（Pablo et al., 1996）。已有研究认为，具有不同风险定位的企业对于并购后整合的观点是不同的。换言之，如果收购方和目标方拥有不同的风险倾向，他们就会对并购后的整合方法形成不同的理解。这种理解上的差异对于创造和谐的企业氛围是不利的，而和谐的企业氛围却是平稳实施价值创造能力所必不可少的（Haspeslagh & Jemison, 1991; Hunt, 1990）。进一步，理解上的差异可能导致双方对于同类事件采取不同的行动（Rentsch, 1990），由此引起冲突和其他导致组织功能失调的后果，并最终带来较差的并购绩效。并购组织匹配的已有研究认为，并购双方的风险定位与并购绩效存在一定的关系。戴维斯（1968）在研究了美国的收购交易后，得出结论认为，并购双方在风险哲学上的差异影响到决策的各个层次以及组织内的各种职能。舍恩伯格（2004）假设收购方和标的企业对待风险态度的差异与跨境收购（cross-border acquisition）的绩效负相关，其实证结果进一步支持了这一假设。

(2) 组织日常程序规范性的差异的衡量。

并购双方在组织日常程序正规程度上的差异性是影响组织匹配性的第二个因素。基钦（Kitching, 1967）的路径破坏（path-breaking）研究认为，收购方和目标方之间的报告关系和控制系统对于收购结果可能具有重要影响。随后的案例研究文献记述了组织日常程序的差异可能引起的冲突。并购以后，管理者的继任计划被公布，正式的控制和沟通系统逐渐取代目标公司以前舒适的报告系统和非正式的体制时，目标公司的管理者会产生疏远感和受排斥感（Walter, 1985）。当标的企业的员工预期新企业的控制和奖励系统具有更强烈的绩效导向时，他们通常会感到焦急和不安（Cartwright & Cooper, 1996）。

(3) 决策风格差异性的衡量。

与组织日常程序的规范性差异相类似，并购双方不同的决策风格会对组织匹配性产生影响。例如，高度集权式的决策风格与民主式的决策风格。并购双方决策风格上的差异可能会由于潜在的冲突和双方的挫败感而阻碍收购后整合的顺利进行。已有实证研究认为，如果标的企业的雇员意识到他们的决策自主权如果在收购后受到严格限制，那么收购就会表现为低绩效（Calori et al., 1994; Cartwright & Cooper, 1996）。

（4）管理风格的匹配性与并购后整合类型。

并购双方管理风格的匹配性影响着并购后的整合决策，同时，并购后的整合类型也制约着管理风格的匹配性。并购后整合的一般模式包括：

①"共生型（Symbiosis）"整合是指收购方试图寻求一种平衡，即在保持标的企业组织独立性的同时，实现双方战略能力的转移。

②"吸收型（Absorption）"整合的目标是要实现并购双方在经营、组织结构和文化上的全面合并，并最终消除收购方和目标方之间的界线。

③"保留型（Preservation）"整合形式要求较高程度的组织独立性，双方之间在经营管理上几乎不存在联系。在这种情况下，标的企业相对不会受到收购方组织氛围的影响（Chatterjee et al., 1992；Datta & Grant, 1990），表明双方管理风格上的差异几乎不会对并购结果产生不利影响。

相反的，管理风格上的差异对吸收型整合来说则非常重要，在该种整合形式中，并购双方战略相互依赖性的程度较高，双方管理者需要密切合作，并且为了实现预期的技能转移或活动共享，双方必须采取共同的政策和程序（Cartwright & Cooper, 1996；Haspeslagh & Jemison, 1991）。因此，吸收型整合对标的企业来说意味着独立性在相当大程度上的丧失（Haspeslagh & Jemison, 1991），并且依赖双方的权利结构（Sales & Mirvis, 1984），标的企业通常会放弃自己的管理风格转而赞同收购方的管理风格（Datta & Grant, 1990）。在这种情况下，管理风格上的差异可能引起严重的内部冲突并逐渐破坏企业的绩效（Buono & Bowditch, 1989）。

（5）行政管理人员的流失率。

管理风格的差异与组织匹配程度之间关系还受到另一个因素的影响，即在收购过程中，标的企业行政管理人员的流失率。行政管理人员的大量离开可能会稀释最初由并购双方之间在管理风格上的差异所带来的优势。已有研究认为，并购带来的管理层的流动性是执行文化变革的一项重要机制（Buono & Bowditch, 1989），是开除偏离理想的组织规范的责任人的一种手段（Sathe, 1985），同时也是取代已有的权利结构和控制权结构的一种方式（Cannella & Hambrick, 1993）。同样的，标的企业的管理人员的自愿离开可能意味着他们不满意收购方的管理风格（Krug & Nigh, 2001；Larsson & Finkelstein, 1999）。收购方将自己的管理风格强加给近期收购的目标方可能引起目标企业雇员的压力感和丧失身份感（Buono & Bowditch，1989），这接下来又可能导致更高的人员流失率（Krug & Hegarty，2001）。高级管理人员通常会在收购时最先离开（Krug & Hegarty，2001），而在划分组织的态度、行为和信念时起到关键的作用的通常是雇员集体（Very et al.，1993）。这些观点说明，行政管理人员较高的流失率既可能减少了目标企业以前管理风格的绝对优势，又可能减少了保留下来的雇员对以前管理风格的忠诚度。这种稀释可能接下来减少了管理风格差异带来的潜在冲突。

3. 文化兼容性分析

相当多的研究文献都在试图解释企业组织层面是如何影响并购后企业绩效的。组织匹配的研究与多个学科都有着密切的联系，包括战略管理（Chatterjee et al.，1992；Very et al.，1997），国际商务（Datta & Puia，1995；Morosini et al.，1998）以及组织行为学（Buono & Bowditch，1989；Cartwright & Cooper，1996）。这些文献集中强调了作为组织匹配的核心要素的文化兼容性对收购结果的重要性，而且实证研究的结论认为，组织间的文化差异程度与收购方股东的收益之间存在着很强的负相关关系。

（1）并购双方文化兼容性：理论研究。

文化被定义为"组织成员之间共享的信念和假定"（Nahavandi & Malekzadeh，1988）以及"区别不同集团成员或人员范围的共同的思维规划"（Hofstede，1991）。企业文化被认为是组织行为的重要决定变量（Johnson，1992），并且强凝聚力的文化与卓越的绩效密切联系（Deal & Kennedy，1982；Barney，1986）。假定一项收购涉及将两个独立的企业文化结合在一起，大部分研究并购组织匹配性的文献都对文化兼容性问题给予了关注。什么因素决定了文化兼容性？文化兼容性是如何影响收购结果的？前一个问题已经被大量的理论研究所回答，而后一个问题则在各种实证研究中得到了检验。下面将对已有的理论和实证文献进行回顾。

文化适应描述了来自一种文化的成员适应另一种文化的过程。收购的文化适应框架是依据人事权和财产权之间的争夺进行制定的（Walter，1985），是在文化差异力量和组织整合力量之间进行力场（force – field）分析（Elsass & Veiga，1994），以及按照人类学观点将文化适应区分为四种不同的模式（Nahavandi & Malekzadeh，1988；1994）。其中，"同化（Assimilation）"是指标的企业愿意放弃自己的文化并采用收购方的文化。同化意味着自愿性，而不是强迫，因此与低程度的冲突相联系。"整合（Integration）"是指两个组织的基本假设和实践被接受和保留。既涉及相对的文化独立性要素又涉及选定文化要素之间的交流。"分立（Separation）"发生在标的企业希望以自治的方式保持原有的各个文化层面，并且拒绝另一种文化的情况下，保持独立性的愿望可能引起相当大程度的冲突并且难以实施。"混沌（Deculturation）"是指标的企业的成员不再重视组织以前的文化，但是也不希望被收购方同化。实质上，这样的雇员发现自己处于被排斥的状态，而且文化与最高程度的冲突和困难联系在一起。

奈哈迈德和马里扎德（1988）进一步确认了影响文化适应模式选择的因素，并假定了收购中文化适应过程的一个综合模型。他们认为潜在的并购后冲突的水平，或者"文化适应压力"既是收购方所采取的文化适应模式的一个函数，又源自并购双方支持的模式之间的一致性程度。对于标的企业而言，它所支持的文化适应模式取决于它对收购方文化相对于自己的文化所具有的吸引力程度的理解。对收购方而言，文化适应模式依赖于母公司内部能够容忍和接受的文化多元性的程度。收购方也将受到收购战略的影响，尤其在试图实现经营协同效应的过程中，收购方必须将自己的文化和实践施加给目标公司。他们认为对于强迫接受型文化而言，相关性收购是最好的形式，虽然依据哈斯帕拉夫和杰米森（1991）的研究，整合形式可能更精确地描述了其对文化适应模式的战略影响。这是因为整合形式不但考虑了并购后企业的战略相互依赖程度，而且考虑了目标公司组织独立性的程度。

应该值得注意的是，文化适应是一个动态的过程，文化适应模式和感受压力的程度可能会随着时间而变化，例如，作为与其他组织的文化和行为逐渐熟悉而产生的结果（Nahavandi & Malekzadeh，1994）。一个组织内部也可能存在多种子文化（sub-cultures）。因此，并购后企业可能会采取多种文化适应模式（Elsass & Veiga，1994）。

文化适应模型中暗含着文化适应压力及冲突行为与实际的并购结果之间的联系，这种关系已经获得了许多实证研究的支持。因此，奈哈迈德和马里扎德（1988）的模型提供了有用的理论框架，该框架有助于理解影响文化差异性与收购绩效之间整体关系的各种因素。

(2) 并购双方文化兼容性：实证研究。

舍恩伯格（2000）回顾了企业文化兼容性的实证研究文献，认为主要有四个代表性文献对并购中的文化适应性进行了实证研究。其中三个是从现象出发进行案例研究（Sales & Mirvis, 1984；Buono & Bowditch, 1989；Cartwright & Cooper, 1992），一个是基于实证主义者的定量研究（Chatterjee et al., 1992）。

塞尔斯和莫维（1984）以美国一家中型制造企业和一家大型综合企业之间的协议收购为案例，对文化适应过程进行了详细探讨。他们详细阐述了两家公司之间在企业哲学和行为之间的明显差异，并记录了一年间由于文化差异导致的错误传达、误解和冲突。虽然没有进行绩效评价，他们的描述支持了奈哈迈德和马里扎德（1988）确认的文化适应模式，并强调了文化适应过程的动态属性。经过三年左右，早期的"分离"逐渐让位于管理风格的整合和报告及控制系统的"同化"。

卡特莱特和库珀（Cartwright & Cooper, 1992）也采用了奈哈迈德和马里扎德（1988）的分析框架。通过研究四笔英国收购交易，他们确认了这一假定，即如果标的方的雇员既愿意放弃自己的原有文化，又承认收购方的文化具有吸引力，那么文化冲突就能被降到最低程度。他们认为，如果收购方的文化赋予标的方个体相似的或者比其原有文化更大程度的参与度和自主性，最低程度的文化冲突就能被实现。观察发现，标的方的雇员在认识到收购如果没有提高，但至少会维持他们原有的参与性和自主性时，他们就会更努力地致力于实现成功的收购后整合。

博诺和鲍迪奇（Buono & Bowditch, 1989）纵向研究了三个发生在服务行业的收购案例，阐述了在不兼容的企业文化结合时可能发生的文化适应压力。在一项银行兼并案中，计划完全整合的愿景最初反映在新名称、地点和制度的选择上。但是，一年之内，兼并一方的价值观、哲学和人员正在占领被兼并企业的事实已经很明显了。这导致了相当多的标的方雇员的自动辞职，而保留下来的员工也是怨声载道，并最终采取了"一系列试图毁坏兼并的行为……并在兼并后的前四年期间制造了重大的企业成功整合的障碍"。虽然程度略轻，但是相似的案例是，一家大型综合企业对一家快餐连锁店的收购也导致了消极的文化适应压力，尽管标的企业被定位为新企业的子公司。快餐连锁店家庭式的经营风格和母公司系统化的高成长率导向之间存在着显著差异，标的企业高级管理人员在向掌握新的正式的规划系统和程序所必需的技能妥协的过程中，他们会产生强烈的压力感和挫折感。结果是新的子公司无法实现战略成长目标，同时，公司的 CEO 有计划地主动退出。

查特吉等（1992）以三十笔美国并购交易为样本集进行统计检验，结果支持了有关文化差异产生的负面影响的定性描述。研究者们发现文化差异和收购带来的股东收益之间存在着显著的负相关性。重要的是，依据奈哈迈德和马里扎德（1988）模型的预测，引进收购方对多文化的容忍性的衡量并没有调和这种关系。虽然预计文化差异可能对综合绩效产生负面影响，但是这一研究受到股价绩效变量事前性的潜在限制。这与早期的相关性研究类似，因为通过衡量收购公告日前后 15 天的超额收益，股东对未来经营绩效的预期可能没有精确地反映事后的现实情况（Nayyar，1992）。

总之，实证研究证实了企业文化的差异可能导致文化适应压力，这又会对人力资源产生消极影响，接下来造成企业较差的收购绩效。对奈哈迈德和马里扎德（1988）的文化适应过程模型的实证支持，尤其是对新文化的相对吸引力的认知以及整合战略形式的选择可能对文化差异影响的调解程度的实证支持已经逐渐出现了。

已有的研究文献表明文化差异的影响是可衡量且有意义的。文化差异可能导致并购整合期难度的增加，这接下来又可能降低了收购绩效。但是，文化差异不应该自动地与负效应联系在一起。在收购方的文化展示出相对吸引力时，研究发现不相似文化的合并对绩效施加了积极的影响。

（3）衡量文化兼容性的理论框架。

对文化的兼容性进行详细评估已经成为实践者进行出价规划和价值评估活动时必要的组成部分（Schoenberg，2000）。然而，哪些具体因素应该在评估时特别注意仍然是一个需要探讨的问题。理论模型预测文化兼容性的潜在决定要素包括：收购方对多元文化的容忍性，收购方文化的相对吸引力，以及收购后的整合战略（Nahavandi & Malekzadeh，1988；Olie，1994）。这些因素的实际影响已经在一项或多项实证研究中分别得到了检验，但得出的结果却存在差异。

①研究发现，收购方对多元文化的容忍性并没有缓和组织文化差异性的影响（Chatterjee et al.，1992）。对这一结果的可能解释是，对多元文化的容忍

性被看作是个体的、而非组织的属性（Adler，1986），并且跨国收购方通常会将收购整合的责任分配给其他的经理或经理层。因此，收购方内部对多元文化的容忍程度存在广泛的差异，这就使得运用该变量对组织水平进行预测充满了疑问。在缺乏进一步研究的情况下，实践者应该评估个别经理人对多元文化的容忍程度与他们将要负责的具体收购的文化动态性之间的匹配程度。

②整合形式的影响已经获得了多种实证支持。虽然几项研究已经报告，整合方法可能调和了文化差异带来的负效应（Morosini & Singh，1994；Very et al.，1997；Morosini et al.，1998），其他人的结论认为，文化差异和收购绩效之间的关系与整合形式是相互独立的（Buono & Bowditch，1989；Datta，1991；Schoenberg & Norburn，1998）。无疑这个领域是需要进一步研究的，但是对于实践者而言，意义在于假定以宽松的态度（at arm's length）管理一项跨国收购（保留型整合）一定会软化文化差异的负效应的这种想法是危险的。

③收购方文化的相对吸引力被认为是两种文化在合并后融合容易程度的关键决定变量（Very et al.，1997）。两项研究结果表明，如果出价者的文化相对于目标方的文化而言会认可更高水平的授权独立性和参与性，收购就会取得卓越的绩效（Cartwright & Cooper，1992；Calori et al.，1994）。其他研究也指出了企业双方对待非正式化和风险的相对态度的具体影响（Calori et al.，1994；Morosini & Singh，1994；Schoenberg & Norburn，1998）。这些结果表明，可能的收购方应该特别关注合并双方对待参与度、正规化和风险的相对态度。

最后，文化相对吸引力引发的问题是，吸引力应该被看作是依据文化相似性还是文化差异性。研究者们对这一问题有不同的观点，一些研究认为文化差异性与绩效正相关（Morosini et al.，1998），然而其他研究将文化相似性与卓越的绩效联系在一起（Chaterjee et al.，1992；Datta & Puia，1995）。但是，这些大样本实证研究往往利用检验并购双方之间文化差异的绝对值作为独立变量。维里等（Very et al.，1997）提供了进一步研究该问题的方法，即通过观察双方的文化差距与标的企业标准文化价值的相对值，结果支持了一个关键的观点，即是相对文化吸引力而不是绝对差异或绝对相似性本身是绩效的决定因素。

4. 基于价值链的组织资本匹配的机理分析

将针对价值链上的作业流程分析并购双方组织资本的匹配性，进而明确双方组织资本的匹配性对价值创造活动的影响。为了便于分析，将组织资本和作业流程从图 6-6 的资源价值链中提取出来，如图 6-10 所示。

收购方 组织资本	管理风格	知识产权	业务流程信息系统	业务流程信息系统	组织结构信息系统	企业文化信息系统	价
目标方 组织资本	管理风格	知识产权	业务流程信息系统	业务流程信息系统	组织结构信息系统	企业文化信息系统	值
作业流程	战略规划	研发	物资采购	制造加工	市场营销	服务	

图 6-10 资源价值链中的组织资本要素

针对并购双方企业价值链的六个作业流程，逐项分析收购方和目标方组织资本之间可能存在的相互关系，并为分析组织资本的综合匹配性奠定基础。

（1）就战略规划环节而言，与之密切相关的组织资本为企业的管理风格。并购双方的管理风格存在的差异性越大，双方并购后发生冲突的可能性就越大。所以首先判断双方管理风格的差异性。这项工作可以通过对双方设计相同的调查问卷，请双方有关人员给出答案，然后通过比较答案作出判断。调查问卷的设计可围绕前面对管理风格的分析维度来进行，包括：企业是喜欢冒险还是愿意规避风险？组织日常程序，如报告系统、奖励系统是否有十分正规的流程？企业属于高度集权式的决策风格还是民主式的决策风格？因为在管理风格上存在较大差异的并购双方会直接影响价值链的战略规划环节，进而影响到企业今后的长远发展，所以，对于收购方还要进一步结合并购和可能的整合程度来判断双方的冲突性。例如，并购后企业双方独立运营，管理系统不会发生直接的交集，那么组织资源上的差异性就不会带来冲突，也不会成为影响匹配性的一项因素；反之，如果并购后双方将要合并到一起，双方的管理系统需要交融，那么就一定要重视冲突性，并考虑冲突消除的可能性。

（2）就研发环节而言，直接相关的组织资本为企业的知识产权，包括商标、专利权、专有技术、商业秘密等无形资产，这些无形资产更符合财务报表所界定的无形资产。收购方首先需要对双方的知识产权的基本情况进行评估。然后考虑下面几种情况：①目标方的某项知识产权，如专有技术为收购方的稀缺资源，是收购方研发环节所需资源，那么可以认为双方的知识产权就具有互补性。②如果双方均拥有较高价值的知识产权，但不重叠，且能够在合并后增强企业的研发能力，如收购方制造新型轮胎的专有技术与目标方生产特种车的专有技术可以产生增进性匹配。③如果双方均拥有可用于解决同类研发问题的相同或不同知识产权，且没有同时使用两者的必要，那么就要考虑双方资源之间的替代性。就研发环节来说，知识产权似乎不存在相互冲突问题。

（3）就物资采购和制造加工环节而言，都会直接涉及的组织资源包括业务流程和信息系统。首先，收购方需要明确自身对目标方的业务流程和信息系统是否存在需求，如目标方的内部信息网或企业知识库等，如果是，目标方又恰好能够满足，就可以认为双方物资采购或制造加工环节的组织资本具有互补性。其次，对于并非收购方所需的业务流程或信息系统，如果双方的差异性越大，且并购后企业不会各自独立经营，那么双方发生冲突的可能性就越大，此时，收购方应考虑冲突消除的可能性，否则就应放弃此目标方。

（4）就市场营销作业环节而言，会对其产生直接影响的组织资源包括组织结构和信息系统。分析并购双方这一环节上组织资源的匹配性，需要考虑的问题与物资采购和制造加工环节相似。也要重点关注营销环节组织资本的冲突问题。

（5）就服务环节而言，企业文化和信息系统是两类对其产生直接影响的组织资源。企业文化对服务作业的影响可能会直接体现在企业整体服务质量、服务态度、服务环境等诸多方面，例如，海尔顾客至上的文化理念，直接影响着其服务人员的工作态度、服务质量等。由此，正是企业文化的这种独特影响力也使得存在较大差异的并购双方会面临着严重的冲突问题。事实上，企业文化蕴含在企业内部，不只是对服务环节产生影响，它影响着价值链的整个作业流程。并购双方文化的兼容性和适应性也是一个重要的管理学问题。评价并购双方组织资源的匹配性一定要对企业文化的冲突性予以特别关注。具体可类似管理风格的评价方法，通过设计调查问卷，对并购双方企业文化的差异程度作出判断，再结合并购后可能的整合形式对双方的冲突性或匹配性作出判断。对并购双方服务环节信息系统关系的分析方法同（3），主要关注互补性和冲突性，当然，如果双方诸如企业知识库、内部信息网等结合也可能产生相互增强效应。

6.5.2.4 战略并购双方关系资本的匹配性分析

1. 关系资本匹配的基本分析

企业关系资本是企业对其与外部环境中利益相关者的投资、维护和管理能力，反映了企业与外部环境中的利益相关者的关系，体现了企业对外部环境关系的掌握和控制能力[1]。企业关系资本是在企业发展过程中长期培养和沉淀而成的，为关系伙伴所共同拥有，难以被其他企业模仿和替代。它是依靠自身的不断学习、创造乃至在市场竞争中不断积累、磨炼后逐步建立和发展的。它的形成是关系伙伴间整体优化的结果，与其拥有者共生共存，并有其具体的使用范围，可以使关系网络中的相关环节共同受益，体现在关系成员间生产经营活动的各个方面。

并购双方关系资源的匹配性直接影响着并购后企业的行业势能，即企业在社会和所处行业中所拥有的位势，所反映的是企业对市场和社会的影响力，也是行业竞争力的体现。

关系资本匹配是指收购方和目标企业的关系资本结合在一起，能够提高企业的行业势能，并且大于两者各自独立时的关系资本之和。

并购双方的关系资本之间可能会因替代或冲突而引起并购后资本的减少，主要的原因有：（1）客户的减少。唐（Down，1995）估计，除了已有的顾客减少率（取决于行业性质，一般为20%～40%）外，新并购的公司还会失去另外5%～10%的老客户。另外，并购后在整合双方关系资本的过程中，出于战略调整的需要企业可能会主动放弃一些客户，以集中服务于企业的重要客户。（2）并购双方的信誉良莠不齐，一方较差的企业信誉虽然有可能从另一方良好的信誉中受益，取得比其单独运作时更好的业务表现，但是也有可能损害了另一方的信誉，尤其是信誉极差的一方可能使另一方深受其害。（3）并购双方的产品形象不一致或者相互冲突。并购双方的关系资本之间也可能会因互补或增进机制而引起并购后资本的增加，包括：双方品牌的共享增加了企业的产品形象和声誉；并购后企业实力增强，信誉提高，吸引更多新的客户；营销技巧、销售渠道和服务网络的共享；客户关系共享等。实际上，双方关系资本的共享本身就是并购的重要动机（郭俊华，2002）。

并购双方关系资本的匹配性分析也应重点关注资本之间的替代性或冲突性。

2. 基于价值链的关系资本匹配的机理分析

将针对价值链上的作业流程分析并购双方关系资本的匹配性，进而明确双

---

[1] 罗珉. 组织管理学[M]. 四川：西南财经大学出版社，2003.

方关系资本的匹配性对价值创造活动的影响。为了便于分析，将关系资本和作业流程从图6-6的资源价值链中提取出来，如图6-11所示。

收购方 关系资本	权益关系		供应商关系		客户关系 市场运作	市场运作 与公众、政府关系	
目标方 关系资本	权益关系		供应商关系		客户关系 市场运作	市场运作 与公众、政府关系	价值
作业流程	战略规划	研发	物资采购	制造加工	市场营销	服务	

图6-11　资源价值链中的关系资本要素

针对并购双方企业价值链的六个作业流程，逐项分析收购方和目标方关系资本之间可能存在的相互关系，并为分析关系资本的综合匹配性奠定基础。

（1）就战略规划环节而言，与之密切相关的关系资本为企业的权益关系，包括与外部股东和债权人的关系。股东会通过行使表决权等方式对企业的战略规划施加影响，债权人则会通过规定一些限制性条款对企业的战略规划实施影响。作为企业的两大融资渠道，与股东和债权人的关系某种程度上可能直接关系到企业的战略能否得以实施。收购方应首先分析自身是否将权益关系看作是发展的稀缺资源，如果是就要看目标方的满足程度。如果目标方具有优势的权益关系，并且能够移植到并购后企业中，那么双方的关系资本就具有较强的互补性，甚至增进性。但是，如果目标方的权益关系资本存在移植障碍，例如，原有债权人可能会因并购事件的发生而停止合作等，那么双方关系资本的互补性或增进性就无法实现，所以收购方一定要考虑到这一点。

（2）就物资采购环节而言，直接相关的关系资本为供应商关系。很显然，作为企业的上游价值链，供应商直接关系到企业的生产、营销、服务等一系列业务的顺利实施。供应商关系作为企业的一项重要关系资源，也是并购时需予以积极关注的。①收购方应首先明确目标方的供应商关系是否是自己的稀缺资源，如果是且不存在移植障碍，那么双方这一资本就毫无疑问地存在互补性。②如果并非自己的稀缺资源，但能够增强原有物资采购环节的实力，那么可以认为双方的供应商关系存在增进性。③如果双方存在重叠的供应商关系，且双方没有共存的必要，削减一方可以带来成本的节约，那么此时并购双方物资采购环节的关系资本就存在替代性。

(3) 就市场营销作业环节而言，客户关系与市场运作是会对这一环节产生直接影响的关系资源。

①客户关系与企业的下游价值链密切相关，是企业非常重要的一项资源。近年来，客户关系管理（CRM）是业界和理论界都广泛关注的一个热点问题。可以从积极和消极两个方面来关注企业的客户关系资源，如客户满意和客户忠诚是积极一面，客户投诉和客户流失是消极一面。如果目标企业的客户关系是收购方所稀缺的，那么双方的合并就会带来互补性；如果一方的客户关系与另一方可以相互补充，并产生增强效应，那么就认为双方市场营销环节的客户关系资源具有增进性；还有一种情况，就是双方的关系资源彼此独立，不会发生任何关系，并购后仍然独立对各自的市场营销环节产生影响，此时就应以考察双方其他资源的匹配性为重点。当然客户资源也存在着能否顺利转移的问题。

②市场运作可能包括品牌知名度和营销网络等关系资源。如果收购方将品牌知名度或营销网络作为自己的稀缺资源，通过对目标方的优势判断，认为其能够提供，那么可以认为双方这一资源具有互补性。同样，也应注意营销网络关系能否顺利转移的问题，如果并购事件的发生会导致目标方原有营销网络的解体，那么收购方就要谨慎行事。如果一方拥有品牌知名度，通过并购将这一关系资源与对方共享，会导致并购后企业市场营销能力的提升，企业整体收益大于两者独立之和，那么就可以认为，收购方和目标企业针对市场营销环节的关系资源具有增进性；如果并购双方的营销网络具有重叠性，双方共存会加剧竞争，减少市场份额，如果一方取消会带来成本的节约，那么就认为收购方和目标企业可能存在替代效应或冲突效应。

(4) 就服务环节而言，与其直接相关的是市场运作、与公众和政府关系等资源。市场运作可能包括客户数据库、特许经营等。从这一资源的属性上分析，可以了解到：①如果这两类关系资源中的一种或两种是收购方的稀缺资源，而目标方恰好能够满足，那么双方服务环节的关系资源就存在互补性，例如，目标方拥有对某一高垄断业务的特许经营。②如果这些关系资源并非收购方的稀缺资源，但是目标方拥有此类优势资源能够与收购方的已有资源产生增进效应，就可以判断双方关系资源为增进性匹配。另外，一个企业与公众、政府等外部团体的关系，构成了企业的外部运作环境，会对企业的发展起促进或制约关系。收购方应该选择具有良好的这类关系资源的目标方。

尽管这里对于研发和制造加工价值链环节没有做分析，但只要找到了这两个环节的利益关系方，就可以参照他们之间的资源关系进行分析和判断。

6.6 资源匹配程度的评价

6.6.1 资源匹配度的评价方案设计

6.6.1.1 资源匹配性评价的基本思想

评价并购匹配程度是一项复杂的工作。首先，需要对并购双方各自的资源优劣进行评价，而资源尤其是知识性资源的无形性使得资源的衡量存在一定的难度。其次，企业之间的匹配性以具体资源之间的匹配性为基础，同时又可能受到不同资源之间相互关系的制约。需要在判断具体资源的匹配性的基础上评价并购双方总体的匹配性。

按照这一思路，本书设计并购资源匹配分析方案如图6-12所示。

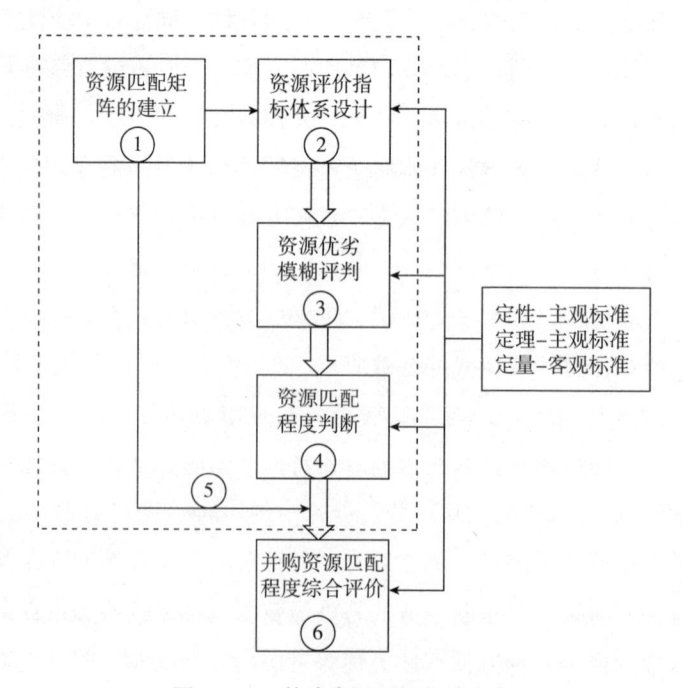

图6-12 并购资源匹配分析方案

6.6.1.2 资源匹配性的评价

资源匹配评价的基本思路：首先，将并购双方的价值链上的作业流程与不同资本一一对应，建立资源价值链匹配矩阵；其次，针对四类资源要素确立指标体系；然后，对并购双方的基本资源要素进行量化，评价企业具体资源价值链的优势，评判集规定为特定值（下文粗略地分为高、中、低三个值）；最后，将并购双方价值链纳入资源价值链匹配矩阵进行比较，即可对并购双方具体资源价值链的匹配程度（高，中，低）作出判断。

对资源价值链优势的评价将针对价值链上的四个层次分成四类指标进行，第一类是有形资源要素指标；第二类是人力资本要素指标；第三类是组织资本要素指标；第四类是组织资本中的关系资本要素指标。

这四类指标分别从四个不同角度和不同方面反映了企业的资源状况，同时又是相互关联的，每类指标分别反映了支持企业良性运转的不同功能。有形资源要素指标反映了价值链作业流程的物质特征，是维持企业综合运转的物质基础；人力资本要素指标反映了企业存储于员工内部的知识和能力，是决定企业发展潜能的基础；组织资本要素指标和关系资本要素指标都是企业的结构性资本，前者是组织知识和能力的内部体现，影响着企业的综合运转效能和发展潜能，后者是企业组织知识和能力的外部体现，反映了企业与外部利益相关者之间的关系价值，影响着企业的行业势能。

将上述四类指标通过一定渠道予以赋值，利用模糊数学等工具进行综合评判，即可得出每一类资源的优劣程度的量化结果。然后按照资源价值链匹配矩阵，针对价值链上的六个作业流程判断并购双方同类资源的匹配性。

6.6.1.3 资源匹配性评价的基本方法

评价并购双方的匹配性是在识别具体影响因素（指标体系设计）的基础上定量判断资源的优劣性，然后根据"资源匹配矩阵"定性判断资源的匹配性。以具体资源的匹配性为基础，对并购双方总体匹配性的评价将采用综合评价方法，也可以采用神经网络方法等进行计算机模拟和仿真。

先将资源细分成各类独立的项目，然后针对每一类科目设计评价指标。将根据前面对资源的划分，对有形资产、人力资本、关系资本、组织资本四个子系统构建详细的评价指标体系，并且建立可应用于评价每类资源优势的模糊综合评判模型。然后利用"资源匹配矩阵"评价具体资源的匹配性。针对不同类型的资源提出具体的评价指标,判断匹配性,有助于企业把握各子系统的贡献和作用结构,通过对这些指标的监控可以加强并购实体对资源匹配性的管理。

对并购匹配性的评价采用了定性分析与定量评估相结合的方法。

(1)定性主观标准。资源匹配矩阵的建立是根据收购方和目标方资源价值链的优劣,定性判断两条价值链之间可能存在的关系状态。这些指标不是常规的量化衡量单位,而是诸如"低""中""高"之类的模糊指标。

(2)定量标准。它可以细分为定量——客观标准和定量——主观标准。前者主要是一些财务指标,后者侧重于非财务指标,如消费者满意度等。

6.6.2 资源匹配程度的评价模式

资源匹配性评价的首要步骤是对双方具体资源的优势进行评价,将针对四类资源分别设计指标。需要强调的是,不同企业的同类资源的具体内容可能会存在差异,评价是针对资源的共性、能够反映一类资源价值的要素进行的。指标的设计并非越多越好,也不是越多就越全面,一些相关性极强的指标没有必要都列入指标体系,相反,指标体系应该反映出评价的重点,即价值链上的关键资源要素。

6.6.2.1 资源匹配评价的概念模型

1. 企业资源价值链判断矩阵

在上文中本书针对各类资源对企业价值链作业环节的不同影响,在每一类资源与作业环节之间建立起联系,建立了用于资源匹配分析的价值链体系。

资源匹配分析的首要步骤是判断收购方不同价值链作业环节上资源的稀缺性。具体方法是根据图6-6建立的资源价值链体系,按照价值链作业流程,识别并购双方各自的人力资本和知识资本,初步判断双方资本的存量状态,并结合企业资源价值链上的六个作业流程评价收购方人力资本、组织资本和关系资本是否属于稀缺资源,以及目标方相应资源的满足程度。据此,本书建立收购方资源价值链判断矩阵,如图6-13所示。

图6-13中不同作业流程对应资源的稀缺性分别用o和×表示,例如,如果战略规划环节的人力资本具有稀缺性,则在矩阵的相应位置填入o,否则填入×。而资源的优势则用"高、中、低"来表示,例如,如果市场营销环节

	稀缺	优势	稀缺	优势	稀缺	优势	稀缺	优势	稀缺	优势	稀缺	优势
人力资本												
组织资本												
↓												
关系资本												
作业流程	战略规划		研发		物资采购		制造加工		市场营销		服务	

图 6-13　收购方资源价值链判断矩阵

的关系资本不具有优势，则在矩阵的相应位置填入"低"。通过填写图 6-13 中的内容，收购方能够对价值链不同作业环节上具体资源的稀缺状况和优势程度作出判断，由此，企业不仅能够清楚地知道自身价值链作业环节的资源状况，明确需要从目标方获取的关键资源，同时也为进一步判断收购方和潜在目标方具体资源之间可能存在的匹配关系奠定基础。相应地，为了判断目标方资源是否满足收购方需求，本书通过填写目标方资源价值链判断矩阵，重点评价目标方价值链的作业环节上不同资源的优劣情况，如图 6-14 所示。

	优势	优势	优势	优势	优势	优势
人力资本						
组织资本						
↓						
关系资本						
作业流程	战略规划	研发	物资采购	制造加工	市场营销	服务

图 6-14　目标方资源价值链判断矩阵

图 6-14 中，目标方价值链不同作业流程所对应的资源的优势同样用"高、中、低"来表示。

针对价值链的六个作业流程，在明确收购方所需的稀缺资源，以及收购方和目标企业的资源基本状况的基础上，就可以对不同作业环节上并购双方同类资源的匹配程度进行分析、判断。这一过程需要两个步骤来完成。首先，分别对并购双方的人力资本、组织资本和关系资本的总体优劣情况进行判断。图 6-13 和图 6-14 的判断矩阵能够对不同资本包含的具体内容的优劣情况进行定性分析，本书还将采用定量方法对并购双方不同资本各自的总体优势作出评判，即采用定性和定量相结合的方法对资源匹配程度进行评价。

2. 价值链匹配矩阵

在评价收购方和目标企业具体资源优势的基础上，可以建立价值链匹配矩阵，对并购双方资源的基本匹配情况作出初步判断，如图 6-15 所示。

	低	中	高
高	不匹配	低	增强匹配
中	不匹配	中	互补型匹配
低	不匹配	中	互补型匹配

横轴：目标方价值链的优势
纵轴：收购方价值链的优势
资源匹配程度

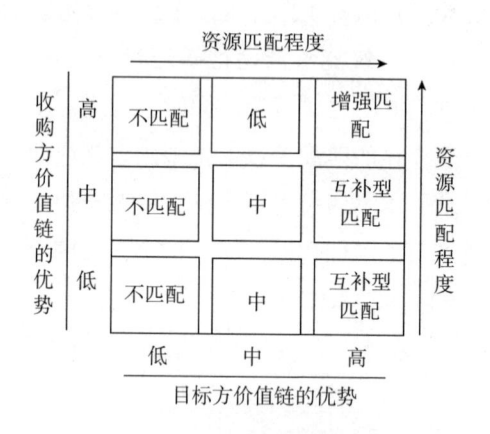

图 6-15 价值链匹配矩阵

矩阵的横轴代表目标方价值链的优势，纵轴代表收购方价值链的优势，程度从低到高，两条价值链的优劣程度决定的资源匹配程度用矩阵的不同位置来表示。左侧一列对应的目标方价值链具有劣势，所以均为不匹配的区域；如果双方价值链的比较结果落在其他区域，需要结合价值链作业流程对双方具体资源的匹配情况作出进一步判断。

3. 并购双方资源匹配性评判矩阵

按照价值链的六个作业流程，收购方和目标企业的人力资本、组织资本和关系资本之间可能存在的相互关系包括五种情况，即互补性、替代性、增进性、冲突性和相互独立性。据此，可以建立评判并购双方资源匹配性的矩阵，矩阵由五行六列组成，分别代表资源的五种作用关系和价值链上的六个作业流程，如图6-16所示。

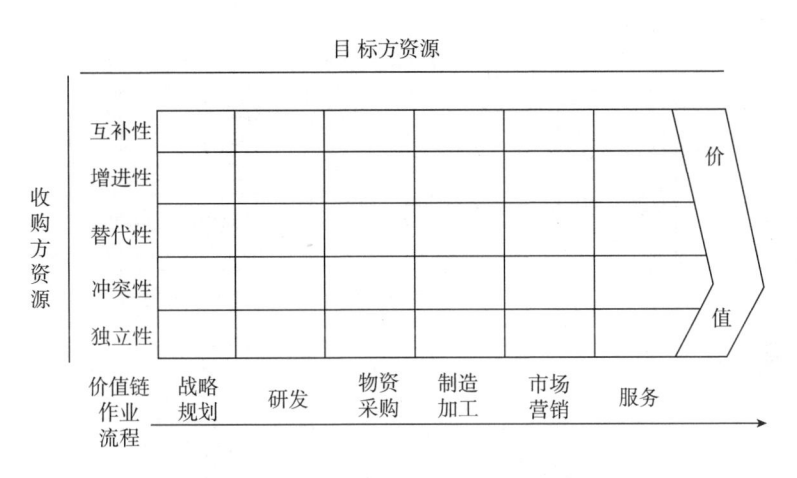

图6-16 并购双方资源匹配评判矩阵

图6-16是评判并购双方资源匹配程度的概念模型，矩阵取值用0或1表示，即具有互补性、增进性、替代性取值为1，反之则取值为0；如果存在冲突性则取值为0，否则取值为1。由此，通过汇总并购双方同一作业流程对应的具体资源关系的取值，可以对双方具体资源，如人力资本的匹配性作出判断。具体分析时可以分别针对每一类资本建立匹配性评判矩阵。

按照上文的分析，把企业的资源按其对价值创造的影响分为有形的资产和无形的知识资本，认为资产的匹配性影响着并购的可能带来的规模经济效应，而无形资本的匹配则是并购能够创造价值的主要来源。

无形资本的匹配是影响和制约并购双方匹配的关键因素，所以，着重对无形资本的优势及匹配性进行评价。按照不同资本的内涵和影响变量，人力资本、组织资本和关系资本的指标体系如图6-17所示。

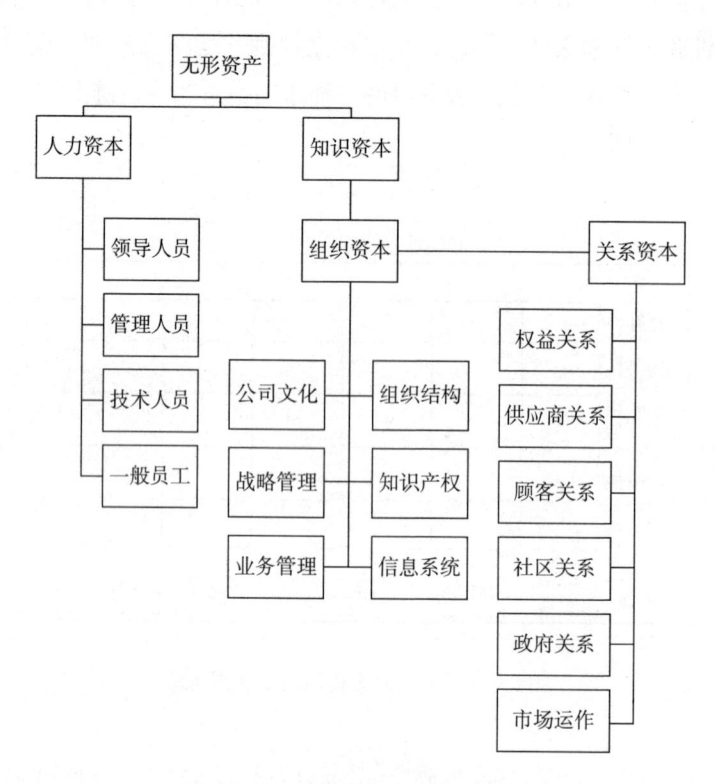

```
                        ┌─────────┐
                        │ 无形资产 │
                        └────┬────┘
                   ┌─────────┴─────────┐
              ┌────┴────┐         ┌────┴────┐
              │ 人力资本 │         │ 知识资本 │
              └────┬────┘         └────┬────┘
                   │              ┌────┴────┐────────┐
              ┌────┤         ┌────┴────┐       ┌────┴────┐
              │领导人员│     │ 组织资本 │       │ 关系资本 │
              ├────┤         └─────────┘       └─────────┘
              │管理人员│
              ├────┤
              │技术人员│
              ├────┤
              │一般员工│
              └────┘
```

图 6-17　企业知识资源指标体系

（说明：组织资本下含"公司文化、战略管理、业务管理、组织结构、知识产权、信息系统"；关系资本下含"权益关系、供应商关系、顾客关系、社区关系、政府关系、市场运作"）

6.6.2.2　有形资产的匹配性评价

1. 有形资产优势评价指标

有形资产与规模经济和资本效率紧密联系在一起，将从企业的获利性和市场成长性两个维度来评价企业资产的优势。

（1）利润及变动情况。尽管利润性评价会由于受到企业战略安排和外部环境的变动影响而产生误导结果，但利润性指标是反映企业某一阶段绩效的首要指标。

（2）市场成长性。反映市场成长性的指标应包括被评价企业产品的市场位置现状和市场位置的进展情况，例如采用市场占有率、市场相对占有率和市场成长率等指标。

2. 有形资产匹配矩阵

在评价了收购方和目标方有形资产优劣性的基础上，通过将两者纳入一个坐标体系进行比较，建立有形资产匹配矩阵，用来衡量并购双方有形资产的匹配性，如图6-18所示。

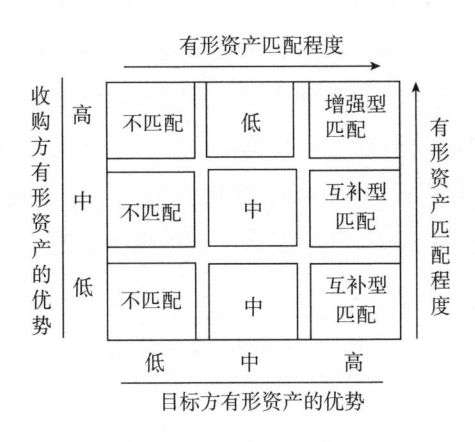

图6-18 有形资产匹配矩阵

图6-18中，矩阵的横轴代表目标方有形资产的优势，纵轴代表收购方有形资产的优势，程度从低到高，双方有形资产的优劣程度决定的有形资产匹配程度用矩阵的不同位置来表示。左侧一列对应的目标方有形资产具有劣势，如果不考虑其他资源，收购方没有理由选择这样的目标方，所以均为有形资产不匹配的区域。而右侧一列对应的目标方有形资产具有优势，如果收购方的有形资产处于劣势，那么目标方的较优的资产价值链正好可以补充其不足，如右下角所示；如果双方价值链比较结果落在右上角，说明双方都具有优势的资产，可以强强联合，获得规模经济效应。矩阵的中间一列因目标方的有形资产优势处于中等水平，所以无论收购方的有形资产优势如何，双方有形资产的匹配程度也被判断为中等水平。此时，收购方应重点考察并购双方人力资本和知识资本的匹配性。

6.6.2.3 人力资本的匹配性评价

对并购双方人力资本匹配性的评价可以分三个步骤进行：首先，设立指标，采用模糊综合评判方法对收购方和目标方人力资本的优势情况分别进行评价；其次，根据并购双方人力资本的优势情况，判断并购双方人力资本在价值链匹配矩阵中所处的位置；最后，运用人力资本匹配评判矩阵对并购双方人力资本的匹配性作出评价。

1. 人力资本优势评价指标

企业人力资本包括其各种人员的知识、经验、能力及其发挥作用的程度，根据在经营管理中发挥作用的差异，企业的人力资本按照高层领导决策人员、中层管理人员、技术人员和一般员工进行分类，并分别对这四类人员从教育程度、业务能力、创新能力、学习能力和心理满意程度五个方面进行评价。

据此，人力资本优势评价的指标体系分为三个层次，目标层是人力资本的优势，一级指标包括领导人员、中层管理人员、技术人员和一般员工四个维度，每个维度又由五个指标构成，组成二级指标，如表 6-1 所示。

表 6-1　　　　　　　　评价人力资本优势的指标

目标层	一级指标		二级指标		指标说明
人力资本的优势	领导人员	U_1	教育程度	U_{11}	分为博士、硕士、本科、大专以下四类，用问卷调查加工得到
			业务能力	U_{12}	问卷调查加工得到
			创新能力	U_{13}	问卷调查加工得到
			学习能力	U_{14}	问卷调查加工得到
			心理满意程度	U_{15}	设计调查表格，直接由领导者主观评述得到数据
	中层管理人员	U_2	教育程度	U_{21}	分为博士、硕士、本科、大专以下四类，用问卷调查加工得到
			业务能力	U_{22}	问卷调查加工得到
			创新能力	U_{23}	问卷调查加工得到
			学习能力	U_{24}	问卷调查加工得到
			心理满意程度	U_{25}	设计调查表格，直接由中层管理人员主观评述得到数据
	技术人员	U_3	教育程度	U_{31}	分为博士、硕士、本科、大专以下四类，用问卷调查加工得到
			业务能力	U_{32}	问卷调查加工得到
			创新能力	U_{33}	问卷调查加工得到
			学习能力	U_{34}	问卷调查加工得到
			心理满意程度	U_{35}	设计调查表格，直接由技术人员主观评述得到数据

续表

目标层	一级指标	二级指标		指标说明
人力资本的优势	一般员工 U₄	教育程度	U_{41}	分为博士、硕士、本科、大专以下四类，用问卷调查加工得到
		业务能力	U_{42}	问卷调查加工得到
		创新能力	U_{43}	问卷调查加工得到
		学习能力	U_{44}	问卷调查加工得到
		心理满意程度	U_{45}	设计调查表格，通过对员工进行抽样调查，由其主观评述得到数据

资料来源：指标设计参考何庆明（2005）。

本书可以运用上述指标，采用模糊综合评判方法分别对并购双方人力资本的优势情况作出评价，并在此基础上判断收购方与目标企业人力资本在价值链匹配矩阵中的位置，进而评价并购双方人力资本的匹配性。

2. 人力资本匹配性评判矩阵

按照价值链的六个作业流程，以及收购方和目标方的人力资本之间可能存在的相互关系，建立评判并购双方人力资本匹配性的矩阵，矩阵由五行六列组成，分别代表双方人力资本的五种作用关系和价值链上的六个作业流程，如图6-19所示。

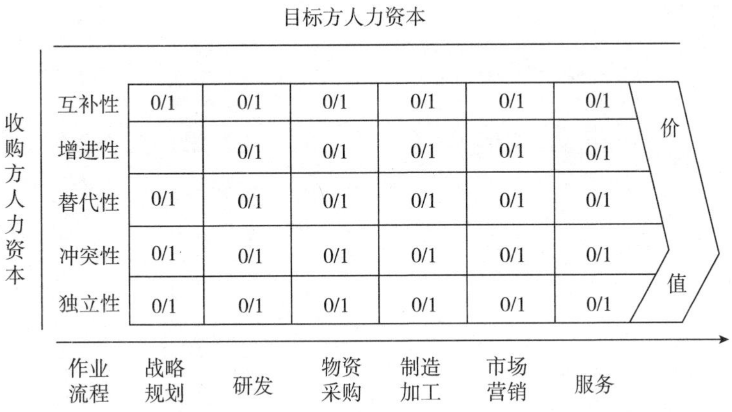

图6-19 人力资本匹配性评判矩阵

矩阵取值用0或1表示，即如果并购双方人力资本具有互补性、增进性、替代性，则取值为1，反之则取值为0；如果存在冲突性则取值为0，否则取值为1。由此，通过汇总并购双方同一作业流程对应的具体资源关系的取值，可以对双方人力资本的匹配性作出判断。例如，就战略规划环节而言，如果优秀的领导者是收购方的稀缺资源，而分析显示目标方的领导者具有优势，且并购后离职的可能性低，则判断双方具有互补性，可以在图6-19中矩阵的左上角填入1。作业流程环节上双方人力资本可能存在的相互关系已在人力资本匹配的机理分析中进行了详细阐述，实际应用模型进行分析时可参照执行。在针对价值链作业流程逐项判断了并购双方人力资本的相互关系以后，可以根据取值情况（0或1）对双方人力资本的匹配性作出评价。

6.6.2.4 组织资本的匹配性评价

1. 组织资本优势评价指标

对企业组织资本的状况可以从企业文化、组织结构、管理风格、知识产权、业务流程、信息系统等六个维度进行评价，每个维度又可以从五个方面进行考察。据此，组织资本优势评价的指标体系如表6-2所示，目标层是组织资本的优势，一级指标包括企业文化、组织结构、管理风格、知识产权、业务流程、信息系统六个维度，每个维度又由五个指标构成，组成二级指标。

表6-2　　　　　　　　评价组织资本优势的指标

目标层	一级指标		二级指标	
组织资本的优势	企业文化	U_1	价值观念	U_{11}
			协作意愿	U_{12}
			凝聚能力	U_{13}
			组织学习	U_{14}
			革新意愿	U_{15}
	组织结构	U_2	公司治理	U_{21}
			决策模式	U_{22}
			项目整合	U_{23}
			机构整合	U_{24}
			权责利益	U_{25}

续表

目标层	一级指标		二级指标	
组织资本的优势	管理风格	U_3	战略观念	U_{31}
			战略计划	U_{32}
			战略实施	U_{33}
			战略资源	U_{34}
			环境整合	U_{35}
	知识产权	U_4	专利权	U_{41}
			商标权	U_{42}
			版权	U_{43}
			商业秘密	U_{44}
			专有技术	U_{45}
	业务流程	U_5	订单周期	U_{51}
			产品质量	U_{52}
			运作效率	U_{53}
			价值流程	U_{54}
			再造能力	U_{55}
	信息系统	U_6	内部信息网	U_{61}
			企业知识库	U_{62}
			实时交流网	U_{63}
			IT硬件	U_{64}
			IT软件	U_{65}

资料来源：指标设计参考何庆明（2005）。

针对上述评价准则指标体系，可采用模糊数学中"模糊综合评判"方法，对战略并购中涉及的并购双方的组织资本优势进行定量综合评判，并在此基础上判断收购方与目标方组织资本在价值链匹配矩阵中的位置，进而评价并购双方组织资本的匹配性。

2. 组织资本匹配性评判矩阵

针对价值链的六个作业流程，以及收购方和目标方的组织资本之间可能存在的相互关系，建立评判并购双方组织资本匹配性的矩阵，矩阵由五行六列组成，分别代表双方组织资本的五种作用关系和价值链上的六个作业流程，如图6-20所示。

	目标方组织资本					
收购方组织资本 互补性	0/1	0/1	0/1	0/1	0/1	价
增进性		0/1			0/1	
替代性		0/1				
冲突性	0/1		0/1	0/1	0/1	值
独立性		0/1	0/1	0/1	0/1	
作业流程	战略规划	研发	物资采购	制造加工	市场营销	服务

图6-20　组织资本匹配性评判矩阵

同人力资本的评判类似，矩阵取值用0或1表示，即如果并购双方组织资本具有互补性、增进性、替代性，则取值为1，反之则取值为0；如果存在冲突性则取值为0，否则取值为1。由此，通过汇总并购双方同一作业流程对应的组织资本关系的取值，可以对双方组织资本的匹配性作出判断。作业流程环节上双方组织资本可能存在的相互关系已在组织资本匹配的机理分析中进行了详细阐述，实际应用时可参照执行。在针对价值链作业流程逐项判断了并购双方组织资本的相互关系以后，可以根据取值情况（0或1）对双方组织资本的匹配性作出评价。

6.6.2.5　关系资本的匹配性评价

1. 关系资本优势评价指标

关系资本包括权益关系、供应商关系、顾客关系、市场运作能力、公众关系、政府关系，同样可进一步对这些项目包括的因素进行细分。据此，关系资本评判的指标体系分为六个维度，每个维度又包括五个指标，如表6-3所示，目标层是关系资本的优势，一级指标包括企业文化、组织结构、管理风格、知识产权、业务流程、信息系统六个维度，每个维度又由五个指标构成，组成二级指标。

表 6-3　　　　　　　　　评价关系资本优势的指标

目标层	一级指标		二级指标	
组织资本的优势	权益关系	U_1	股东服务	U_{11}
			股东权益	U_{12}
			股东满意	U_{13}
			债权服务	U_{14}
			债权权益	U_{15}
	供应商关系	U_2	供应商投诉	U_{21}
			供应商流失	U_{22}
			供应商服务	U_{23}
			供应商满意	U_{24}
			供应商忠诚	U_{25}
	客户关系	U_3	客户投诉	U_{31}
			客户流失	U_{32}
			客户服务	U_{33}
			客户满意	U_{34}
			客户忠诚	U_{35}
	市场运作	U_4	客户数据库	U_{41}
			市场占有率	U_{42}
			营销网络	U_{43}
			品牌知名度	U_{44}
			特许经营	U_{45}
	公众关系	U_5	地方政府	U_{51}
			社区居民	U_{52}
			社区企业	U_{53}
			相关部门	U_{54}
			社区网络	U_{55}
	政府关系	U_6	宏观政策	U_{61}
			产业政策	U_{62}
			税收政策	U_{63}
			金融政策	U_{64}
			职能管理	U_{65}

资料来源：指标设计参考何庆明（2005）。

针对上述评价准则指标体系，可采用模糊数学中"模糊综合评判"方法，对并购双方的关系资本优势进行定量综合评判，并在此基础上判断收购方与目标方关系资本在价值链匹配矩阵中的位置，进而评价并购双方关系资本的匹配性。

2. 关系资本匹配性评判矩阵

对应价值链的六个作业流程，以及收购方和目标方的关系资本之间可能存在的相互关系，建立评判并购双方关系资本匹配性的矩阵，矩阵由五行六列组成，分别代表双方关系资本的五种作用关系和价值链上的六个作业流程，如图6-21所示。

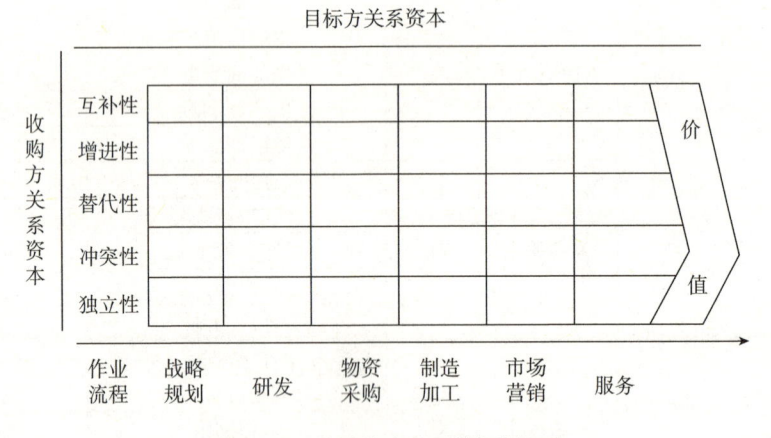

图 6-21 关系资本匹配性评判矩阵

同样，关系资本匹配性评判矩阵的取值用 0 或 1 表示，即如果并购双方关系资本具有互补性、增进性、替代性，则取值为 1，反之则取值为 0；如果存在冲突性则取值为 0，否则取值为 1。由此，通过汇总并购双方同一作业流程对应的关系资本之间的关系的取值，可以对双方关系资本的匹配性作出判断。作业流程环节上双方关系资本可能存在的互补性、冲突性、增进性、替代性以及独立性等已在组织资本匹配的机理分析中进行了详细阐述，实际应用模型进行分析时可参照执行。在针对价值链作业流程逐项判断了并购双方关系资本的相互关系以后，可以根据取值情况（0 或 1）对双方关系资本的匹配性作出评价。

6.6.3 资源匹配度的综合评价

对收购方来说，寻找适当的目标公司，判断双方的匹配性是决定是否进一步执行交易的前提和基础。按照企业资源理论，资源是企业持续竞争优势的来源；系统论也强调组成系统的要素和要素之间的相互作用关系决定了系统的功能和结构，所以，企业作为由资源组成的系统，其功能和结构是由企业资源和资源之间的相互作用关系决定的。由上文分析可知，资源之间的相互作用关系是非线性的。并购活动必将使两个资源系统由孤立走向交融，并购后企业的功能和结构也必将是由并购双方的资源及其相互作用关系共同决定的，正是这种相互作用的非线性关系使得新的功能结构绝非原有个体功能结构的简单相加。整体大于部分之和，双方匹配，预示着并购的成功；反之，则意味着并购失败。由此可见，洞悉双方资源在并购后将会发生的相互作用关系对于判断并购双方是否匹配就显得非常重要。

由于并购双方的匹配性是由企业的资源尤其是无形的知识资源及其关系驱动的，并购双方整体的匹配性应以具体资源的匹配为基础，但是同类资源的匹配仅仅是整体匹配的必要而非充分条件。于等（Yu et al., 2016）通过模糊综合评判方法结合匹配性评判矩阵识别了并购双方同类资源之间的匹配性的基础上，将资源的匹配性作为输入变量，判断各类资源的不同匹配程度与企业价值之间，也就是与双方总体的匹配性之间可能存在的关系。

对于这种十分复杂、难以辨识的非线性关系驱动的总体匹配性的判断，张海珊（2007）利用BP算法神经网络工具，建立神经网络并购匹配评价模型，并对2000年发生在美国的88笔并购交易进行仿真。

6.7 并购匹配的综合评价

收购方在寻找目标企业过程中，尽职调查前对于目标企业进行初步筛选的战略匹配阶段和尽职调查后的资源匹配阶段是决定是否执行并购交易的前提和基础。如果收购方仅对影响并购进行的每项因素单独进行匹配性的测算，那么选择的结果可能是片面的，所以收购方需要对并购双方的匹配度进行综合评价。

在进行战略匹配综合评价前，需要分别计算出行业、区域、规模和盈利能力四个因素的匹配度，然后根据每个因素对收购方的重要程度，确认权重，最后进行综合计算。而资源匹配效果绝非是每个资源要素功能的简单相加，通常要素之间的相互作用关系决定并购匹配的最终效果，而这种关系是非线性的，所以，并购双方资源在并购后整合过程中将会发生的相互作用关系对于判断并购双方是否匹配尤为重要。

目前,通过模糊综合评判方法(Yu et al., 2016)、网络 DEA(Data Envelopment Analysis)模型方法(Wanke et al., 2017)以及 BP 算法神经网络工具(张海珊,2007),建立并购匹配综合评价模型是对并购匹配进行综合评价的主要思考方向,但如何全面系统地综合评价并购双方匹配度仍待进一步研究。

第7章

并购协同

7.1 并购协同的概念

协同（Synergy）源于希腊文 synergos，含义是指"协同工作之意"。马克思在《资本论》中提出的"协作生产可以导致比个体小生产更高的生产力或节约生产成本"观点，就蕴含着丰富的协同思想。事实上，自20世纪60年代安索夫（Ansoff，1965）首次提出协同效应概念以来，并购的协同效应一直是西方大型公司在制定多元化发展战略、策划并购重组行动时所依据的一个最为重要的基本原则。具体而言，公司并购的动机主要在于通过并购双方的资源共享、能力和知识的转移等来获取协同效应，而这也正是公司并购价值创造的主要驱动力（Bruner，2002）。公司多元化扩展的过程，往往就是公司并购重组的过程，因此协同效应的研究也是公司多元化研究的核心领域，引起了财务学者和战略管理学者极大的关注。

7.1.1 并购协同效应的概念

从20世纪60年代至今，协同效应的研究经历了从静态协同到动态协同、从企业内部协同到企业外部协同两个方面的演变，有多位学者对并购协同效应的概念进行了界定，其中以安索夫（Ansoff，1965）、伊丹敬之（Itami，1987）、巴泽尔和盖尔（Buzzell & Gale，1987）、赛罗沃（Sirower，1997）为主要代表。

1. 安索夫对协同效应的定义

策略规划学之父安索夫是把"协同效应"这一名词用于管理学的第一人。

20世纪60年代是众多企业规模不断扩大、业务不断多元化的一个时期，安索夫首次提出了协同的概念，即"企业的整体价值有可能大于各部分价值的总和"；当涉及并购领域时，协同"被认为是公司与被收购企业之间匹配关系的理想状态，经常被表述为'2+2=5'，其含义是指一个公司通过收购另外一家公司，使得公司的整体业绩好于两个公司原来的业绩的总和"。安索夫对协同的解释比较强调它的经济学含义，亦即取得有形和无形利益的潜在机会以及这种潜在机会与公司能力之间的紧密联系。安索夫认为，协同模式的有效性部分地源于规模经济带来的好处，例如，通过提高设备利用率、共用销售队伍或统一订货等手段，有可能使两个企业的成本都得到降低；但是协同也包括其他一些比较抽象的好处，例如，经理们有可能把他们在一个企业中积累的知识和经验应用于其他新的企业，安索夫将其称为"经理的协同"。

2. 伊丹敬之对协同效应的定义

日本的战略专家伊丹敬之（Itami，1987）以资源理论为基础，将安索夫的协同概念分解成了"互补效应"和"协同效应"两部分。伊丹敬之的研究目标是希望经理们最有效地利用公司的所有资源，同时创造充足的资源，他心中的协同是一种发挥资源最大效能的方法。因此，他将资源划分为实体资产和隐形资产两大类，实体资产是指诸如生产设备等资产，隐形资产则是一种无形资源，既可能是商标、顾客认知度或是技术专长，也可能是一种可以激发员工强烈认同感的企业文化。伊丹敬之认为提高实体资产的使用率是使公司全部资源都发挥出最大效能的方法之一，他将提高实体资产或金融资产的使用效率来节约成本或增加销售的方式称为"互补效应"，而这种效应虽然极具价值，但由于非常容易被其他公司仿效，并不能为公司提供持久的优势，因此，互补效应并不是协同的真正来源。当公司开始使用它独特的资源——无形资产时，才有可能产生真正的协同效应，并且由于这种协同效应很难被对手复制，因而可以给公司带来更为持久的竞争优势。

伊丹敬之同时提出了静态协同效应和动态协同效应两个概念。静态协同效应来自于同一时点上不同战略要素之间的组合，而动态协同效应则来自于不同时点上两个战略之间的组合。伊丹敬之认为，一个公司发展的关键在于其获得动态协同效应的能力。一方面，只有通过动态协同效应，才能使隐形资源在较长的时间里得以积累和应用，也只有这样才能使公司拥有主动适应环境变化所需的资源。另一方面，两种产品或市场之间的动态协同效应也能使金融资源的动态互补效应变得更简单。在此基础上，伊丹敬之建立了动态协同效应的基本框架。

由此可见，安索夫对于协同的定义即包括规模范围效应（与伊丹敬之的互补效应基本一致），也包括对诸如技术专长、公司形象等无形资产的共享，而伊丹敬之对协同效应的定义仅限于对隐形资源的使用。但伊丹敬之承认互补效应和协同效应经常同时发生，他故意将两者区分开的目的是使经理们认识到隐形资产才是公司成长和繁荣的根本所在。

3. 巴泽尔和盖尔对协同效应的定义

巴泽尔和盖尔（Buzzell & Gale，1987）从企业群的角度阐释了协同效应的定义，即相对于对各独立组成部分进行简单汇总而形成的业务表现而言，企业群整体的业务表现。他们认为，持续的协同效应可通过四种基本方式来创造价值。一是共享资源或活动，即通过分享共同的业务绩效（研究开发或工程技术、采购、生产或运营、统一管理的销售队伍、市场营销计划、分销渠道等）已达到规模经济。二是市场营销和研究开发支出的外溢效应，指即使不存在对市场营销和研究开发的共享，企业群中的企业也经常可以从兄弟企业在市场营销和研究开发方面所付出的努力中获得间接的利益。三是企业的相似性，即在相近的知识领域（高科技产业或在营销能发挥关键作用的某些领域）共享技术上和管理上的知识和技能。四是对企业形象的共享，即被视为一个声誉卓著的企业群中的一员，可以提高个别企业的形象并使之获利。与此同时，他们结合日常经验和战略计划协会（SPI）数据库提出了对相关企业价值链之间业务行为存在协同效应的评价框架。他们认为，如果一个企业群在市场营销和研究开发支出方面的成本在价值链中所占比重越大，那么该企业群通常可以取得高于一般水平的协同效应，并由此具有比各个企业独立运作时更好的盈利能力。这种结果不仅体现了在职能领域中成本的规模效益，同时也体现了在市场营销和研究开发领域中费用的外溢效应。此外，这两位学者也提醒经理人，协同效应可以是正向的也可以是负向的，而大多数经理和学者总把注意力放在正向协同上而忽视了负向协同的存在。

4. 赛罗沃对协同效应的定义

无论是安索夫的广义协同还是伊丹敬之的狭义协同概念，都是偏重于企业多元化经营情形下内部不同业务部门协同的表述，在应用于解释企业并购活动时其缺陷是明显的：没有考虑并购双方原有的增长潜力，在预测或检验并购的效应时，会将并购带来的协同效应和并购双方本来具有的增长潜力弄混淆。此后，赛罗沃（Sirower, 1997）提出了并购中协同效应的动态概念，"它应该是合并后公司整体效益的增长超过市场对目标公司及收购方作为独立企业已有预期之和的部分。企业并购至少应满足以下两点之一，才算获得了协同效应，取得了并购收益。首先，收购者必须能够进一步限制当前及潜在的竞争对手在投入市场、生产过程或产出市场上对收购方及目标公司的竞争威胁。其次，收购者必须能够开拓新的市场或侵占其竞争对手的市场而令竞争对手无法作出回应"。埃克尔斯等（Eccles et al., 1999）对于协同效应的定义进一步具体化——企业的协同效应价值是由企业合并而形成的由各种改进而导致的企业现金流的净现值之和，而且他们认为这些现金流量超过那些市场对于企业在独立运行时即没有发生企业并购情况下的现金流的预期之和。

7.1.2 并购协同效应的已有研究分类

潘罗斯（Penrose, 1959）采用公司能力理论对协同效应进行了解释，尽管他未明确提出协同效应的概念，但指出了协同效应的两种形式，一是因资源的不可分性而引起的资产共享；二是因公司内部资源剩余而引起的资产转移。

鲁梅尔特（Rumelt, 1974）将协同效应分为财务协同和经营协同两类。前者指的是并购给企业在财务方面带来的各种效益，这种效益的取得不是由于效率的提高，而是由于税法、会计处理准则及证券交易等内在规定的作用而产生的一种纯现金流量上的收益；后者主要是指并购给企业生产经营活动在效率方面带来的变化及效率的提高所产生的效益，突出体现为规模经济和范围经济。

波尔舍（Pursche, 1988）认为并购双方存在三类协同效应：第一类是一般性的协同效应，它包括规模经济和管理活动、设施的共享等，这些成本节约方面的协同对于多数买方都可获得；第二类是行业专属性的协同效应，它通常与某种特定的行业生产、经营、管理特点关联密切，可能产生于目标企业与同行业的若干家潜在的收购方之间；第三类是特定的协同效应，只存在于目标企业与某个特定的收购方之间，是其他企业所不能模仿和享有的。

拉尔森（Larsson，1990）认为并购所产生的协同效应可划分为四种类型：一是市场力量协同——通过扩大交易规模或提高市场集中度从顾客处获得更高的卖价；二是经营协同——通过联合经营，扩大规模、范围，获得经验，以及通过纵向合并降低生产和营销成本；三是财务协同——通过财务市场力量、内部资本市场和多样化，联合获得和配置资本，降低风险，实现资本成本的下降；四是管理协同——通过分享和相互交流不同单位的管理诀窍，在对追加的（额外的或类似的）和互补性（不同但与现有能力相配合）管理技术和才能的应用中获益。

在威斯通（2000）所著的《接管、重组与公司治理》一书中也特别把管理协同效应列为与经营协同效应、财务协同效应并列的一类协同效应，并认为它是混合兼并的一个重要动机。

辛格和蒙哥马利（Singh & Montgomery，1987）认为，合并后的协同效应来源于企业经营效率的提高、市场竞争能力的增强或者部分财务收益。埃克尔斯等（Eccles et al.，1999）提到，在对协同效应的计算中一般将协同效应划分为五种，即成本的节约、收入的增加、加工过程的改进、金融工程和税收利益。

我国学者朱正萱（1999）根据企业经营的不同层次，将协同效应相应划分为三类：第一类，如果两个企业通过合并能够降低直接生产成本，或提高产品质量，就可以创造生产经营协同效应。第二类，如果两个企业通过合并，能够将有关经营管理职能一体化，一方面减少单位产品的管理费用支出，另一方面通过规模的扩大，强化有关经营管理的职能，使企业更有竞争力，就可以创造管理经营协同效应。第三类，如果企业并购能够通过集中化的融资，降低资金成本或通过在更大的范围内进行资金的分配与调动，提高资本的投资效益，从而增强财务实力、减少财务风险，则可以创造资本经营协同效应。

王长征（2000）根据两个组织价值链的相似性和相互间的关系对并购产生的协同效应进行四种分类：第一种是增加效应。收购方与目标企业的价值链基本相同，并购后的整合难度较小，主要通过共享公司的基础设施等固定性支出项目，降低公司成本来获得规模经济产生的协同效应。第二种是加强效应。双方价值链不尽相同，但有些部分是相似的，通过整合以前相互独立的价值链部分，如销售队伍、生产能力、后勤、研发等，从而更好地为客户服务，获得规模经济等协同效应。第三种是转移、扩散效应。双方价值链不同，但其中一条价值链的某些关键部分对另一条价值链有用，通过某项关键业务上的技能转移或扩散产生协同效应。第四种是互补效应。双方价值链完全不同，并且各自处于不同的业务领域，但在并购战略考虑下，目标可能是进入新的业务领域实现产品的扩展或公司核心能力的延伸。不同类型的协同效应，在一定程度上反映了特定的并购应采取的整合方式和实现难度。

许明波（1997）对并购中的财务协同效应的表现形式（合理避税效应、价值低估效应、预期效应等）进行了简要的论述；陆玉明（1999）则强调分析了不同类型兼并中的潜在的经营协同效应；刘文纲（1999）分析了无形资产对企业并购的影响，认为在企业并购中依托品牌、专利技术、企业文化等无形资产优势的转移和发挥可以产生协同效应，并极大提高并购绩效。肖培耻（2007）认为，广义上的协同效应不仅包括管理协同效应、经营协同效应、财务协同效应，还应包括技术协同效应、文化协同效应和品牌协同效应等。

7.1.3　按协同效应的作用过程分类

目前，国内外关于并购协同效应的概念都是从整体上描述协同的含义，本书将根据并购的不同阶段，将并购协同划分为潜在协同、预期协同和现实协同。潜在协同是指并购交易结束后，整合活动开始前收购方估计并购所能产生的协同效应，它是在假设并购双方的资源可以充分转移的前提下，从事前的角度预测通过并购双方资源之间的独立、替代、互补、增进、冲突等作用，使得并购后企业实体实现价值增值的部分，这是并购双方既有资源综合发挥最大效用情形下理论上能达到的协同效应的最大值。预期协同是指并购交易结束后整合活动开始前，收购方估计并购所能产生的协同效应，它是在潜在协同的基础上考虑了并购双方资源的转移效率，但仍侧重于事前角度的预测。与潜在协同、预期协同不同的是，现实协同是指并购整合后最终真正实现的协同效应，因此属于事后研究，事实上就是并购的绩效部分。目前，国内外已有大量的经验研究都是试图检验并购能否产生协同效应以及衡量协同效应的大小，其研究对象实质上是现实协同。潜在协同、预期协同和现实协同三者间的关系如图7-1所示（张金鑫，2006）。

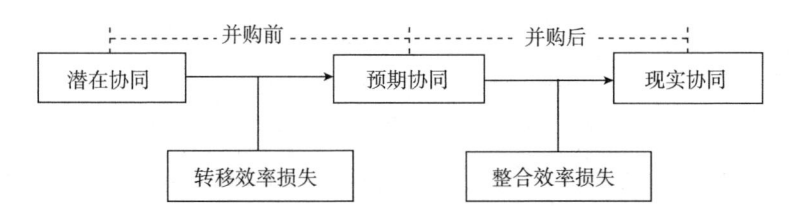

图 7-1 三种并购协同的关系

7.2 并购协同机理分析的已有研究

协同在许多公司的战略中都占有举足轻重的地位，许多经理人可能很容易发现协同机会，但如何对这些协同机会进行深入细致地分析、筛选则是令他们感到困惑的事情。因此，为了寻找协同机会，咨询顾问和学者们研究出了许多分析框架，其中以波特（Porter，1985）、普拉哈拉德和多兹（Prahalad & Doz，1999）、克拉克和布伦南（Clarke & Brennan，1990）、古尔德和坎贝尔（Goold & Campbell，2000）、王谦、周琳等为代表。

7.2.1 价值链分析法

波特（Porter，1985）提出价值链的概念，将企业所有互不相同但相互联系的价值创造叠加在一起，构成创造价值的动态过程。价值链可以分解为原料供应、生产加工、成品储运、市场营销、售后服务等基本活动，以及企业基础管理、人力资源开发、技术开发和采购等辅助活动。在此基础上，波特探讨了公司如何在一个行业或若干个行业内创造并保持赢利的状态，利用价值链分析法对每项业务行为如何影响企业的整体战略进行了研究，将业务单元之间可能的关联分为三种类型，分别为有形关联、无形关联和竞争性关联。

当存在共同的客户、渠道、技术和其他因素时，相关业务单元就有机会对价值链上的活动进行共享，有形关联由此产生。如果共享可以降低成本或者可以使与竞争对手之间的差异增加到足以超过共享成本[①]的程度，那么有形关联

---

① 共享成本包括协调成本、妥协成本和刚性成本。业务单元为实现共享必须在诸如制定工作计划、确定工作重点和解决矛盾问题等方面进行协调，协调涉及的时间、人员和资金等方面的成本称为协调成本；共享一项活动要求这个活动按照某种一致的方式运作，而这种方式对所涉及的任何一个业务单元而言可能都不是最有利的方式，业务单元必须以某种方式折衷自己的需求，因此而产生的成本称为妥协成本；刚性成本有两种表现形式：对竞争变化的反应方面存在潜在困难和增加退出壁垒。与其他共享成本不同，刚性成本不是一种始终存在的成本，只有当弹性成为一种需要时，它才成为一种成本。

就产生了竞争优势。根据价值链的各个不同环节将可以实现共享的业务行为分为五类，分别是生产、市场、采购、技术和基础设施，在此基础上对每一种类型的业务行为，分析其有形关联的来源和共享的可能形式、潜在的竞争优势以及共享成本的可能来源等。共享对于企业整体的价值就是有关业务单元的净竞争优势之和。

无形关联源于业务单元间在多种基本属性方面的相似性，例如相同的基本战略、相同类型的客户、相似的价值链形式、相似的重要价值活动（如产品的制造流程、与政府的关系）等。它是通过不同价值链之间基本管理技能或技巧的传播来产生竞争优势的。这些技能或技巧是关于如何管理一种特定类型的活动的，或者是关于如何使业务单元更具独特性的。如果受让技巧的业务单元在成本或差异化方面的改善超过了技巧传播成本，那么无形关联就可以形成竞争优势。特别是当许多个业务单元采用相同的基本战略时，无形关联常常体现其中，并由此反映出企业管理层在实施某一特定战略方面的能力和技巧。

竞争性关联则源自在多个国家中实际的或潜在的竞争对手的存在。由于在某一个行业中针对企业所采取的竞争行动往往会波及企业在其他行业的业务，所以这些"多领域竞争者"就必须将自己在各个行业中的业务连结为一个整体。虽然无论有形关联和无形关联存在与否，竞争性关联都会发生，但因为这两种关联提供了多元化经营的基础，所以竞争性关联常常与它们同时存在。由于一个多领域的竞争对手可能会迫使一家企业去建立某种相对应的关联，以避免在竞争中陷于劣势，因而竞争性关联还使得认识和开发利用有形关联和无形关联变得更为重要。

正是由于存在业务单元之间这三种类型的关联的分类，所以协同并非仅有一种含义，而是有三种根本不同的含义。无形关联可能是陷阱密布且一般难以实施的一种关联，尽管它潜力巨大，但在创造竞争优势方面的作用常常是不确定的；而相比之下，有形关联和竞争性关联与竞争优势的联系则更为诱人并易于实施。

7.2.2　整合—反应方格

普拉哈拉德和多兹（Prahalad & Doz，1999）对跨国公司下属企业之间各种各样的相互依存关系进行了讨论。他们认为这些企业可能共用某种技术，也可能通过全球化的生产制造或通过对产品配送及市场营销的统一协调来实现规模效益。这些连接关系错综复杂，其中最大的挑战就是确认哪些是关键性连接，而这一任务是价值链分析所无法完成的。他们提出一种整合——用反应方格（Integration – Responsiveness grid，简称 IR 方格）的方法来识别这些关键性的依存关系，帮助经理们认识在提高全球管理的统一协调程度（对整合的需要程度）与保持当地管理的反应能力之间所应保持的平衡关系。他们举例说明，如果企业认为技术和来自集团内的元件供应对企业成功最为重要，那么企业与元件供应商的依存关系就最为关键，企业在 IR 方格中应向元件供应商所在的位置靠拢，企业的战略重点将主要是降低成本、技术转让、规模效益以及产品和产品模块的标准化等。相反，如果企业最为关心的是市场的拓展，并认为对顾客品位和喜好的敏感性对企业成功最为关键，那么在 IR 方格中企业就会向具有区域市场反应能力的企业靠拢。他们还评价了与管理依存关系相关的成本和利益，建立了评价依存关系的资产负债表。同时，他们进一步指出波特过分关注战略业务单元的方法是不恰当的，在对经济效益进行详细分析时不应忽视组织成本和管理成本，虽然这些成本很难量化，但它们对于相互关联的净收益却有着实质性的影响。

7.2.3 四分类组合法

克拉克和布伦南（Clarke & Brennan，1990）认为，20 世纪 70 年代和 80 年代早期许多公司之所以在多元化战略方面遭受挫折，既不是因为公司对协同机会作出了错误的判断，也不是因为公司对协同的潜在效益过于乐观，而是因为公司从根本上忽略了协同机会的存在。他们把公司划分为四类组合，即产品组合、资源组合、客户组合和技术组合，然后根据一些具体的指标并利用矩阵方法对每个组合分别进行分析。通过比较分析的结果，再进一步对四类组合间潜在的协同机会进行识别。例如，在分析产品市场组合时，会按照波士顿成长/市场份额矩阵的分析方法进行分析；在进行资源组合分析时，可以考虑需求增长率（表示业务的增长能力）和相对单位成本[①]；在分析客户组合时，则会

---

① 这样就将某种资源的竞争优势表示为运用这种资源所产生结果的单位成本，也表示为运用这种资源可能给差异化带来的影响。

考虑客户自身的业务发展速度以及市场份额；同样，技术组合分析会考虑每项具体技术在未来的重要性以及相对竞争对手而言的公司技术竞争状况。在完成上述工作后，通过比较组合分析的结果，再进一步对四类组合之间潜在的协同效应进行分析。在评价收购项目方面，他们认为被收购企业与母公司应至少在三个组合领域内有产生协同的可能，才能使公司有机会挖掘现有优势的潜力，并培育出新的竞争优势来。

7.2.4 潜在协同挖掘法

古尔德和坎贝尔（Goold & Campbell，2000）将协同机理分为共享专有技术、共享有形资源、联合谈判能力、战略的协调、垂直整合、创造新的业务六类，并且提出了三类潜在协同识别方法，分别是价值链重叠建模、集中于群体的访谈和设计相应的调查问卷、逐个识别个别经理大力支持的项目。首先，对重叠程度以及共享所带来的规模经济或利用率的粗略建模可以迅速产生广泛的可利用效益。其次，在识别协同效应的过程中，经验丰富的经理人的直觉和判断具有重要作用，因此，问卷调查和系统访谈等结构化方法有助于集中经理人的经验，形成一致性的共识和判断。最后，若个别经理充满热情、甘愿承担得罪老板和同事的风险，强烈拥护某个项目、不断提倡某个机会，那么注意并认真听取这些经理的意见，将是识别优先机会的一个捷径。

7.2.5 模糊层次分析法模型

王谦（2003）在对经营协同效应、财务协同效应、管理协同效应分别提出了不同的识别方法的基础上，提出了识别收购方潜在协同效应的总体评估模型——模糊层次分析法模型。首先，借用价值链的概念识别经营协同效应。当并购双方具有相关的技术、相似的价值链活动、交叉的分销渠道、共同的顾客或者其他一些竞争性的有价值的联系时，企业就可以通过并购获得竞争优势潜力。并购双方拥有的竞争性、有价值的战略协同关系的业务越多，它在实现范围经济、提高其产品和业务的竞争力、运用其资源获取比单独运作时更大的联合业绩方面潜力就越大。其次，借用波士顿矩阵分析识别财务协同效应，对双方业务组合中不同业务的现金需求进行估测，并决定哪些是金牛、哪些是问题、哪些是明星，使企业在业务间转移资源以达到整个组合的最佳。此外，一个企业的并购战略必须考虑其人力资源能力和其他业务的竞争力在目标企业能否产生很好的协同关系,这是识别管理协同效应的关键。当一个企业的人力资源能力非常适合在新的行业中进行竞争时,在这些行业中进行并购以扩展企业的业务范围往往容易获胜。在此基础上,利用AHP模型构建企业并购协同效应识别评价体系。

目标企业协同效应的AHP模型分为7个层次:总目标层A,指出评估与决策的最终目标是筛选出最佳并购目标,即寻找产生总协同效应最大值的目标企业;分目标层B,由扩大现有销售额(B1)、降低产品成本费用以及节税效应(B2)、减少投资额(B3)、以较短的时间培育新的竞争力(B4)、获得新的扩张机遇(B5)五个层次组成;准则层C,按协同效应的来源分为财务协同(C1)、营运协同(C2)、管理协同(C3)三个方面;子准则层D,细化了每一个准则层,由10个指标组成;一级基本指标层E,细化了经营协同效应的子准则层,由11个指标组成;二级基本指标层F,对一级基本指标层进行了细化,由7个指标组成;候选目标企业层G,由各个可能成为并购对象的企业构成。据此,构建的目标企业协同效应评估指标体系分为五个层次:第一层次,分目标层B,影响企业协同效应大小的5个因素;第二层次,准则层C,决定分目标层各目标大小的3个综合指标;第三个层次,子准则层D,由10个指标组成;第四层次,一级基本指标层E,由11个指标组成;第五个层次,二级基本指标层F,由7个指标组成,如表7-1所示。

表7-1 目标企业协同效应评估指标体系

总的协同效应(A)(受B1/B2/B3/B4/B5影响)	财务协同效应(C1)	节税利益(D1)		
		内部融资利益(D2)		
		外部融资利益(D3)		
		分散企业的经营风险(D4)		

续表

总的协同效应（A）（受 B1/B2/B3/B4/B5 影响）	经营协同效应（C2）	规模与范围经济的生产性协同（D5）	对企业基础设施的相同需求（E1）	
			共同的原材料产地（E2）	
			相同或相似的制造程序（E3）	
			相同或相似的装配程序（E4）	
			相同或相似的检验/质量控制程序（E5）	
			对工厂辅助活动的相同需求（E6）	
		规模与范围经济的非生产性协同（D6）	营销经济性（E7）	共同的客户（F1）
				共同的销售渠道（F1）
				共同的地理市场（F2）
			购买的经济性（E8）	联合采购（F4）
			研发的经济性（E9）	共同的产品技术（F5）
				共同的加工技术（F6）
				在其他价值活动中共同的技术（F7）
		交易成本节约（D7）	技术效率（E10）	
			代理效率（E11）	
	管理协同效应（C3）	一般性管理能力协同（D8）		
		行业专属管理能力协同（D9）		
		企业专属非管理人员的能力协同（D10）		

在构建了企业并购协同效应具体指标体系并计算其权重的基础上，应用模

糊综合评判法对目标企业潜在协同效应的优劣进行评估。该方法主要是请若干专家对每个目标企业的具体指标进行评议，分为优、良、中、差四个等级，然后将各单项指标评判向量结合起来，得到模糊关系矩阵（R），并与各个评判指标的权重（A）相乘，得到综合评判结果，最后进行比较、排序后得到能产生最大潜在协同效应的目标企业。另外，协同效应进行识别过程中应注意两个问题：一是协同成本，二是无形资产可能带来的实质性、持续性的竞争优势。

7.2.6 并购双方资源识别价值链模型

企业并购实质上是通过并购双方的资产共享、能力的转移和扩散来创造价值的，也就是依赖对双方资源的整合和创新配置实现协同效应，因而对并购双方资源进行识别与比较是协同分析的首要环节（周琳，2006）。价值链模型借用波特（Porter，1985）的价值链概念，将企业资源的主要构成引入价值链，建立基于资源的价值链模型（如图7-2所示），实现对企业资源的总体状况的初步分析。同时，进一步对战略资源进行识别，分析战略资源的属性，即价值性、独特性、专用性和自学习性。通过构建和填写资源价值链，并结合战略资源的若干属性，企业可以清楚地了解目前拥有的战略资源、实现企业战略目标所缺乏的资源以及资源再配置需求等问题；在此基础上，借助价值链工具对并购双方资源进行比较。

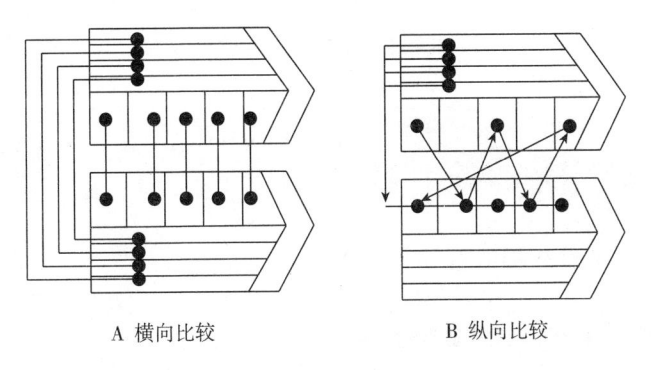

A 横向比较　　　　　B 纵向比较

图7-2　并购双方价值链的横向比较和纵向比较

价值链模型将企业的价值创造过程分解为一系列互不相同但相互关联的价值活动，任何单个企业都不可能在所有环节保持绝对优势。不同的企业必然会选择专注于价值链的不同阶段和不同方面，即使选择价值链中相同活动的两个企业也可能发展完全不同的企业资产或能力。并购双方在创造企业价值的战略环节上可能具有不同的竞争优势，因此需要将收购方和目标方的价值链重叠，通过横向和纵向比较原本独立的各项价值创造活动，分析双方在经营活动中的关键价值增值环节以及支持这些环节的战略资源，初步评价它们的规模性和互补性，判断可能存在的协同机会。同时分析双方资源的冲突与不相容性，初步判断协同实现的可能性。

图 7-2 是两个企业价值链之间资源横向比较和纵向比较图。一般地，横向比较发生在支持相同的价值创造活动的资源之间（如 A 所示），纵向比较则发生在支持不同的上下游价值创造活动的资源之间（如 B 所示）。

横向比较使得价值链节上的资源重叠，增加了价值链节的厚度。相同链节上资源之间的协同会促进链节质的改进，使并购后的企业产生规模经济效应、范围经济效应和学习效应。纵向比较将上下游的不同价值链节上的资源交错，使并购后企业获得链节组合的更大机会集，将原来的价值链延伸拓展，促进了价值链链节质的改进和量的扩张。

另外，在借助价值链工具充分分析并购双方资源可能存在的协同机会之后，还应考虑收购方的资产和能力能否有效地向目标方进行转移和扩散、在目标企业得到发挥，目标方的资产和能力是否能被收购方吸收、融合，即双方资源的相容性问题。如果相容性不够好，就要考虑这种障碍能否消除，以确定协同能否实现。如果存在严重的冲突，可能导致协同失败，甚至并购活动本身都不可进行。

7.3 企业并购协同运作机理

7.3.1 企业并购潜在协同运作机理

7.3.1.1 潜在协同分析框架

企业并购的潜在协同分析是一个多层次、多领域的复杂分析过程。并购是企业巨型风险投资，正向协同效应的获得意味着风险投资的超额回报。在对于企业并购协同效应的研究中，相关学者借鉴企业资源理论，从并购双方资源协同的角度研究企业理论的基本问题，已经得到了较为合理的企业资源分类，并研究了资源间作用的一般性规律。但是，并购这种企业间的微观层次上的资源，不仅改变了并购双方企业的组织结构和企业资源，也对这些企业外部经济关系和环境产生了巨大的影响。对于并购双方企业单项资源变化的孤立研究，不能清晰地描述对于企业内部资源网络的影响，更不能清晰地度量对于并购双方企业所形成的经济网络协同的影响。本书在以往研究的基础上，提出企业并购潜在协同效应分析框架。

并购潜在协同效应运作机理的分析框架沿着"分析层次—协同来源—协同机制—协同效应"的逻辑分析路径展开。其中，分析层次由上到下分别为企业网络—企业集团—业务单元—价值链；协同来源即为协同效应的经济学原理，包括规模经济、范围经济、交易成本节约和网络经济四个方面；协同机制则包括替代、互补、增进、冲突和独立五种机制；而协同效应表现在三个方面，分别为管理协同效应、经营协同效应和财务协同效应。根据本分析框架，企业并购最多会产生 240 种细分的协同效应（4 个层次、4 种来源、5 种机制和 3 种协同效应的乘积）。其中某一种协同可以进行如下表述：合并双方在业务层面因规模的增大产生规模经济，并因增进机制产生经营协同效应。

以绿地集团 2015 年借壳金丰投资为例，由于借壳上市也是一种特殊的并购方式，所以并购潜在协同效应运作机理的分析框架同样适用于该案例。该并购可以产生多种协同效应，其中的几种举例如下：第一，业务单元层面，基于范围经济，两企业的业务资源互补，产生经营协同效应。绿地集团主营业务是房地产开发，同时也开拓了能源、金融等其他产业。而金丰投资是一家以提供房屋置换、房屋租赁等住宅流通服务为主、以住宅开发为辅的上市公司。绿地集团借壳金丰投资属于混合并购。并购后，两个企业房地产业务的资源发生互补，提高绿地集团在房地产行业的经营效率。第二，企业集团层面，基于交易成本节约及替代机制，产生财务协同效应。重组前，绿地集团已经借壳高盛置地在香港上市，金丰投资是绿地集团在 A 股上市的平台。绿地集团并购金丰投资搭建 A＋H 双融资平台，拓展绿地集团在 A 股市场的融资渠道，基于交易成本节约和资源的互补机制，缓解融资约束，实现财务协同效应。

本分析框架为收购方在并购前识别潜在协同效应提供了依据，并为每一种协同效应搭建了清晰的分析路径。按照本框架不仅可以识别正向的协同效应，也可以有效识别负向的协同效应，如协同作用机制中的冲突机制可能带来效率损失和价值减损。这有助于收购方经理人精准识别和把握协同效应，进而作出合理的并购决策，并为收购方定价提供相对科学的依据。

7.3.1.2 协同效应分析层次

企业并购的潜在协同效应存在于四个层次中，由上到下分别为企业网络—企业集团—业务单元—价值链。四个层次层层深入，两个企业的每个层次会单独形成协同效应，同时相邻两层次之间的关系也可能产生协同效应。

从企业网络视角看，它是多个企业节点相互之间具有较强程度和多频次（持续性）的连接而形成的一个具有动态稳定性的复杂网络经济系统（洪振挺，2015）。企业合并引起企业所在的外部网络的融合和重构，在企业网络层面产生协同效应。一方面，企业在网络中的位置得以改变，获得更好的结构优势，企业信息获取和配置资源的效率提高；另一方面，企业所在外部经济网络的整体结构发生改变，企业网络整体的稳定性增强，抗风险能力进一步提升。此外，网络内部企业基于信任关系产生新的联系，可一定程度上降低交易成本。

从企业集团视角看，在许多新兴市场国家和部分发达国家，企业集团是普遍存在的组织形式（Khanna & Yafeh, 2007）。企业集团位于战略业务单元与外部企业网络之间，通过发挥资源整合、体制突破、惯例改变、管控适应、信息通道等功能（叶广辉，2010；黄玉梅、储小平，2017），促进集团整体的价值创造。企业集团可以被看作是业务单元之间的一种网络结构，业务单元之间形成分工并依照一定机制进行合作与协调。企业合并后，收购方可以获取目标方的控制权和企业层面的资源和能力，通过企业主体的变更和双方整合，发挥协同效应，增强竞争优势。

从业务单元视角看，业务单元可以看成是价值链形成的网络结构。根据波特（Porter，1985）的价值链分析方法，业务单元可以细分为两类价值创造活动，分别为原料供应、生产加工、成品储运、市场营销、售后服务等基本活动，以及企业基础管理、人力资源开发、技术开发和采购等辅助活动。业务单元的潜在协同效应来自业务单元层面和不同业务单元的价值链之间层面的协同。合并后企业根据企业集团战略定位，对业务单元进行重新定位，剥离非盈利和低效率业务单元，增强对盈利能力强、效率较高的业务单元的关注和投入，以提高合并后企业的价值创造能力。此外，对于功能相同的业务单元，可以通过整合冗余的价值链活动，同一价值链活动参与到不同的业务单元运营中，节约运营成本，同时高效率的价值链活动可以替代低效率的价值链活动，增强不同业务单元的竞争力；对于功能互补的业务单元，不同业务单元的价值链活动形成合作关系，将原外部交易成本内部化。

从同一业务单元内部的价值链视角看，不同的价值链之间基于业务需要存在资源方面的依赖与合作，而价值链的各项活动可看作是基于业务目标的人力、物力、财力和知识等资源的有机组合。企业并购价值链层次的协同效应存在于价值链内部和价值链之间的资源调配两个方面。企业合并后，基于业务单元的目标，收购方会对业务单元内部价值链活动进行重新组合，针对同一价值链活动的冗余资源和资源缺口进行调配，提高价值链活动的效率；同时，不同价值链活动之间优势互补，业务单元整体的投入产出效率提高。

7.3.1.3 协同效应来源基础

（1）规模经济。

从目前经济学研究的角度分析，企业并购的一大优势是可以形成规模经济。结合马歇尔（Marshall, 1961）提出的规模经济理论，规模经济存在"规模经济增加—规模经济不变—规模经济递减"的过程，呈现"U"型曲线。在技术条件和要素价格不变的前提下，企业并购使得生产要素增加，生产规模扩大，固定成本投资分摊到单位产品的成本变小，产品总单位成本降低，企业收益增加，且收益增加的幅度超过规模扩大的幅度，即实现规模效益递增。实现规模经济的前提在于企业所在的产业存在规模经济，且并购前该企业尚未达到规模经济的水平。为了实现规模经济，企业应根据市场需求和市场份额确定合理的产量范围，并确定与之相对应的最优生产规模；企业短时期内难以从内部实现规模的快速扩张，因此基于规模经济的并购可以实现规模的最优化（汤蕙，2004）。

（2）范围经济。

当一个企业以同一种资源（或同样的资源量）生产一种以上的产品时，由于生产活动维度的增加（即生产范围在横向上的扩展）所带来的效益提高（或利润上升、成本节省）叫作范围经济（平新乔，2000）。范围经济来源于资源要素的共同分享和统一管理生产过程的优势，以及两个生产过程之间的互补。企业生产面临的最大制约是市场容量不足，生产容易出现过剩；企业通过研发寻求新产品、新功能或者新工艺，以满足消费者多样化需求，扩大市场容量。企业合并会导致企业进行多元化经营，合并双方产品之间的关联性越大，对技术设备、管理和人员素质的要求差别越小，差异化产品种类增加，实现范围经济，资源利用效率提高，企业竞争优势增强。

（3）交易成本节约。

企业并购协同的另一大来源是交易成本的节约。交易成本经济学沿着资产专用性和契约不完全性的思路，从一体化程度和组织结构调整等方面探讨企业并购带来的交易成本节约。交易成本是企业在市场中用于寻找贸易伙伴、订立合同、执行交易、讨价还价、监督履约行为与对其制裁等方面的成本费用支出（Coase，1937），企业内部通过企业家组织经济活动和协调配置资源，可以节约交易成本，因而可以与市场形成相互替代的资源配置机制。随着企业并购导致企业规模扩大，企业组织费用，即组织内部企业活动的成本随之增加；当边际组织费用增加额等于边际成本节约时，企业并购达到理想条件。威廉姆森（Williamson，1981）提出，以内部组织机制替代市场机制，可以通过并购重组解决人的因素和不确定性等环境因素导致的市场失灵问题；企业内部存在复杂的等级制度，内部命令可以以较低的交易成本解决内部竞争问题，保护专用性资产免受机会主义侵害，有效控制个人和机会主义影响。当处于价值链上下游的企业进行并购时，采购生产要素或销售商品业务活动内部化，内部组织机制替代市场机制，减少交易成本。

（4）经济网络。

经济网络的效率性、网络性、可靠性等特性使其产生了独有的协同性。经济网络协同性不仅影响到这些企业和行业的组织运营效率，也关系到整个社会福利。

①经济网络的基本概念。众多学者从自身研究的角度出发用不同的术语来概括这一新的组织形式，如网络组织（Miles & Snow，1992）、战略网络（Jarillo，1988）、混合组织网络（Williamson，1991）、社会网络（Rogers & Shoemarker，1971）、具有网络性质的产业（罗仲伟，2000）、需要固定物理网络来传输其产品和服务的基础设施产业（肖兴志、陈艳利，2003）、组织的网络形式（Powell，2003）。尽管这些概念内涵不尽相同，但它们描述的都是一种社会经济资源的组织方式。从目前的经济文献看，人们对经济网络还缺乏明确和

统一的定义，一般来讲，大致可以分为狭义和广义两种观点。狭义观点把经济网络看作市场与层级制企业之间的一种经济协调形式。这些协调方式包括以企业间关联决策为特征的社会网络、以契约型权威为基础的高度一致的科层组织、以风险分担为核心的网络形式和以权利对等为特征的战略联盟。广义观点则把它看作是经济活动中持久联系所构成的相互依赖的系统。根据这一理论，市场不仅是一种资源配置的机制，而且是一种"有组织的市场"，其本身也是一种网络结构（叶广辉等，2009）。何华征（2012）认为网络经济是以数字信息为主要载体的新产业模式和商业运行模式。洪振挺（2015）将企业网络定义为多个企业节点之间具有较强程度、多频次（持续性）的连接而形成的一个具有动态稳定性的网络经济系统。姜奇平（2018）提出，网络与企业均是对市场配置资源方式的替代——企业是简单性组织，以他律方式替代市场；网络是复杂性组织，以自组织方式替代是市场；两者的本质不同，后者的信任机制降低相对摩擦（信用成本），交易成本更低。

与经济网络相对应的是对于社会网络的研究，社会网络的相关研究为经济网络的研究提供了方法借鉴。在社会学研究领域，主要存在两类网络分析方法：一类是利用网络关系测度来研究个体网络，即分析"个体中心网"，国内学者（张文宏等，1999；张友琴，2002）利用各种网络测度或者从这些测度中计算出来的统计变量作为个体层次变量，然后将这些变量运用于"案例－变量"研究当中，而没有直接关注网络结构和网络过程。沃瑟曼和浮士德（Wasserman & Faust，1994）把这种分析看成是次属性的网络研究。另一类是研究网络的整体结构性质，即进行整体网络的研究，目前未见有研究成果。在社会网的社会结构研究中，"社会结构"建立在"关系"之上，因而可以通过对于关系数据的收集和分析来揭示社会结构。已有不少学者运用图论等数学工具对于群体之间的社会关系进行了描述与分析。20世纪70年代起，哈佛大学教授哈里森（Harrison et al.，1976）及其所领导的社会网络研究中心的成员用代数模型研究网络整体关系结构，用多维列表技术将关系翻译为"距离"。这些工作使得社会网络中的关系可以用数量化形式加以描述和分析。

国内外学者对经济网络效率来源进行了探究。陈守明（2002）认为经济网络效率来源于这种组织形式背后所隐含的制度安排。张建华、刘仁军（2005）等认为企业网络组织的优势主要体现在专业化分工的程度高，而存在于不同生产阶段的企业间的分工协作共同构建了边际报酬递增的"价值系统",形成了整体的规模经济。企业网络比计划、纯粹市场和科层组织更具有独特的优势,是因为企业间活动是互补的,资源具有依赖性,通过企业间的多样化契约安排来协调,可以降低交易成本和生产成本,推动技术的联合开发,提供对相关企业的有效控制等(Pfeffer & Salancik, 1978;谢洪明等,2005;李维安,2003等)。由于当前企业处于复杂的供应链网络中,并购将导致整个网络的变动,且网络结构的变化显著影响包括并购方在内的供应链各方所获利润(Wu & Choi, 2005)。所以,并购评估须将视野由并购方拓宽至整个供应链并考虑供应链各方的相互作用,以把握并实现并购的战略目标。苏秦、刘强(2012)考虑了并购交易发生时,供应链结构变化对并购各方所获利润的影响,在基于利润分配的单买方多供应商多边谈判中,以买方为焦点企业(Focal Firm),探讨买方与部分供应商并购的谈判分析框架,揭示了并购导致的供应链结构变化对并购各方利润的影响机制,发现了供应链结构的变化削弱了并购协同作用产生的正向作用,降低了买方所获利润,从而为并购交易的现实与预期的差距提供了理论依据。

②对经济网络形成及演进过程的研究。哈坎森和斯涅何塔(Håkansson & Snehota, 1995)提出影响网络组织的基本变量(活动、行为者和资源)和网络的构成关系(企业、关系和网络),认为网络形成是一个自组织过程,其演进带有路径依赖的特征。米切尔(Mitchell, 1969)指出,对网络化过程的理解需要从网络形态和互动关系两个角度入手。约翰逊和马特森(Johanson & Mattsson, 1988)发展了米切尔的研究,开创性地提出了一个关系与互动的模型,将网络节点间的联结关系与其相互作用行为有机地联系起来。企业网络遵循择优连接的原则,随时间不断动态演化,涌现出社团结构并具有小世界性(洪振挺,2015)。

关于社会网络的演进模式历来有两种相关的解释。其一是社会资本观点。社会资本是组织除人力资本与财务资本外的第三种资本(Bourdieu, 1984),其反映了该组织与其他组织或个体的关系。社会资本越多,组织在社会网络中获取资源的可行性渠道越多。同时,社会资本的数量决定了其在网络结构中的位置。网络中的关系并不是均匀分布的,有的地带稀疏,有的地带稠密,企业成长需要获取更多的资源,促使企业从稀疏位置向稠密位置移动,从而构建了特定结构的网络。同时，这种移动使得网络中原本分散的结构不断集中，网络中个体与其他个体和组织的联系不断增加，从而增加了整个网络的社会资本，促使整个网络得以成长演进。其二是结构洞理论。该理论认为，一个网络中最有可能给组织带来竞争优势的位置处于关系稠密地带之间而不是之内，这种关系稠密地带之间的稀疏地带为结构洞（Burt, 1992）。网络中的组织为了成长，就不断开发网络中的结构洞，使其建立新的稠密的连接，从而促使网络结构的演化。总之，关于社会网络的演化的研究，其本质是企业成长需要更多的资源，促使其在网络中移动以新的合适的位置寻求资源，从而促使经济网络结构和经济实力的演化。这种经济绩效决定演化结构的思想是研究经济网络演化的重要研究方法。

　　本书将经济网络的定义为商务单元及其相互关系构成的网络群体。企业集团、企业联盟、企业法人、企业内部由多个经营单元组成的产业均可视为一个整体经济网络。整体经济网络可分解为若干局部的经济网络。经济网络存在协调人，它具有调控网络中经济资源的能力。协调人的形成既可以是由于市场的自组织过程，也可以是由于法定的或其他制度安排。借助于网络的回路功能和协调人的调控作用，经济网络这种资源组织形式减少了投资阶段的资源浪费，提高了运作阶段的资源利用效率，提高对利益相关者发生作用的可靠性，进而形成网络的经济性。

　　③经济网络的协同机理及并购的经济网络效应。根据社会网相关研究可知，社会网最基本的构成包括社会网内的各个节点以及各个节点之间构成的社会关系。经济网络的组织是由多个节点按一定联系而形成的复杂网络。网络中的节点在决策时不仅要考虑自身的因素，还受其他节点的制约。经济网络关系不仅包含网络节点间经济关系，同时也包含网络节点外的社会关系。根据这一基本思路，所有的经济网络都可以表示为构成网络的要素及要素之间的关系，当这一经济网络具体为一个企业时，其可以表示为企业内部的各要素资源和根据内部管理所形成的要素资源之间分工协作的关系。当这一经济网络具体为某一行业时，其可以表示为行业内各企业以及企业之间根据机会成本或行政命令形成的内部分工协作关系。

　　自20世纪80年代以来，部分文献论断网络组织具有显著的协同效应。网络经济性中最重要的效率来源是网络协同，是其他组织形式所没有的。经济网络协同的来源应该从网络结构、网络关系、网络效率等方面综合考虑网络协同的来源,即节点的紧密程度和网络组织效率。其中节点的紧密程度来源于内外部交易成本的比较,其表现形式为股权和契约的强度;网络组织效率来源于网络节点资源的范围经济、规模经济、网络运作的经济性和可靠性。可靠性即指经济网络交易完成的可靠程度,衡量这种可靠程度包含两部分内容,一是经济网络经济性的实现,二是经济网络社会性的实现。

网络的拓扑结构在影响着网络中节点关系的紧密程度的同时,还通过影响资源的配置影响着网络经济性的实现,通过影响节点在网络中的地位而影响着网络的可靠性(袁欣等,2011)。在网络演化的不同阶段,网络拓扑结构的改变,影响了节点的紧密程度,也影响着网络经济性和可靠性的实现,从而从各个部分影响网络经济协同的构成。

经济网络的协同效应不仅使企业分享到了成本降低与专业化分工所带来的经济收益,而且降低了企业经营活动的不确定性,从而减少相应的负收益,在运输、通信等社会化程度较高的行业,这种不确定性的降低所带来的经济和社会收益甚至超过了经济成本所带来的收益。基于不同的制度安排与市场条件,社会关系嵌入性程度不同,经济网络对于协同效应的界定也有所不同,进而对于经济网络协同效应中可靠性的要求也会有所差异,从而影响到整个经济网络的网络结构。

并购后形成了新的经济网络结构。新的网络关系中除了分工合作外,最重要的关系还有调控。收购方就是调控人。调控人根据网络环境以及网络结构,调整网络的建设和网络的运行,实现对网络内部的资源和能力的有效整合和共享,实现资源在网络节点间的合理配置,不仅有利于提高各个节点及网络内部的效益,而且有利于资源的充分利用,减少社会资源冗余,有利于提高整个社会福利,得到网络协同。

企业合并后的经济网络也可能存在不经济的情况。除了规模不经济、范围不经济、网络组织成本高于市场组织成本、过度集中导致垄断这些已有经济学解释的原因外,还可能是由于经济网络与金融等经济社会环境不匹配产生的(袁欣、张秋生,2010)。

企业经济网络按照研究对象的不同可以进一步划分为内部经济网络和外部经济网络,外部经济网络的节点包括与该企业有关系的供应商、客户、金融机构、科研机构和政府部门。张秋生、贺鹏飞（2015）检验了企业外部经济网络合并的协同效应规律。其中，横向合并后，收购方与供应商或客户的关系更加集中；纵向合并后，收购方与供应商或客户的关系更加分散；混合合并后，收购方与供应商或客户的关系没有显著变化。

相比企业与外部企业添加联系或删除联系的增量效应来说，企业并购的"节点崩溃"机制是对网络的一种革命性重构。"节点崩溃"会直接影响收购方企业绩效，并间接影响其他参与者绩效；企业通过"节点崩溃"追求内部协同和网络协同（Hernandez & Menon，2017）。从联盟的网络看，企业并购使得收购方获得目标公司的控制权，继承目标公司的外部联系，显著重塑组织间网络，为合并后的公司带来更有利的网络结构位置，获得网络协同（Hernandez & Shaver，2018）。

7.3.1.4 协同效应作用机制

合并后企业在企业网络、企业集团、业务单元和价值链四个层次存在资源差异，会因规模经济、范围经济、交易成本节约和网络经济等，产生替代、互补、增进、冲突和独立等多种非线性作用。

资源的相互替代指的是不同的资源组合可以产生相同的效用，而替代机制则是通过组合不同的资源，降低成本、提高效率。两个企业的资源具有替代性有三个必要条件：第一，独立运用这两种资源（或组合）的任何一种都能够同等程度地实现目标；第二，同时掌握这两种资源（或组合）不能在任何程度上改善其中任何一种资源（或组合）的效用，即两种资源（或组合）之间不存在互补性，同时拥有两者只会造成重复和冗余；第三，获取任何一种资源（或组合）的成本不为零，并且不存在"成本交互作用"（即获取其中一类资源的行为会影响获取另一类资源的成本），或者，如果存在这样的"成本交互作用"，那么交互作用的方向是使得其中一类资源（或组合）的获取增加了获取另一类资源（或组合）的成本（"锁入效应"）。通常企业并购的资源替代机制发生在实现同一目标或功能的同类资源之间，主要以实物资产的替代和人力资本的替代为表现形式（周琳，2006）。

互补机制体现在一个企业资源对另一方企业的资源具有补充的作用，并购后企业战略资源的缺口可以得到补充，从而使并购后企业的总体发展呈现出收益增长的态势。互补机制产生需要具备价值性和可输出性两个条件，相对应地，互补机制分为两种类别：第一，一种资源的投入和有效运作需要另一种资源同时投入运作，如果缺少后一资源的投入，前一种资源的效用几乎无法发挥，反之却并不存在这样的情况。第二，两种资源都不能够单独地投入和运营，而必须以彼此的投入为条件。并购双方资源的互补既可以发生在同类资源之间，也可以发生在不同类的资源之间，常见的类型有金融资本之间的互补和实物资产、金融资本与人力资本的互补（周琳，2006）。

增进机制是指如果并购双方的两种资源不需要以彼此的投入生产为条件，但是如果另一方的资源也同时投入生产经营过程中，则两种资源的生产效率都会大大提高。增进机制具有共享后增值的属性，且随着共享范围的扩大，资源的增加速度迅速提升（叶彩鸿等，2016）。增进机制主要以能力的扩散和创造为表现形式。能力的扩散是指以知识为基础的能力被新的组织掌握和运用，并且不会因此而改变其原来组织对能力的拥有和使用，能力的创造则是能力扩散的延伸，是指人力资本和组织能力中各种知识从并购初期自发的无规则运动，到经整合后经过知识扩散在组织内部被放大并通过不同途径形成新的知识（周琳，2006）。

冲突机制是指各类资源之间相互制约、相互影响，从而导致一种资源的使用价值或物质特性影响着其他资源的存在状况，而这种相互影响现象会导致内部资源的浪费，资源条件的恶化。资源的冲突现象是由资源比例关系失调和事物的异质性这两项主客观因素造成的。一方面，并购后如果双方组成的实体中资源比例关系变化后并不合理，则会导致资源各要素之间冲突，影响资源的价值效益以及系统的整体价值效益，妨碍战略目标的最终实现；另一方面，资源的异质性决定了任何不相同的资源都可能发生冲突。因此，在资源协同演化的过程中必须正确地识别和评价冲突，进而弱化甚至消除冲突，才有可能实现收购方和目标方双赢的局面（周琳，2006）。

独立机制指的是企业合并后某些资源互不影响、独立存在，企业对这些资源不采取任何形式的调整。独立机制意味着双方资源在已有使用方式下已达到资源的最佳产出水平，任何调整都将降低资源的使用效率。独立机制在多元化并购过程中作用更加明显。收购方的业务与目标方业务无行业关联，管理层对新的业务领域的熟悉程度和行业经验低于原目标方管理层，且目标方已在本行业内取得一定的行业地位和绩效，此时任何调整将会引起企业价值减损，因此合并后现有业务之间相互独立是实现协同的一种独特方式。

7.3.1.5 协同效应表现领域

协同效应的表现分为三种，分别为管理协同效应、经营协同效应和财务协同效应。

(1) 管理协同效应。

管理协同效应指当两个管理能力存在差别的企业发生并购之后，参与合并的企业将受到具有强管理能力企业的影响，表现出大于两个单独企业管理能力总和的现象，其本质是一种合理配置管理资源的效应。但是效应的实现有两个基本假设，一是如果收购方有剩余的管理资源且能轻易释放出来，并购活动将是没有必要的；但如果作为一个团队其管理是有效和不可分割的，或具有规模经济，那么通过并购交易使其剩余的管理资源充分利用将是可行的，能够提高整个经济的效率水平。二是对于目标方而言，其管理的非效率可经由外部经理人的介入和增加管理资源的投入而得到改善（袁欣等，2011）。

管理理论中的一个学派认为，策划、组织、指挥和控制等管理职能可以很容易地被借用到所有类型的经营企业中，那些有执行上述管理职能的经验和能力的管理者，可以在任何环境下执行这些职能，即管理在多种多样的行业或多种类型的组织之间具有可转移性。该理论认为，如果任意两个管理能力不等的企业进行合并，那么合并后的企业的表现将会受益于具有先进管理经验的企业的影响，综合管理效率得到提高，合并企业的总体表现将会优于两个单独部分的相加之和。这是管理协同效应的最普通形式。

为了更深刻地理解管理协同效应，必须首先明确两个概念——组织经验和组织资本。所谓组织经验，是"在企业内部通过对经验的学习而获得的雇员技巧和能力的提高"。组织经验划分为三种类型，前两种是管理经验，存在于经济地组织和维持复杂生产过程的企业家才能或管理能力的领域之中，可以进一步区分为一般管理经验和行业专属经验。前者指的是在策划、组织、指挥等一般管理职能中以及财务与控制中发展起来的能力，后者指的是与某特定行业的生产与营销特点相关的特殊管理能力的发展。第三种形式的组织经验存在于非管理性质的劳动投入要素领域——通过对经验的学习，生产工人技术水平会随着时间的推移而逐渐提高。由此可以看出，组织经验存在于人力资本中。

组织资本是在被称为企业的组织中借助经验而逐渐积累起来的，也可以被称作协作效应。组织资本包括关于雇员特点的信息，它使得企业可以在工人和工作间进行有效的组合，由具有特殊天赋和技巧的人来更好地完成一些工作；其他组织资本便被用在工人之间的组合中了。因此小组的整体表现很大程度取决于个人的特点及其与工作和其他从事相关工作的人的匹配程度。包括在组织资本中的信息类型可能是企业专属的，企业的所有者或管理者可能比工人本人更了解产生协作效应的有关工人的信息，而这种信息转移到其他企业中，可能会是错误的，并且在这样一个过程中会产生交易成本。

企业的管理能力是运用资源的技巧，包括一般管理能力、行业专属管理能力和企业专属管理能力。从理论上讲，一般管理能力甚至可以在不相关行业的企业间的兼并中被拓展使用，由于其协作效应同样是很重要的，因此能保存这些效应的兼并要比作为个人的管理人员在企业间的流动更有效率。通常，在纯粹的混合兼并中，所能转移的只有一般管理能力，即仅通过执行指挥、计划、控制、财务等一般管理职能的高级管理人才的共享提高管理效率，创造管理协同效应。许多学者把它视为纯粹混合兼并的一种动机。虽然在理论上通过兼并转移一般管理能力是有效率的，但由于一个企业需要的高级管理人才数量极为有限，组织"管理团队"相对较容易，且高级管理人员信息较为公开，可以很方便地从市场获得，因此，对于纯粹混合并购来说，更主要的效益应体现为财务上的协同效应。

管理协同效应是并购完成后管理能力的重新分配，优化管理资源配置，提升双方的管理效率，降低管理成本。对管理协同效应的分析也主要围绕并购对企业管理效率的影响及管理效率提升所带来的效益展开。

（2）经营协同效应。

经营协同效应主要是指并购给企业生产经营活动在效率方面带来的变化及效率的提高所产生的效益。张金鑫、岳公正（2008）认为由于收购方为并购支付了溢价，他们实际上要解决两个经营问题，一是满足市场已经预期的业绩目标，二是满足并购溢价所要求的更高的业绩目标。

①横向并购的经营协同效应。横向并购经营协同效应的一个最主要来源就是规模经济。在西方经济学理论中，企业生产过程中各种要素的投入有一个最佳规模，在这一点上，边际成本等于边际收益，平均单位成本最低。在达到这一点之前，随着生产规模的扩大，生产成本会逐渐降低，实现规模经济。横向

并购可以迅速扩大企业的生产规模，并且通过资源互补达到最佳经济规模的要求，从而能够降低生产成本，提高生产效率。

②纵向并购的经营协同效应。经营协同效应可以从纵向兼并中获得。纵向兼并发生在处于生产经营不同阶段的企业之间，其兼并动机一般是想控制某部门、行业的生产及销售全过程。

企业纵向并购的直接效应就是交易成本的节省。从资源配置的角度看，交易是货物和服务在两个技术上可分立的单位之间的转移（Williamson，1981）。这种交易活动在具有前后向关联关系的两个企业之间是普遍存在的。在非完全竞争的市场中，任何一项经济交易的达成，都需要进行合约的议定、对和约执行的监督、讨价还价等过程，此外还要了解有关生产者和消费者的生产和需求信息等，这些环节发生的费用不但存在而且有时会高得使交易无法达成。纵向合并使得企业可以有效地节约此部分交易成本，降低企业成本。虽然纵向合并后企业向原供应商以内部交易价格支付原材料成本，且低于市场交易价格，但这种表面上的成本节约实际上只是一种零和交易，是子公司利润向母公司的转移，从并购后联合企业整体角度出发，这种利润转移并没有增加企业的价值。

企业间的纵向兼并还可能产生技术上的经济性，即通过把相继生产环节联系起来，从技术上节约成本。这种协同效应在某些行业尤为突出，例如，钢铁生产，包括炼焦、熔结、制铁、制钢、初轧等相互衔接的生产阶段，钢铁生产需要非常高的温度，通过纵向兼并，把各生产阶段联合起来进行生产，能降低处理和加热成本。像这种热能节约的情况在其他工业也存在，如制浆和新闻纸的生产就可以通过纵向兼并避免原料的烘干和再加水费用；而石油提炼的联合生产，常常会降低处理成本或其他成本。

此外，相当重要的一点是通过企业间的纵向兼并可以获得可靠的投入要素供给，减少企业外部环境中的部分不确定因素，降低风险成本。企业与企业之间的交易关系——交易对象、价格、时间、渠道、数量、方式及责任承担都处在不断变化之中，这种企业交易条件的变化必然增加企业经营风险和经营成本。通过企业兼并收购活动可以将这些外在的经营风险内部化，从而使生产经营更具稳定性，降低生产成本和风险成本。

③混合并购的经营协同效应。混合并购可以有效提升企业效率，改善竞争地位（翟巍，2016）。混合并购通过合并形成的企业集团将合并双方持续性的

市场风险在企业架构内进行分散化,可以降低企业的市场风险,并整合互补性的产品和服务,产生范围经济优势,提高企业效率。此外,混合并购后,参与并购的各企业的所有投资收益基本上都集中于兼并后的单一企业集团内,外部效应得以内部化。

(3) 财务协同效应。

并购给企业在财务方面带来的效益的不是由于效率的提高而引起的,而是由于税法、会计处理惯例以及证券交易内在规律而产生的(曹翠珍、吴生瀛,2017)。

①资本成本下降。一种混合兼并理论认为,当一个处于低需求增长行业(即该行业需求增长低于整个经济的增长)中的企业收购另一个在需求高速增长行业中经营的企业时,纯粹混合兼并就发生了。这种兼并是利用收购企业较低成本的内部现金降低合并后企业的资本成本,从而抓住被收购企业所在行业中可以获得的投资机会。如果被收购企业的现金流量较低,那么利用收购企业现金流量的机会就会增加。因此,该理论暗示出一个财务资源重新分配的过程——资源从收购企业所在的需求增长缓慢的行业转移到被收购企业所在的需求高速增长的行业。维里和施魏格尔(Very & Schweiger, 2001)强调了评估目标公司的资产和负债、未来收入和成本以及投资需求的重要性和挑战性。对投资和融资需求的全面评估可以揭示一些可能影响协同效应实现的问题。

引起资本成本下降的原因概括起来可能有以下几种:

第一,"共同保险"效应。即当两家企业的现金流量不是完全正相关时,合并后联合企业破产的可能性会大大降低,收益流趋于稳定,使得贷款人遭受损失的可能性减小。这种效应的直接结果就是企业的举债能力将会提高。斯特普尔顿和苏布拉马尼扬(Stapleton & Subrahmanyan, 1984)在其期权定价模型(OPM)框架中提出了对这个论点更为严格的论述。在该框架中,举债能力被定义为能以某个既定利率筹措到的最大数量的债务。大多数早期对兼并影响的研究都发现,兼并活动导致杠杆率的增加。其中施里夫斯和帕什利(Shrieves & Pashley, 1984)对杠杆递增理论进行了检验。在控制了企业规模与产业影响后,他们发现大多数混合兼并导致财务杠杆比率的显著增加。郑文风、王凤荣(2018)从目标公司角度切入,研究发现被并购显著减轻了目标公司的融资约束,提高了资本配置效率,而不同类型并购通过财务协同效应异质性发挥作用，使资本配置效率有不同程度的改进。

从一般意义上讲，债务融资的成本通常低于普通股融资成本。债权人承担的风险低于普通股股东，因此普通股股东要求较高的风险回报；同时，利息为税后成本，而股利在税前不可扣除，因此，资本结构中债务比例的上升通常会导致综合资本成本的下降。此外，债务/股权比例的上升使兼并后企业具有了"高风险高收益"的特征。在财务管理理论中，当企业的投资收益率大于资本成本时，随着债务比例的上升，股东财富会不断增加，从而提高公司价值，即财务杠杆效应。

第二，内部资金和外部资金之间的差别。首先内部资金不涉及证券发行过程中的交易成本；其次，如果内部人士如管理人员对企业资产价值拥有的信息比外部投资者多，并且采取有利于目前股东的行动，那么内部融资就优于外部融资（Myers，1984）。当企业发行高风险证券时，这种信息上的不对称性会使投资者相信证券的价格高于实际价值，因此会作出消极的反应，使得外部融资成本较高。一方面，收购企业所在行业需求的增长速度低于整个经济平均的增长速度，其内部现金流量可能会超过所在行业中目前存在的投资机会的需要，因此收购企业可能会向合并企业提供成本较低的内部资金。另一方面，被收购企业所在行业的预期需求增长需要更多的投资，一般自由现金流量都较少，为其在融资中获得协同效应提供了机会。

第三，证券发行与交易成本的规模经济。一部分规模经济可以归功于信息生产和传播所具有的固定成本，并购可以实现信息规模经济。更为重要的是，在资本市场上，大公司与小公司相比具有某些特定的融资优势，从而使其资本成本较低。通常小公司要想获得资金必须支付较高的风险和/或流动性溢价，而大公司由于在过去漫长的发展历程中已经证明了其稳定的获利能力并且赢得了投资者的信任，所以在进行融资时所需支付的风险溢价就相对较低，也更容易获得资金。这一点主要表现在以下几方面：①大公司发行债券的利率低于小公司发行的债券。②发行证券的某些固定成本，如在证券交易委员会的注册费、法律费用及印刷费等，会随着发行证券总价值的增加而摊薄，而只有大公司才有能力并可以获准通过发行债券一次借入较多资金，因此其发行证券的单位固定成本下降。发行股票也存在同样的固定成本摊薄带来的节约。③出售高风险股票比出售低风险股票需要付出更大努力，在这里，本书假定大公司的风险性低于小公司，即大公司破产或出现财务危机的可能性较小。④大公司，特别是非单一业务的大公司的低风险水平使得权益资本持有者在为合并后的公司提供资金时，要求的成本（即股利水平）低于他们向独立的、合并前的小公司提供资金时所要求的成本。

财务协同效应理论中的一个重要内容是，被收购企业兼并前的资本成本较高，主要是因为其破产风险较大、内部资金数额较少或规模较小。当收购企业的资本（即内部现金流量）成本较低时，那么降低资本成本的可能性就较大。在混合兼并中，这三种力量可以在不同程度上发挥作用，从而使在被收购企业所在行业投资的资金成本下降。

第四，并购的企业外联效应。企业实施并购，建立或拓展商业信用、政企关联、银企关联降低了资金供给方与企业之间的信息不对称，通过信息效应和资源效应为企业提供相关的政策信息和所需资源，从而减轻融资约束（李涛等，2005；郑文风、王凤荣，2018）。

②合理避税。收购方可以获得税收方面所有权优势。第一，标的方税亏结转存在税收协同效应。并购中的税亏结转是指在公司合并中，若被合并公司存在纳税亏损（纳税年度的收入总量去除不征税收入、免税收入和各项扣除后的余量之后小于零的数量），那么合并公司可以将被合并公司的纳税亏损冲抵其以后纳税年度的盈利从而减少相应的应纳税额。第二，并购改变标的方计税基础而获取抵税效应。并购可以降低合并企业所得税课税负担的一个重要来源则是，并购后标的方资产的原计税基础会以收购方支付的公允价值为基础进行调整，因此，并购增加的计税基础可以在未来被收购方应用于折旧、摊销、减值以及未来损益，标的方资产计税基础的增加减少了收购方未来应纳税所得额，从而降低了其课税负担。第三，资本结构变化而产生利息抵税效应。并购产生的联合保险效应以及内部资本市场效应可以增加合并企业的负债融资能力，由于现行的税法规定，借款人的利息支出可以税前抵扣，因此，并购产生的负债能力增加，增加了企业的利息抵税，降低了其课税负担。第四，利用避税能力（实际有效税率）的差异，改善对方课税负担。从并购的税务视角分析，并购中的所有权优势还可能来源于收购方较出售方拥有更低的实际有效税率，在其他条件不变的情况下，致使双方对标的方未来现金流的估计产生差异。当收购方的实际有效税率小于目标企业的实际有效税率，在估计目标企业

得到相同税前利润的基础上，新合并企业能够规避更多的所得税课税。第五，通过关联交易转移定价的避税效应。并购可以构建集团公司，致使企业的现金流权与控制权相分离，在此背景下，母子公司可以利用其实际有效税率的差异，通过转移定价的方式，降低合并企业所得税税负。

此外，当并购交易通过换股或发行可转换债券的形式来完成时，所产生的避税效应更加明显。以换股为例，由于交易双方不进行现金交易，在这个过程中未转移现金，也未实现资本收益，因此是免税的。虽然资产的受让方通过证券二级市场出售其所获得的股票时，仍需缴纳资本利得税，但在这段可能相当长的时期内，至少获得了"税收递延"。由于货币时间价值的存在，这种递延对合并初期企业价值的增长有重要的影响。如果采用可转换债券的形式，即把被兼并企业的股票转换为可转换债券，过一段时间后再将它们转化为普通股，则少纳税的好处更加显而易见。因为这些债券的利息是预先从收入中扣除的，税额由扣除利息后的盈利乘以税率决定。同时，企业可以保留这些债券的资本收益，直到这些债券转化为普通股为止。由于资本收益的延期偿付，企业可以少付资本收益税。

相比于新建投资，并购增加了收购方会计利润应税所得差异，且实质性地降低其所得税实际有效税率，不同投资模式下的公司避税效应存在理论预期的非对称性。进一步研究表明，改变企业会计利润和应税所得差异以及改变会计利润应税所得操纵程度是影响企业投资模式选择的重要因素。从事后的视角来看，获得更大程度的公司避税效应不仅是企业并购的经济后果，很可能还是其当初选择何种投资模式的驱动力（于江、张秋生，2016）。

7.3.2 企业并购预期协同运作机理

企业通过并购使资源从并购双方中的一方转移到另一方来实现资源的重新配置，进而实现协同效应和价值创造。企业并购的潜在协同和预期协同之间存在效率转移损失。针对可达240种的潜在协同效应，每部分存在转移损失的可能也可达240种。因此，本部分主要针对可能产生的协同效应损失，分析其损失的原因，并从资源要素和能力两个层面对其进行分类和总结如下。

7.3.2.1 人力资本的转移效率

企业并购后，两类因素将影响人力资本的转移效率，降低企业并购的协同效应。一类是影响离职的因素,这关系到一方的人力资本在并购后是否还能留存在新企业;另一类是影响人力资本激励的因素,这关系到人力资本在并购后的新环境中是否能得到有效利用。

(1) 并购中的离职。

员工离职率已成为衡量并购成败的一个指标,尤其对人力资本密集型的收购更是如此。员工离职是指从组织中获取物质收益的个体终止其组织成员关系的过程(Mobley,1977)。员工离职通常被分为两种类型:自愿离职和非自愿离职。自愿离职是指离职的决策主要由员工作出,包括辞职的所有形式;非自愿离职是指离职的决策主要由企业作出,包括解雇(layoff)和开除(dismissal)。解雇是受削减成本和提高效率的经济因素所驱动的,而开除则与员工拙劣的工作绩效相关(Abelson,1986)。

离职内容理论与离职过程理论对离职的原因进行了有意义的考察(陈璧辉、李庆,1998),并就自愿离职心理动机建立了大量的研究模型(张勉、李树茁,2002;谢晋宇、王英,1999;Hom & Griffeth,1995)。其中 Price-Mueller(Price,2001)模型吸收了多个学术领域(如经济学、社会学和心理学等)对离职的研究成果,在解释员工离职的心理变化过程方面表现出了很好的预测能力(张勉、李树茁,2002)。这个模型包含 4 类与离职相关的变量:环境变量(机会和亲属责任)、个体变量(一般培训、工作参与度和积极/消极情感)、结构变量(自主性、结果公平性、工作压力、薪酬、晋升机会、工作单调性和社会支持)和过程变量(工作满意度、组织承诺度、工作寻找行为和留职意图)。

艾弗森和普尔曼(Iverson & Pullman,2000)发现影响自愿离职和解雇的因素是不同的。从表 7 - 2 可以看出,只有年龄对两种离职方式均有影响(但影响的方向是相反的),其他变量则只对一种离职方式有影响。

表 7 - 2　　　　　　　　　　离职的影响因素及影响方向

	自愿离职	解雇
人口统计学变量		
年龄	-	+
全职	0	+

续表

	自愿离职	解雇
蓝领	-	O
社会学变量		
合作者支持	O	-
工作超负荷	O	-
心理学变量		
离职意图	+	O
对变革的反应		
合并	O	-

注：表中 + 表示正向影响，- 表示负向影响，O 表示无显著影响。

(2) 并购中的激励。

人力资本的转移与激励因素的紧密关系可以从人力资本的产权特性中找到原因。罗森（Rosen，1985）已经明确强调了人力资本的产权特性，也即人力资本与其所有者在自然属性上的不可分性。从这个前提出发，周其仁（1996）进一步指出，人力资本天然属于个人的特性，使之在产权残缺发生时，以迥然不同于非人力资本的方式作出反应，此时产权的主人可以将相应的人力资本"关闭"起来，以至于这种资产似乎从来就不存在，从而使其经济利用价值一落千丈。因此，人力资本价值发挥的程度取决于其是否处于价值有效释放的状态，而这种状态来自其所受的激励。也就是说，人力资本的产权特性决定了人力的发挥需要激励。

激励理论可以区分为内容型激励理论和过程型激励理论（甘华鸣，2002）。内容型激励理论主要研究引起人的行为的原因，即激励人采取某种行动的因素。三种最主要的内容型激励理论分别是马斯洛的需求层次理论、麦克利兰的成就激励理论和赫茨伯格的双因素理论。内容型激励理论涉及了一些重要需求，但没能清楚地解释人们为什么在完成工作目标时选择某种特定的行为方式。而过程型激励理论对行为的引起、发展、持续以及终止的全过程提供了具体的解释，它包括期望理论、强化理论、公平理论和目标设置理论等。

从外部的关系看，高成就需要者的激励不是来自组织对他的绩效评估或组织奖励，而是来自个人目标的实现。但不论对谁而言，个人目标的反馈作用都会影响其努力程度。从内部的关系看，个人努力、能力和机会影响个人绩效，如果根据组织的绩效评估标准个人绩效得到认可，则会受到组织奖励，个人把组织对自己的奖励与他人所受的奖励以及自身的需要比较后会产生一定的满意度，进而影响到个人的目标。以上表明并购中人力资本的利用效率受多种因素的影响。

离职和激励的研究成果可以较好地考察并购中的人力资本转移效率。简单地说，可以从人力资本是否能够转移到合并后的新企业以及是否能够在合并后的新企业中发挥不低于原有水平的效率这两个角度来考察人力资本转移效率。在具体操作上，可以根据离职和激励的心理学专业分析工具来评估并购中这两个方面的表现。除此之外，由于大多数关于离职的分析工具仅关注自愿离职，所以在并购分析中要特别关注非自愿离职的影响，虽然这一般是能力转移而不是人力资本转移关注的重点。非自愿离职的员工如果与企业本想保留的员工属于同一个正式组织（如工会）或非正式组织，则企业对非自愿离职员工的处置可能使其他员工自愿离职。所以在并购中要努力识别员工之间的关系，尽量避免对部分员工的解雇或开除引起不必要的负面连锁反应。表 7-3 可以作为评价人力资本转移效率的参考。

表 7-3　　　　　　　　并购中人力资本转移效率评估表

	评价指标	评分
非自愿离职	对准备保留员工的影响	
自愿离职	机会	
	亲属责任	
	一般培训	
	工作参与度	
	积极/消极情感	
	自主性	
	结果公平性	
	工作压力	
	薪酬	
	晋升机会	
	工作单调性	
	社会支持	

续表

	评价指标	评分
激励	绩效评估标准的科学性	
	组织奖励的公平性	
	满足个人需要的程度	
总分		

7.3.2.2 知识资本的转移效率

（1）知识资本的转移效率。

在资源重新配置的过程中，收购方和目标方作为知识资本的输出方或输入方，需要具备相应的输出能力或吸收能力，以保证资源转移的效率。

输出能力是收购方对知识资本的编码、表达和整合，以有效传递给接受方的能力。这类无形资源可能是技术（诀窍）、声誉、文化等。尤其是无形的知识资本在转移前需要编码，总结成可以为接受方所理解的形式，然后通过培训、非正式沟通、书面文件等表达方式传递给接受方。但编码程度需要与整合程度相匹配，并非越显性化、越规范化就越有利于整合。例如，辛格和佐罗（Singh & Zollo，1997）在经验研究基础上发现，在整合程度较高的背景下，编码程度越高，收购的经济绩效越好。在资源转移的过程中还应注意创造适宜的环境，如鼓励输出方主动输出和接受方愿意接受的激励机制，相应的组织结构的调整等。

吸收能力是指收购方学习和管理新的资源的能力。对于知识资源，收购方只有具备一定的能力基础，才能保证其理解、快速学习，并有效应用新的知识。接受方缺乏吸收能力是影响知识转移最主要的障碍（Szulanski，1996），因为组织不可能改善它所不理解的东西（Teece et al.，1997）。收购方的吸收能力主要与两个因素相关，分别是现有知识存量和学习能力。一般来说接收方学习动机越强，知识转移效率越高。个体间知识转移的接受成本取决于学习能力和现有知识存量（王开明、万君康，2000），组织间的知识转移也同此理。而有关接收方吸收能力对知识转移影响的结论却不一致，有研究认为吸收能力越强，知识转移越有效率；而其他研究则认为吸收能力与知识转移存在倒U型关系（贾镜渝、赵忠秀，2015）。

(2) 社会资本的转移效率。

影响社会资本转移的三个重要因素分别是利益、信任和规范。利益是维系商业关系的经济基础，损害了利益就可能破坏商业关系的平衡；信任是社会资本最关键的因素（Putnam，1993），它是商业关系的心理基础；规范是社会网络所共同遵循的行为规则，它是商业关系的社会基础。

在社会学或经济社会学的著作中，利益似乎不是社会资本考察的一个重点，因为鲜见对利益的专门论述。但是如果以企业而不是个人为研究对象时，利益应成为社会资本研究的焦点之一。这首先是因为企业是一种功利性组织，利益是这种组织合作的前提和动力，如果忽视了利益在企业之间的商业关系中的地位和作用，则无疑是漠视了企业的经济属性。其次，社会资本的本质之一就在于它是一种可为社会资本拥有者带来利益的资源，这是社会资本生产性（Coleman，1990）的一种重要体现。如果并购后原有的利益格局被打破，则社会资本的转移就必然受到影响。这种影响可能是正面的，也可能是负面的，这取决于并购是使原有的利益格局得到改善还是遭到损害。

通过考察联系商业关系的协议是否变化可以分析利益是否受到影响。收购经常伴随着对社会资本的整合，并在这个过程中引起各种利益关系的调整。如果调整导致一方利益受损，则原有的社会联系可能就会被割裂。例如，并购如果使以前上、下游的合作关系变为同业竞争关系，就会对社会资本的转移提出严峻的考验。相反，如果各方预期关系的进一步发展可带来更大的利益时，社会资本就会得到强化。还有一种情况是，虽然收购后原有的商业关系可以维持下去，但企业需要关注能否投入足够的利益使这部分商业关系达到可用状态。例如，收购方期望通过并购来利用被收购方的销售渠道，但被收购方的销售渠道是否会给予支持也是一个问题。因为收购方在渠道内新增的产品可能对销售商而言是替代品，他原来所销售的另外品牌的商品如果获利较好的话，可能就没有动力来积极销售企业新增加的产品。

各方对并购的支持态度也从另一个侧面反映利益分配是否得到认可。对并购后新企业的一些承诺，如签订长期经济合同、增加专用资产投资、建立战略联盟关系等，都是有意义的象征。例如，合作伙伴对专用资产投资水平越高，意味着其对维护双方关系的承诺越大。

信任是个体或组织通过一系列相互作用所获得的对其他个体或组织的可信

赖程度的认识,要通过一定的时间才能获得(顾新等,2003)。信任的稳定性可以从两个维度来考察:建立新联系的可能性和原有联系的稳定性。在收购中,收购方接收被收购方的社会资本,实际上是以新成员的身份加入被收购方原有网络中。被收购方社会资本的转移程度取决于其原有网络对收购方的信任和接受程度。

建立新联系的可能性主要取决于网络原有成员对新成员的信任程度,而这又受新成员的声誉和行动信号影响。声誉反映了对新成员的历史行为纪录的评价。收购方良好的声誉有助于获得目标方的利益相关者的信任,尤其对于以前与收购方缺乏联系的利益相关者而言,收购方声誉更是一个重要信号。而行动信号反映了对新成员当前行为的感受,如新成员对原有网络成员的态度、承诺等都会影响对新成员的行为取向的判断及对他的接受程度。

原有联系的稳定性可通过联系期、专用资产投资水平、沉没成本等变量反映。联系期是指关系双方联系所经历的时间,它是反映社会资本的一个重要指标。行为的连续性决定了过去的行为对现时及将来的行为有着不可磨灭的影响,长期持续、可靠的关系往往会进一步强化社会资本(陈菲琼,2003)。关系是随时间而逐渐形成的(Dwyer et al., 1987; Anderson et al., 1994),在较长的联系期内所形成的信任就相对比较稳定。

社会资本的形成是一种有意识或无意识的投资策略的产物(Bourdieu, 1977)。这种策略首先确定那些在短期内或长期内直接用得着的、能保证提供物质利润和象征利润的社会关系,然后将这些本来看起来是"偶然"的关系通过"象征性的建构",转变为一种双方都从主观上愿意长期维持其存在的、在体制上得到保障的持久稳定的关系。对有意识投资的社会资本,先前的投入如果尚未得到相应的回报,就会约束投资者自由转移,因为先前投资所形成的沉没成本在一定程度上成为转移的制约因素。

规范是指网络成员所遵循的行动规则,主要包括互惠规范、惩罚机制和沟通机制三种类型。它不仅对网络成员有一定的约束力,而且也是其他网络成员判断某一网络成员行动方向的基本依据。社会学对规范最强调的是互惠规范(Putnam, 1993),即接受者在得到赠与者的给予时,也有义务在适当的时候以适当的方式回报,这种义务就是一种社会资本。由于社会资本对应的交易不同于现货交易,不是即时完成买卖,最终的利益平衡往往是伴随较长的时滞,所以互惠规范很重要。没有这种规范，社会资本就难以建立。惩罚机制即对不遵守规范的行动者的一种处理机制。在一个网络中如果没有对违规参与者的处罚机制，机会主义就会盛行。这种机制可能是通过频繁的社会交换，即重复博弈的机制制约参与者选择机会主义行为，因为在频繁的交往中，一次机会主义行为可能会遭到随后交往中的报复行为，甚至受到群体的排斥，使机会主义者感到得不偿失。正式与非正式的沟通是建立规范的重要保障。而沟通只有遵循双方认可的规则才能增加透明度和减少不必要的冲突。良好的沟通机制有利于促进网络成员形成共同的价值观，或促进对价值观的相互理解。

7.3.2.3 企业能力的转移效率

实践和研究都发现，通过并购实现能力转移存在很多棘手的问题。能力转移依赖于对被收购方的成功整合（Haspeslagh & Jemison，1991），但整合的过程又面临很高的失败风险（Jemison & Sitkin，1986）。在并购中能力转移经常存在损失，使并购不能成为一种高效率的能力转移方式。20世纪80年代中期以后逐渐发展起来的基于战略角度对并购进行研究的过程学派主要关注如何通过收购后的整合创造价值，在能力转移研究方面的贡献在于提出合并双方间的技能转移依赖于合作关系的发展，但过程学派讨论的焦点是技能转移如何影响价值创造，而没有关注技能转移自身的影响因素。

并购中技能转移即企业能力转移。个人的隐性技能是组织技能创造的基础，它经过技能转换在组织内部被放大并成为较高层次的技能，这个过程称为"知识螺旋"，其中，起关键作用的知识转换包含知识的社会化、表述化、综合化和内在化四种基本转换形式（Nonaka & Takeuchi，1995）。并购中技能转移经历一个由编码到解码的过程。新知识经过解码以后，逐渐为新的利用者所熟悉。技能利用者在此基础上进行新知识的创造，经历分享内隐知识、创造观念、确认观念、建立原形和跨层次的知识扩散的过程（Nonaka & Takeuchi，1995）。

（1）技能转移的影响因素。

技能的本质是协作性知识，所以对技能转移的探讨更多的是从知识转移角度进行的。知识转移中的"噪声"、双方在意思理解上的偏差以及转移成本决定了知识沿着人际交流网络多次转移的低效率（王开明、万君康，2000）。以往的研究认为有四个因素可能影响知识转移的效率：被转移知识的特点、来源、接受方和转移发生的环境。巴达拉科（Badaracco，1991）则认为知识要快速移动必须满足四个条件：第一，它必须是明确及成套的；第二，某一个人或集团能够开启、了解并且有技能吸收这些知识；第三，这些人或集团必须有足够的动机去做上述事情；第四，没有任何障碍阻止他们这样做。

在并购的背景下，技能转移效率的影响因素主要表现在技能本体、技能输出方、技能接受方和技能转移环境四个方面。

①技能本体。有些技能是可表述的，它们比较易于转移。有些技能是尚未编码的，还不能明确技能结果的确切指向，这些技能因而具有因果模糊性。因果模糊（causal ambiguity）是指难以明确何种因素在技能的形成中起到了决定性作用，因而难以复制。当在一个新环境中复制一种技能的关键因素甚至在事后还不能准确确定，就表明存在因果模糊性，这样就不可能给出一个关于复制这种技能所需的生产要素的明确清单，更不用说测算它们的边际贡献（Rumelt，1984）。

有两个因素影响着技能的因素模糊性：技能的隐性和技能的复杂性（Simonin，1999）。隐性是指通过"干中学"而获得的技能所具有的难以言明和不可编码的特性（Reed & DeFillipi，1990）。隐性意味着难以交流和共享，是高度个人化的，深深地根植于特定背景下的行动和与个人相关的事物中（Nonaka，1994），因而隐性的技能具有转移成本高的特点。古特和桑德尔（Kogut & Zander，1992）曾在经验研究的基础上指出，制造技能可编码和可传授的程度显著影响着它们转移的速度，也表明隐性是技能转移的障碍性因素。

一个企业的某一技能的隐性程度可以通过一些指标反映出来。第一，技能是否流程化。如果对技能的描述有成文的资料，对技能的执行有规范的程序，则技能的显性程度就高一些。管理信息系统应用的程度是反映技能流程化的重要指标。一个企业多大程度上依赖于少数员工头脑中的知识与一个企业多大程度上依赖于管理信息系统是互补的；更多地依赖于管理信息系统表明企业知识流程化，或显性化的程度较高。第二，技能是否被传播。如果技能为全体应了解的人所理解并经常使用，则反映了技能在组织内部的传播障碍较小。相反，如果技能仅为少数人（相对于应掌握这种技能的总人数而言）所拥有，或技能仅在很早以前使用过（如很早以前运用过的并购整合能力），则表明技能的隐性程度高一些。

复杂性是指与特定技能相联系的技术、规范、个体和资源的数量（Simonin，1999）。正如里德和德菲利匹（Reed & DeFillipi，1990）指出的，人力与技术体系越复杂，所产生的模糊性程度就越高，因而模仿难度就越大。复杂的技能所涉及的信息可能牵涉大量的个体和部门，不仅每一部分的技能存在模糊性，技能之间的联系也存在模糊性，以至于其全貌对大多数人来说都不容易把握，所以阻碍了技能转移。

②技能输出方。来自技能输出方的转移效率影响因素包括知识整理技能和知识表达技能。

知识整理技能是指根据技能接受方的特点将知识整理成易于为接受方吸收的知识的技能。这种技能不仅要对输出的知识有深入理解，而且要求对接受方的工作习惯、知识水平、学习方式、学习态度等背景因素有深入的了解。

知识表达技能是指将知识有效地传递给接受方的能力。对组织而言，知识表达能力涉及谁来表达和如何表达等问题。如何表达，即表达的方式，反映知识输出方能够提供的表达手段和接受方易于接受的表达手段。谁来表达，即表达的主体，反映知识的转移主要是通过少数人为媒介，还是以多数人为媒介来传递知识。如果技能为组织的每个人所掌握，则表达的主体较多；如果技能仅为少数人所掌握，则表达的主体少。表达主体多少将影响沟通的频率和效果。

以往的研究注意到了技能输出方的动机、所输出技能的可靠性（Szulanski，1996），但对于并购中的技能转移时知识表达主体数量的变化则关注不足。并购常常伴随着人员流失，这可能造成技能的损失，特别是对被收购方的资产剥离可能会损害技能（Capron，1999）。这意味着如果技能输出方经历了显著的人员流失，则原先其所具有的技能在转移时将面临困难。

对于并购中留下来的人员，即使他们掌握全部的技能，也存在技能不能有效转移的风险。除了技能本身的因素外（在技能输出方的环境下能发挥作用的技能在新的环境下不能充分发挥，这与技能的因果模糊性相关），还在于新员工对合并企业的适应性，也就是人与组织匹配的问题。人与组织不匹配的原因来自两个方面，一是人与岗位的不匹配，二是人与组织文化的不匹配。所以需要注意，并购整合中对人员的不适当调整，不仅会影响个人技能的发挥，也会影响组织技能的转移。

③技能接受方。技能的转移本质上是知识的转移，知识的接受方对知识的

吸收能力就成了影响技能转移效率的关键因素之一（Grant，1997）。与知识资本的转移效率类似，技能转移效率的影响因素主要是吸收能力。吸收能力是指企业识别外部新知识的价值，将其吸收并应用于商业目的的技能（Cohen & Levinthal，1990）。技能接受方的吸收能力主要与两个因素相关，分别是现有知识与将要吸收的知识的相关性和学习技能。技能输出方的技能向技能接受方转移的过程中，如果技能接受方有一定的相关知识积累，就可能更好评估这种技能的价值，更好地理解现有技能与该技能的差距并处理好接口问题。一个企业识别、吸收和利用外部知识的技能部分地依赖于交易各方的知识基础、组织体系和主导逻辑（Lane & Lubatkin，1998）。如果收购方具有相似的专长，其管理层就可以在评价目标方的人力资本以及潜在协同方面处于相对有利的位置，从而可以减少甚至消除信息不对称所造成的困境（Coff，2002）。此外，如果技能接受方有较强的学习技能，则可以较快地吸收特定的知识，提高新知识与知识存量的整合速度和技能转移的效率。

④ 转移环境。转移环境既影响技能输出方输出技能的积极性，也影响技能接受方接受技能的积极性，关键是在双方间建立一种相互信任的亲密关系，以形成有效的技能交流机制。对技能转移环境的评价可以从以下三个方面考虑：

第一，利益平衡与补偿机制是否恰当。如果技能的转移对任何一方造成利益损失，都会影响其参与转移的积极性。可能造成的损失包括失去优越感、失去习惯的工作方式、失去熟悉的工作环境等。即便没有对任何一方造成利益损失，但使得其中一方获益良多而另一方需要投入更多的时间、精力或人员，从而根据现行的考核制度会影响自己所在团队的考核绩效，也会影响知识转移的进行。对于利益上的失衡，需要通过有效的补偿机制来调整。基本的调整思路是让技能转移的双方都能获得正向激励，包括精神上的激励。

第二，心理抵触是否严重。如果并购双方在并购前有过不愉快的冲突，并购后"我们与他们"的对立意识没有被有效疏导，就会成为影响技能转移的心理障碍。对于技能接受方而言，还有两个因素也可能产生心理抵触：一是自大，认为自己的技能还很不错，或者不相信对方的技能更好；二是保守，对于已经习惯的方式不愿意改变。

第三，沟通机制是否有效。沟通机制由如下方面反映：沟通的方式，特别是非正式沟通以及面对面沟通是否普遍；沟通的协调，如是否有沟通协调小组并发挥反馈、建议、组织沟通等职能；沟通的频率；沟通的激励。鲁缅采夫等（Rumyantsevaet al.，2002）指出沟通、技术会议、大范围的互访、联合的培训项目等机制都有助于改善组织氛围并促进知识转移。沟通有两个方面的作用：首先，某些知识（尤其是隐性知识）往往是只有通过反复的沟通才能实现知识的转移；其次，从对知识转移氛围的影响角度看，沟通有助于消除影响知识转移的负面心理因素，如由于对未来的不确定性而引发的焦虑，由积怨、恐惧或失真的消息所引发的敌意等（Bastien，1987；Buono & Bowditch，1989；Haspeslagh & Jemison，1991；Kogut & Zander 1992；Rumyantseva et al.，2002）。一般来讲，正式与非正式的相互交流越多，知识转移效率越高（Haspeslagh & Jemison，1991）。表7-4反映了并购整合不同时期知识转移的特点。

表7-4　　　　　　　　并购整合不同时期知识转移的特点

对比项目	前期	后期
交流方向	单向	双向
交流方式	强制	交互
交流频率	少	多
知识类型	显性	隐性

（2）技能转移效率评价表。

根据技能转移的影响因素设计衡量指标，并对这些指标进行评价，将最终形成技能转移效率计分表，如表7-5所示。表中各项指标根据其对转移效率的影响进行7分制的评分，由最消极和最积极分别为1分和7分。

表7-5　　　　　　　　　　技能转移效率计分表

转移效率影响因素	衡量指标	计分（1~7分）
技能的模糊性	技能的流程化程度	
	技能的传播程度	
	技能的复杂程度	
输出能力	知识整理能力	
	知识表达能力	
吸收能力	现有技能与目标技能的相关性	
	相对于目标技能的现有技能的水平	
	学习能力	
转移环境	利益平衡与补偿机制	
	心理辅导	
	沟通机制	
总分		

7.4　潜在协同效应的评估

7.4.1　自由现金流折现法

7.4.1.1　基本原理

（1）自由现金流折现法的定义。

自由现金流折现法（DCF）就是通过折现并购后联合企业每年的增量现金流来预测协同效应的方法，这种方法从现金和风险角度考察公司的价值（Smith，1985）。在风险一定的情况下，被评估公司未来能产生的现金流量越多，公司的价值就会获得越高的评估，公司内在价值与现金流成正比；而在现金流一定的情况下，公司价值与风险成反比。现金流量折现方法认为企业的价值等于其未来现金流量的现值，加上价值终值的现值，再减去剩余的负债。其理论基础是下述三个假设：①目前一定数额现金的价值大于未来等额现金的价值；②对未来产生的现金流量，如生产经营产生的现金流量可以进行合理的估计；③企业可用资本的边际资本成本与其投资资本的可转换收益是相似的，并且可以预测。

现金流量的计算公式为：

现金流量＝息税前利润×（1－所得税率）＋折旧和其他非现金支出－（流动资本投资＋固定资本投资）

＝净利润＋折旧＋税后利息－（流动资本投资＋固定资本投资）

企业价值的计算公式为：

$$V = \sum_{t=1}^{n} \frac{CF_t}{(1+R_t)^t} + \frac{TV}{(1+R_n)^n}$$

其中：V 为企业价值；CF_t 为评估企业第 t 年的自由现金流量预测值；R_t 为第 t 年的折现率；TV 为预测期满时评估企业的终值（连续价值）；n 为预测期间。

运用 DCF 法通常首先预测评估目标未来各年的自由现金流量，然后计算出经风险调整后的资本成本，用它作为折现率计算未来现金流量的现值，再加上企业终值的现值，即得出公司价值。

(2) 折现率的确定。

在现金流量折现模型中，对并购后联合企业进行价值评估时，必须选取适当的折现率。通常情况下，折现率即为并购整合后联合企业的加权平均资本成本 $WACC_{AB}$。根据资本资产定价模型，整合后的股权资本成本 K_s 的计算公式为：

$$K_s = R_f + [E(R_m) - R_f]\beta_{AB}$$

其中：R_f 为市场无风险收益率，$E(R_m)$ 为平均市场风险收益率，β_{AB} 为并购后联合企业的 β 系数。计算时，R_f 一般可由国库券利率经调整后代替，$E(R_m)$ 可由反映上市公司平均收益率的股市指数平均变动率代替，难点在于确定反映联合企业 AB 特有市场风险的 β_{AB} 的值，该值可能会大于、小于或等于并购整合前企业 A 或 B 的 β 值，具体视兼并类型和整合后的经营状况而定。一种途径是收购方可在企业 A 和企业 B 的加权平均 β 值基础上，根据历史资料和对未来生产经营的预计，并参考其他类似企业的 β 值经调整得到。另一种途径是向专门研究 β 系数的咨询机构咨询。

根据 MM 模型（Modigliani & Miller, 1958），企业并购整合后的综合资本成本计算公式如下：

$$WACC_{AB} = K_s S/(B+S) + K_t(1-T)B/(B+S)$$

其中：K_t、S 和 B 分别为整合后的平均债务成本、权益总额和负债总额；T 为企业法人所得税率。需要再次指出的是，K_t 兼并前后一般也会发生变动，若并购后企业的信用等级评定上升，则借款利率下降，K_t 也下降；反之，则上升。

7.4.1.2 递推公式现金流模型

在对未来各期自由现金流量进行规划和预测时，必然会涉及主观的判断，大多数实践者假定各期之间存在某些系统性的联系。特别地，他们通常假定销售收入与自由现金流量将按一定比率增长，公司的主要经营变量之间也被认为存在着固定的联系。

美国学者拉帕波特（Rappaport，1986）提出了一种递推公式现金流模型，又称拉帕波特模型，用于对并购中的企业进行价值评估。

（1）拉帕波特模型。

拉帕波特模型定义现金流量为：

$$CF_t = S_{t-1}(1+g_t)(P_t)(1-T_t) - (S_t - S_{t-1})(f_t + W_t)$$

其中：CF 为自由现金流量；S 为销售额；g 为销售额年增长率；P 为营业利润率；T 为所得税率；f 为边际固定资本投资率；W 为边际营运资金投资率。

营业利润率是指息税前盈余与销售收入的比率；边际固定资本投资率是指固定资本投资增量与销售增长额的比率，即每增加单位价值的销售收入所需追加的固定资本投资。其中，固定资本投资增量是资本性支出与折旧的差额，边际固定资本投资率的计算公式为：

$$f = \frac{资本性支出 - 折旧}{销售增长额}$$

用边际固定资本投资率的历史资料估算企业在预测期内资本性支出投资需求是否可靠，主要取决于企业如何迅速地和在多大程度上用提高产品销售价格或对资产有效利用来抵消固定资本投资增加的影响。

边际营运资金投资率是企业为维持销售增长而追加的营运资金投资增量与销售增长额的比率，其计算公式为：

$$W = \frac{\Delta 营运资金}{销售增长额} = \frac{\Delta(流动资产 - 无息流动负债)}{销售增长额}$$

需要指出的是，在并购投资决策中的现金流量并不是并购双方单独存续期间现金流量的简单加总，必须考虑目标企业被并购后在收购方管理控制下对联合企业的现金流量的贡献,而这才是并购协同效应的体现。

(2) 模型中的关键参数。

拉帕波特模型揭示了各估价参数与企业价值之间的关系,充分展示了并购活动作为一种战略投资行为怎样服务于企业战略发展的目标,拉帕波特也因此形象地称这些估价参数为"价值动力"(Value Drivers)。企业价值增量图(见图7-3)将销售增长率、营业利润率、所得税税率、营运资金投资、固定资本投资、资本成本、价值增长持续期等"价值动力"与企业目标之间的关系揭示得淋漓尽致。

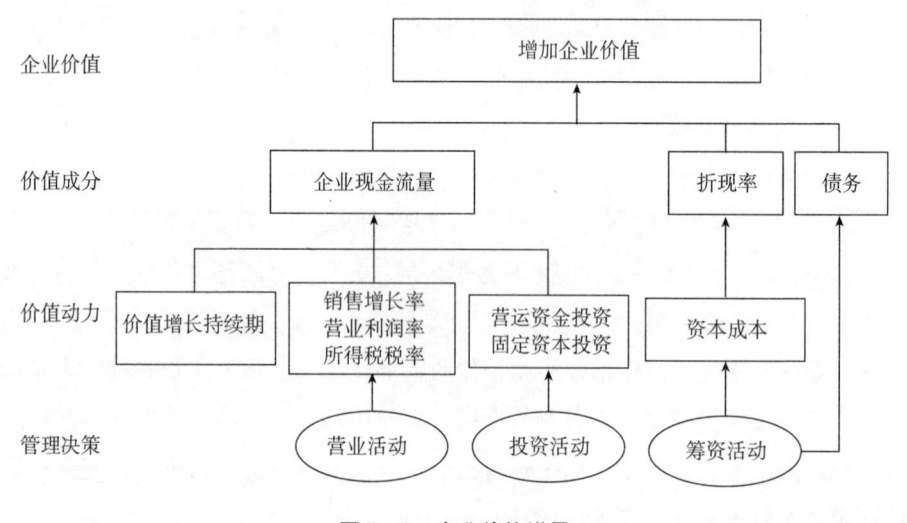

图 7-3 企业价值增量

在 Rappaport 模型中,通常 T_t 一般较为容易确定,追加投资率 f_t 和 W_t 是根据 S_t、g_t 和 P_t 的预测值及并购后联合企业的未来运营状况人为设定的比例参数,且可以认为在预测期内基本不变,g_t、P_t 则可以根据公司目前的经营状况及对今后的市场预期考虑保守的、最可能的和乐观的三种不同情况逐年预测或将预测期分成 2~3 个时段分别预测,也可以简单地假定 g_t 在预测期内保持不变,此时假设年成本和收入的关系也保持不变,即 P_t 也是不变的,这样做会使模型大大简化。事实上,在预测未来期间的自由现金流量时最常使用的就是这种方法。但无论采取哪种方法,在预测时,都要考虑以下两方面因素:首先,要根据可获得的历史财务信息,推断并购双方销售额的历史增长率和销售利润率。前者主要可以通过计算观察期内销售收入的年复利增长率来确定,即 $g = \sqrt[n]{\frac{S_n}{S_1}} - 1$,后者通常通过计算近一段时期内利润率的加权平均值获得。然而这仅仅是对影响企业前途的经济和战略因素进行预测的基础,下一步,也是更为重要的一步,就是充分考察企业并购后可能产生的规模经济、品牌共享、市场控制力增强、技术扩散、融资成本下降等效应对联合企业销售收入及生产成本的影响,然后辅以第一步的结论,凭借决策者或专门咨询机构的丰富经验,预测联合企业合并后的销售收入增长率 g_t 和利润率 P_t。在确定了 S_0、g、P、f、w 的参数值之后,计算联合企业未来的现金流。

7.4.1.3 四种增长模式模型

拉帕波特模型实际上隐含着这样一个假设,即目标企业在收购方的控制下历经持续发展后将逐渐减缓增长速度,直至增长速度为零。在现实生活中,几乎每个企业都会随着其生命周期的起伏而经历不同的成长阶段。一般来说,早期的成长率可能较快,随着企业的发展与成熟,成长的速度会逐渐降低。但对某一特定的企业来说,其成长的历程可能会演化出各种不同增长速度的组合。出于以上考虑,威斯通(2000)根据贴现未来自由现金流量的基本原理,提出了适应不同增长方式的企业价值分析模型,简称威斯通模型。

(1) 模型中自由现金流量的定义。

在威斯通模型中,自由现金流量用公式表示为:

$$FCF_t = X_t(1 - T_t) - I_t$$

其中,FCF 为自由现金流量;t 为预测期;X 为营业利润(息税前盈余);T 为所得税税率;I 为投资。投资是指预测期 t 内包括资本性支出和营运资金等在内的追加投资,即固定资本投资增量与营运资金投资之和。因此,自由现金流量在拉帕波特模型与威斯通模型中虽然表述形式不同,但实质是完全一致的。

(2) 模型中的估价参数。

由于企业价值评估以未来现金流量为基础,因此不可避免地产生对未来的人为臆测与判断。根据对自由现金流量与企业价值关系的理解,威斯通提出了价值分析过程中需要的其他估价参数及其相互关系的定义与假设。

①边际利润率 r。由于企业筹集追加投资资金和追加投资产生效益均需要

较长时间,因此,本期追加的固定资本与营运资金投资可能不会立即在当期使企业利润得到增长。追加投资的效应将递延至下一期间,即本期追加的投资将导致下期利润的增加,是威斯通模型对追加投资的第一个假设。正是投资与利润之间的这种密切关系,威斯通模型将边际利润率定义为期间 $t-1$ 内投资引起的期间 t 内税后营业利润的变化,用公式表示为:

$$r_t = \frac{(X_t - X_{t-1})(1-T)}{I_{t-1}}$$

拉帕波特模型中类似于边际利润率的估价参数为营业利润率。威斯通模型认为,将企业盈利能力与销售收入联系,而不是与投资挂钩,至少存在以下两个弊端:一是由于各行业与各企业之间的资本密集程度不同,从制定计划与控制标准的角度来看,将盈利能力与销售收入联系起来并无太大意义。例如,对钢铁业、化学制品业等资本密集的行业来说,其利润与销售收入的比率应该比批发、零售行业的同类比率高得多,而批发零售行业的利润与销售收入的比率却常常为1%。二是将盈利能力与销售收入联系起来,容易使管理者忽视这样一个事实,即如果不进行固定资本与营运资金投资,就不可能增加销售。因此,本期营业利润增量与上期投资的比率更好地反映了企业的盈利能力。

在此基础上,为使论述简单,威斯通模型假设各期边际利润率均不发生变化。

②投资需求 b。投资需求是指每期投资支出与本期的税后营业利润的比率,用公式表示为:

$$b_t = \frac{I_t}{X_t(1-T)}$$

拉帕波特模型中类似于投资需求的估价参数是边际固定资本投资率和边际营运资金投资率。拉帕波特模型将其定义为每增加单位价值的销售收入所需的固定资本与营运资金投资。而在威斯通模型看来,虽然企业是为了寻求销售的增长而追加投资,且企业的销售与投资反映了决定企业生产经营性质的资本密集程度,但是,投资是企业提供产品与服务并最终增加销售收入的源泉,将投资与销售收入联系而不是与税后营业利润挂钩存在的弊端就在于,忽略了企业估价的核心是自由现金流量,其性质和将盈利能力定义为营业利润与销售收入的比率一样。从投资需求的定义还可以看出,投资需求实际上就是投资的机会,即本期税后利润所产生的用以维持企业生存与发展的追加投资机会。为简化起见，威斯通模型假设每期的投资需求均不发生变化。

③成长率 g。成长率是指税后营业利润的增长率，用公式表示如下：

$$g_t = \frac{X_t(1-T) - X_{t-1}(1-T)}{X_{t-1}(1-T)} = \frac{X_t}{X_{t-1}} - 1$$

将上述公式稍作变形，还可以得到以下重要的关系：

$$g_t = \frac{X_t(1-T) - X_{t-1}(1-T)}{X_{t-1}(1-T)} \times \frac{I_{t-1}}{I_{t-1}} = \frac{X_t(1-T) - X_{t-1}(1-T)}{I_{t-1}} \times \frac{I_{t-1}}{X_{t-1}(1-T)} = r_t \times b_{t-1}$$

由于假设预测期内 g，b，r 均不变，因此 $g = b \times r$。

④不同成长方式下的企业价值。威斯通根据资本预算的基本原理和对企业成长阶段的分析，提出了四种最基本成长方式下的企业估价模型，如表 7-6 所示。

表 7-6　　　　　　　威斯通模型下的四种不同增长方式的估价

无增长	$V = \dfrac{X_0(1-T)}{k}$
固定增长	$V = \dfrac{X_0(1-T)(1-b)(1+g)}{k-g}$
暂时超常增长，而后无增长	$V = X_0(1-T)(1-b)\sum_{t=1}^{n}\dfrac{(1+g)^t}{(1+k)^t} + \dfrac{X_0(1-T)(1+g)^{n+1}}{k(1+k)^n}$
暂时超常增长，而后固定增长	$V = X_0(1-T)(1-b_s)\sum_{t=1}^{n}\dfrac{(1+g_s)^t}{(1+k)^t} + \dfrac{X_0(1-T)(1-b_c)}{k-g_c} \times \dfrac{(1+g_s)^{n+1}}{(1+k)^n}$

注：下标 s 表示超常增长时期的 g 或 b；下标 c 表示固定增长时期的 g 或 b。

其中：T 为所得税税率；X_0 为息税前盈余或净经营收入；n 为预测期间；b 为投资需求；r 为边际利润率；g 为税后营业利润的增长率；k 为加权边际资本成本。

任何企业的成长形态均可以分解为以上几种情况，而企业价值就是各阶段价值之和。因此，威斯通模型概括了企业成长的几乎所有形态，是对企业价值进行评估与计算的有力工具。

7.4.2 分部加总法模型

张秋生、王东（2001）运用公司财务中有关协同效应的各种理论解释，借鉴会计计量的"资产来源＝资本占用"恒等式，提出一种分部加总的模型以预测并购中的协同效应，其基本思路是将各企业并购可能产生的经营、财务、管理协同效应等所表现的各主要方面作为计量依据和预测思路，在详细的定性分析基础之上，分别定量预测每一种协同效应的数值和作用年份，并按照其作用年限折现后加总。其计量模型为：

$$V_{SYN} = \sum_{i=1}^{n} \frac{\Delta R + \Delta C_o + \Delta T + \Delta C_N}{(1+WACC)^i}$$

其中，V_{SYN} 为协同效应的价值；ΔR 为营业收入增加额（指发生并购与不发生并购相比，下同）；ΔC_o 为营业成本减少额；ΔT 为税赋减少额；ΔC_N 为资本需求降低额；$WACC$ 为联合企业的加权平均资本成本；$n = \{n_1, n_2, n_3, n_4\}$，$n_1$、$n_2$、$n_3$、$n_4$ 分别代表 ΔR、ΔC_o、ΔT、ΔC_N 的作用年限，$n_t = (n_{t1}, n_{t2}, \cdots, n_{tr})$，（$t = 1, 2, 3, 4$），$n_{t1}, n_{t2}, \cdots, n_{tr}$ 分别代表引起营业收入增加、营业成本减少、税赋减少和资本需求降低的各种协同效应的作用年限。

分部加总法将协同效应分为两大类，一类称为"有形协同效应"，即那些比较容易用货币计量和评估其具体价值的协同效应；另一类将那些具有不确定性或战略性、全局性，或影响不易短期内显现，从而不可能被精确计量的协同效应，称为"质量型协同效应"（qualitative synergies），在大多数并购中，它往往是并购的有力动机，并最终显示出其对于并购后整个企业业绩的强大影响力。在确认了可能产生的协同效应之后，需要进一步作出若干张协同效应工作表，表中列示预期该协同效应产生的依据、发生作用的年份，并且如果可能，将其影响定量化。这一步在评估协同效应的过程中十分关键。它不仅对评估目标企业对于收购方的价值从而制定交易价格至关重要，而且这些工作表将为决策者描绘出合并后企业未来的战略蓝图。

并购在带来正面效应的同时，往往还会产生一些不可避免的成本。这些成本中既包括并购时支付给目标公司金额以外的一次性交易成本，也包括一些长期的难以量化的负面影响，如文化冲突等。这些并购带来的负面效应会抵消一部分协同效应带来的企业价值增值,因此也被称作"反向协同效应",只不过同正面的"协同效应"相比,其对于并购后联合企业价值的影响程度要小得多,因此,在许多评估中(包括整体评估法中)往往被忽略。表 7-7 和表 7-8 列示的是较常见的"反向协同效应",同样可划分为"有形反向协同效应"和"质量型反向协同效应"两大类。

表 7-7　　　　　　　　　　　有形反向协同效应

交易——财务咨询费、法律费用、管理成本、宣传费用等
为监督并购额外雇佣管理人员的酬金
并购后对员工薪金及福利政策(水平)的调整
对被并购公司员工的培训
执行收购的程序(手续)
额外的履行成本
偿还并购所欠债务的成本

表 7-8　　　　　　　　　　　质量型反向协同效应

被收购方核心成员的不合作或背叛
分散高级管理人员的时间和精力
对被收购方民心、士气的不良影响(尤其在敌意收购中)
商业上的冲突(如收购方的客户恰恰是被收购方的竞争对手)
形象损失(如采取进攻性战略、收益被稀释等因素给企业形象带来的不良影响)
收购方与被收购方员工的关系不融洽

对于以上这些"反向协同效应",也可以分别作出工作表,能量化的尽量量化,其格式和方法与"协同效应工作表"完全相同。

7.4.3　股票收益理论计算模型

股票收益理论计算模型是站在股东的立场上,以市场有效性原理为基础,根据企业发生并公开重大事件所引起的股票价格和交易量的变化来对协同效应

进行分析、计算的（夏新平、宋光耀，1999）。具体来说，就是利用并购前后股票价格、种数及发行流通量的变化，分别对兼并方和被兼并方在事件期内获得的净利得加总，从而得到协同效应价值。不论并购后双方的股票属性发生何种变化，产生的协同效应值均可由下式给出：

$$V_{SYN} = \sum_{i=1}^{n_{A1}} S'_{Ai} P'_{Ai} + \sum_{i=1}^{n_{B1}} S'_{Bi} P'_{Bi} - \sum_{i=1}^{n_{A0}} e^{\hat{R}_{Ai}} S_{Ai} P_{Ai} - \sum_{i=1}^{n_{B0}} e^{\hat{R}_{Bi}} S_{Bi} P_{Bi}$$

其中，S_{Ai} 和 S'_{Ai} 为兼并前后企业 A 的第 i 种股票发行流通数量，P_{Ai} 和 P'_{Ai} 为对应价格；S_{Bi} 和 S'_{Bi} 为兼并前后企业 B 的第 i 种股票发行流通数量，P_{Bi} 和 P'_{Bi} 为对应价格；n_{A0}，n_{A1} 和 n_{B0}，n_{B1} 为兼并前后企业 A 和 B 的股票发行流通种数；$e^{\hat{R}_{Ai}}$ 和 $e^{\hat{R}_{Bi}}$ 为兼并期间的终值系数；$\hat{R}_{Ai}$ 和 $\hat{R}_{Bi}$ 为以连续复利计算的相应股票收益率。

若兼并后不产生新股，也不减少原有股票种数，则上述股票种数变量的下标对任何一企业都是一样的。更多的情况是，兼并后被兼并方的股票不再上市交易，这时

$$V_{SYN} = \sum_{i=1}^{n_{AB}} S_{ABi} P_{ABi} - \sum_{i=1}^{n_{A0}} e^{\hat{R}_{Ai}} S_{Ai} P_{Ai} - \sum_{i=1}^{n_{B0}} e^{\hat{R}_{Bi}} S_{Bi} P_{Bi}$$

$\hat{R}_{Ai}$ 和 $\hat{R}_{Bi}$ 的含义是，假设不发生兼并事件，相应股票在考察期间（短期常取兼并公告日至宣告完成日的时间段）应有的收益率。乘上 $e^{\hat{R}_{Ai}}$ 和 $e^{\hat{R}_{Bi}}$ 这两个系数是为了尽量消除该期间系统风险或股市总体走势对协同效应值的影响。一般计算该收益率有三种方法：均值调整收益法、市场模型法、市场调整收益法。

这样，计算协同效应值的关键就在于预测并购后的股票价格、数量的变动。为使分析简单化，不妨假设兼并前后企业股票只有一种普通股，且 A 企业以增发股票的方式来交换 B 企业的股票，同时取消 B 企业的股票上市交易，则：

$$V_{SYN} = S'_A P'_A - e^{\hat{R}_A} S_A P_A - e^{\hat{R}_B} S_B P_B$$

其中，$S'_A = S_A + S_B E_R$，E_R 表示股票交换率，即 B 企业股票可交换 A 企业的股票的数量，再假设 E 为企业兼并前的盈利，PE 为市盈率，则

$$P'_A = PE'_A EPS'_A = PE_{AB} EPS_{AB} = PE'_A (E_A + E_B + V_{SYN}) / (S_A + S_B E_R)$$

则有：
$$V_{SYN} = (S_A + S_B E_R) PE'_A (E_A + E_B + V_{SYN})/(S_A + S_B E_R) - e^{\hat{R}_A} S_A P_A - e^{\hat{R}_B} S_B P_B$$

整理后得：
$$V_{SYN} = [e^{\hat{R}_A} S_A P_A + e^{\hat{R}_B} S_B P_B - PE'_A(E_A + E_B)]/(PE'_A - 1)$$

正常情况下市盈率总是大于1，故要使协同效应的值大于0，必须使
$$e^{\hat{R}_A} S_A P_A + e^{\hat{R}_B} S_B P_B - PE'_A(E_A + E_B) > 0$$

即
$$PE'_A < e^{\hat{R}_A} S_A P_A E_A/[(E_A + E_B)E_A] + e^{\hat{R}_B} S_B P_B E_B/[(E_A + E_B)E_B]$$
$$= [e^{\hat{R}_A} P_A/(E_A/S_A)]E_A/(E_A + E_B) + [e^{\hat{R}_B} P_B/(E_B/S_B)]E_B/(E_A + E_B)$$

因为每股盈余 EPS = E/S，故 P/（E/S）= PE，上式可变为
$$PE'_A < PE_A e^{\hat{R}_A} E_A/(E_A + E_B) + PE_B e^{\hat{R}_B} E_B/(E_A + E_B)$$

当 $\hat{R}_A$ 和 $\hat{R}_B$ 比较小时，$e^{\hat{R}_A} \approx e^{\hat{R}_B} \approx 1$，则上式简化为
$$PE'_A < PE_A E_A/(E_A + E_B) + PE_B E_B/(E_A + E_B)$$

上式说明，只要并购后的市盈率小于并购前以盈利为基础的加权平均市盈率，就会产生正的协同效应值。因此，关键在于准确估计唯一未知的并购整合后联合企业的市盈率 PE'_A。协同效应值的计算结果与选取的考察期间密切相关，同时要排除非并购因素对股票市价的影响。

7.4.4 实物期权定价法

王谦（2003）认为以往的研究忽略了并购双方协同所带来的实物期权价值，因而是狭义的协同效应。研究广义的协同效应计算不仅应该考虑并购在当前所带来的现金流增量，而且应该考虑并购中隐含的实物期权价值，即来源于通过并购获得的无形资产所带来的未来投资机会（成长期权）和来源于目标企业资产可转作他用时的价值（柔性期权）。对于成长期权，王谦采用了布莱克——舒尔斯（Black – Scholes）公式进行计算；对于柔性期权，通过二项式定价模型进行数值分析，采用倒推法计算；只有把企业并购的实物期权价值加入到传统评估方法计算出来的静态净现值中去，才是对企业并购协同效应价值的完整评估。殷仲民、杨莎（2005）使用传统的折现现金流法计算目标企业价值，并利用实物期权理论方法、改进的折现现金流法和专家打分法计算和分配并购附加价值。梁美健、吴慧香（2009）将目标企业的成长机会与看涨期

权类比以确定并购期权价值。

7.4.5 协同学协同效应评估法

7.4.5.1 潜在协同价值评估系统

企业并购的动机很大程度上是基于对协同效应的预期,而并购分析中最常见的差错之一就是不能正确地预测协同效应。周琳(2006)从企业资源的角度出发,分析了并购协同产生的源泉,并构建了如图7-4所示的并购协同价值系统。

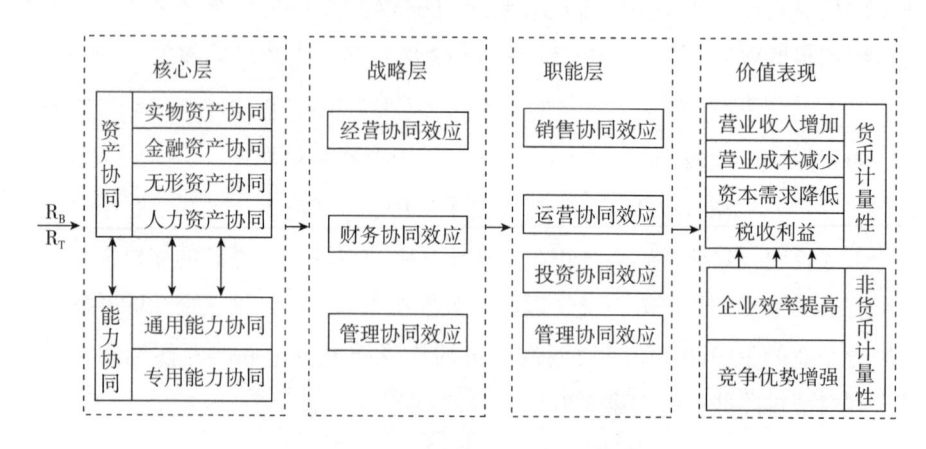

图7-4 企业并购的资源协同价值系统

图7-4中最左边表示并购双方资源的输入,R_B、R_T分别表示收购方和目标方的资源。第一个方框表示企业并购核心层的协同,即由并购双方的资产协同和能力协同组成,其中资产协同又包括实物资产、金融资产、信息资产、人力资本的协同,能力协同则包括了通用能力和专业能力的协同。资产协同和能力协同之间的箭头则表示它们两者之间存在着密切的互动关系。图7-4中的第二个方框为战略层协同,包括经营协同、财务协同和管理协同,它受核心层协同的驱动,同时又对职能层的协同产生直接影响。图7-4中第三个方框即是职能层协同,它由销售协同、运营协同、投资协同和管理协同组成,并最终通过职能活动实现其价值表现,包括货币计量性价值和非货币计量性价值。

7.4.5.2 能力协同效应的评估

以往的研究对潜在协同效应的评估多是从营业收入的增加、营业成本的减少、资本需求的降低和获得税赋利益四个方面运用传统的价值评估模型来考量,其实质是对资产协同效应的评估。由于能力协同具有非货币计量性,难以直接评估,其价值表现(企业效率的提高和竞争优势增强)最终仍需通过对资产的运用而得以体现,因此在价值评估模型中进行参数估计时常被作为间接的重要影响因素加以考虑。可见,传统的评估方法描述了潜在协同的结果,而对产生这一结果的原因(机理)——能力的协同过程未能有效刻画。因此,周琳(2006)在构建潜在协同价值评估系统基础上,以协同学和自组织理论为方法论基础,结合资源协同的运作过程以及企业与环境的互动关系,建立能力协同随时间变化的非线性随机偏微分方程。

模型建立前提出了两个基本假设,一是资源存量对于时间变量 t 是可微的,二是企业所处的外部环境能够适应企业发展需要,即企业所生产的产品或服务能顺利在市场中交易,进而转换为企业生产经营所需的投入要素。

企业并购的目的在于获取自身发展的关键资源,经过与企业原有内部资源的选择、组合、转化、积累后,投入生产经营活动中产生满足人们需要的产品和服务,从而增加企业本身的价值。由于企业的价值表现为它所拥有的资源(资产和能力)的价值,那么企业经营的目的也就是使自己的资源增值(张宗真等,1998)。根据协同论的观点,开放系统可以被看成是一个投入与产出过程,并可以用相应的模型来表示;如果一个系统要达到动态平衡或某种动态均衡,就必须不断地有反馈信息输入。在典型的生产经营活动中,企业投入劳动和资本,产出具有附加价值的产品或服务供人们消费。在这种"资产→产品"的经营形式下,资产不断被消耗,为维持经营活动,企业必须不断有新的资产投入。其中,经营活动中被消耗的资产可以从企业外部通过市场交易等得到补充,但由于要付出相应的成本而只能是等价交换。而企业内部培育的组织能力通常并不会由于使用而受损,相反它会因使用范围扩大而得以丰富和增强。因此,企业实现增值的根源还是在于能力的增值。并购后的企业实体运作机理也是一样,在评估并购双方资源协同的效果时,其资产的替代和互补效应是有限的,关键在于能力协同效应的评估。为此,将并购后的企业实体视为人(人力资本)、财(金融资产)、物(实物资产)、知识和能力(通用能力和专用能力)等资源的集合体,充分考虑其经营和发展所受的内、外部环境的影响,结合开放环境下资源协同的过程和协同学理论中的"布鲁塞尔反应器"构建了企业并购后的动态生产函数模型，用公式表示如下：

$$H + C \xrightarrow{k} O + I$$

在模型中，H 代表人力资本，C 代表金融资本，O 代表产品或服务，I 代表无形资产（专利、技术诀窍等），k 是反应速率[①]。该模型直观地诠释了企业的经营过程，即企业投入劳动和资本，产出产品（或服务）和具有附加价值的无形资产。而企业所处的环境（内部的文化环境、外部政府或监管机构的政策等）则起着催化剂的作用，即它虽然不能直接让企业的各不同资源发生反应，但却可以影响（加快或减慢）反应速度，进而间接影响反应结果。该模型可以进一步分解为投入产出模型、能力协同机制和循环机制三部分，具体如下：

（1）投入产出模型：

$$H \xrightarrow{k_1} X + Y$$

$$C + X + Y \xrightarrow{k_2} Y + O$$

（2）能力协同机制：

$$Y + X \xrightarrow{k_3} 2X$$

$$X \xrightarrow{k_4} I$$

（3）循环机制：

$$O + I \xrightarrow{k_5} H' + C'$$

在整个模型中并购双方投入的人力资本 H、金融资产 C 是初始反应物，实物资产 O 和无形资产 I 是反应生成物，X、Y 分别代表企业的专用能力和通用能力，是企业生产经营的"中间产品"，k_i（$i = 1, 2, 3, 4, 5$）为反应速率，代表环境的影响。

投入产出模型表明并购双方的人力资本投入生产经营，经过替代、互补等相互作用后产生了新的组织能力，组织能力和金融资产的结合产出实物资产，同时，通用能力的知识存量在经营活动中通过使用和共享不断成长。

[①] 在化学反应中，反应速率是指单位时间内反应物或生成物浓度的变化量，即反应进行的快慢。通常用单位时间内反应物浓度的减少或生成物浓度的增加表示。它受参加反应物质本身性质以及外部环境的影响。

能力的协同机制则表现为反应系统中专用能力 X 的自催化和互催化环节,即通用能力和专用能力的结合有助于专用能力的增强。这里 X 既是反应物,又是生成物。虽然它本身参加反应,但反应完毕后其数量反而增加了。这个反应在单位时间内产生出 X 的速率正比于 XY,是一个非线性函数,并且经过对企业资产的配置和利用,专用能力 X 最终将产出诸如专利、技术诀窍等无形资产 I。

由于 H、C 在反应中不断消耗,要维持企业经营和发展就需要持续得到外界的补充,因此 O、I 一经生成,必需即刻投入外部市场进行交易以换回更多的 H、C,保证动态生产的正常循环。

反应的整体模式刻画了企业经营的全过程:"资产的输入→能力的协同→资产的输出→资产的输入→能力的协同→资产的输出→……"。

本书认为能力的协同效应 SYN_x、SYN_y 可以用不同时刻能力的存量 $x(t)$、$y(t)$ 与并购交易刚完成时能力初始时刻的存量 $x(0)$、$y(0)$ 的差额来表示,即:

$$SYN_X = x(t) - x(0)$$
$$SYN_Y = y(t) - y(0)$$

仍然以 B 表示收购方,以 T 表示目标方,X_B、X_T 分别表示并购前双方的核心能力(用知识的存量多少来衡量),Y_B、Y_T 分别表示并购前双方的基本能力。当并购交易完成,并购双方资源刚结合在一起时,记并购后企业实体的核心能力、基本能力分别为 $x(0)$、$y(0)$,则有:

$$x(0) = x_B + x_T$$
$$y(0) = y_B + y_T$$

随着时间的推移和整合工作的进行,双方资源在替代、互补、增进、冲突等多种机制共同作用下重新配置,能力的大小也持续发生变化。根据动态生产函数模型,"中间产品" X、Y 的反应动力学方程即为如下双变量的微分方程组:

$$dx/dt = k_1 h - k_2 cxy + k_3 xy - k_4 x$$
$$dy/dt = k_1 h + k_2 cxy - k_3 xy$$

值得注意的是,式中各资产的价值量也并非一成不变的,它们同样是时间的函数。各不同时点资产的价值量可以从企业的资产负债表中获得,其中人力资本的价值可以用薪酬来衡量①。经过适当变换，令反应速率 $k_1 = k_2 = k_3 = k_4 = k_5 = 1$，可以得到如下方程组：

$$dx/dt = h - cxy + xy - x$$
$$dy/dt = h + cxy - xy$$

综上，能力协同效应的理论评估模型为：

$$\begin{cases} SYN_x = x(t) - (x_B + x_T) \\ SYN_y = y(t) - (y_B + y_T) \\ dx/dt = h + cxy - xy - x \\ dy/dt = h + cxy - xy \end{cases}$$

---

① 相较于并购初始状态的资产存量，经过动态生产循环后的产出资产价值量与其差额就是潜在协同效应。

第 8 章 并购绩效

自 19 世纪末至 21 世纪初全球经历了 7 次企业并购的浪潮，并购已经成为现代企业尤其是大型企业和高科技成长型企业快速扩张和整合的重要手段之一。企业并购之后的业绩如何呢？国内外的学者从不同角度对并购绩效（Post-acquisition Performance）做了大量的研究。

8.1 并购绩效概述

学者们在 20 世纪 80 年代以前的研究主要关注企业并购带来的市场结构变动以及企业并购对市场的垄断和竞争的影响等方面的内容，从科学发展的角度来说，应该归属于产业组织学的范围。20 世纪 80 年代以后，学者们开始对企业并购带来的绩效问题进行研究，依据这些理论可以判断并购对企业绩效的影响。

所谓绩效是企业所从事活动的业绩和效率的统称，通常可以看作是企业或者组织战略目标的实现程度，其内容包括活动的效率和活动的结果等几个层面。并购活动产生的业绩和效果统称为并购绩效。

并购绩效按其对价值的影响，分为价值创造并购绩效、不创造也不毁损价值并购绩效、价值毁损并购绩效。这种分类是从社会福利的角度分析并购活动能否增加价值。

并购绩效按其涉及的时间长短，分为长期并购绩效和短期并购绩效。鉴于并购是企业的一项战略行为，可以从短期和长期不同的角度看待企业的并购行为。

并购绩效按能否计量，分为财务绩效和非财务绩效。并购最终带给并购主体的，既可以是可计量的财务绩效（例如，企业销售收入直接增加、成本降低、净资产收益率增长、净利润增长等），也可以是不可计量的非财务绩效（经营机制改变、企业资本结构优化、企业文化的改善、商誉和企业形象的提高等）。但从企业的角度，并购绩效最终都会从财务绩效体现出来。

并购绩效按涉及利益主体，分为所有者并购绩效、经营者并购绩效、企业员工并购绩效和其他利益相关者并购绩效。企业并购行为发生之后，带给一个企业组织相关利益主体不同的影响，这种影响就是并购行为对不同相关利益主体的绩效。其他利益相关者并购绩效是指除了企业所有者、经营者和员工之外的利益相关主体，包括指政府、债权人、供应商、客户和社区等。

并购绩效按照其影响的范围，分为宏观、中观和微观绩效。微观并购绩效就是围绕市场主体——企业本身业绩和效率的改变；中观并购绩效，即并购给相关行业带来的影响，例如产业结构调整、行业集中度变化等；宏观并购绩效是给整个并购市场即控制权市场带来的一系列的影响。

近年来，企业并购失败和并购后绩效表现不理想的研究结论和报道频频出现，但是企业的并购活动依然不断发生，而且规模和数量都在不断增长。这给理论界和企业家提出了疑问：并购真的不能给企业带来绩效的改善和提高吗？如何全面而有效地评价企业并购后的绩效？对于这两个问题的回答，关系到企业并购的发展前景。

8.2 国内外并购绩效的评价方法

从多样本统计角度来看，企业绩效评价可分为静态绩效评价（横向比较评价）和动态绩效评价（纵向比较评价）。静态绩效评价是对同一时段不同企业的绩效进行评价和比较。动态绩效评价是对同一企业不同时段的绩效进行评价和比较。目前国内外对企业绩效评价大多采用的是典型的动态绩效评价，一般是对企业并购前后的绩效进行比较。下面将通过对几种主要方法的比较分析，指出各种并购绩效评价方法的特点。

8.2.1 基于股票市场的评价方法

8.2.1.1 事件研究法

事件研究法（Event-Study Methodology）由法玛等于1969年提出，是并购绩效检验中最常见的方法之一（Fama et al.，1969）。该方法把企业并购看作单个事件，确定一个以并购宣告日为中心的"事件期"（如-1天，+1天），然后采用超额累计收益（CARs）的方法来检验该并购事件宣告对股票市场的价格波动效应。"事件期"长短的选择对于该方法的运用十分重要。一般而言，选用的"事件期"越长，有关事件的影响就越全面，但估计也越容易受到不相关因素的干扰。

马登（Madden，1981）、詹森和鲁巴克（Jensen & Ruback，1983）等较早利用此方法检验了企业并购短期财富效应的经验性数据，其结论基本一致：①并购双方股东的组合收益在较短的时间内（-1天，+1天）显著为正，即并购从整体上为股东创造了价值。随着时间的推延（-40天，+40天），事件所创造的组合收益统计显著性明显减弱。②收益分布不均衡。目标企业的股东收益明显高于收购方（接近于零）。而且，目标企业的股东收益具有统计意义上的显著性，收购方则不然。

由于投资者并不能在较短时间内迅速而又系统地估计与并购相关的全部信息和影响，因此许多学者开始注重并购的中长期绩效检验，早期有曼德尔克（Mandelker，1974）以及多德和鲁巴克（Dodd & Ruback，1977）等。进入20世纪90年代以后，人们把越来越多的注意力集中在并购的中长期检验上。但是，传统的股票事件研究方法所采用的检验模型（以市场模型为主）对中期检验存在明显的局限性，这是因为随着"事件期"的拉长，不相关事件的干扰也随之增加，而传统的检验模型不能对不相关事件的影响进行有效分离。正因为如此，后来诸多学者试图对传统的股票事件研究方法进行修正，其基本思路是：①从方法论的角度进行研究。在方法论创新上，弗兰克斯等（Franks et al.，1991）的研究具有重要意义，提出了并购绩效检验的八因素方法，从而打破了以往单纯利用市场模型进行中长期检验的格局。随后，阿格拉瓦尔等（Agrawal et al.，1992）、巴伯和里昂（Barber & Lyon，1997）、科塔里和华纳（Kothari & Warner，1997）、法玛（Fama，1998）以及布拉夫（Brav，2000）等都不断地对中长期检验方法进行了改进，从而大大提高了中长期检验的可靠性。②根据可观察特性对并购样本进行细分，分别考察不同类型样本的绩效水平，以减少误差。

国外众多学者采用了不同的样本和测量区间运用该方法分别对买方、卖方以及并购双方共同获得的超常收益进行了大量的实证检验，并得出了一个相似的结论：卖方股东总是并购活动的绝对赢家，不同的仅是收益的多少而已。詹森和鲁巴克（1983）在总结了13篇研究文献的研究成果后指出成功的兼并会给目标公司股东带来约20%的异常收益，而成功的收购给目标公司的股东带来的收益则达到30%。贾雷尔等（Jarrell et al., 1988）概括了从1962~1985年663起成功的要约收购的研究结果。他们发现，在成功的收购活动中，目标企业所获得溢价的平均值在60年代为19%，在70年代为35%，在1980~1985年为30%。布拉德利等（Bradley et al., 1988）的研究覆盖了从1963~1984年完成的236起成功的要约收购，也得到了类似的结果，1963年7月至1968年6月，目标企业的收益率为19%，1968年7月到1980年12月，收益率为35%，1981年1月到1984年12月的收益率为35%。施沃特（Schwert, 1996）研究了1975~1991年1814个并购事件，得出窗口期内目标公司股东的累积平均异常收益为35%，其中1985-1991年，所有要约收购的未加权年平均收益率为36.8%。

实证研究争论的焦点则集中在收购方股东能否从并购活动中获利，主要有正收益、微弱正收益以及负收益三种结论。詹森和鲁巴克（1983）认为，在成功的要约收购中竞价企业的超常收益率为4%，并估计在兼并活动中竞价企业的超常收益率为零。贾雷尔等（1988）对几十年中收购企业股东的收益率资料进行考察后发现，在60年代他们得到的结果与詹森和鲁巴克（1983）对要约收购的研究结果相同，宣布日前10天至宣布日后5天的区间内，要约收购中成功竞价者的超常收益率为4.4%；当区间延伸至宣布日后的20天时，累计的超常收益率增至4.95%，从统计的角度来看有高度显著性；然而成功竞价者的超常收益率在70年代跌至2%左右，从统计数字的角度来看跌幅较大；在80年代，超常收益率变为-1%左右，但没有统计显著性。布拉德利等（1988）在对要约收购的研究中发现收购方的股东只能获得约1%的微弱正收益。洛德雷尔和马丁（Loderer & Martin, 1992）对1966~1986年在纽约证券交易所和美国证券交易所发生的并购案进行广泛取样后发现，在并购后三年内收购方股东存在负的非正常收益，但五年内则不存在这种情况。阿格拉瓦尔和贾菲（Agrawal & Jaffe, 2000）在研究了美国937起兼并交易和227起要约收购交易后，发现收购企业的股东在兼并完成5年后损失了财富的10%。

此外，总的事件收益是正值还是负值也非常重要。布拉德利等（1988）曾将协同效应与股权回报之间的关系概括为：企业合并所创造的价值就是协同作用的收益，可以看成是靶子企业（目标方）和射手企业（收购方）持股者财富变动的总和。即：$\Delta \Pi = \Delta W_T + \Delta W_A$。其中：$\Delta \Pi$ 为总的协同作用收益，ΔW_T 为目标企业股东的财富变动，ΔW_A 为收购企业股东的财富变动。

其他学者，如阿斯奎斯和金（Asquith & Kim，1982）的研究也都表明了相同的看法。因而，通过考察并购的总的事件收益可以检验协同效应是否得以实现，以及并购究竟是创造了价值还是破坏了价值。布鲁纳（Bruner，2002）总结了不同学者的研究（如表8－1所示），几乎所有的研究结果都表明并购双方的总收益为正，并购活动倾向于创造价值。

表8－1　　　　　　　　　　并购双方股东的总收益

研究者	累积超常收益	样本规模	样本期间	事件期（天）	注释
布拉德利等（1988）	+$117MM (7.43%)**	236	1963~1984年	(-5, 5)	要约收购；该期间内并购双方股东总收益没有发生显著性变化
郎等（Lang et al., 1989）	+11.3%**	87	1968~1986年	(-5, 5)	要约收购
弗兰克斯等（Franks et al., 1991）	+3.9%**	399	1975~1984年	(-5, 5)	兼并和要约收购
瑟韦斯（Servaes, 1991）	+3.66%**	384	1972~1987年	(-1, 交易结束日)	兼并和要约收购
班纳吉和奥厄（Banerjee & Owers, 1992）	+$9.95MM	33	1978~1987年	(-1, 0)	白衣骑士竞标
希利等（Healy et al., 1992）	+9.1%**	50	1979~1984年	(-5, 5)	该期间内美国最大的兼并交易

续表

研究者	累积超常收益	样本规模	样本期间	事件期（天）	注释
卡普兰和魏兹巴赫（Kaplan & Weisbach, 1992）	+3.74%**	209	1971~1982年	(-5, 5)	兼并和要约收购
贝尔科维奇和纳拉亚南（Berkovitch & Narayanan, 1993）	+$120 MM**	330	1963~1988年	(-5, 5)	要约收购
史密斯和金（Smith & Kim, 1994）	+8.88%** +3.79%**	177	1980~1986年	(-5, 5) (-1, 0)	要约收购
莱斯和博格（Leeth & Borg, 2000）	+$86 MM	53	1919~1930年	(-40, 0)	按1998年美元折算
马尔赫林和布恩（Mulherin & Boone, 2000）	+3.56%	281	1990~1999年	(-1, +1)	
马尔赫林（Mulherin, 2000）	+2.53%**	116	1962~1997年	(-1, 0)	不完全收购
休斯顿等（Houston et al., 2001）	+0.14% +3.11%** +1.86%**	27 37 64	1985~1990年 1991~1996年 1985~1996年	(-4, 1)	银行间的并购

注：如果没有特别说明，一般以并购公告日为"事件期"的中心；**表示0.05的显著性水平。

国内学者们基于事件研究法的结果与国外不尽相同。就目标方股东收益而言，多数研究结果表明为正（陈信元、张田余，1999；高见、陈歆玮，2000；余光、杨荣，2000；张文璋、顾慧慧，2002；朱宝宪、朱朝华，2003；余力、刘英，2004；周觉文、张天西，2013），但费一文（2003）和张宗新、季雷（2003）对不同时间段发生控股权转移的上市公司的研究都显示目标方的股东收益为负（但不具有统计显著性），甚至时间越长，收益越差，这在国外的同类研究中是没有出现过的；同时，多数研究认为国内的并购事件存在较强的提前反应和公告日后的过度反应，从而体现出我国股票市场的不成熟。

在对收购方股东收益的研究中，股东收益显著为正（雷星晖、张淇，2002；李善民、陈玉罡，2002；张文璋、顾慧慧，2002；周觉文、张天西，2013）与显著为负（余光、杨荣，2000；梁岚雨，2002；张新，2003）的比例则大体上相同，这一点与国外的研究结论基本相同。但是，国内对并购后长期超常收益的研究较少，刘妹、蔡冬梅（2017）使用了事件研究法分析中国公开上市公司进行并购活动（M&A）对其股票长期绩效表现的影响，并探究潜在因素对并购公司股票长期绩效表现的具体影响。研究发现长期异常收益率为负，统计不显著，而特定类型的并购会获得相对较好的长期绩效表现。

8.2.1.2 股价变动法

股价变动法是用 Tobin's Q 比率变化来度量绩效的评价方法，是一种单一指标评价绩效的方法。其计算公式为：

$$Tobin's\ Q = (MVE + PS + DEBT)/TA$$

其中：*MVE* 为公司流通股市值；*PS* 为优先股价值；*DEBT* 为公司的负债净值；*TA* 为公司总资产账面值。

在成熟的股票市场中，股市是并购绩效最好的评估师，以个人分散决策为基础的市场机制对公司的各种信息具有强大的解释和综合能力。上市公司并购前后 Tobin's Q 值的变化反映了投资者对上市公司并购绩效的市场判断。因而，Tobin's Q 值的变化是上市公司并购绩效的客观反映。

股价变动法是对并购前后的 Tobin's Q 值进行比较、分析，得出结论，它适用于成熟有效的股票市场环境下的上市公司企业并购绩效评价，要求股票价格能够反映企业的未来成长性。但是对于我国目前的股票市场来说，一个重要的问题是证券市场是否有效。如果证券市场本身是没有效率的，那么股价的变动就不能衡量企业绩效的变化。虽然一些学者研究认为中国股市已达到弱式有效，但股票市场的发育是一个长期的过程，由于我国股市发育时间不长，信息的完整性、分布均匀性和时效性与发达国家还存在着较大差距，股价容易受人为因素操纵。

8.2.1.3 小结

尽管在实证研究中，利用股价反应（短期和长期）来检验并购创造的价值的做法得到了广泛应用，但是这种方法的缺陷也是不容忽视的。首先，无论是在短期还是在长期，资本市场的微观结构运行不是完全有效率的，因而股票市场不能充分反映并购所公布的所有相关信息。其次，对于股票融资型（包括股票互换）并购，由于股票市场的反应不能区分股票发行与并购交易行为，因而低估了股票融资型并购的价值创造效应。再次，在一个竞争性市场上，在衡量并购所创造的价值时，不仅要衡量在投资者身上的价值，而且还应该注重对各种相关利益者的分析，如消费者剩余增加等。最后，由于投资者的预期作用，并购宣告日的股价变化早已提前得到反映。此外，投资者的心理预期也会影响股价反映并购价值的正确性。

8.2.2 经营业绩对比研究法

尽管事件分析法在协同效应的检验中得到一定的应用，但其适用性仍要受到一些因素的制约和影响，因而一些学者采用经营业绩对比研究法（又称为会计事件研究法）来对并购协同进行中长期检验。该方法利用财务报表和会计数据资料，以盈利能力、偿债能力、资产管理状况、主营业务状况（包括市场份额、销售额）和现金流量水平等经营业绩指标为评判标准，对比考察并购前后（动态业绩评价）或与同行相比（静态业绩评价方法）的经营业绩的优劣变化。在这些评价方法中，并购财务绩效评价方法主要考察两类指标：一类是获利能力指标，包括资产回报率（ROA）、销售回报率（ROS）、股权回报率（ROE）、每股收益（EPS）、销售增长、普通股回报率等指标；另一类是现金流报指标，包括预期贴现现金流、资产运营现金流回报、基于整个市场价值的运营现金流回报等。

8.2.2.1 获利能力指标

使用获利能力的财务评价方法，是因为一些关于并购决策的调查表明管理者主要想通过并购提高获利能力（Ingham et al., 1992），其中最常用的获利能力指标是 ROA 和 ROS。米克斯（Meeks, 1977）推荐使用 ROA，他认为在所有的获利能力的财务评价中，ROA 对于估计的偏差最不敏感，比权益回报率反映的偏差要小（这些偏差可能是由于并购之后杠杆率或谈判能力的变化导致的）。以前的研究通常忽视了行业变化对于公司绩效的影响，有许多证据表明行业变化会影响公司战略和绩效的关系。有些研究使用 ROS 而不是 ROA，是因为收购的会计方法直接影响了 ROA，而 ROS 不受收购的会计方法的影响。此外，ROS 还是管理者经常使用的评价标准。

(1) 单一财务指标法。

单一支财务指标法使用起来比较简单、直观。ROA、ROS、ROE、EPS 均可以评价并购业绩。单一指标中最常用的是 ROE，它能够综合反映并购业绩，在评价时只需计算出企业并购前后的 ROE 值，并对其进行比较。若并购后 ROE 值增大，表示并购后企业盈利能力比并购前有所提高，则并购是有效的，反之并购是无效的。但是，无论是在市场经济发达的西方国家，还是处于社会主义初级阶段的中国，企业的目标都不仅仅是单一盈利能力的提高。例如，企业需要扩大规模增强抗风险能力和市场的控制力度等。因此，企业并购的绩效需要用多种类型的指标从不同的角度反映企业的综合实力的变化。

(2) 综合财务指标法。

针对于上述单一指标存在的局限性，目前很多学者提出了一种综合财务指标评价体系。但是在综合评价体系中，往往涉及多指标之间权重问题的确定，目前主要的方法有比重评分法、熵值法、主成分分析法、因子分析法和层次分析法等。

①比重评分法。比重评分法最初是由沃勒（Wole，1928）提出的，他选择了 7 种财务指标，并分别规定了它们在综合评价中所占的比重，使各指标的比重总和为 1000，然后确定标准财务指标，并将实际财务指标值与标准财务指标相比较，评出每项指标的得分，最后利用各指标的比重作为权数求出最终的综合得分。但是，比重评分法主要是利用主观判断的方法确定出各评价指标的比重，分析所得的评价结果缺乏客观性，在一定的程度上影响了计算结果的科学性、准确性。

②熵值法。1946 年美国贝尔实验室的工程师香农（Shannon）将热力学中熵的概念引入信息论中。熵是事件包含信息量多少的量度。一个事件的不确定性越强，其熵越大。对于一个必然事件，其熵为 0。因此，根据熵的性质，可以判断一个事件的随机性，也可以此判断某个指标的离散程度。一般来说，指标的离散度越大，其熵值越大。熵值法主要是从数据间的差异出发，在使用多指标对事物进行评价时，若某个指标个体之间的差异不大，则该指标在综合评价中所起的作用就小。反之，若对某个指标而言，个体之间取值的差异波动很

大，即该指标的离散程度很大，则表明该指标对综合评价有很重要的影响。因此，可以利用熵值作为确定指标权重的依据。熵值法具有一定的客观性和科学性，但这种方法不能很好地反映相关指标间的关系。

③主成分分析法和因子分析法。在讨论对多指标的综合评价问题时，可以将统计学中的多元数据分析方法应用于综合评价的过程中。主成分分析法（Principal Component Analysis）是把多个指标转化为少数几个综合指标的一种统计分析方法。在多指标的研究中，往往由于变量个数太多，并且彼此之间存在着一定的相关性，因而使得所观测的数据在一定程度上反映的信息有所重叠，而且当变量较多时，在高维空间中研究样本的分布规律比较麻烦。而主成分分析法可以在保证数据信息损失最小前提下，经线性变换和舍弃一小部分信息，以少数新的综合变量取代原始采用的多维变量。主成分分析法是通过在多个指标中寻找主成分，用主成分来充分反映原来的信息，并通过主成分得分来确定权数，降维作用比较明显，最后得出综合主成分值，所得的结果客观性强，但有时用此方法得到的主成分无明显的实际经济意义。

因子分析方法（Factor Analysis）对主成分分析法提取的初等因子载荷阵（Component Matrix）进行方差最大化正交旋转，通过正交后的累计贡献率筛选出主要的因子，然后回归求得因子的得分函数，最后得出综合因子得分值进行考察。

④层次分析法。层次分析法是一种定性分析和定量分析相结合的评价决策方法，它将评价者对复杂系统的评价思维过程数学化，其基本思路是评价者通过将复杂问题分解为若干层次和若干要素，并在同一层次的各要素之间简单地进行比较、判断和计算，得出不同替代方案的重要度，从而为选择最优方案提供决策依据。层次分析法的特点是：能将人们的思维过程数学化、系统化，便于人们接受；所需定量数据信息较少。但是，层次分析法要求评价者对评价问题的本质、包含要素及相互之间的逻辑关系掌握的十分透彻。这种方法尤其可用于对无结构性的系统评价以及多目标、多准则、多时期等的系统评价。

8.2.2.2 现金流量指标

希利等（1992）提出了用税前运营现金流来评价运营绩效的方法。他们定义运营现金流为销售额减产品销售成本、销售和管理费用，加折旧和商誉支出。用这个评价指标除资产的市场价值（股权的市场价值加净债务的账面价值）来提供一个回报的度量，在不同的公司之间进行比较。税前运营现金流回报评价排除了折旧、商誉、利息支出/收入和税收，因此不受并购会计方法（购买法或股权联合法）或并购支付方式（现金、债务或股权）的影响。运营现金流绩效评价指标不像基于绩效评价的收入指标，不受折旧和商誉的影响，可以进行截面比较和时间序列的比较（当公司采用不同的并购记账方法时）。并购前后绩效的一些差异应当归因于经济扩张或行业因素。因此，他们使用行业调整的目标公司和收购方绩效作为评价并购后绩效的主要基准。行业调整的绩效评价通过从样本公司价值中减去行业的中间值得到。当计算行业中间值时并购公司的数据被去掉。拉马斯瓦米和瓦格莱因（Ramaswamy & Waegelein，2003）延续了希利等（1992）首次使用的行业调整的运营现金流指标，用下列指标来评价目标公司对收购方的相对规模与并购后绩效的关系：

$$POMDROA = \alpha + \beta_1 PRMDROA + \beta_2 SIZE + e$$

其中：POMDROA 为并购后 5 年的市场资产价值的行业调整的运营现金流回报的中值；PRMDROA 为并购前 5 年的市场资产价值的行业调整的运营现金流回报的中值；SIZE 为并购前一年末基于市场价值的目标公司对收购方的相对规模；截距 α 仅是行业调整的异常回报；斜率 β 表示并购前后年份间的现金流回报的相关性。$\beta_1 PRMDROA$ 用来评价并购前绩效对并购后绩效的影响。因此截距 α 仅是并购前回报的自变量。

8.2.2.3　EVA 绩效评价法

经济附加值（EVA）是指上市公司扣除投资者的机会成本后所增加的价值。它最初出现在诺贝尔经济学奖获得者米勒和莫迪利亚尼（Miller & Modigliani，1961）关于公司价值的模型中，美国思腾思特公司的创始人斯特恩（Stern）和斯图尔特（Stewart）最早使用 EVA 概念并且把它推广作为评价工具使用（Stern et al.，1995），可口可乐公司进行重组时对 EVA 的应用使其实现在实践层面的突破。采用 EVA 绩效评价方法的优势主要有三个方面：第一，EVA 以企业经营活动所产生的收益为基础，它可以对上市公司的并购活动进行约束和规范，对抑制上市公司利用并购交易操纵利润的行业大有裨益；第二，会计研究法并没有考虑企业资金成本问题，不能准确地反映公司为股东创造的价值，而 EVA 考虑了企业的资本成本问题，使公司价值更加贴近真实；

第三，EVA 能积极调动企业各业务部门参与到并购的全过程中去，从而缓解并购双方的对立，使并购效果得以提升。

近年来，在已有文献研究的启发下，国内各学者开始从企业经济增加值（EVA）这一新角度来评价并购绩效。肖翔、王娟（2009）以 2002 年 A 股上市公司的并购事件为研究对象，对并购公司的 EVA 和 EVA 率进行了研究，结果发现从短期来看，并购绩效得到了提升，而从长期来看，并购绩效不显著。陆桂贤（2012）以 2005 年沪深上市公司的 37 起并购案例为样本，通过计算 2004 - 2009 年 6 年间所选案例中企业的 EVA 值变化趋势发现，交易发生年份，大部分公司的价值与交易前相比都得到了改善，然而，在并购完成后的两年之内，绝大多数公司的价值恶化，直到 3 年后，绩效才会提高。王宋涛、涂斌（2012）选取 2002～2004 年我国沪深 A 股和 B 股发生的并购事件作为研究对象，对收购方的 EVA 指标进行分析，结果显示：短期甚至长期，并购都使收购方的 EVA 得到了提升，为收购公司带来了收益。

EVA 的计算公式如下：

$$EVA = NOPAT - TC \times WACC$$

其中，NOPAT——税后净营业利润；TC——资本总额；WACC——加权平均资本成本。相关指标含义及计算公式如表 8 - 2 所示：

表 8 - 2　　　　　　　　EVA 相关指标含义及计算公式

变量名称	变量符号	含义及计算公式
税后净营业利润	NOPAT	含义：企业税后综合资本总额的投资收益额，计算结果真实反映了企业资产的盈利能力。 计算公式：NOPAT = 营业利润 + 投资收益 + 财务费用 + 各项准备金增加额 + 商誉摊销 + 递延税项贷方余额增加 + 资本化研发费用 - 资本化研发费用摊销 - EVA 税收调整 EVA 税收调整 = 利润表上的所得税 + 税率 ×（财务费用 + 营业外支出 - 固定资产/无形资产/在建工程准备 - 营业外收入）

续表

变量名称	变量符号	含义及计算公式
资本总额	TC	含义：企业所有者对企业投入资本总数的账面价值的大小，并由债务资本和权益资本两部分构成。 计算公式：资本总额 = 债务资本 + 股权资本 债务资本 = 短期借款 + 长期借款 + 一年内到期的长期负债 股权资本 = 普通股权益 + 少数股东权益 + 递延税项贷方余额 + 累计商誉摊销 + 各项准备金 + 研发费用资本化金额 – 在建工程
加权平均资本成本	WACC	含义：以企业各项资本在企业总资本中所占的比例为权重，对各种长期资金的资本成本加权平均所计算出的资本总成本。 计算公式：WACC = 债务资本成本 ×（债务资本/资本总额）×（1 – 税率）+ 权益资本成本 ×（权益资本/资本总额）

8.2.2.4 主要实证研究结论

国外学者通过经营业绩对比表达的并购绩效研究得到了以下结果：

（1）并购使得大部分目标企业的财务绩效得到了提升。科菲等（Coffee, 1988）对 1975~1983 年 56 项敌意接管的研究表明，被要约收购方的权益回报率在并购后平均从 14.7% 上升到 19.6%；赛斯（Seth, 1990）研究了 1962~1979 年 102 项要约收购，发现目标企业以增加的现金流代表所获得的经营协同效应，约为 12.9%；希利等（1992）研究了 1979~1984 年美国 50 家最大的兼并收购案例，发现经行业调整后的公司资产回报率有明显提高，他们进一步的研究还发现，回报率的提高不是来自解雇职工产生的人工成本节约，而是源于公司管理效率的提高；帕里诺和哈里斯（Parrino & Harris, 1999）的研究结果表明，目标企业并购后的经营现金流回报率（经营现金流除以资产的市场价值）显著增加。

（2）大部分收购方的财务绩效呈现下降趋势或低于行业平均水平。米克斯（1977）对英国 1964~1972 年 233 项兼并的研究表明，收购方资产收益率（ROA）在并购后几年内持续下降；索尔特和温霍尔德（Salter & Weinhold, 1978）则发现收购方的平均权益回报率（ROE）比纽约交易所同期平均水平低 44%，资产回报率则比纽约交易所同期平均水平低 75%；穆勒（Mueller,

1985）研究了 1950~1992 年涉及兼并的美国最大的 100 家公司，发现不论是混合并购还是横向并购，其市场份额均大幅下降；迪克森等（Dickerson et al., 1997）的研究发现收购方的资产回报率（ROA）在并购后头 5 年内比同期不参与并购的企业平均低 2%；赛罗沃（2001）则对 1979~1990 年 168 项兼并交易进行了研究，发现收购方的投资收益率呈下降趋势，在并购后的第 4 年平均下降了 20%。

（3）并购双方的财务绩效随时间而变化。卡莱恩等（Carline et al., 2002）考察了 1985~1994 年的 86 项兼并活动，其研究结果表明样本企业并购双方的综合业绩在并购前 5 年内低于同行业内同等规模的其他企业，而在并购后 5 年则显著超过行业内同等规模的其他企业。

由此可见，基于经营业绩对比分析得到的研究结果与运用事件分析法得到的"目标企业股东获得显著的超常受益，收购方收益不显著，并购双方股东的总收益显著为正"的结论是基本一致的。

国内学者通过对并购绩效的研究得到了以下结果：

超常收益法的运用严重依赖有效市场的理论假设，而中国这一市场的有效性本身仍存在着争议，因而对公司的财务数据进行分析以考察并购后整体业绩是否提高，协同效应是否得以实现更为合适。国内学者的研究结论与国外的同类研究结论明显不同，多项研究显示收购方绩效在并购后呈现明显的先升后降的趋势。冯根福、吴林江（2001）则采用主营业务收入/总资产、资产利润率、每股收益、净资产利润率（剔除行业影响因素）组成的综合得分模型分析和检验了 1994~1998 年上市公司的并购绩效，其结果表明上市公司绩效从整体上看有一个先升后降的过程；横向并购绩效好于混合并购，纵向并购绩效最差。方芳、闫晓彤（2002）以 2000 年所发生的收购兼并案例的 115 起中选取 80 家公司作为研究对象也得出了类似的结论，文中比较了并购当年、并购后一年与并购前一年的业绩总和得分，发现横向并购业绩下降幅度在缩小，总体绩效在上升；纵向并购下降幅度在扩大；混合并购当年业绩显著上升，但在第二年就明显下降了。沈华珊（2002）研究了 1997~2001 年 392 家发生控股权转移的上市公司，以经行业调整的净资产收益率为指标衡量了样本并购后的绩效，结果发现 1997-1998 年间高管变动的幅度较小，经营业绩呈典型的短期效应，发生并购当年业绩短暂提升，长期内业绩下滑；1999 年后高管变动增多，经营业绩改善呈长期化。张新（2003）对1993~2002年1216起并购案例进行了研究，他以每股收益、净资产收益率、主业利润率为衡量标准，研究结果表明上市公司作为目标方，业绩在并购当年和并购后第一年明显好转，但到第二年和第三年后绩效改善缺乏持续性；上市公司作为收购方（22个样本），业绩却持续下降。李善民等（2004）以1999~2001年发生兼并收购的84家中国A股上市公司为样本，以经营现金流量总资产收益率来衡量和检验上市公司并购后的绩效，结果表明收购方并购当年绩效有较大提高，随后绩效下降甚至抵消了之前的绩效提高，并购没有实质性地提高收购方的经营绩效。

此外，也有少数学者持有不同看法。檀向球（1998）对沪市1997年的198个重组案例进行研究，建立了包括主业利润率、净资产收益率、资产负债率、主业鲜明率等9个指标的绩效综合评价体系，结论是进行兼并扩张的企业绩效下降。朱宝宪、王怡凯（2002）研究了1998年67家控股权转移的上市公司，以并购前两年和并购后三年的净资产收益率和主业利润率为基础，结果表明上市公司在并购后主业得到明显加强，业绩逐步得到改善。李心丹等（2003）以1998年沪深两市发生并购的103家上市公司为样本，利用数据包络分析方法（DEA）系统分析了样本公司并购前后三年的绩效，研究表明，并购活动总体上提升了上市公司的经营管理效率，同时并购后的几年内继续保持着绩效稳步提高的趋势。特别是上市公司作为收购方，在并购后绩效有很大程度提高；而上市公司作为目标方则并不显著。赵息等（2012）对我国主板市场2006年发生的67件并购事件进行了实证分析，通过对比并购年度前后的财务经营绩效，发现并购公司的绩效在并购当年急速下降，在之后的区间仍然持续降低，在并购后的第三年绩效小幅度回升，综合连续几年的情况来看，并购公司并没有在并购中获得较明显的收益，并购没有实质性地提高并购公司的经营绩效；被并购公司在并购伊始绩效有所下降，但之后经营绩效直线上升。张翼等（2015）以2003~2008年沪、深股市发生并购事件的上市公司为研究样本，采用因子分析法对中国上市公司并购事件发生前三年和并购后五年的经营业绩水平做了分析，研究结果表明，从长远来看，目前我国上市公司并购是无效率的，没有实现并购双方资源整合和创造价值的效果。刘畅等（2017）采用因子分析对2014年150个上市公司的并购前后的绩效进行了综合评价及实证分析，结果表明，并购对上市公司的绩效影响是短期内绩效有微弱提升但并不明显，随着时间的磨合，企业的收益绩效会有大幅度的提高。

8.2.2.5 小结

并购绩效不同的研究结果在很大程度上与学者们运用的研究方法、选样和业绩评价的基准不同有关。此外，卡罗米瑞斯和卡尔赛斯基（Calomiris & karceski，1998）也从其他角度揭示了该方法的不足：（1）绝大多数的公开财务数据都是累加值，难以独立区分单个规模较小事件的影响。（2）财务数据是历史数据，反映的是过去的绩效，而不是所期望的未来收益。（3）需要考察时间的时滞影响。他们认为，对于以成本节约为动机的并购而言，并购后第一年由于存在一些特别处理费用或裁员补贴等整合成本，可能导致并购成本上升；而对于受战略因素（如协同效应或多样化）推动的并购交易，成本的降低需要3年甚至更长的时间才能实现。（4）需要考虑对比基准选择的影响。例如，当用同行业的非并购样本作为基准时，这些样本可能在选择样本前后已经或将要发生并购，况且非收购方也可通过新建投资等发展战略达到与并购同样的效果。（5）需要考虑会计处理方法影响。同一个并购交易在购买法下并购后收入要比在股权联合法下的并购后收入低。购买法提高了收购后的折旧、产品销售成本和商誉的费用。在并购当年，购买法下公司收入较低，是因为购买法合并的目标公司的收入要比股权联合法合并的目标公司收入的时期要短。在购买法下报告的更低的收入完全是由于并购会计方法的差异，而不是经济绩效的差异。由于购买法下资产账面价值的提高，并购后购买法下账面资产会比股权联合法下的账面资产大。会计处理方法在影响获利能力和影响运营现金流时的程度不同。

因此，构造一个可靠的绩效对比基准是相当困难的。安德拉德等（Andrade et al.，2001）进一步指出，在20世纪90年代掀起的以巩固产业发展为主导的新一轮并购浪潮中，产业冲击或并购产业集中现象更加尖锐地突出了绩效基准选择方面存在的问题，这些问题还会伴随时滞影响而进一步恶化。随着方法论研究的逐步深入，一些学者试图对上述两种基础分析方法进行融合和扩展，如皮洛夫（Pillof，1996）以及阿克韦尔等（Akhavein et al.，1997）。他们通过对企业并购行为和会计数据、股票市场收益变化的关联性分析，研究度量会计数据变化和超常收益之间的相互关系。他们发现，拓展后的研究方法可以通过市场来准确预测并购后绩效的变化情况，并且在一定程度上回答了市场是否有能力区分并购活动对经营业绩的影响。国内学者程聪等（2018）采用 Meta 技术方法，对 1985－2013 年发表的 48 项企业并购研究文献中的 53 个效应值进行归纳性分析。分析结果表明，企业并购绩效评价方式差异会导致企业并购效益的不同，其中，采用 ROA 评价方式所获得的企业并购绩效最好，采用 CAR 和 AR 评价方式次之，而采用 BHAR 评价方式所获得的企业并购绩效最消极。

8.2.3 个案研究法

个案研究法是近年来对原有并购绩效研究方法的新发展。这种方法是在不能全面准确判定全部样本并购绩效的情况下，分析了解个案，寻求个案解释，深入观察特定并购案例的绩效动态变化过程，从而判断并购事件的效果。

个案研究法在实际应用方面的显著优势在于：（1）把并购绩效的考察与单个案例的特征信息联系起来，并将并购动机、行业差别等特征信息作为一组条件变量应用于计量经济分析，能够用来考察并购动机及其他特征对并购结果的影响。而以前的研究方法在绩效评价指标、样本大小和时间跨度方面存在较大差异，在没有考虑并购主体主客观条件（包括动机）的情况下，以偏概全地用样本结果来肯定或否定并购的有效性。因此，个案研究法在研究效果的深化上更有潜力，也更有说服力。科尔尼咨询公司（A. T. Kearney）选取 1998－1999 年间发生的 115 起巨型并购案例进行研究，结果发现，42% 的企业达到了预期目标，因而被视为成功的并购。（2）能够有效地区分并购的应有作用与结果。在特定条件下产生的并购结果只要符合并购主体的最初动机，就可以认为该并购行为是合理、有效的。特滕鲍姆（Tetenbaum，1999）认为，以前的方法混淆了对并购实际结果的评价和对并购应有结果的评价，从而对并购的作用产生异议，而且难以解释为什么在按股价变动、绩效等指标衡量的并购失败率居高不下（60%－80%）的情况下并购活动依旧如火如荼的现实。（3）个案研究更注重并购行为的动态演变过程，而不是像一般性经验研究那样，把已经发生的成功案例或失败案例简单地加在一起，这样做会人为地夸大或缩小并购的作用。卡罗米瑞斯和卡尔赛斯基（1998）对美国中西部银行在 1992～1994 年期间完成的九大并购案进行了逐一分析，驳斥了原有的关于银行并购无效率的结论。

我国也有部分学者运用此方法对特定的并购交易产生的协同效应进行了检验。陈信元、董华（2000）对1998年清华同方和鲁颖电子换股合并的案例分析发现，鲁颖电子流通股股东获得累计约96%的非正常报酬，平均每股增加4.28元；清华同方流通股股东累计非正常报酬约为2.5%~5.88%，每股增加约0.77~1.84元。市场反应表明，市场确实对存在资源联合效应的合并持欢迎态度。洪锡熙、沈艺峰（2001）对1996年10月至12月君安和三新先后八次收购申华的事件进行了研究。结果表明，在我国目前的市场条件下，二级市场收购不能给目标公司股东带来显著的超常正向收益。杨旭等（2002）以方正科技为典型案例，分析了三次并购和五次减持公告对目标公司股东收益产生的影响，结果表明，尽管目前我国股票市场并不成熟，公司收购行为仍然会给目标公司股东带来收益。屠巧平（2005）对丽珠股权收购案进行实证研究的结果表明，丽珠集团控制权之争给目标公司股东带来了23.81%的超常收益，收购方太太药业股东收益为-17.49%，说明收并购没有给收购方股东带来收益。把并购双方作为一个整体考虑，并购前后平均市值增长率随着时间的延长越来越高，平均增长率为15.52%，说明并购综合效应显著。刘文炳等（2009）借鉴战略绩效管理思想，构建了企业并购战略绩效评价体系，并对联想并购IBM的PC业务的战略绩效进行评价分析。结果表明，战略绩效比单纯的财务绩效评价全面深入，联想并购后的财务绩效表现良好，但综合考察内部运营流程、客户和学习与成长等指标，并购绩效并不理想。云昕等（2015）以优酷土豆并购为例，应用事件分析法和主成分分析法，从短期和中长期角度分别研究了优酷与土豆的并购对企业绩效的影响。研究结果表明，从短期来看，优酷土豆并购为股票持有者创造了正价值；从中长期来看，此次并购事件使优酷的企业绩效呈现平稳上升态势。

8.2.4 其他研究方法

1. 自我报告

在分析收购方的长期绩效时，通过设计好的量表询问被访者，收购的长期绩效由并购后的市场份额、销售收入、内在的获利能力和相对于行业均值的获利能力的自我报告进行评价（Self-reported Measure），来研究外部技术收购对公司绩效的影响。

2. 学术小组评价

布鲁顿等（Bruton et al.，1994）在分析 1979~1987 年间 51 个被收购的困难公司时，提出使用学术小组的主观评价来评价并购的绩效。他们认为过度地依赖绩效的财务评价是不合适的，因为它们反映的是整个公司的绩效，而不仅仅是与收购有关的绩效。

学术小组评价方法的重点是设计一个针对每个企业收购绩效的主观评价方法。小组成员是研究战略管理、战略市场营销和财务的，对于其他部分并不熟悉。布鲁顿等（1994）的评价小组中有来自三所不同大学的三个成员。他们在一个 7 水平量表基础上评价每个并购的成功，量表从 1 "非常不成功——收购方从收购中没有显著的财务或战略利益"到 7 "非常成功——收购方从收购中获取了显著的财务或战略利益"。学术小组的评价资料来自可得到的行业专家、股票分析师和商业作家公开发表的财务数据摘录。他们假定，因为人们购买这些相互竞争的作者的研究成果，有时也根据他们的建议投资，所以这些作者想要维护他们的名誉，就会确保他们的文章提供了最准确的可获得的有关收购的公开信息。所有的摘录只与研究的主题——收购有关，而不是针对于公司的全部绩效。

3. 专家排序

坎内拉和汉布里克（Cannella & Hambriek，1993）在分析 1980~1984 年间 138 个并购中出让方的主管人员离职对于出让方绩效的影响时，采用了专家排序的方法来评价公司的并购后绩效。他们认为由于并购后出让方绩效的公开信息不能有效地得到，因此用股东的收益评价不能反映出让方真实的并购后绩效。对于每一项并购，他们选取了 6 个收购方的高层管理人员和 6 个专门针对收购方进行证券研究的证券分析师作为被调查的专家。在 7 水平量表基础上询问这些专家"你如何评价在并购发生时出让方的获利能力"或"四年后的获利能力"。

8.3 并购绩效的影响因素研究

8.3.1 并购动机与并购绩效

企业的并购绩效是在不同并购动机下行为选择的经济结果，通过分析企业不同并购动机导向下的并购绩效，能更好地探究企业并购中的财富增减效应。

布劳瑟斯等（Brouthers et al.，1998）提出了一个基于多重动机、关键成功因素和多重绩效测量的并购绩效评估方法，直接将并购动机分为经济动机、个人动机和战略动机三类。经济动机包括扩大营销规模、增加利润、降低风险、防御竞争对手等9项，个人动机包括增加管理特权等4项，战略动机包括提高竞争力、追求市场力量等4项。金（King，2001）也提出，衡量一笔并购业务成功与否的关键在于确定一个综合性的绩效衡量方法，这种方法必须将管理层对当前经营绩效的满意水平与最初的收购动机相联系，即判断企业并购是否成功的依据就是并购动机的实现程度。拉比耶（Rabier，2017）分别检验了以经营协同和财务协同为动机的并购绩效，发现对收购方来说，以经营协同为动机的并购绩效要高于以财务协同为动机的并购绩效。国内学者刘万里（2002）分析了企业进行并购活动的各种动机及多种并购效应，并购动机方面有管理者经济动机及心理动机，并购效应主要有市场份额效应、企业低成本扩张效应、财务协同效应以及经营协同效应等。杨晓嘉、陈收（2005）站在利益相关者利益最大化的角度，运用多目标优化理论，将并购动机归结为保护上市资格以维护融资功能的动机、纠正违法行为以维护公司信誉的动机、争取领导信任以维护个人地位的动机、追逐最大利润以维护竞争优势的动机、分散经营风险以维护投资安全的动机、建立产业联盟以维护行业龙头地位的动机等等，定性分析并购动机与并购结果的匹配程度，将此作为企业并购的基本绩效。蒋叶华、陈宏立（2006）提出上市公司并购绩效矩阵评价模型来衡量上市公司并购的整体绩效，而上市公司并购绩效矩阵评价模型需要考虑并购者的并购动机，通过考察上市公司并购结果对动机的实现程度来反映目前上市公司并购的实际状况。宋建波、沈浩（2007）以2002年A股上市的138家上市公司为研究对象，采用财务指标法研究了企业并购动机与并购绩效之间的关系，把并购动机分为了委托代理动机和协同效应动机两大类，并得出委托代理动机下，并购绩效为负值，协同效应动机下，并购绩效为正值，进行多元化并购对并购公司的绩效影响最为显著的结论。同时，夏新平等（2007）采用多元判别法，研究了委托代理动机与协同动机下企业的并购绩效，研究结果同样表明委托代理动机将导致绩效的降低，而协同动机会增加股东财富，为并购企业创造价值。章新蓉、唐敏（2010）将并购动机划分为政策导向和市场导向，进而分析了不同动机导向下的并购行为,检验了并购行为对公司并购绩效的影响。周绍妮、文海涛(2013)提出以各产业演进阶段下企业不同的并购动机及其实现程度作为并购绩效的评价标准,认为并购绩效的评价应遵从"产业演进阶段——企业并购动机——并购绩效评价"的逻辑,在此基础上逐一分析了产业演进各阶段的并购动机,并设计相应指标体系来衡量其各阶段并购动机的实现,以此作为企业并购绩效评价的基础。张学伟(2015)参照 WIND 数据库的并购分类,根据收购方并购动机具体内容,分为 12 大类,在此基础上将并购动机整理分为资源基础观、产业组织理论、行业冲击理论、交易成本理论、内部资本市场五类,并在数据包络分析模型(DEA)和双边随机边界模型(TSFA)的基础上,分析了不同并购动机下的并购绩效。

有研究表明,收购方的初始持股额是企业并购的一个动机,并影响着并购绩效。在并购消息宣布之前,只有收购方拥有是否并购的内幕消息,因此,收购方在投标之前会通过二级市场买入目标企业的股票,在目标企业建立"立足股份"(toehold),使股价逐步上涨到要约价格水平,这样收购方可获得更多的收益,改善绩效水平。凯尔(Kyle,1985)以及施莱弗和维什尼(Shleifer & Vishny,1986)的研究都表明,随着收购方持有目标企业初始股权的增加,并购成功的概率将上升,收购方的期望利润也会上升。但是,布拉德利等(1988)反驳了这一点。他们认为,大多数收购方在并购时并不拥有目标企业的股份,即使收购方拥有国有企业的股份,收购方从这些股份上能够获得的潜在利润比起并购成本来说也是非常小的。其主要原因有两点:首先,要想在二级市场上大规模秘密买入目标公司的股票是不可能的,其数量受法律限制;其次,股票市场上存在许多发掘被低估股票的投资者,当市场交易很清淡时,收购方大批买入股票会暴露其私人信息,从而使股票价格迅速上涨到要约价格水平,因而难以获得足够的利润。詹宁斯和马泽奥(Jennings & Mazzeo,1993)的实证发现,美国收购方的平均初始持股量都很低(只有 3%),而且只有 15% 的收购方持有目标企业的初始股份。但在多个竞价者的子样本中,收购方的平均初始持股比例有所提高,达到 18% 左右。海等(Hay et al.,2001)也指出,在竞争性并购的初期,收购方很容易以各种名义秘密购买股票,在目标公司建立起立足点。然而,在管制盛行的今天,当利益相关者一旦持有的股票超过一定比例时,就必须按要求进行充分的信息披露,因而要想以此获得利润并非易事。

此外,管理者的心理动机也影响着企业的并购决策及并购后的绩效。罗尔(Roll,1986)认为,如果公司在并购活动发生前经营较好,那么其管理者就比较容易犯因盲目自大而过分乐观估计并购机会的错误,这样的结果是造成支付过度,不能实现并购预期的协同效应。在我国上市公司较低的管理层持股比例、较低的经理人市场化水平的背景下,学者展开了相关研究。大多数实证结论显示,并购绩效与并购活动发生前的盈利能力之间存在负相关关系。谢玲红等(2012)摒弃传统公司并购理论中的管理者理性假设,从行为公司金融理论出发,结果表明群体决策中的管理者普遍存在着过度自信;管理者过度自信与并购长期绩效显著负相关,与短期绩效也负相关,但在统计上不显著。章细贞、何琳(2014)基于行为财务学的视角研究了管理者过度自信对企业并购绩效的影响,研究发现管理者过度自信与企业并购绩效呈负相关关系。宋淑琴、代淑江(2015)研究了管理者过度自信、并购类型对并购绩效的影响,通过实证研究分析得出管理者过度自信能够显著降低并购后公司的财务绩效和市场绩效,此外,在不同的并购类型中管理者过度自信对并购绩效的影响是存在差异的,相关并购中管理者过度自信能够显著提高并购绩效,非相关并购中管理者过度自信能够显著降低并购绩效。

最后,外部经济环境也可能作为企业的并购动机,对企业并购活动和并购绩效有着重大影响。白雪原(2011)认为在全球金融危机和中国转变经济发展方式的历史时期,企业并购由于具有与经济之间较强的同向变动属性,易受到经济环境的影响,2008年的样本并购企业绩效表现不佳,但2009年开始因享受政策红利,并购的财富创造能力有所恢复。吴娜等(2018)通过使用Bootstrap-DEA方法对2013年发生的534起上市企业并购案例进行并购前3年和并购后3年的绩效差异比较发现逆周期并购(弯道超车)对企业绩效均存在显著的负面影响。已有的关于FDI的研究中,有很多宏观经济变量作为控制变量与资本成本密切相关,因此与跨国并购的绩效密切相关。较高经济增长率和高利率能为企业带来高回报,因此能吸引更多国外资本(Oxelheim et al.,2001)。胡杰武、韩丽(2015)以2006~2012年94起中国上市公司跨国并购事件为样本,运用事件研究法对跨国并购中收购方的股东财富效应进行了研究,结果显示,跨国并购确实能为我国收购方股东带来显著的正财富效应,而对东道国宏观经济因素对跨国并购财富效应的影响研究发现，GDP与股东财富效应显著正相关，CPI与股东财富效应显著负相关，而汇率与财富效应之间没有显著关系。

8.3.2 并购能力与并购绩效

并购能力反映的是企业如何将资源转换为并购绩效、价值的能力。库塞维特（Kusewitt，1985）以1967~1976年美国的138家公司为样本，用每年的并购数量来衡量并购能力，实证检验得出并购能力和并购绩效呈负相关的关系。哈尔布里安和芬克尔斯坦（Haleblian & Finkelstein，1999）对1980~1992年449起并购进行实证研究，得出并购能力和并购绩效之间呈U型关系。韩立岩、陈庆勇（2007）对我国2001~2003年141家上市公司进行了实证分析，得出并购能力和并购绩效没有显著关系的结论。田飞（2010）采用理论分析与案例研究相结合的方法，证明了并购管理能力是影响并购绩效的关键因素，并通过数据分析得到了"并购管理能力对并购绩效"的作用路径图。宋迎春（2012）根据组织学习理论，在多次并购中可以总结并购经验，从而形成并购能力，即企业取得并购经验，然后并购经验逐渐清晰化，接着对并购经验进行解码，分享并购经验，并购经验内在化，最终转化为并购能力，进而影响并购绩效；其分别对并购成功率和并购能力，连续并购、并购经验和并购绩效的关联进行了实证检验，得到并购成功率与并购能力之间、并购经验与并购绩效之间均存在明显正相关关系的结论。斯列普佐夫等（Sleptsov，2013）提出投资者是理性的，投资者的预期可以从侧面反映企业的并购能力。纳多尔斯卡和巴克马（Nadolska & Barkema，2014）研究了并购累计次数以及领导者的平均并购经验对并购结果的影响。葛伟杰等（2015）运用事件研究法对并购绩效进行衡量，采用随机前沿分析对并购能力进行测度，通过对2007~2010年的样本展开相关检验，研究发现，并购能力和并购绩效之间存在显著正相关关系。

有研究表明，收购方成长性是并购能力的一种表现，与价值性相关关系可以从绩效外推假设（Performance Extrapolation Hypothesis）中得到解释，弗兰克斯等（1991）以及法玛和弗伦奇（Fama & French，1992）都是该假设的支持者。根据绩效外推假设，无论是市场投资主体还是其他利益相关者，都会根据收购方的历史绩效来评估并购所创造的价值，而人们通常以净市率（账面资产值和市价资产值之比）作为对历史绩效的近似衡量尺度。把净市率高的企业称为价值型企业，把净市率低的企业称为成长型企业。由此可以推断：（1）在并购宣告期，成长型收购方会比价值型收购方实现更多的超常收益，这是由市场参与者的过度预期所造成的；（2）从长期来看，市场将逐步调整收购方最初被高估的价值，因而价值型收购方的超常收益要高于成长型收购企业；（3）成长型收购方将付出更多的收购溢价，这符合目标企业股东的利益。因此，根据这三个层面的推断，该假说得出了"净市率与短期并购绩效成反比，而与长期并购绩效成正比"的结论。郎等（Lang et al.，1989）通过检验发现，收购方的宣告期收益与托宾 Q 的比率正相关，从而验证了该假设的第一层含义。安德森和曼德尔克（Anderson & Mandelker，1993）则首次利用净市率对 1966～1987 年发生的 670 个并购样本进行了长期绩效检验，也得出了同样的结论。劳和费尔马伦（Rau & Vermalen，1998）对银行样本进行了检验，又证实了该假说的后两层含义。他们发现，成长型收购方在并购后 3 年的超常收益率为 -17.3%，而价值型并购的超常收益率为 7.6%。但是，Louis（2002）的实证结果表明，净市率与长期并购绩效之间的显著正相关关系仅在银行样本中成立，这是由于银行企业本身具有较高的净市率所致，当把银行样本剔除后，成长型收购方的长期超常收益（-10.1%）要高于价值型收购方（-18.5%），但是不具有显著性。很明显，实证检验结果并不完全支持绩效外推假设，这是因为该假设是以过去绩效为衡量基础的，而并购能否创造价值不仅取决于过去，而且更多地取决于并购的预期收益市场，因此该假设的说服力是有限的。

此外，企业的支付能力作为并购能力的一种，也影响着并购双方的绩效。从公司财务理论可知，并购支付方式包括现金和证券两种，不同的支付方式会对并购双方的股东收益产生影响，这主要表现在三个方面：（1）税务因素。埃克博（Eckbo，1983）提出了纳税协同效应的观点，认为并购可以更好地利用避税手段，如纳税、资本利得税和增加资产。采用证券（以股票为主）支付方式时，可以使目标企业股东延迟纳税和进行税种替代，这对目标企业的股东有利；而采用现金方式支付时，收购方增加了资产，从而扩大了折旧避税额，所以收购方也愿意支付更高的价格。（2）信息不对称因素。布里厄利等（Brealey et al.，1977）、迈尔斯和麦吉罗夫（Myers & Majluf，1984）、特拉弗洛斯（Travlos，1987）以及路易斯（Louis，2004）都认为，当企业意识到价值被高估，管理层就会利用所拥有的私人信息发行证券为并购融资，所以股票价格并不能准确反映并购的信息，从长期看这会导致公司股价下降。劳和费尔马伦（1998）也指出，股票融资型并购会使投资者产生收购方价值被高估的预期。因此，当并购消息被公布时，收购方的股价会因投资者的预期回归而趋于下降。（3）信号因素。该理论表明，支付方式的选择揭示了未来的投资机会或现金流量情况。现金融资型并购表明，收购方的现有资产可以产生较大的现金流量，或者表明收购方有能力充分利用目标企业所拥有的或由并购所形成的投资机会；相反，股票融资则是一个不良信号。因此，从理论上讲，收购方采用现金并购的超常收益通常要高于股票并购；而目标企业采用这两种类型的并购收益均为正值，但一般股票并购的收益要显著低于现金并购所获得的收益。从实证检验结果来看，戈登和亚吉尔（Gordon & Yagil，1981）以及特拉弗洛斯（1987）的研究发现，采用现金并购可以比股票并购产生更多的超常收益。林恩和斯威策（Linn & Switzer，2001）从目标企业角度也证实了现金并购的超常收益相对较高。洛克伦和维杰（Loughran & Vijh，1997）对英国1970～1989年发生的947次并购样本的分析表明，现金收购中收购方的股票收益在收购后的五年内高达61.7%，而采用股票互换的企业合并则使收购方遭受25%的股价下跌。与上述研究结论不同，常（Chang，1998）对美国1981～1992年发生的281起并购交易的短期效应进行验证，发现在公众持有公司的并购中，现金收购的超常收益几乎为零，股票收购的收益率为2.64%。埃克博和托尔布恩（Eckbo & Thorburn，2000）按并购的支付方式对1964-1983年加拿大发生的并购样本进行分类研究，发现股权、现金与股权组合的并购支付方式给收购方带来显著的正收益。路易斯（Louis，2002）发现，在采用现金并购时，收购方的长期超常收益为零，无显著差异，而股票并购收益则显著为负。德拉布鲁斯特（de La Bruslerie，2012）从非对称信息角度讨论并购支付方式与公司收益的关系。如果对并购收益的预期达到一定水平，则现金将成为大多数并购的支付方式；如果收购方担心并购资产可能被高估，则采用一定比例的股份收购是一种可行的选择。国内针对并购支付方式产生并购绩效的研究结论并不一致。吕爱兵等（2004）认为，收购方以现金与母公司合资而获得控制权的并购方式可通过产业整合来提高盈利能力，而换股并购可以使收购企业免于面临巨大的融资压力和即时支付的限制，从而有利于并购后企业的有效整合和快速发展。高明华（2008）对 1999~2001 年发生资产收购和股权收购的绩效进行对比分析，发现股权收购的绩效只在并购当年是上升的，其余年份均下降，而资产收购的绩效在所有年份都下降。王萌（2011）对 2007 年上市公司并购事件的分析表明，股票和现金支付方式的绩效在并购当年显著上升，而资产支付方式的绩效在并购后期提升最快。余鹏翼、王满四（2014）以 2005~2010 年实行跨国并购的上市公司为样本，考察并购绩效的影响因素，结果发现，现金支付方式与收购公司的并购绩效显著正相关。周绍妮、王惠瞳（2015）从公司治理角度讨论不同并购支付方式对并购绩效的影响，研究发现，由于股票支付可以优化股权结构，并使战略投资者发挥积极的监管作用，因此并购绩效要明显优于现金支付。

也有很多学者从并购能力的其他角度研究了其与并购绩效的关系。阿赛莫格卢等（Acemoglu et al.，2009）认为企业的融资能力作为并购能力的一种，直接或间接影响着并购绩效，当融资能力不足时，企业即使有并购动机，也无法进行整合；融资能力高的收购公司与目标公司之间具有更大的财务协同潜力，产生更高的并购绩效（赵立彬，2013）。此外，并购整合能力越强，识别、配置资源和管理能力就更强，获得高额绩效的可能性就越高。以沟通为例，并购企业和被并购企业之间频繁的、开放的、含有实质内容的、富有成果的沟通对提升整合效果至关重要，尤其是当并购企业保持一定的自治权的条件下，双方之间有效的、面对面的沟通就显得更加重要（Barney，1991；Haspeslagh & Jemison，1991；孙忠娟、谢伟，2011）。最后，祁继鹏、何晓明（2015）从高管团队的社会资本的角度，研究了其与并购绩效之间的关系，结果表明，高管团队嵌入在金融网络的社会资本和因其在政府部门工作而获取的社会资本均对并购后绩效具有促进作用。

8.3.3 并购边界与并购绩效

并购边界关系到未来企业绩效和企业未来的发展。亨那特（Hennart，1988）的研究结果表明，当一个公司所需的资产与自己目前所不需的资产混合在一起时，它更倾向于通过收购来获得这部分资产，而目标资产的可消化性是决定采用绿地投资还是收购的最关键因素，其中整合目标公司的人力资源所需的成本是可消化性的重要影响因素。巴拉科瑞斯南和科扎（Balakrishnan & Koza，1993）预测，当收购方和目标公司处于不同行业中时，会更倾向于选择绿地投资，因为它的交易成本很高。而双方处于同一行业时，可能更倾向于选择并购。

国内学者李晓红（2006）对新建投资与并购的差异性进行了分析，并对新建投资和并购投资选择作出了定性和定量的策略分析，认为在并购与新建投资的初始投资成本相同的情况下，并购投资的收益现值大于新建投资的收益现值时，选择并购投资，反之，选择新建投资。崔永梅等（2008）将影响企业并购和绿地投资选择的因素归纳为 10 个指标。以欧洲和北美的发电企业作为经验研究的对象，对影响发电企业投资方式的因素进行经验研究，并建立了企业并购和绿地投资边界的 Logistic 决策模型。其中因变量 Y 为投资的方式，取值为 0 时表示发生绿地投资，取值为 1 时表示发生并购，实证结果表明战略资产、企业规模、企业战略类型、企业经营经验、文化差异、市场竞争度与并购相关性更为显著，这说明具有并购经验的国际化大企业在跨国投资中更喜欢用并购的方式扩张。于成永、施建军（2011）从整体上研究了吸纳能力为前因、创新绩效为后果的技术并购边界确定问题，构建了企业吸纳能力 - 技术并购边界 - 创新绩效模型，并实证检验了技术并购带来的创新绩效优于其他外部获取活动，但其前提是企业拥有足够的吸纳能力和审时度势的能力。于成永、施建军（2012）认为，在跨国经营中并购不是必然选项，选择并购有利于提升企业绩效的推断至少有两个前提条件：一是学习效应大于溢出效应。采用并购获取外部互补知识的学习效率及可能源于组织间学习的竞赛效应足够抵消组织间的收益独占或者溢出效应，由于对外部互补资产控制的增强和不同组织间利益冲突的减少，并购在组织利益一致性和防止机会主义行为等方面要优于联盟，联盟的最终发展趋势基本是并购；二是内部学习效率高于外部学习效率。兼并的"学习经济效应"可能源于内部学习的效率高于外部学习，企业之间知识转移扩散的学习与模仿会受到知识转出方的限制，兼并使双方成为一体，竞争关系不复存在，兼并方为强化自身的战略资源，会设法促进并购双方知识的交流和融合，同时，外部学习中企业间知识转移的困难来源于隐性知识自身的难以模仿性和路径依赖性，兼并让外部学习内部化，有组织、有意识地交流和沟通能够降低模仿的难度，使得知识转移的效率高于外部学习。易靖韬、戴丽华

(2017)从制度经济学的视角构建了企业进入模式选择和企业经营绩效模型，选取了2001~2012年中国企业对外直接投资的微观数据，通过 Heckman 两步法对选择模型和绩效模型进行联合估计。研究结果表明，母公司对子公司的控制程度显著影响企业进入模式的选择，对并购企业的绩效产生负面影响；在母公司对子公司控制程度较低的情形下，并购企业获得优于绿地投资的绩效，但随着控制程度的增加，并购相对于绿地投资的绩效优势逐渐减少。孙灵希、储晓茜（2018）构建了对外直接投资的逆向技术溢出模型，对2003~2015年期间上市公司数据进行了测算，实证结果表明，对外投资后跨国并购企业的全要素生产率整体高于投资前，绿地投资企业的全要素生产率变化却不显著，跨国并购的逆向技术溢出效应大于绿地投资。

8.3.4 并购方向、匹配、协同与并购绩效

在并购基础理论中，目标企业选择横跨三个环节，即并购方向、并购匹配和并购协同。并购方向将解决潜在目标企业所在的区域的问题，并购匹配将解决潜在目标企业的资源能否被收购企业所保全、转移和发展等问题，而并购协同将解决收购企业和潜在目标企业并购后到底能创造多大的价值的问题。并购目标企业的选择有助于企业避免并购的盲从性，使并购能够更好地服从、进而服务于企业的长远发展战略，真正为企业创造价值。

在并购方向的选择上，并购双方的公司规模会对并购绩效产生一定的影响。一部分学者认为，出让方相对于收购方的规模越大，规模经济效应越易发挥，这样促使交易定价更为合理，从而避免较高的并购溢价，因此有利于并购绩效的改善。谢尔顿（Shelton，1988）研究发现，如果并购相对规模较大，出让方可以提供给收购方的资产也就较多，以此为基础产生的价值也更多。但另一方面，我国学者李善民、郑南磊（2008）得出"以大吃小"模式比"强强联合"模式的绩效好，如果并购相对规模超过一定比例，将对并购的协同效应产生抑制作用的结论。沙姆斯（Shams，2013）认为，并购规模较小的非公众公司或并购规模较大的公众公司，两者可以获得较好的并购绩效。宋晓华等（2016）从标的公司是否为公众公司及其规模对于并购绩效的影响进行了研究，研究表明相对规模对并购不同类型标的公司有不同的影响，当标的公司为公众公司时，相对规模与短期并购绩效正相关，与长期并购绩效无显著相关关

系。另外，出于历史的缘故，我国许多企业之间存在着相关关系，企业在并购方向的选择上，会考虑这种相关关系，因此，需要研究其对并购绩效的作用。总的研究结果显示，关联并购对并购绩效有正反两个方面的影响。从正面角度看，因为关联并购双方之间比较了解，能够减少交易的不确定性以及风险，有利于促成协同效应，提升公司的经营效率。杨亢余（2003）以2000年我国发生的99起并购交易为对象，使用经营业绩对比研究法，发现在并购绩效得到提升的企业中，关联并购的数目比例比非关联并购大。此外，潘瑾、陈宏民（2005）也得出关联并购绩效要比非关联并购好的结论。而从负面角度看，因为我国公司的股权普遍较为集中，作为关联业务的一种，控股股东可能会利用关联并购来攫取私人利益和掠夺中小股东利益，所以关联并购不能带来公司绩效本质性的改善。李增泉等（2005）利用掏空与支持理论研究我国上市公司的关联并购，发现并购绩效不能因为关联并购而获得持续提高。黄海燕、李月娥（2009）通过实证检验后也发现，在我国非关联并购绩效比关联并购好。

在并购匹配与并购绩效关系的研究中，辛格和蒙哥马利（Singh & Montgomery，1987）根据并购双方的战略匹配性（Strategic Fit）把并购分为相关并购和非相关并购。相关并购与并购绩效的联系可以用效率理论和组织资本理论来解释。效率理论认为，并购行业的相关性越高，则越能体现并购双方的协同作用，实现规模经济效应，降低生产与经营成本；从组织资本理论看，行业相关程度高的并购更容易实现行业专属管理能力向目标企业的转移，从而提高并购绩效。而非相关并购不能做到这一点，但可以按所获取的范围经济进行比较，并且降低企业经营风险。辛格和蒙哥马利（1987）最早利用股票事件研究法对相关并购与非相关并购进行比较。检验结果表明，对于收购方而言，相关并购所创造的价值比不相关并购要高，但是对目标企业的影响仍然不明确。后来，许多学者沿着辛格和蒙哥马利的研究思路，大致采用了四个不同的细分标准严格地界定并购行业的相关性，分别是混合与非混合、水平、垂直与混合、行业交叉水平（Level of Overlap）和企业集中度（Corporate Focus）变化。他们利用这些不同的衡量标准得出了三种不同的结论：第一，相关并购优于非相关并购。例如，希利等（Healy et al.，1992）以行业交叉水平为检验标准，发现行业交叉水平高的并购相对于行业交叉水平低的并购有更加出色的业绩表现。约翰和奥菲克（John & Ofek，1995）及德赛和贾恩（Desai & Jain，1999）

等的研究表明，通过剥离非核心资产来增加企业集中度的长期绩效显著为正，这些结论与理论推断基本一致。第二，相关并购与非相关并购在长期绩效和股东创造价值方面无显著差异。戈什（Ghosh，2001）及林恩和斯威策（2001）以企业集中度为标准，发现企业集中度与长期经营绩效之间不存在正相关关系。第三，非相关并购比相关并购创造的价值更高。阿格拉瓦尔等（1992）以混合与非混合为检验标准，发现混合型（多样化）并购的长期股价水平要高于非混合型（集中型）并购。此外，约翰等（John et al.，1992）以及郎和斯图尔兹（Lang & Stulz，1994）等检验了并购的短期股价反应，得出无法通过混合型（多样化）并购的途径达到公司价值的提高。麦金森等（Megginson et al.，2004）认为，导致上述检验结果不同的根本原因在于样本、时间跨度、控制变量以及研究方法存在差异。因此，麦金森等人提出用赫芬指数来测量并购行业相关性程度的变化，并对1977~1996年发生的204起战略并购样本进行了实证检验。他们发现，并购前后企业集中度变化的大小与长期并购绩效显著正相关，在并购后3年内，集中度每减少10%，会导致股东财富减少9%，经营绩效降低1%，而且企业价值缩水4%，经营现金流减少1.2%。国内较早运用财务指标法对行业关联度与并购绩效的关系进行研究的是袁红旗、吴星宇（1998），他们以1997年重组公司为样本进行了实证研究，比较了公司重组前后的4个会计指标，发现重组当年样本公司的每股收益（EPS）、净资产收益率（ROE）和投资收益占总利润的比重较重组前一年有所上升，而公司的资产负债率则有所下降，这些会计指标变动幅度与重组方式和重组各方的关联关系有关。高见、陈歆玮（2000）发现行业相关的并购活动的净资产收益率高于非行业相关的净资产收益率等。冯根福、吴林江（2001）采用了一种以财务指标为基础的综合评价方法来衡量1994~1998年我国上市公司的并购绩效，他们选择了四个指标，分别是主营业务收入/总资产、净利润/总资产、每股收益和净资产收益率，发现总体上并购后第一年业绩有所提升，而从并购第二年起，并购绩效呈现逐年下降的趋势，总体上看，上市公司并购后的整合未取得成功。而另一个结论是不同类型的并购活动，绩效有一定的差异，混合并购在第一年的绩效较为显著；而横向并购绩效在并购后第一年并不显著，但随后呈现上升趋势；纵向并购绩效最不明显。范从来、袁静（2002）结合并购公司所处行业分析发现，处于成长性行业的公司进行横向并购绩效相对最好，处于成熟性行业的公司进行纵向并购绩效相对最好，而处于衰退性行业的公司进行横向并购绩效相对较差。蒋先玲等（2013）认为，无论是跨行业还是跨地区混合并购，企业的经营绩效在并购完成后都明显下降。

在并购协同如何影响并购绩效的研究中，赛罗沃（Sirower，1997）提出了并购中协同效应的动态概念，"它应该是合并后公司整体效益的增长超过市场对目标公司及收购方作为独立企业已有预期之和的部分。企业并购至少要满足下面两点中的一点，才算获得了协同效应，取得了并购收益：（1）收购者必须能够进一步限制当前及潜在的竞争对手在投入市场、生产过程或产出市场上对收购方及目标公司的竞争威胁；（2）收购者必须能够开拓新的市场或侵占其竞争对手的市场而令竞争对手无法作出回应"。布鲁纳（2002）认为公司并购的动机主要在于通过公司并购双方的资源共享、能力和知识的转移等来获取协同效应，而这也正是公司并购价值创造的主要驱动力。宋耘（2007）在对并购绩效的现有结论进行评述的基础上，分析了现有的并购绩效衡量方法存在的缺陷，进而提出并购绩效的协同效应观。本书将并购协同划分为潜在协同、预期协同和现实协同，而现实协同指的是并购整合后最终真正实现的协同效应，属于事后研究，事实上就是并购的绩效部分。

8.3.5 小结

总的来说，国内外关于企业并购绩效及其影响因素关系的实证研究尚未得出一致的结论。究其原因，主要有以下几个方面：（1）样本选择与研究方法的差异。在样本选择上，样本大小、行业类别和时间跨度等都存在一定的差异；在研究方法上，股市事件研究法有短期与中长期之分，经营绩效对比研究法也存在会计指标和对比基准选择的差异，还有会计数据真实性等问题，这些差异或问题导致了不同的研究口径。（2）企业属性、行业特征和外部环境的影响。许多学者把并购视为企业追求利益最大化的行为，没有把并购动机等企业自身特征与并购绩效联系起来，同时也未考虑不同行业所固有的特征，因而其研究缺乏因果联系。此外，股票市场走势、资本价格变化等外部环境也可能是影响并购绩效的变量，市场对收购方在收购前的股价水平与企业内在价值也存在差异。（3）并购过程的整合也是影响并购绩效的重要变量。总的来看，支付方式、行业相关性、收购方的成长和价值特性都需在并购交易前进行研究,而并购双方在管理风格、组织结构和组织文化等方面能否有效整合则会影响潜在价值的实现。(4)制度环境因素的影响。就我国而言,国有企业的并购在一定程度上是政府主导型的被动行为,这种并购往往背离企业的利益动机,从而极大地制约了公司进行资产重组、优化资源配置的广度和深度。由这样的动机促成的企业并购其绩效难免不同于由市场因素促成的并购。

8.4 并购绩效的理论解释

8.4.1 并购绩效的正面评价

关于并购对企业的绩效影响假说,可以分为正面评价与负面评价两类。正面评价认为兼并收购有助于提高公司业绩和经营效率,主要有协同效应、市场力量、公司控制权市场、获得资源等几种理论解释。

8.4.1.1 协同效用假说

威斯通等(Weston et al.,2001),认为企业并购后的净现金流量会大于两家公司独立时的预计现金流量之和,或者两家企业并购后的效应大于两个企业独立时的效应。该假说认为并购可以降低公司成本,横向并购可以通过合并销售网点和职能部门来降低成本,纵向并购则可以降低谈判成本和交易成本(Arrow,1975),此外,公司通过并购方式扩大,达到规模经济的生产范围从而降低生产成本。并购还会带来管理协同效应、经营协同效应和财务协同效应。例如,有的公司有剩余现金流但投资机会少,而有的公司投资机会多但缺乏资金,通过并购弥补了双方的不足,由于内部融资比外部融资的成本更低(Myers & Majluf,1984),所以并购就带来了收益。

8.4.1.2 市场力量假说

斯蒂格勒(Stigler,1950)认为公司间的兼并可以增加对市场的控制力。首先,行业巨头之间的兼并可以形成市场垄断的局面,垄断可以使公司定价高于获得正常利润的水平。其次,即使不形成垄断,由于并购扩大而形成的规模经济效应促使成本降低,产品定价可以高于边际成本的同时又低于市场平均利润价格,于是形成市场进入壁垒。第三,企业并购能够增强供应商和客户的议价能力,提高企业在市场的地位。

8.4.1.3 公司控制权市场假说

曼尼(Manne,1965)的公司控制权市场理论认为并购是经理们对于公司控制权的争夺，收购了公司就获得了控制该公司、经营该公司资源的权力。因此，经营不善的公司很容易受到外部收购的威胁，经营不善的管理层就有被替换的危险（Jensen，1988）。正是由于客观的竞争市场的存在，弱化了委托——代理问题的负面效应，使得经理不能为所欲为，而是按股东利益最大化的原则行事。因此，并购客观上成为监控经理行为的有效机制，有助于公司经营业绩的改善。

8.4.1.4 获得资源假说

并购可以使收购方公司获取出让方公司的现成的资源。波特（Porter，1980）认为通过垂直兼并，收购方公司保证了关键资源的投入，降低了外部的不确定性。除了获取原材料、中间产品和分销渠道外，兼并和收购还可以作为获取技术、专利权和管理经验的手段。与只通过 R&D 来开发新技术的方法相比，并购的收效更快、风险更小，间接提升企业价值，提高并购后绩效，这也是并购非财务绩效产生的原因。

8.4.2 并购绩效的负面评价

与以上正面评价相对应，对并购绩效的负面评价主要有内部人利益和自大等解释。

8.4.2.1 内部人利益假说

詹森（1986）认为由于委托—代理问题的存在，经理和股东的目标不一致，经理在个人利益最大化的驱动下，可能会将公司规模扩大到最优规模以上。经理们为了获得个人福利如经理津贴、权利和声望等而倾向于扩大自己的公司，因为上述福利通常与公司规模和销售额的增长正相关。通过并购实现的外部扩张比内部扩大更容易实现公司规模和销售额的增长。内部人为了追求个人利益最大化，而采取并购行为，产生的并购绩效不是基于公司实体基础上的利益最大化。

8.4.2.2 自大假说

罗尔（1986）提出的自大假说认为大多数兼并都是经理人自以为正确但事实上是错误的决定。在一个有效的市场中，股价已充分地展示了公司的内在价值，而许多经理人往往认为自己能够挖掘出被市场低估的公司。这种投资通常是经理过分相信自己、小看市场的错误决定。管理层的自大心理和行为都会导致决策失误，并购绩效不能达到预期期望。

8.5　基于并购逻辑过程的并购绩效影响因素

分析并购的绩效，必须与并购的动机联系起来。企业并购的动机千差万别，而且正如前面章节对并购动机系统的分析，企业并购有不同的决策主体。可以认为，并购绩效是针对不同并购主体在不同并购动机的实现程度。以并购动机为起点，并购绩效还取决于并购能力、并购边界；此外，并购活动沿着并购方向、并购匹配、并购预期协同的路径，最终才实现的并购绩效。并购绩效的逻辑分析框架如图 8-1 所示。

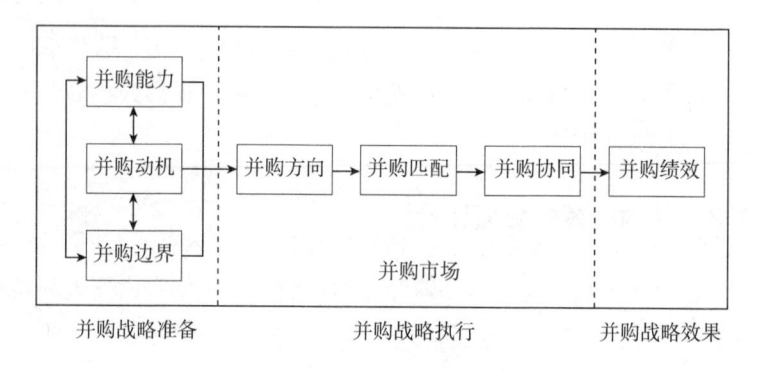

图 8-1　企业并购绩效的逻辑框架

并购动机、并购能力和并购边界是并购战略准备阶段，是一个相互作用、相互约束的体系。首先，不同的决策者基于自身动机识别机会、洞察时机的体现，为并购提供了思想准备；其次，决策者通过比较并购与新建、并购与联盟的利弊，在两者的权衡中确立并购战略行为，这个权衡的过程就是并购边界的选择，并购边界确认为企业并购战略行为拉开了序幕；此外，企业通常考虑以往的并购经验、现有的并购人力、财力、物力等，是否足以支持企业并购行为，这是并购的可行性考虑。这三个职能过程，为并购行为作了充足的前期准备。其中每个职能过程的考虑，都会影响并购战略最终确认与否。把这个环节称为企业并购的战略行为的第一个阶段，这个阶段完成了企业发展机会的识别和发展方式的确定。

正如图 8-1 所示，并购接下来的三个相互衔接的职能过程是：并购方向、并购匹配和并购协同，这三个过程在逻辑顺序上是不可改变的，这个环节称为并购战略执行阶段。确定出让方标准、筛选目标企业并最终确立目标企业，以及整合双方资源以追求协同。这个阶段的三个过程，在前述的章节里已经详细阐述，在此不作过多的讨论。

  并购战略准备阶段解决的问题是为什么要并购、有没有能力并购、并购是不是最好的方式等问题，而并购战略执行阶段是回答并购什么、并购了会怎么样等问题。他们作为解释并购绩效的独立要素，在前面的章节中都做了相应的解释，但将这些要素综合起来进行系统研究，回答这些独立要素在并购市场环境下对并购战略效果，即并购绩效的影响程度，尚需要理论和实证的深化研究。

第9章

公司控制权市场

并购从动机出发,到绩效结束,新的绩效又会诱发新的并购发生,这样,由终点到起点的往复,形成了此起彼伏的并购活动。大量的并购活动构成了公司控制权市场,不同时期的公司控制权蕴含了其独特的运作规律。

9.1 控制权、控制权市场与控制权市场绩效界定

9.1.1 控制权

控制权与控股权密不可分。对于"控股权",可以从两个层面进行理解,一是拥有股票的权力,二是通过拥有多数股票而取得的控股地位。对于股票,无论与其对应的是何种资产,归根结底都是一种财产(Asset)的表示,拥有股票,实质上也就是拥有了一种财产所有权(Ownership of the Asset),即对于股票(或其他给定财产)的占有、使用、收益和转让权。在这一层面上,财产所有权与产权(Property Rights)是等价的概念——拥有多少股权即拥有多少产权。但同时,控股权也是企业所有权(Ownership of the Firm)的一部分,如果把控股权理解为通过拥有多数股票而取得的控股地位,就属于企业所有权的范畴了。因为相对优势的控股权可以带来相对优势的投票权(Vote Rights),从而获得相对比例的剩余索取权(Residual Claim)。在企业理论的早期文献中,学者们就是以剩余索取权来定义企业所有权的。在这里,"财产所有权不应与企业所有权混为一谈"。

而"控制权"就是一个更加复杂的概念。首先,从经济学的角度看,对

现代企业的控制权，在经济学的理论文献中也与其他许多复杂的经济学概念一样，始终未能有趋于一致的和公认的明确定义。实际上，自从伯利和米恩斯（Berle & Means，1932）提出公司"所有权与控制权相分离"的理论之后，学术界对这一领域的关注就从来没有停止过。按照伯利和米恩斯（1932）的经典定义，所谓与所有权相分离的控制权，是指无论是通过行使法定权利还是通过施加压力，在事实上所拥有的选择董事会成员或其多数成员的权力。但是，后人却认为，这一概念仍不够完善，"与其说是一种定义，还不如说是一种现象的描述"，因为这一定义无法揭示控制权"为什么以及怎样影响董事会成员的选择"，于是，从20世纪70年代开始，阿尔钦和德姆塞茨（Alchian & Demsetz，1972）就把企业作为各种利益主体所结成的团队生产单位来进行研究，认为现代企业的控制权，是股东和经营者相互分享所有权和利益相互协调的制度。随后，詹森和麦克林（Jensen & Meckling，1976）又从契约理论出发，主张在企业内部通过委托代理制度将经营决策权转让给经营者，所有者则拥有对经营者的监督权，并以绩效度量和奖惩来约束和激励经营者。进入80年代，法玛和詹森（Fama & Jensen，1983）则假设企业的决策经营功能与剩余风险承担功能的分离将导致决策经营与决策控制的分离，从而将决策权细分为经营决策权和决策控制权，这两种权力在企业组织内部是以契约结构加以分离的，即将决策的认可和监控与决策的提议和执行分离开来，这种分离意味着代理人可以不对同一决策行使排他性的经营权和控制权。80年代后期，格罗斯曼和哈特（Grossman & Hart，1988）提出，企业的控制权是企业产权契约规定的特定控制权之外的剩余控制权（Residual Rights of Control），它的实质是对企业物质资产的控制权。同时，哈特（Hart，1995）又在其著作中进一步认为，剩余索取权是一个没有被明确定义的概念，相比之下，剩余控制权的定义更为明确。

如果按张维迎（2000）的定义，以企业的剩余索取权和剩余控制权来定义企业所有权的话，那么，前文所述"控股权"的第二个层面的含义（剩余索取权）和现代企业控制权的含义（剩余控制权）恰恰说明了剩余索取权和剩余控制权的分离。也就是说，企业所有权实际上是一种"状态依存的所有权"（State-Contingent Ownership），控股权的存在使股东获得了相应比例的剩余索取权（余额或利润要求权），但未必能够获得相应比例的剩余控制权（对没有特别规定的活动的决策权或权威），或者获得了更大比例的剩余控制权。企业控制权不仅能在股东之间转移，而且能在股东、债权人、管理者、职工之间游走，甚至还有可能按正式控制权（Formal Control）和实际控制权（Real Control）（即"使用并与关键性资源协作的能力"）进行区分（Aghion & Tirole，1997；Rajan & Zingales，1998），由此可见，从经济学的角度，即使控制权是可以定义的，但精确的计量仍是非常困难的。

其次，从法学的角度看，美国公司及证券法对控制权（Control）的定义主要来源于对公司股份及投票权的持有，根据持有股份额的不同，控制权被分为至少两种形态，分别是"绝对或完全的控制权"和"实质上的控制权"（Working Control）。其中，"绝对多数的控制权"被定义为一家公司发行的有表决权股份中的大部分被一个股东或一组共同行动的股东持有时所产生的控制，同时，如果股权足够分散，那么持有相当数量的少数股权也能构成绝对控制。前者如一个人（或一组人）持有50%以上的股权（与国内对绝对控股的定义相同），后者如仅持有10%的股权但发行公司剩余90%的股权分散在成千上万的股东手里（较国内对相对控股的定义更为宽泛）。"实质上的控制权"是指少数股东有足够的能力和足够数量的其他股东共同投票来选举或罢免董事，而这一条实际上在一定程度上表示了控制权的不确定性（Black，1990）。美国1933年《证券法》和1934年《证券交易法》尽管对"控制"作出了文字上的定义，但并没有涉及具体的判断标准，直到1935年《控股公司法》才对持股量达到10%的股东确定为控股股东（除非他能举证说明他不是），而对一些特例情况，即使没有10%的持股量，证券交易委员会（SEC）仍可认定其为控股人士，只要他单独或与他人一道行使着控制性影响力（Controlling Influence）（Seligman，1995）。而当某人拥有公司董事或高级管理人员地位使其成为"控制人士"时，情况就变得更为复杂，在此方面，1940年的《投资公司法》在"行使控制影响的权力只是职务关系的结果"时否认了控制的存在，但在1946年的Transit Inv.公司一案中，SEC指出"一个人作为总裁是他所行使权力的结果而非原因时，他即是控制权人"。由此可见，在美国的法律中，"控制权"也不是一个容易界定的范畴，除非是在最明显的案例中。SEC通常不允许律师们就控制关系存在与否发表评论（Seligman，1995）。正如法院在1964年的一项判决中所说的，当存在持股小于50%的情况时，究竟多大比例的持股才能构成实质性控制是一个事实问题。重要的可能不是持股，而是其控制性影响力（Controlling Influence），对此若要进行精确的计量，只能就个案进行分析。

英国法与美国的情况类似，《城市法典》规定股东持有上市公司30%或以上表决权股份即为拥有了控制权。虽然英美在是否规定"强制全面要约义务"方面迥然有别，但从其对控制权的规范方面观察，实有异曲同工之妙。《国际会计准则24号——关联方披露》中关于"控制"的定义是：直接地或是通过公司间接地拥有一个企业半数以上或相当数量的表决权，并且根据章程或协议，有权指挥企业管理的财务和经营政策。《国际会计准则27号——合并财务报表和对于公司投资的会计》中将"控制"定义为：控制是指统驭一个企业的财务和经营政策，借此从该企业的活动中获取利益的权利。《香港公司收购及合并守则》"定义"之6指出：控制权为持有或合共持有目标公司35%或以上的投票权。深圳市政府1992年4月4日颁布的《深圳市上市公司监管暂行办法》第47条第2款规定，控制权是指拥有一家上市公司25%以上的股份或投票权。而中国证监会2002年10月颁布的《上市公司收购管理办法》则沿用了英国的标准，认为收购人有下列情形之一的，构成对上市公司的实际控制：（1）在一个上市公司股东名册中持股数量最多的（但是有相反证据的除外，下同）；（2）能够行使、控制一个上市公司的表决权超过该公司股东名册中持股数量最多的股东的；（3）持有、控制一个上市公司股份、表决权的比例达到或者超过30%的；（4）通过行使表决权能够决定一个上市公司董事会半数以上成员当选的；（5）中国证监会认定的其他情形。

综上所述，企业所有权只是状态依存所有权，控股权与控制权、剩余索取权与剩余控制权存在相互分离的可能，控制权不仅能够在股东之间转移，而且能够在股东、债权人、管理者、职工之间游走，因此对控制权的精确计量是十分困难的。各国法律也都体现了这种困惑，所谓控制权的比例判断标准也不尽相同。尽管如此，仍然相信股权是正常状态下的企业所有权，股东仍是正常状态下的企业所有者，而且这一正常状态从时间上讲，应占到90%以上。况且，研究公司治理的目的本身就是为了使公司控制权与剩余索取权之间达到最大程度的匹配，因此，没有必要为消除现存治理结构中剩余索取权和控制权10%的错位而带来更大的错位（张维迎，2000）。按照这一思路，在进行公司控制权的实证研究时，在没有更好的控制权计量标准的前提下，假设控制权为控股权的天然派生也不失为一种权宜之计。同时，考虑到控制性影响力的存在和各国控制权持股比例的差异，强行以持股30%作为公司控制的标准也过于牵强。因此，在实证计量中，以第一大股东的实际转移来近似地替代公司控制权的转移，这样虽不能完全解决问题，但仍希望能够获得90%的准确性（高愈湘，2004）。

9.1.2 控制权市场

在定义了控制权的概念之后，再来关注"市场"。从语言学的角度，市场包括两个方面的含义，一是商品买卖的场所，二是一定地区内商品和劳务等的供给和有支付能力的需求之间的关系（辞海编辑委员会，1980）。经济学对市场的解释是，市场是买者和卖者相互作用并共同决定商品或劳务的价格和交易数量的机制（萨缪尔森，1999）。可见，不论是一种场所、关系还是机制，只要有一定买者（需求）和卖者（供给）对于某一商品的相互作用就形成了市场。学者们认为从艺术到污染，几乎每一样东西都存在相应的市场。市场可以是集中的，如股票市场；也可以是分散的，如房地产市场或劳动力市场。它甚至可以是电子化的，例如许多金融资产或服务是通过电脑进行交易的。市场最关键的特征是将买者和卖者汇集到一起，共同决定商品的价格和成交的数量（萨缪尔森，1999）。在划分市场时，一般按市场交易的标的物作为标准，如商品市场（有棉纱、粮食、黄金等市场）、要素市场（有技术、资金、劳务、信息等市场）、外汇市场（有美元、港币等市场）等，也有买卖企业的公司控制权市场。

2015年以"宝万之争"为代表的公司市场控制权争夺案例，又一次将公司控制权市场推向公众视野。对于"公司控制权市场"，曼尼（1965）最初提出这一概念是用来讨论兼并与反垄断问题的，但他又同时指出，（对公司控制权市场的）这种分析对很多经济问题都有意义，其中，对大公司中所谓的所有权和控制权的分离也许意义最大。遗憾的是，曼尼当时并未给出公司控制权市场的确切定义，也未进行更深入的分析。直到詹森和鲁巴克（1983）在对多年来并购活动的理论和实践作出系统综述的基础上，才提出了备受争议的公司控制权市场的定义——将公司控制权市场（通常也被称为接管市场）看成是一个"由各个不同管理团队在其中互相争夺公司资源管理权的市场"。在这里，将詹森和鲁巴克的公司资源管理权理解为公司控制权，对公司控制权争夺的市场就是公司控制权市场。这一点，应该与前文从划分市场标准的角度对公司控制权的理解是一致的。至于詹森和鲁巴克所说的"接管（Takeover）市场"，这是一个问题的两个方面。所谓"接管"，就是"转让企业所有权的交易"（Hirshleifer, 1992），是一种交易行为，接管市场就是以这种交易行为命名的市场，就像买卖市场、租赁市场一样；而公司控制权市场是以交易的标的物命名的市场，与产品市场、要素市场属同一分类，但这两种市场的划分方式并不矛盾，其内涵和外延应该是基本一致的。李善民等（2016）认为，公司控制权市场是公司一种重要的外部治理机制，一方面可以对控股股东的掏空行为进行惩罚，另一方面，这种惩罚作用还受到公司内部章程是否设立相应对抗条款的影响。

根据并购的定义，即以商务控制权为标的的交易，并购市场等于公司控制权市场。从字面上看，公司控制权市场的交易对象是公司控制权，而并购不仅包括公司并购，也包括通过资产收购方式实现的业务并购，但未见有将资产收购这种并购形式排除在公司控制权市场之外的证据。

9.1.3 控制权市场绩效

所谓"公司控制权市场绩效（Performance of the Market for Corporate Control）"主要是指公司控制权市场的总体表现和性能发挥，不仅包括了其对市场运行范围内企业未来价值的影响，更重要的是要看其预期的市场作用是否得到了充分发挥，并创造了正向的社会总福利。对于前者，将其界定为公司控制权市场的"企业绩效"，这一绩效的影响可能反映在两个方面，一是市场对企业股价的影响，二是市场对企业长期财务指标走势的影响。实际上，目前国内外关于企业并购或公司控制权市场绩效的实证研究大多是从控制权市场的"企业绩效"角度展开的。而对于后者，目前尚未有一个成熟的检验方法。从国外现有的文献看，曼尼（1965）首先认为"公司控制权市场对很多经济问题都有意义，其中，对大公司中所谓的所有权与控制权分离的意义也许最大"。之后，詹森和鲁巴克（1983）、伊斯特布鲁克和费希尔（Easterbrook & Fischel, 1991）、马丁和麦康奈尔（Martin & McConnell, 1991）、赫什莱佛（Hirshleifer,

1992)、赫什莱佛和塔科尔（Hirshleifer & Thakor，1994，1998）、洛温斯坦（Lowenstein，1999）等人也从不同的角度分别论述了公司控制权市场的作用，并逐渐将议题集中到了其对资源优化配置和公司治理这两个方面影响的讨论上。但在国内，这一领域也有一些研究，譬如朱武祥（2000）认为"中国的公司控制权市场虽然也在优化资源配置，但主要行使的是直接上市的替代功能"，沈华珊（2002）认为1999年以后的接管活动与公司高管的替换有着一定的关联等，但这些研究在广度和深度上均存在较大的差距。因此，本书采纳周小川（2002）在北京"中国经济50人论坛"上对中国公司控制权市场应有作用所作出的评价，从是否实现了"国民经济战略性大调整、优化资源配置、改善上市公司治理"三个角度，及公司控制权市场特殊形态（管理层收购、代表权争夺、全流通股板块）对企业绩效影响的对比等方面，来考察中国公司控制权市场的作用发挥[①]。侯宇、王玉涛（2010）发现在我国特殊制度背景下，投资者保护和股权集中度也可能会存在正向的相关关系，发展控制权市场并加强投资者保护能提升上市公司治理水平。巴布拉和黄（Bhabra & Huang，2013）通过研究1997~2007年中国企业兼并收购活动，指出中国控制权市场发展迅速，并将持续、显著地影响中国上市企业的管理与发展。

在并购绩效一章中谈论了并购绩效及其解释，更多的是沿着并购活动的微观绩效这一逻辑展开的。本章所探讨的控制权市场绩效，即并购市场绩效，更多的是从并购作为一种社会经济活动的绩效展开的。控制权市场的绩效，是对并购市场以往活动规律的总结，更重要的是，控制权市场是企业微观并购活动的市场环境，同时也是国家宏观管理部门干预市场、进行宏观经济调控的对象。

9.2 控制权市场理论

从20世纪60年代开始，曼尼及其追随者不断创立了各种学说试图解释公司控制权市场存在的价值，包括曼尼（1965）及后人的惩戒论、安索夫（1965）的协同效应论、莱本斯坦（Leibenstein，1966）的X低效率理论、詹森（1986、1988）的自由现金流量假说、威廉姆森（Williamson，1988）的公

---

① 参见周小川在2002年北京"中国经济50人论坛"上的讲话。

司治理结构论、佩利坎（Pelikan，1989）的进化论、罗伊（Roe，1994）的政治理论和因斯特法德（Instefjord，1999）的代理范例模型等，这些理论学说共同为公司控制权市场的主流学派提供了经典的经济学理论基础。但是，在美国第二次反收购立法浪潮之后，反主流理论的兴起也对公司控制权市场理论的合理性提出了强有力的挑战，包括穆勒（Mueller，1969）的管理主义理论、马苏利斯（Masulis，1980）的剥削利益相关者论、罗尔（1986）的自大假说、利普顿（Lipton，1987）的剥削目标公司股东论、布里克利等（Brickley et al.，1988）的市场短视论等。

9.2.1 公司控制权市场的主流理论

沈艺峰（2000）曾总结了公司控制权市场主流理论的三个最具代表性的观点，实际上，这些观点无不体现在下列学者关于公司控制权市场的理论研究中。

9.2.1.1 曼尼及后人的惩戒论

惩戒论其实是一组理论簇，也是公司控制权市场学派最主流的学说，不仅仅是曼尼，包括詹森和鲁巴克、多德等一大批学者和法学家都认为公司控制权市场的最主要作用是对于不称职的管理者的惩戒，是股东的最后"上诉法院"（Court of Last Resort）。曼尼（1965）提出的控制权市场机制当初并非针对大股东与中小股东之间的代理冲突，而是针对股东与管理层之间的代理冲突，但是控制权市场能够对控股股东的掏空起到惩戒效果，对解决控股股东与中小股东的代理冲突发挥同样重要的作用（陈玉罡等，2013）。控制权的转移将会大大降低控股股东的私有收益，因此强势的控股股东将会对并购进行防御（Gompers et al.，2003；Brickley et al.，1988；Li & Qian，2013）。随着学者的研究，特别是詹森和麦克林在1976年论述了代理问题的含义后，更加奠定了从代理理论角度解释惩戒作用的理论基础，并在此基础上催生了80年代的财务契约论、自由现金流量假说和公司治理结构论。迪安基洛和赖斯（Deangelo & Rice，1983）研究指出，反收购条款可能会增加或者毁损股东的财富，反收购条款的作用表现为堑壕效应。在堑壕假说的框架下，控股股东以投资者的利益为代价，设立反收购条款，维护控股股东的控制权，这对中小股东可能产生不同的影响。一方面，控股股东来自控制权市场的惩戒威胁被削弱后，可能会加剧与中小股东的代理冲突,控股股东的利益侵占行为也会增加,最终损害了投资者的财富和利益。另一方面,反收购条款的设立使得来自控制权市场的惩戒威胁减少,客观上也减轻了市场对控股股东的压力和约束,控股股东的短视行为得到改善,会更加专注于提高公司的长期绩效和增长机会,从而也会减少对中小股东的利益侵占行为,掏空得到一定程度的抑制,同时中小股东也能够受益于公司的长期增长收益。伊斯特布鲁克和费希尔(1991)则进一步发展了惩戒理论,他们认为,如果说公司是一种合同,则接管即是控制合同成本(指监督和更换管理层的成本)的机制。在市场已经准确反映出目标公司资产在现任管理者管辖下运行效率低下的情况下,收购方以溢价提出接管即表示其有信心通过重组目标公司的资产结构和管理层来达到提高效益的目的,一旦此目的实现,则收购方赢得差价收益、目标公司股东获得溢价、无能力或违反忠实及谨慎义务的管理层受到替换和惩戒,整个社会的效益由此提升。同时他们还认为,企业兼并均能使生产经营规模化、信息得到更有效地运用、产生协同效益和调整懈怠的管理层,虽然善意兼并比敌意收购成本更低,并且同样可以享受有利的税收政策,但如果管理层有意回避善意兼并的商业机会,敌意收购则会接踵而来,而后者的固有特征使之可以不问管理层的态度。即使对从未成为收购目标的公司而言,其股东也会从接管市场中受惠,因为潜在的袭击者及接管威胁会使公司管理层不得不努力改善经营绩效,从而促使公司股价的提高。这两位学者对接管和敌意收购所持的无保留的赞许态度,成为他们主张立法和行政管理部门应对并购活动放任自流的理论基础。但是,惩戒理论也有一些重要的缺陷,例如,它难以解释为什么在某些巨型公司的收购活动中,目标公司的原管理层仍然被保留了下来,对管理层收购(Management Buy-Outs)更是无法解释。

9.2.1.2 安索夫的协同效应论

战略管理学者安索夫(1965)最早将协同效应引入并购研究,他相信协同可能存在于企业的运营、投资或管理活动中(坎贝尔、卢克斯,2000),敌意收购的出现可能与目标公司管理层的低绩效无关,收购方所支付的溢价是其与目标公司在管理、经营、财务等诸方面实现协同的收益。换言之,目标公司拥有的某种有形或无形的资产可能对收购方有独一无二的价值,当收购方和目标公司的资产实现整合后,所产生的价值会远远大于资产分离时的价值,甚至超过溢价。但是，也有人提出了质疑。首先，协同效应论无法解释敌意收购与善意兼并之间的差别，换言之，既然两者都能产生协同效应，收购方为何要发起敌意收购，或者目标公司的管理层为什么不接受善意兼并（Easterbrook & Fischel，1991）？其次，协同效应是否真的存在。赛罗沃（2001）通过分析并购溢价的压力向人们展示了"大多数所谓的协同效应只是一种危险陷阱的伪装而已"的结论。

现实中也确实有很多事先宣称存在协同的并购（如威斯通，2000）。迈克尔·波特（Michael Porter）则是协同效应的支持者，他认为"协同失败的主要原因在于公司没有能够真正理解和正确地实施它，而不在于概念本身存在缺陷（坎贝尔、卢克斯，2000）"。然而，即使认同了迈克尔·波特的观点，但存在于协同效应计量上的困难也让人们有理由认为这不是一个完美的概念。

9.2.1.3 莱本斯坦的 X 低效率理论

莱本斯坦（1966）对企业内资源配置的低效率进行了研究，提出了所谓"X效率"的概念。他指出，免受竞争压力的保护，不仅会产生市场层面的资源配置低效率，而且还会产生企业层面的 X 低效率，即免受竞争压力的企业存在着明显超额的单位生产成本。莱本斯坦通过大量研究发现，企业内部资源配置的 X 低效率，在很大程度上归因于企业内部人的因素，即人的有限理性、人对客观环境的反应、人的努力程度等等，而企业家又处于企业协调运转机制的顶端，他们的行为将最大程度地影响到资源配置效率。因此，在降低 X 低效率方面，企业家的能动性发挥着极其重要的作用。因此，莱本斯坦就提出了降低企业内部 X 低效率的两个途径，一是建立人才流动机制，让拥有专门才能的人来指挥企业资源的配置，二是建立一种激励约束机制，对已获得资源配置权的管理者的行为进行影响，使他们形成一种动力或压力来减轻 X 低效率。而公司控制权市场的存在不但为企业管理层提供了一种激励动力（由于接管威胁），而且，对 X 低效率比较严重的企业管理者提供了最后的更替手段。莱本斯坦的 X 低效率理论与曼尼（1965）等人的惩戒论本质是相同的，而且莱本斯坦在 1966 年无法细化解释的 X 在很大程度上可能就是詹森和麦克林（1976）提出的代理问题。于是，这一理论的缺陷也就如上所述。

9.2.1.4 詹森的自由现金流量假说

詹森（1986、1988）为了说明当公司拥有大量现金流时出现的管理层与股东的冲突及其所带来的代理成本问题，引入了"自由现金流量"（Free Cash Flow，FCF）这一概念。FCF 定义为企业现金中超过用相关资本成本进行折现后 NPV > 0 的所有项目所需资金之后的那部分现金流量。詹森认为，如果企业是有效率的，并且希望价值最大化，则这部分现金流量就应该派发给股东。FCF 的派发，将有助于减少管理层控制之下的资源规模，由此减少代理成本。而当企业再次需要资金时，管理层不得不通过资本市场来融资，从而使其在更大程度上受制于资本市场的监督和约束。但现实中管理层为了个人私利，往往不把 FCF 派发给股东，宁愿将其投资于低收益的项目，在公司内部控制系统不能有效地解决这一问题时，就有可能引发对公司的收购（出售）。从这一角度出发，詹森（1989）大胆地将杠杆收购（LBO）作为公司治理的重要创新，甚至断言，"这些债台高筑且股权高度集中的公司将比传统公司运行得更好"。

哈福德（Harford，1999）的研究发现，现金充裕的公司更可能从事收购活动，同时，现金充裕度（Cash - Richness）又可以作为预测被收购概率的有价值的指标，从而有力地支持了自由现金流量理论。刘胜军（2001）的研究也表明现金充裕公司在开始进行收购、增加收购和进行大型收购等方面的概率均高于其他公司，具体结果如表 9 - 1 所示。

表 9 - 1　　　　　　　　现金充裕公司的收购特征描述

指标 项目	股权市值（百万）	市值/账面价值	杠杆率	现金/销售	收购开始	收购增加	大型收购
现金充裕公司	961.224	1.754	0.306	0.259	0.136	0.226	0.073
其他公司	1204.916	1.658	0.317	0.098	0.102	0.178	0.038

注：（1）杠杆率 = 债务账面价值/（股权市值 + 债务账面价值）
（2）大型收购是指收购价值大于收购方资产的 1/10

但遗憾的是，伯里尔和李（Burrill & Lee，1988）的研究与詹森的理论相矛盾，他们发现用债务调换股票以提高杠杆率的企业恰恰是成长型企业（自由现金流量为 0 或负），而詹森却声明此类企业不需要通过债务调换股票来保证未来的现金支出。瑟韦斯（Servaes，1994）专门使用美国 700 家目标公司组成的样本进行研究，也没有发现系统性过度投资的证据，从而与自由现金流量理论产生进一步的矛盾。刘文通（1997）认为，采用增加负债的方法来约束管理层的行为，本身就可能增加企业的风险，这种方法即使对某些行业是有效的（如詹森用以研究的石化行业），对其他行业也未必可行。而奥普勒等（Opler et al.，1999）则得出了与哈福德（1999）恰好相反的结论。

9.2.1.5 威廉姆森的公司治理结构论

威廉姆森（1988）提出了公司治理结构学说，把债券与股票看成是不同的治理结构。债券是根据条约设计出来的治理结构，称为"条约治理"（Rule-Based Governance），而股票则是允许有一定处置权的治理，称为"随意处置治理"（Discretionary Governance）。同时，威廉姆森还总结了负债的各种作用，其中包括格罗斯曼和哈特（Grossman & Hart，1982）、詹森（1986）的控制作用，并支持了詹森关于"将杠杆收购作为约束管理层随意处置权的工具"的观点，只不过威廉姆森是"从资产角度而不是从现金流角度来考虑问题，两者实际上并不矛盾"。总之，公司治理结构学说将公司控制权市场看作是改善公司治理结构的外部控制力量，但内部治理和外部治理究竟孰优孰劣，又恰恰是许多金融学者困惑和争论的焦点。

9.2.1.6 佩利坎的进化论

佩利坎（1989）在《进化、经济竞争与公司控制权市场》一文中，将阿尔钦（Alchian，1950）对产品市场的进化论分析扩展到了资本市场。他指出，公司控制权市场通过创造一个经营者和所有者的双向选择，而将两种关键的经济竞争力的配置连成了一个封闭的圆，增进了社会动态效率。他认为，在职经理、董事和资本所有者并不总是具有最佳的经济竞争力（Economic Competence），而公司控制权市场可以消除这种低效率；虽然公司控制权市场同样也存在失灵的情况，但应借助于规则的制定来进一步促进（而非阻碍）该市场。因此，尽管公司控制权市场本身的成本可能很高，但其社会价值在于作为一种进化工具，提高了其他资源配置的经济竞争力。这种观点实际上还是没有跳出惩戒论和X低效率理论的圈子。

9.2.1.7 罗伊的政治理论

罗伊（1994）在其《强管理者弱所有者》一书中开创性地提出了接管的政治理论，为公司控制权市场的研究开阔了视野。罗伊认为，美国的民主影响了美国的金融，美国的金融又影响了美国的公司结构，美国的公司结构造成了目前外部治理为主的治理模式。正是因为美国人对独裁的深深厌恶而故意削弱和拆散机构组织，才最终导致了分散的所有权结构的形成，促使了管理层的强大，培育了活跃的公司控制权市场。罗伊在此实际上是分析了文化因素在公司控制权市场形成过程中的作用，从而为公司控制权市场理论提供了一个新的解释。

9.2.1.8 因斯特法德的代理范例模型

因斯特法德（1999）在《公司控制权市场与代理范例》一文中，建立了一个用以分析在代理范例驱使下的接管行为特征的模型。他认为，共有两种范例可以解释接管行为，一是"公司重组范例"（Corporate Restructuring Paradigm），即将公司控制权市场看作公司重组或产生协同效应的机制；二是"代理范例"（Agency Paradigm），即由代理冲突所引起的接管行为，包括"约束效应"和"自大效应"。而已有的模型，如格罗斯曼和哈特（Grossman & Hart, 1980）与沙尔夫斯泰因（Scharfstein, 1988）模型的缺点，均是按照公司重组会产生绝对正向价值这一假设来讨论的，一旦这一假设不成立，那么接管可以创造价值的假设也就不能成立。因此，因斯特法德使用了一个新的模型，并假设公司重组是没有价值的，从而将公司控制权转移定义为一种在公司重组存在价值的假设之外独立发生的接管行为，进而得出了接管在没有公司重组收益的情况下也能够给股东带来价值的结论。他强调，总的来说，并购公司的投资过程比非并购公司更有效，这一点与詹森的自由现金流量理论相反。至于接管在没有公司重组收益情况下给股东带来价值的原因，是因为"财富的创造是通过代理成本减少的形式来体现的"，即公司控制权市场总体上对公司管理者存在着"约束效应"（接管威胁）。并购后公司的负绩效虽然与"公司重组范例"相矛盾，却与"代理范例"的新模型相一致，新模型弥补了现有"公司重组范例"的缺陷，形成了一个实证研究的基础。因此，因斯特法德认为，如果对于接管行为的怀疑仅仅是因为协同效应并不能体现在纸面上，如特雷诺（Treynor, 1993）的观点，则不一定是正确的。

9.2.2 公司控制权市场的反主流理论

伴随着公司控制权市场主流理论的发展，质疑的声音也始终未断。特别是到20世纪80年代末，美国所掀起的"第二次反收购立法浪潮"，使得公司控制权市场的主流理论受到了来自法律界和并购实务界的强大挑战。

9.2.2.1 穆勒的管理主义理论

穆勒（1969）认为，收购可能不是解决代理问题的良方，反而恰恰是代理问题的表现。他假定管理者报酬是公司规模的递增函数，因此认为管理者有扩大企业规模的动机（即构建管理帝国），而只要求较低的投资收益率，并以此观点来解释盛行于20世纪60年代的混合并购。但卢埃林和亨茨曼（Lewellen & Huntsman, 1970）却对这一理论的基本前提提出了批评，他们认为，实证的结果表明管理者的报酬与企业的销售额无明显的相关关系，而与企业的利润率高度相关。

9.2.2.2 马苏利斯的剥削利益相关者论

剥削利益相关者论的基本观点是公司控制权市场的存在会给目标公司股东带来超常收益，但这种超常收益的获得，是基于对公司其他利益相关者的剥削而不是价值创造所获得的。马苏利斯（1980）最早发现随着债务和普通股的交换，可能会导致不可转换的债券价值的降低，据此，他提出了目标公司股东收益是来自于财富重新分配的观点。麦克丹尼尔（McDaniel, 1985）的研究进一步支持了这一观点，从而在经济学和法学界引起了广泛的争论。此外，施莱弗和萨默斯（Shleifer & Summers, 1988）则认为，雇员人力资本具有专用性，为吸引雇员能够无保留地投入工作，每一个公司实际上都对其员工有一项默示条款，即公司将公正地对待每一位尽职工作的员工，而收购的存在却打破了这一条款，导致了对目标公司员工的压榨。还有学者认为并购后的超常收益来自于税收的优惠和利息的抵扣。

持主流观点的学者大多都反驳了"剥削利益相关者理论"。科菲等（1988）指出，"在并购过程中，利益相关者的损失小于股东所获得的溢价，很难认为其超额的溢价是从剥削利益相关者而得来的"。阿斯奎斯和金（1982）则认为，在并购方案公布后，出让方公司债券和收购方公司债券的平均收益率分别为0.495%和-0.178%，没有哪一项检验证明卷入并购的债券持有人在兼并中有所得或有所失，也没有任何证据证明在股东和债券持有人之间存在着财富转移的现象（沈艺峰，2000）。罗马诺（Romano, 1992）的统计证明，在敌意收购完成之后，目标公司员工的福利水平从总体上看不但没有下降，反而有所上升。奥尔巴赫和赖斯豪斯（Auerbach & Reishaus, 1987）也证明，在1968－1983年间，大部分的大宗收并购未使股东获得税收上的收益。而詹森等（Jensen et al.，1989）甚至证明了"按美国1986年的税法，杠杆收购实际上使联邦税收收入的现值增加了61%"。

9.2.2.3 罗尔的自大假说

罗尔（1986）提出了自大假说，他认为在一个有效的市场中，目标公司的市场价格已经体现了公司的内在价值，由于收购方管理层过分乐观或者自大，往往会高估目标公司的潜力而进行并购活动。此外，因为市场中其他竞价者的存在，收购方往往还要付出一定的溢价才能战胜潜在竞争者实现对目标公司的控制，但是并购后往往会发现，因为管理层的自大，对目标公司作出了过高的估价，其实企业之间的协同效应并不明显，使得收购方的收益为负。自大假说和管理主义理论有所区别，在自大假说中管理层并不是因为要实现自身利益的最大化而倾向去并购目标公司，他们也是出于一种良好的意愿，但是因为误判而造成并购后公司绩效并不如他们想象的那样发生显著提高，甚至有时候还会下降。

9.2.2.4 利普顿的剥削目标公司股东论

利普顿（1987）认为，收购方为获取目标公司的控股权中采取"两阶段公开收购"（Two-tier Bid），收购方为获取目标公司的控制权，先以较高于市价的出价收购公司51%的股份，之后再以极低的价位收购其余49%的股权，两者平均，收购方的总出价实际上低于目标公司股票的真实价格。并且在此种收购中，目标公司股东面临所谓"囚徒困境"（Prisoner's Dilemma），即为避免陷入第二阶段收购的不利地位，不得不争先恐后地把手中的股票出卖给收购方，因此这种盘剥更加明显。但詹森（Jensen，1993）通过对格罗斯曼和哈特（1980）的观点的诠释认为，实际上，并购者对先出售和后出售的股东所采取的"价格歧视"机制，有利于克服中小股东搭便车的心理，从而使接管能够发挥其应有的作用，激励管理层来实现股东财富的最大化。伊斯特布鲁克和费希尔（1991）也认为这一制度（"两阶段公开收购"）的设计有利于提高效率收购的成功率，因而其本身也是有效率的。正如汤欣（2003）转引的评论，目标公司股票的"真实价格"本身是一个极为模糊的概念，最起码它尚未实现，那么收购方取得一个并不存在的"剥削额"实际上并不能称为"剥削"；如果真有一个"真实价格"存在，目标公司股东完全可以拒绝收购方的收购要约,而去追逐那个真实价格(如进行自我收购,或接受风险套利者的出价),从而导致前一收购的失败;即使在两阶段公开收购中也会有竞价收购的情形出现,发盘者为了确保收购成功,也必须保证其出价高于目标公司股票的真实价格。

9.2.2.5 布里克利等的市场短视论

布里克利等(1988)相信公司控制权市场是短视的(Short-sighted),因为在公司控制权市场上,企业大多追求短期收益最大化,而对进行长期投资的公司评价较低,致使此类公司股价下跌,沦为被接管的对象。但罗马诺(1992)实证的结果与此相反,他认为股市通常会对长期研发(R&D)项目持肯定态度,宣布研发计划公司的股价一般都会上涨,但公司采取反收购措施反而会使其用于研发的费用降低,而且并购与不并购公司在其研发投入的增长上并无显著的差异。马(Ma,2001)也证明了"那些对保持控制感兴趣的经理们可能更喜欢长期投资,因为和这些投资密切相连的不确定性增加了被预期的接管价格,因此减少了接管的可能性"。他认为,这一发现与现存理论中关于接管压力会导致短期行为的结论明显不同。

总之,从现有文献的角度看,公司控制权市场的主流理论出现于20世纪60年代,从70年代起逐步占据学术界的主导地位,并在80年代达到顶峰。但是,反主流的质疑也始终没有停息,并在80年代末至90年代初的"第二次反收购立法浪潮"中给予主流理论以沉重的打击。而在90年代中后期主流理论又有了抬头的迹象,特别是公司治理理论的大发展,也为公司控制权市场主流理论致力于外部治理的观点提供了一个良好的舞台。总体上,这场主流与反主流的争论还远没有结束。其争论的结果,对其他国家(包括中国)如何确定其各自的公司控制权市场发展战略无疑将会起到重要的参考作用。

9.2.3 国内对公司控制权市场理论的研究

9.2.3.1 刘文通的国有企业准兼并假说

刘文通(1995)提出了国有企业准兼并假说。一方面,国有企业的剩余收益在中央和地方政府之间作了分割,另一方面国有企业的剩余控制权也在不同的党政机关之间作了分割,因此,中国国有企业的剩余索取权和剩余控制权是分离的,"全民——中央政府——地方政府——国有企业"的行政层级式的国有产权结构，导致了国有企业之间的产权交易并未引起最终意义上的产权流动，从而使得国有企业间的并购失去了真正意义上的企业并购的特点，相应带来较差的并购绩效。对此，他称之为"国有企业准兼并假说"。但是，他尚未区分中国上市公司和非上市公司并购行为的异同，没有看到市场分割对上市公司行为的异化，而只是运用产权和企业并购理论给予了笼统的解释。

9.2.3.2 盛洪的产权障碍论

盛洪（1997）指出，中国企业的并购活动面临三大障碍。第一，难以弄清谁是真正的谈判者。企业经理、主管部门负责人、甚至从中央到地方政府的各级领导都只不过是国有产权的代理人，因而在并购实践中常常出现收购方不知应该找谁谈判的尴尬局面，或者即使开始了谈判，也会因为各部门的不同意见而使谈判面临着极大的不确定性。第二，国有企业对职工隐含的终身雇佣契约和政府出于社会稳定所设置的就业率要求，使得企业新的所有者往往很难处理并购后的人员安置。第三，国有资产出售过程中的"风险规避"和"寻租"问题难以解决，特别是如果国有资产的代理人是风险厌恶型的，那么，为避免背上国有资产流失的恶名，他就很可能在谈判中把非国有企业的谈判对象人为排除，从而导致了产权交易的"次优选择"。盛洪的产权障碍论很好地诠释了一般情况下国有企业并购所面临的难题。与刘文通相同的是，盛洪仍没有涉足中国上市公司控制权市场的领域，其对中国企业并购、中国公司控制权市场的分析和判断仍是不完整的。

9.2.3.3 刘胜军的掠夺性接管论

刘胜军（2001）在对美国的公司控制权市场进行全面分析后，提出了中国公司控制权市场与美国的不同，即"从总体上看，中国的上市公司接管属于'掠夺性接管（Predatory Takeover）'。从表面上看，这种掠夺性接管的目的在于'上市替代'，而实际上，其最终目的在于对金融资源的掠夺"。而造成这种掠夺的原因则是因为所谓"制度性缺陷"，主要体现在四个方面，一是融资最大化成为上市公司的行为准则，二是证监会的权力结构失衡，三是公共产权下的市场参与者行为非理性化，四是非零和博弈。刘胜军对中国公司控制权市场的判断基本属于写实性的，其分析过于突兀和简略，既没有理论剖析，也没有实证支持。他的四条理由与其说是对造成中国公司控制权市场现状的原因分析，不如说是这一现状的具体表述更为合适。

9.2.3.4 张道宏、胡海青的壳资源利用论

张道宏、胡海青（2002）认为从经济学的角度看，壳资源的利用实质是资本市场一种对上市公司壳资源进行重新配置的活动，是一种帕累托改进。壳资源利用在中国有着巨大的现实意义，既可以改善上市公司质量、促进资本市场的健康发展，也可以有效地扩大企业规模，并真正建立起规范的公司法人治理结构，还可以拓宽企业的融资渠道。张道宏、胡海青运用了大量的篇幅来论证中国上市公司壳资源的影子价格、博弈定价模型、质量模糊聚类评价模型（以陕西省的上市公司为例）、壳资源属性与效率等等，但在其论证的过程中却未能考虑中国上市公司股权分置的现状，基本是将成熟市场的特性和模型简单地代入中国的实际。其对我国绩效差的壳资源特殊成因的分析，也只是考虑了历史原因所造成的"上市公司质量不高"，认为"行政干预是壳公司形成的重要原因"。

9.2.3.5 朱筠笙的场外协议收购可解决国有股减持难题论

朱筠笙（2002）通过严谨的数学推导证明了集中和分散两种所有权结构下的公司控制权转让效率不同的结论。他认为，在促进有效率的公司控制权转让发生方面，集中的所有权结构要优于分散的所有权结构；但在防止无效率的公司控制权转让方面，分散的所有权结构则优于集中的所有权结构。但是，由于其忽视了中国公司控制权市场上市场分割的内在作用，反而认为"上市公司国有股和国有法人股的股权高度集中是制约我国公司控制权转让效率的内部根源"，从而得到了"将国有股场外协议转让给具有良好发展前景和经营绩效的非国有企业，可以解决中国国有股减持难题"的结论。

9.2.3.6 张新的体制因素下价值转移与再分配假说

2002年，张新在上证联合课题《价值创造、金融体系和经济增长》及其发表于《新财富》上的文章《上市公司收购管理办法——价值取向和操作流程》中，均认为"由于中国处于转轨之中，经济效率可以提高的空间还很大，产业结构也有明显可以改善的方向，收购人能够较容易发现被低估的企业来进行收购和有潜力的行业来进行主营业务调整，因此中国的企业并购应当能够创造价值"。同时，他搜集了1990年至2002年6月的1176件并购重组案例进行了实证研究，得出的结论支持其假设。张新的观点其实是有变化的。2003年他的另一个上证联合课题《并购重组是否创造价值——中国证券市场的理论

与实证研究》及其发表在《经济研究》上的同名文章中,他又进一步认为"经典的并购动机理论对中国的现象有一定的解释力……但'体制因素下的价值转移与再分配'假说,更能解释中国并购为何不创造社会净价值"。张新详细分析了中国上市公司并购交易所涉及的利益各方的关系,坚持中国的并购重组"确实能够为交易各方带来价值",但价值的来源可能存在于两个方面,一是重组公司通过改善经营管理效率、发挥协同效应等产生了增量效益,提升了业绩,实实在在地为股东和利益相关方创造了价值;二是收购/重组方从一级市场再融资或二级市场股票炒作来寻求利益补偿,而这些利益补偿则主要来源于未来的中小股东。因此,这种并购是一场财富再分配的"零和"游戏。相对于严谨的实证,其对"体制因素下价值转移与再分配假说"的理论分析则略显不足,且对于"体制因素"的核心内容语焉不详。

9.2.3.7 吴晓求的投机性重组论

吴晓求(2003)的观点也是逐步演进的。2003年4月,在其新出版的专著《中国上市公司:资本结构与公司治理》中,他主要关注的是融资方式、资本结构与公司治理之间的关系,并没有过多地涉及到公司控制权市场的问题。但在2003年11月20日国资委与联合国工业发展组织共同召开的"全球并购高峰论坛"上,他明确地提出了中国上市公司的"投机性重组论",认为"投机性重组是中国特殊股权结构下并购重组的重要特征",其可能带来的金融风险在于,一是损害流通股股东利益,引发市场信心危机;二是无益于管理水平的提升,有损产业整合功能;三是资产价格暴涨暴跌,损害金融市场稳定。

9.3 国外公司控制权市场模式分析

在梳理了国内外公司控制权市场理论研究之后,再来考察各国公司控制权市场在实践中的不同特点。尽管美国的公司控制权市场历史最为悠久和典型,但是由于法律制度和文化背景等的差异,各国公司控制权市场的模式却不尽相同。高愈湘(2004)按照现有比较成熟的公司治理模式——市场导向型(美英模式)、机构导向型(德日模式)、家族治理型(东南亚模式)和内部人控制型(转轨经济国家模式)对各国的公司控制权市场进行了分类,分为:美国的市场导向型控制权市场、日本的机构导向型控制权市场、韩国的家族治理型控制权市场和俄罗斯的内部人控制型控制权市场。

9.3.1 美国的市场导向型控制权市场

如果按照控制权转移交易的发生而不是按照这一概念的提出时间来划分，美国的公司控制权市场应形成于18世纪末，自1893年至今共经历了7次并购浪潮。早期的美国经济学家把标准石油、美国钢铁和杜邦等公司通过收购而成长，看作是自然的和有助于经济效率提高的过程。在20世纪绝大部分的时间里，美国政府和公众对公司控制权交易的注意力集中于垄断和规模经济的互动，著名的《谢尔曼反托拉斯法》（Sherman Antitrust Act of 1890）等一系列法律的出台，实际就反映出了当时人们对控制权交易行为所关注的焦点。到了20世纪50年代，学术界的注意力开始转向并购战略、金融问题和对经理层特权限制等方面，从60年代起，经济文献已经超越了垄断的视野来审视公司控制权的转移，包括企业战略的实施、财务协同效应的实现和管理层个人欲望的满足等。到20世纪70年代起，敌意收购开始在美国蓬勃发展起来，并且在整个80年代都处于繁荣时期，其中，仅在1976~1990年，美国就发生了敌意收购364起（Jensen，1993），一大批"公司袭击者（Corporate Raider）"热衷于充满敌意的接管出价。这实际上也是对50~60年代学术界研究成果的一个很好的注解。但进入90年代以来，一度狼烟四起的美国控制权市场上敌意收购事件急剧减少，直至20世纪末，在交易量连创新高的所谓第五次浪潮中，也因并购逐步"由财务型向战略型转化"，而被人们认为"呈现出一种从野蛮到文明的演进"。而21世纪初，美国商界对经济复苏的信心增强促使了并购增长。

此外，美国公司的股权结构比较分散。从自然持股人的数量来看，其占总人口的比重从1952年的4%已经上升到了1992年的14%，如果加上间接持股人数，这一比重将达到60%左右，其持股金额也占据了相当大的比重。美国公司的股权结构表现出以下几个突出的特点，一是股权相对分散，家庭个人持股比重较大，特别是在个体产权制度下，任何一个企业的股权都可以具体地反映在每一个自然人的身上；二是机构持股主要以共同基金、养老基金和保险公司等非银行金融机构为主，商业银行的直接持股受到法律的限制，同时，公司法人间相互持股的比重较小；三是由美国公司的股权结构可以看出，由于公司、机构、个人相互之间的掣肘较少，公司控制权市场更容易形成并发挥作用。

早期美国关于公司控制权市场的立法主要集中在反对各种形式的垄断上，在许许多多的法案中，美国的公平与自由意识在立法中也得到了很好的贯彻。其中，对公司控制权市场上的交易行为进行规定最多的是美国在 1933 年、1934 年的证券法，这一法案确定了美国公司控制权市场的基本发展框架。在大量的上市公司出现后，公司的部分或全部所有权转入了公众的手里，因此，立法也就势必更强调维护公众作为企业所有者的合法利益。对此，美国关于公开收购的立法，主要强调了两个原则：充分披露原则和股东待遇平等原则。

个体自由主义是美国文化最具有代表性的核心，这也是哲学家们研究后得出的共同看法，于鸿君（1997）将其归纳为"以个体自由主义为核心的基督文化"，这种文化背景所孕育出的经济自由主义思潮，势必会以优胜劣汰为主要特征，使得企业之间的竞争成为社会的普遍现象和发展动力。美国文化在极力反对独裁，崇尚民主的过程中，形成了美国独特的有利于公司控制权市场交易的环境。

9.3.2 日本的机构导向型控制权市场

尽管日本的公司控制权市场不够活跃，但事实上，并购在日本也已经有了相当长的历史渊源。吉彦（Yoshihiko, 2003）认为，日本最早的并购案始于明治维新时期的 1874 年，当时，一个规模庞大的财阀从政府手中购买了一个采矿公司，并使其走向煤炭产业。此后，由这一财阀和其他财阀运作的并购活动从煤矿业逐步转移到了钢铁、纺织、电子机械甚至人身意外保险产业，构成了这些财阀和第二次世界大战前日本经济的繁荣。

第二次世界大战后，盟军在日本的总司令部强行解散了日本的大财阀，力图通过实施经济民主化措施，实现公众持股，并辅之以雇员所有权，使日本的公司治理模式美国化。但由于其后日本股票市场的萧条和经理们对外部人控制的阻挠，以及总司令部与日本政府在公司所有权结构、机构投资者持股、公司融资结构等多方面的设想均有明显冲突，逐渐导致日本形成了在相关企业间以银行为中心、以相互持股为特征的公司集团治理模式，特别是前财阀公司之间的相互持股在 1949～1955 年得到迅速发展；之后，日本公司所需的资金已不再从股市获得，而主要由其"主银行"提供，这种相互持股和"主银行"制度在某种程度上遏制了日本公司控制权市场的发展（Reed，1996）。

在日本，这种"主银行"制度一度运行得很好。一旦某一公司陷入财政困难，主银行往往会促使它的其他客户或亲自提供帮助，通常不会让公司破产，同时，公司间的合并也非常少，即使有，也往往是在主银行主导下，通过协商和股票交换来达到目的，敌意收购屈指可数。但是，由于日本主银行对企业的支持并不总是在效益最大化的基础上进行的，主银行主导下的企业兼并更多的是为了拯救目标公司的财务困境，因而，在其经济实力足够大的时候，这种支持尚能支撑，但在20世纪90年代日本经济的持续疲软过程中，因银行本身具有风险，主银行制度受到了强大的挑战。

20世纪90年代以来，日本政府开始通过法律和税收制度的改革来调整相关政策，促进理性的并购活动和公司控制权市场的发展。这些改革包括1997年纯粹持股公司被解禁、1999年开始允许股份交换和转移、2000年开始引入股份分割制度、2001年放宽新股购买有关法定资本金的使用和引进旨在鼓励公司重组的税收刺激政策等。同时，参照《美国破产法》第11章破产重组的日本《破产法》也在2000年4月生效，为促进日本近年来并购活动的快速增长提供了强大的动力（Yoshihiko，2003）。2006年5月，日本正式开始实施新的公司法并规范了并购交易手续。2007年5月开始实施并购过程中对股东补偿灵活化的规定，使得多种并购方式，包括恶意并购，更容易实现。2013年12月，日本通过了促进企业在5年内集中开展重组和设备投资的《产业竞争力强化法案》，并于2014年1月开始实施，旨在通过便捷化企业重组，增进日本经济社会全体经营资源的高效利用，从而达到增加日本产业生产率的目的（崔成、明晓东，2014）。

日本公司最大的股权结构特点就是法人间的相互持股，这样的所有权形态起到了稳定企业经营的效果。首先，通过互相持股，关联企业通常不会轻易地出售集团内其他企业的股票，从而能够避免企业间的并购，确保企业经营的稳定性；其次，法人互相持股削弱了私人股东的力量，强化了经营者对企业的支配权，并能够将更多的内部积蓄用于设备投资；最后，互相持股相当于迂回地持有本公司股票，有利于维持高股价和资产增值，使企业并购变得更为困难（陈建安，2007）。

日本文化属于东方文化，可归结为"以'忠'为核心的扩大的家庭文化"，这种文化特征反映在企业上就产生了独具特色的日本企业文化：终身雇用、集团主义思想和年功序列工资制。此外，日本公司的行为习惯很大程度上是由其道德规范来进行约束的，而非单纯的利益。因此，从根本上讲，这种企业是不利于公司控制权市场发展的，日本的并购史中也的确从未出现过由于接管而发生大规模辞退目标企业原有员工的情况。

9.3.3 韩国的家族治理型控制权市场

从20世纪60年代初开始，韩国实行了政府主导的经济发展模式，在短短二三十年内即成为亚洲"四小龙"之一，成为新兴的工业化国家，然而韩国企业仍具有明显的家族化特征。一方面，家族资本的影响无处不在，不仅中小企业为家族或个人所拥有，就连许多大财团也常常由某一家族直接或间接控制。这种控制通常表现为两种形式，一是家族直接控制下属企业，二是家族通过控制核心公司和非盈利财团实现间接控制。另一方面，家族所有的大企业集团为了扩大家族利益，总是尽量扩大自身而排挤其他中小企业。由于家族企业的影响和股票市场的滞后，通过要约收购等方式在证券市场上直接收购韩国企业（包括韩国企业之间的收购）是很困难的。因此，韩国的公司控制权市场一直不够活跃。在融资方面，韩国企业更多的是依赖银行的间接融资；而在公司治理方面，韩国企业也更多的是依赖家族的内部监控。只有在1997年亚洲金融危机后，因为资金链的断裂和濒临破产企业的增加，收购韩国企业才成为了一种现实和时尚。

韩国自1998年之后至今一直处于经济调整转型期。卢武铉当政时期（2003年2月至2008年2月），政府承认财阀企业代表着韩国的先进生产力，表示政府的经济管理权已经转移到了市场。李明博执政（2008年2月至2013年2月）后进一步放松了对财阀的管制，并对大企业实施减税政策。2013年2月25日，朴槿惠出任韩国总统（2013年2月至2017年2月），提出了"经济振兴""创造经济""经济民主化"的三大理念；其中，"经济民主化"是核心，即进行财阀改革，打造新的经济发展模式，消除大企业集团和中小企业之间的严重不平衡，比如限制大企业集团，严厉打击大企业的违法行为和不正当竞争行为，加大对中小企业的支持力度（金英姬，2017）。

尽管韩国公司的发起人家族持股比例不高,但其通过交叉持股等手段,往往又能控制企业30%~40%的股份,因此,控股股东常担任公司的总经理,并有权选择执行董事,从而建立起比较牢固的控制基础。韩国企业的自有资本比例非常低,前十位上市公司的平均自有资本比例为9.4%,其中近一半企业不足5%,与此相对应的是企业的负债率普遍较高。这一方面反映出韩国政府的确提供了许多优惠的借贷条件,使负债经营的成本远低于自有资本的成本;另一方面,过度的债务融资也给企业带来较高的经营和财务风险,同时降低了企业价值,增加了并购的风险和难度。

韩国控制权市场的发展深受韩国企业文化的影响。韩国的企业文化突出地表现为以下五个特点,分别是重视个人品行、以忠于企业为荣、强烈的等级观念、重血缘、地缘、学缘等特殊关系、强调对员工长期的培养和教育等。韩国的这种企业文化不仅影响企业的日常经营,也影响着内部控制、社会风气、人际关系等多个方面。但是韩国的企业文化也不可避免地存在很多负面作用,有的还可能相当严重,如过分强调学缘、地缘和血缘关系,导致企业的各种派别和"党争";过分强调对企业的忠诚,不利于人才合理流动与配置;过分强调等级观念,不利于人才脱颖而出;过分强调对企业家的尊崇和权威,难以形成创新思想等等,企业的生死存亡完全依赖于"核心"的智慧,很容易产生偏差或走极端。1997年金融危机后,韩国企业的大量破产,固然与其资本结构有着直接联系,但同时,与其经营方式也不无关系。因此,在这种"以厂为家""同舟共济"的企业文化背景下,无论是企业主还是普通员工都会对自己的企业被收购而感到深深的耻辱,相应地大大增加了企业并购的难度,不利于公司控制权市场的发展。

9.3.4 俄罗斯的内部人控制型控制权市场

严格地说,俄罗斯是没有完整的公司控制权市场的。俄罗斯所拥有的只是制度转轨过程中的企业控制权的转移,即1990年以后,由俄罗斯政府主导的全国性的私有化运动,使得国有企业的控制权向其他所有制形式(特别是私人)大批量转移,从而形成了关于企业控制权的交易或馈赠行为。

俄罗斯的私有化(公司控制权的转移)主要采取了三种方法:一是无偿向社会公众发放私有化凭证(Voucher),这一方法主要存在于私有化进程的第一阶段；二是以各种形式直接出售国有企业，这一方法主要存在于第二阶段；三是贯穿于两个阶段的管理层收购和雇员持股计划，即让国有企业原管理层和员工通过认购本企业股份而成为企业的新主人。但是，和英美等国典型的MBO、EBO手段不同的是，由于俄罗斯的MBO、EBO是以国有资产退出为主要目的的大规模"MBO运动"，缺少必要的市场环境、法律环境和配套运行机制，从而带来了极大的弊端。其中，一个重要的后果就是形成了企业"内部人控制（Insider Control）"的局面。

"内部人控制"对私有化运动之后的公司控制权市场的影响是很大的。由于没有一套良好的制度保障，特别是在市场环境扭曲、未来前景不确定的情况下，被内部人控制后的公司，更多地面临的是被"掠夺"而不是"建设"，更不可能是"转移"的局面，因而表现出公司财务状况大幅度下滑，公司控制权交易极不活跃的状况。尤其是在私有化后期，当无偿私有化转变为有偿私有化时，职工购买企业股份的权利实际上也被剥夺，因为当职工试图超过对其的配给限额而购买更多的股份时，面临的将是比原价高几百倍的交易价格。以斯维尔得洛夫斯科州为例，该州规定，企业职工有权按照1992年7月1日的资产估价购买企业法定基金10%的普通股票，但若购买其余股票时，将按照比原来价格高出600倍进行处理（俞思念、崔启明，1997）。这样，普通职工对企业的控制权被削弱了，相应地增强了管理层的控制能力。1995～2005年10年内，内部人中公司经理人员的持股比例增加了20%，到2005年经理人员持有的股份达43%；而职工持股比例下降了25.9%，到2005年职工持股份额只剩下17.7%。此外，从1995～2003年，职工控股企业占企业总数的比例由52%下降到23%，管理者控股企业总数的比例由7%增加到38%。在内部人控制的公司中，所有权的主导地位由职工转到经理手中，在争夺股份公司控制权的斗争中，公司经理人员采用在商业投标、竞标和私有化拍卖中通过各种方式收购股票、控制股东登记名册、变更公司的法定资本、实行整体上分散股本战略、对财务信息及对公司重大的经营行为不向外披露、以发行新股的方式稀释外部股权等手段和方法，使经理人的控制权在法律上逐渐形成。

针对上述情况，俄罗斯为了努力降低内部人控制和影响，政府和社会相关部门采取了一系列措施，如1996年颁布的《俄罗斯联邦股份公司法》给外部股东的发展提供了一定的法律基础。2001年12月，俄罗斯政府颁布的《俄罗斯联邦国有资产和地方政府资产私有化法》加快了私有化进程。2010年7月，俄罗斯政府批准了《2011~2013年联邦资产私有化预测计划和私有化基本方针》。拟于2011~2013年对包括10家超大型国有公司、117家联邦单一制国企、854家股份公司、10家有限责任公司和73处不动产在内的国有资产实施私有化，范围涵盖金融、石油、电力、粮食、运输、农业、化工、石化等行业。2012年初，私有化计划包括由联邦财政部所有的1396个股份公司、276个联邦单一制企业和468个其他财产形式中的股份。2016年3月，《俄罗斯联邦2016年社会稳定发展计划》正式推出，着眼于调整经济结构，促进经济多元化（周美彤，2017）。

此外，俄罗斯政府也借鉴西方的一些经验，对本国企业的兼并与联合进行了尝试，试图以此作为摆脱经济与金融困境的一条新道路。其主要工作是通过银行与原有较为发达的行业，如能源、化工、汽车、航空、造船等行业的企业联合，组成集金融功能和工业功能为一体的金融工业集团，以实现对资金、资源、资产等的优化组合。主要有四种模式，一是以"阿尔汉格斯船舶工业集团"、"俄国航空工业集团"为代表的"按部门联合"的方式，二是以"俄罗斯纺织工业集团"为代表的"按生产程序和流通环节联合"的方式，三是以"伏尔加流域工业集团""阿尔泰金穗工业集团"为代表的"按地域联合"的方式，四是吸收国外企业参加的"跨国联合"方式。但是，由于"内部人控制"等因素的影响，这种联合要么是一种政府的强制行为，要么就会因"内部人"的存在而大大增加兼并成本。布朗（Brown，1996）的研究显示，对俄罗斯企业而言，当企业员工获得了关键少部分股份时，如果不许他们在接管后分享所有权，那么外部人的接管只能带来效率低下的控制权变化，而如果允许他们分享所有权，则一些有效率接管活动就会被阻断。

在转轨经济时期，俄罗斯的法律相当混乱。计划经济时期的旧法律已经不适应私有化之后的商业实践，而新法律却又由于政府行为的不确定而难以实施、相互冲突或变动不居，人们的预期无法适应，许多人是短视的，"打一枪换一个地方"和"一锤子买卖"的交易随处可见，由此而产生了对企业更多的"掠夺"。同时，由于法律体系的孱弱，造成俄罗斯黑帮的盛行，黑帮控制和有组织的犯罪成为了俄罗斯经济转轨中一大社会问题（张建伟，2002）。而当"黑帮实施"成为俄罗斯普遍流行的契约实施方式时，其解决冲突所使用的规则就不可能给他人一个明确的预期,从而使整个社会的交易成本十分高昂,公司之间正常的和市场化的兼并收购行为几乎无法持续。

俄罗斯地跨欧亚两洲,兼具东西方文化的特色,这是其文化背景中的独特之处。俄罗斯著名哲学家别尔嘉耶夫(1995)就曾指出,俄罗斯精神所具有的矛盾性和复杂性与东西方两股世界历史潮流在俄罗斯的碰撞有关,在两者的相互作用下,俄罗斯精神中东西方两种因素永远在相互角逐。俄罗斯民众在转轨时期意识形态的混乱和对改革首鼠两端的思想现状,影响到经济的发展和公司控制权市场的建立。

综上,上述四种公司控制权市场模式的比较如表9-2所示。

表9-2　　　　　　　四种公司控制权市场模式比较表

公司控制权市场模式	历史变迁	股权结构	法律环境	文化背景	影响结果
市场导向型(美国)	七次"浪潮"	个人持股	充分披露	个体主义	公司控制权市场活跃
机构导向型(日本)	逐步活跃	交叉持股	逐渐放松	集体主义	公司控制权市场相对活跃
家族治理型(韩国)	渐次发展	家族控股	东西合璧	家族主义	公司控制权市场不活跃
内部人控制型(俄罗斯)	私有化浪潮	内部人控制	法制的"真空"	矛盾与复杂	私有化浪潮后,公司控制权市场不活跃

9.4　中国控制权市场分析

我国控制权市场是社会主义经济体制改革的产物,有一个逐渐发育、成长和完善的过程。从1984年我国发生的第一起真正意义上的并购开始,我国并购活动迅速发展,目前,中国已经成为全球第二大并购市场。

我国的国有企业受制于委托—代理问题,同时又面临着通过资本重组改善控制效率的迫切要求。而经济体制的渐进市场化,使得市场体系经历了从最简单的商品市场到较高级的控制权市场的发育过程。国有企业改革、经济体制市场化与控制权市场的生成从逻辑上讲应该是同步的。但是制度变迁的路径依赖性,使我国的公司控制权市场的发展过程异常艰难,控制权市场呈现出特定的形态，并有许多非效率的结构特征（王刚义，2003）。

9.4.1 我国控制权市场的初始状态

新中国成立后，我国建立起以全民所有制企业为主体的社会主义经济体系。正如许多中国学者指出的一样，名义上全民所有的企业实际上只能由国家（中央计划者）控制，国家实施控制的方式必然是将控制权分配给各级政府官员。国有企业区别于资本主义企业的最明显的特征就是国有企业的委托人是国家而非自然资本家，政府任命、督促和约束经理，并为企业项目提供融资。由于政府作为各层制度的行政管理者的固有缺陷，中国国有企业的主要问题在于委托人而非代理人。

传统国有企业的委托代理关系与市场经济条件下企业中的委托代理关系的巨大差异，决定了国有企业不是在契约关系基础上成立的独立的经济主体，财产所有者的最终控制权与企业经理的控制权之间并没有也不可能有明确的区分。国有企业内部有代理问题，但不存在有经济分析意义上的控制权分化，因而不能用契约理论中的剩余控制权的概念来解释企业行为。同时，传统国有企业的委托代理关系，必然导致企业控制权配置的行政化。

企业各级代理人之间不是平等的契约主体，而是行政命令关系。对企业的控制权可能由于资产规模、涉及社会问题的严重程度而归不同等级的代理人处置，控制权并没有如现代股份公司中一样作出明确的划分，各级代理人之间控制权的划分基本上是依据行政级别的实权划分。在国有企业委托代理关系中，经理作为一级代理人，虽然对企业有一定的控制权，但是这种控制权是行政控制权的附属物。

9.4.2 我国控制权市场的发展

关于我国公司控制权市场的发展阶段有几种划分，如三段划分和五段划分。其中《企业兼并与破产问题研究》课题组（郑海航，1997）进行三段划分，第一阶段为20世纪80年代以前的行政性关停并转，第二阶段为企业改革初期的半企业性、半行政性的企业联合兼并收购，第三阶段为实行市场经济体制之后以公司形态为特征的企业并购。张秋生、王东（2001）则采用五段划分法对我国公司控制权市场进行论述，分别为起步阶段（1984~1987年）、第一次控制权交易活动高潮（1987～1989年）、企业控制权交易活动低谷期（1989～1992年）、第二次控制权交易活动高潮（1992～1996年）、第三次控制权交易活动高潮（1997年至今）。崔永梅（2008）基于我国企业并购的实践，参照国外较为成熟的研究方法，从我国企业并购的动机出发，将我国公司控制权市场划分为完全政府主导、财务并购和战略并购三个演进阶段。王鑫（2013）将中国控制权市场的发展分为四个阶段，分别为萌芽阶段（1993～1995年）、扩张阶段（1995～1999年）、成长阶段（2000～2005年）、后股权分置阶段（2005年以后）。

本书采用崔永梅（2008）的划分，将我国公司控制权市场划分为以"国企脱困"为目的的完全政府主导型并购阶段（1984～1992年），以报表性重组、买壳上市为主的财务并购阶段（1992～2005年）和以产业整合、资源优化配置和加强核心竞争能力为主的战略并购阶段（2006年开始）。

9.4.2.1 以"国企脱困"为目的的完全政府主导型并购阶段（1984～1992年）

1984年10月，中共十二届三中全会通过了《中共中央关于经济体制改革的决定》，中国自此拉开了经济体制改革的序幕。改革的目的是打破高度集中的计划经济体制，中心环节是企业经营体制的改革，要让企业成为"自主经营、自负盈亏"的法人，这为企业并购的出现提供了可能。我国的第一起并购案例发生在1984年7月，河北省保定市纺织机械厂以承担出让方全部债权债务的形式，兼并了保定市针织器材厂。这也是中国国有企业之间第一起企业并购案例。此后，企业并购现象在国内其他地方陆续出现。[①]

1987年以后，政府出台了一系列鼓励企业并购的政策法规。1988年1月，国务院经济技术社会发展研究中心和武汉市政府联合召开了"企业产权转让改革研讨会"。同年3月，在七届全国人大一次会议上通过的《政府工作报告》指出，要把"鼓励企业承包企业、企业租赁企业"和"实现企业产权有条件的有偿转让"作为深化企业改革的两项重要措施。同年5月，武汉市建立起全国第一家企业产权转让市场，使企业并购走上正式化、公开化、程序化的

[①] 1984年9月，保定市钢窗厂以110万元的价格购买了保定市煤炭灰砖厂，这是我国集体企业兼并国有企业的最早记录。1984年12月，武汉市牛奶公司出资12万元购买了汉口体育餐馆，这是国有企业有偿兼并集体企业的较早的案例。至1987年，武汉市和保定市各有20多家企业实行了不同形式的产权有偿转让，在北京、沈阳等其他9个城市中也出现了国有企业并购现象。

轨道。1989年2月19日，国家体改委、财政部、国家国有资产管理局联合发布了《关于企业兼并的暂行办法》，对企业兼并的有关内容作出了明确的规定。同期，又联合颁布了《关于出售国有小型企业产权的暂行办法》，指出"有计划有步骤地出售国有小型企业产权，是调整所有制结构和深化企业改革的一项重要内容"。据有关部门统计，25个省、市、自治区和13个计划单列市，仅1989年一年就有2559家企业被兼并，共转移资产超过20亿元，减少亏损企业204家，减少亏损金额1.3亿元。在整个80年代，全国有6966家企业被兼并，转移资产82.52亿元，减少亏损企业4095家，减少亏损金额5.22亿元。此外，在保定、南京、福州、成都和深圳也相继建立产权交易市场，这标志着公司控制权市场已进入了初步规范化阶段。总的说来，这次企业并购浪潮作为国有企业改革的一个尝试，发源于企业，自下而上地得到认同，然后在中央和地方各级政府的积极倡导下，自上而下地得到推广。1989年下半年开始，由于宏观经济紧缩，企业资金短缺，经济进入了全面治理整顿阶段。随着治理整顿展开，亏损企业增加。为此，政府加大了在产权转让中的指导作用，一些地区出现了行政性强制的企业合并，同地区、同部门内部无偿划转的合并方式有所增加。

这个时期的企业控制权交易活动呈现出企业并购数量少、企业并购行为仅限于全国少数城市的少数企业、交易的自发性和政府干预并存的特点。一方面，优势企业的扩张受到场地、厂房、设备限制，劣势企业长期亏损，负债累累，职工工资和福利没有保障，双方均存在并购的动机。另一方面，政府以所有者身份积极介入企业并购活动，从而使这一时期的大多数并购行为具有明显的强制性，避开条块分割，在同一地区、行业或部门中进行，而政府参与并购的目的是消灭亏损企业。并购方式多为承担债务式和出资购买式。在保定市1984~1987年所发生的11例产权转让案例中，有6例为承担债务式，3例为出资购买式。而武汉市所发生的并购案例几乎都是出资购买式。

9.4.2.2 以报表性重组、买壳上市为主的财务并购阶段（1992~2005年）

1990年，沪深两地证券交易所成立，对此后我国企业并购的发展产生了深刻而长远的影响，促进了企业并购向深层次的演进。1992年，中国确立市场经济的改革方向，产权改革成为国有企业改革的重点，产权交易在规模和形式上都有了飞跃。这一阶段中国的企业并购伴随着产权市场和股票市场的发育，企业并购形式更加丰富，出现了上市公司和外商并购国有企业以及中国企业的跨国并购现象，标志着中国的企业兼并走向市场化和正规化。

1993年11月14日，中共十四届三中全会通过了《中共中央关于建立社会主义市场经济体制若干问题的决定》，指出"继续深化改革，必须解决深层次的矛盾，着力进行企业制度的创新""要按现代企业制度的要求，现有全国性行业总公司要逐步改组为控股公司。发展一批以公有制为主体，以产权联结为主要纽带的跨地区、跨行业的大型企业集团""一般小型国有企业，也可以出售给集体或个人"。1993年，中国有2900多家企业被兼并，成交额达到60多亿元，重新安置职工达24万人。

1997年开始，随着中国投资体制的改革，企业的融资结构已逐渐从依靠单一的银行举债转向间接与直接融资并举的格局，证券市场已成为企业取得长期资金支持的重要场所。证券市场上企业并购和资产重组事件出现迅速上升势头，控制权交易的数量和交易额也呈逐年上升趋势。随着1999年《证券法》的实施，我国公司控制权市场得到了快速发展。2002年证监会出台《上市公司收购管理办法》后不久，《关于向外商转让上市国内公司国有股和法人股有关问题的通知》《利用外资改组国有企业暂行规定》也随之出台，标志着我国公司控制权市场走向了更加成熟的阶段。

根据亚商研究中心的统计，从1999~2001年中国国内企业并购重组发生了1700余起，其所涉及的并购金额达1730亿元人民币，其中涉及的上市公司有400余家，收购的金额约为900多亿元。在接下来的几年中，中国并购交易额的年复合增长率为60%，快速增长的并购交易金额表明，中国已经成为一个并购大国且成为亚洲最活跃的并购市场之一。尽管并购交易呈高速增长的态势，但亚商研究中心一项以345起重组事件为样本的研究表明，中国证券市场上资产重组的企业间产业相关度不大，虽然资产重组对处于困境中企业的影响高于非处于困境中企业，但总的来说重组对改善经营业绩的作用是有限的，这是因为过去绝大多数的国内企业并购未基于公司战略层面展开，80%的上市公司并购与获取壳资源有关，这是由于特定的制度环境和公司发展阶段使得上市公司的财务性并购成为当时并购的主要形式。这个阶段，由于制度上的缺陷，国有上市公司的治理效率低下，并且由于宏观经济发展情况的恶化，许多上市公司进入了财务困难时期。为了解决财务危机、摆脱经营管理业绩不佳的困境，地方政府推动了以"保壳保配"为目标的上市公司兼并浪潮，这个阶段"买壳""卖壳"行为尤为盛行，这些都助长了市场的投机行为。

9.4.2.3 以产业整合、资源优化配置和加强核心竞争能力为主的战略并购阶段（2006年开始）

所谓战略并购多数是指同一产业或相关产业内以战略为导向的并购，亦即将并购行为作为企业实现其战略的有机组成部分来看待，在这种情况下，企业并购的目的通常不是为了实现投机性的收益，而是旨在通过并购来获得或者强化企业的核心能力，壮大企业的市场规模，提高行业地位或者优化资源配置等。成功并购交易的核心不仅是完成目标方向收购方的价值传递，而是在完成这种价值传递的基础上，通过系统整合进行价值创造，包括提升竞争地位、扩大市场份额以及创造新的竞争力。战略并购在形式上有两种，一是国际资本参与下的战略并购行为，二是国内重要产业的内部整合。

这个阶段中国的产业地图正在发生意义深远的重组，建立在产业价值链基础上的产业整合已经全面展开，国际公司、大型国有企业集团、民营企业群体已经开始正面竞争，构成了全球经济环境下的中国产业整合的三大主流企业，并购已经不单纯是基于改制的国企重组途径，也不仅仅是民营企业低成本扩张的手段，而是基于产业价值链的改造和整合。这个阶段我国企业并购表现出三个方面的趋势，一是针对产能过剩问题突出的行业，通过横向并购实现产业组织结构优化，提高产业集中度，促进规模化、集约化经营，提高市场竞争力。二是针对产业链不完整、企业处在价值链低端的问题，通过纵向并购提高企业的竞争力。三是跨境并购趋于活跃。

证监会于2005年4月发布的《关于上市公司股权分置改革试点有关问题的通知》，标志着我国股权分置改革正式启动，还标志着我国的资本市场将逐步成为一个全流通市场，这也使我国的控制权市场和国外成熟的控制权市场的差距逐渐缩小，为控制权市场发挥治理效力奠定了基础。2006年证监会对《上市公司收购管理办法》作出了修订并颁布了《上市公司股东持股变动信息披露管理办法》，从根本上扫除了阻碍我国上市公司进行并购重组的障碍，为大规模产业整合奠定了基础，以产业整合、资源优化配置和加强核心竞争能力为主要特征的战略并购将成为并购市场的主流。2014年证监会取消了上市公司非借壳上市类的行政审批，取消要约收购事前审批，简化了并购的程序安排，加快了并购的进程。在 A 股高估值背景下，上市公司通过大量并购实现市值管理。此外，新三板并购政策放行，《非上市公众公司收购管理办法》和《非上市公众公司重大资产重组管理办法》为新三板并购市场提供了有效的政策支持。

未来，我国公司控制权市场将围绕 2015 年中央经济工作会议"供需双轮驱动、供给侧结构性改革"为主基调，以"去产能、去库存、去杠杆、降成本、补短板"五个任务为核心导向，结合资本市场持续发展、国企改革进一步推进、先进产业调整升级及全球化战略布局的市场机遇继续发展（包婷婷，2017）。

9.5 控制权市场的影响因素

9.5.1 并购浪潮

企业并购在西方工业的早期阶段，19 世纪末就已经出现。自 19 世纪末至 21 世纪初，100 多年的并购历史，全球已经发生了 7 次企业并购浪潮。

（1）第一次并购浪潮（1897~1904 年）：以横向并购为主。

电力、煤炭、铁路行业的建设发展，是第一次并购浪潮的经济背景。从企业角度看，经过美国南北战争后数十年的积累，企业积累了并购所必需的资源支持，也产生了从地区性企业向全国性企业发展的需求，因此，规模的扩展是本次并购的重要特征，同一行业内的中小企业相互联合，成为巨无霸，从而获得规模经济和市场优势。该阶段由于美国股票市场发展不充分，以及中央银行的缺位，个别重要投资银行家在并购中起到巨大的作用。美国钢铁公司的组建是这一时期最为典型的并购案例。该阶段的企业并购为美国后续并购行业的发展，积累了经验，也摸索和奠定了规则。该阶段并购活动引起美国社会对垄断企业的关注，为美国的反垄断法律的出台起到了促进的作用，侧面印证了本次并购浪潮获得的巨大成功。

（2）第二次并购浪潮（1916~1929 年）：以纵向并购为主。

第二次并购浪潮阶段的并购主要集中于新兴汽车行业、零售连锁和电力等公共事业，并与美国股市的繁荣相互促进。本阶段并购主要是纵向并购，并出现金字塔式控股企业，为大型企业集团的发展进一步奠定了基础。随着纵向并购所带来的一体化的推进，企业进入了更加丰富的生产领域，对管理者的需求或者依赖开始加强。之前的单一产品的企业，逐渐通过纵向一体化，变成了多产品、多规模和复杂程度更高的大型集团，U型组织结构的劣势逐渐体现，M型组织结构在20世纪初率先在汽车企业内出现。M型结构作为顺应纵向一体化时代的产物，对于美国大型企业企业制度的进一步创新作出了巨大的贡献。

(3) 第三次并购浪潮（1955~1973年）：以混合并购为主。

第三次并购浪潮的理论基础是多元化经营和企业经营风险的防范。该次并购浪潮中，多数企业认为高超的管理技巧可以应用于任何行业的任何企业。一个受过专业训练的经理，可以把他/她的技能应用于任何企业，并使它盈利，实现高效生产和资源合理配置。该阶段出现新的金融组合理论，即多种证券组合可以在保证收益的前提下，降低收益波动的风险，也为企业经营带来影响，从而促进企业不断兼并不同行业的企业，以保持业绩稳定，减少业绩波动。从该阶段并购的最终效果来看，特别是下一次并购浪潮的发生，证明了本次并购浪潮中所谓的多元化经营，并不一定能够取得预期的效果。

(4) 第四次并购浪潮（1980~1989年）：以杠杆并购为主。

本次并购浪潮的直接动机是20世纪七八十年代的经济滞涨现象。一方面，经济停滞导致美国长期的熊市，而通货膨胀则导致按照历史成本记账的上市公司企业价值被严重低估；另一方面，第三次并购浪潮的失败企业，面临着剥离失败的收购业务的压力。在此背景下，积极的投资银行家开展了对低估值上市公司的并购重组，以及对大型多元化公司剥离业务的整合。该阶段并购浪潮具有三个明显特征，一是投资银行家起到了巨大的主导作用，如迈克尔·米尔肯，二是垃圾债券等众多分层次融资工具的出现，推动了经营效率高的企业对经营不善的企业的"蛇吞象"的杠杆收购现象的不断出现，三是并购与剥离并行。对于低估值的公司，一些投资银行家收购该企业，或者进行业务重整提高效率重新上市，或者直接进行分拆出售，在此过程中，出现了对公司控制权的争夺，敌意收购不断出现。对于多元化经营失败的企业，专业化成为该时期企业经营的重要指导理论，在大型企业集团剥离非核心业务的过程中，出现了管理层收购。与上次并购浪潮相比，本次并购浪潮巨大地刺激了美国经济效率的提升和经济的发展，也使得并购整合企业获得了重生。这一阶段的典型并购案例是KKR公司对RJR纳比斯克公司的收购。

(5) 第五次并购浪潮（1994~2000年）：以全球跨国并购为主。

本次并购浪潮以互联网经济的发展为最重要的基础，在推动股市上涨的过程中，并购企业越来越大，跨越国界，强强联合，反映了企业发展的最新阶段。本次浪潮具有三个明显特点，一是规模很大，1980年超过1亿元美金的并购共94起，1988年则已达到369起，而90年代则年平均300余起。二是敌意并购不再占据主流，通过并购寻求战略上的合作，是很多大企业进行并购的初衷，所以第五次并购浪潮体现出强强联合的特点。敌意并购只占5%的份额，战略型并购也体现在大量大公司的分拆上，分拆是大公司为了更好地提升竞争力进行的一种战略尝试。战略型并购还体现在互补上，双方尽管在同一行业，但在市场、技术、产业链环节等有所差异，通过合并，可以互为补充，通过协同，提升整体的竞争力。三是跨国并购明显增加，1996年美国公司并购欧洲公司501家，交易总额达357亿美元，同时欧洲公司也掀起了对美国公司的并购热潮。跨国并购本身是对经济全球化的一种应对举措，但反过来又推动了一体化。跨国并购也进一步加剧了国家间的竞争。

(6) 第六次并购浪潮（2003~2008年）：杠杆并购重新崛起。

美国商界对经济复苏的信心增强促使了并购增长，全国掀起了第六次并购浪潮。经过了3年的沉寂，并购市场于2003年又趋活跃，并于2006年达到高峰，美国国内并购总金额超过1万亿美元，之后在2007年全球爆发金融危机后逐步消退。该次并购浪潮具有六个明显特点，一是规模加剧，并购双方的规模都要大于之前的第五次并购浪潮。二是并购估值更加务实，本次并购浪潮过度估值的情况要少于第五次，收购者的估值要远高于目标企业的估值的情形也较少出现了。三是现金作为支付手段的占比翻倍，用股票作为支付手段的比例显著下降，之所以会出现这种变化，与当时的低利息和公司较高的现金储备有关。四是上市公司的控制权争夺相对温和了，并购发起者的进攻性有所减弱，说明并购决定由管理者过度自信的驱动力在减弱，同时，敌意并购大幅减少。五是并购溢价显著下降，说明并购者能从交易中获得更多的潜在利益，同时为股东们创造更多的价值，但反过来，目标企业的股东们收益就下降了。六是私募基金迅速增长，在公司治理结构方面，以私募基金为代表的机构投资者大力推行股东积极主义，其中伴随着杠杆并购的重新崛起。第六次并购浪潮期间，私募基金无论从数量上，亦或规模上都呈现出爆炸式增长。

(7) 第七次并购浪潮（2012年至今）：全球并购多样化。

此次并购浪潮始于2012年，中国买方成为跨境并购交易的主力军之一。后金融危机时代的世界经济增速缓慢、融资成本低廉、市场小心谨慎，这些因素都促使交易人士作出反应。美国寻求削减开支、增加市场份额并减少税费支出，比如，美国的医疗保健行业十分热衷于"税负倒置"（即美国企业通过收购欧洲企业以改变自身法定住所，以便节税）。中国买方的参与给全球并购带来了多样化的特征，中国企业在这一次浪潮过程中呈现鲜明的特点，包括独特的交易逻辑、中国溢价的估值逻辑、特点鲜明的交易风险分配、中国买家创造的交易新惯例、中国外汇管制带来的交易确定性问题等等。这些都是中国在这一正在进行的并购浪潮过程中作出的有意义的实践，值得长期跟踪和观察。

福利斯（Foulis，2017）认为第七次并购浪潮在2017年结束，原因主要有三点。第一，反垄断监管将收紧，越来越多的分析表明竞争减弱是低增长的原因之一。第二，民粹主义会让达成交易更加困难。这种敌意会通过技术官僚式的障碍呈现出来。比如，美国财政部正在试图终止税负倒置，而欧盟也正在严打企业的避税行为。第三，跨国企业投资回报率下降。在全球化开始倒退的今天，投资者将对通过并购来创立全球性大公司感到紧张，特别是鉴于跨国企业的表现乏善可陈，美国跨国企业的投资回报率已经从2008年的12%降到了2017年的8%。

9.5.2　并购浪潮的驱动力

9.5.2.1　技术革命与营运效率

威斯通（2006）在其著作《兼并、收购与公司治理》中从主要的技术和经济状况方面总结了影响兼并活动的变革力量。在所有这些变革力量中，最重要的是技术变革，其中包括计算机技术、计算机服务技术、软件、服务器以及包含互联网在内的诸多信息系统上的进步，此外，通讯和交通运输业的进步促进了经济全球化。许多国家已经采用了国际协议，例如导致贸易更加自由的关贸总协定（GATT）。1999年发行的欧元在2002年成为12个参与成员国的唯一货币，并持续带来了整个欧洲边境和诸多约束的开放。竞争力量的增长引起了主要行业管制的放松，例如金融服务业、航空业、广播以及医疗服务业。

其次是变革因素与经营效率相关。经济的规模化使得许多单位共同分担在机械设备或计算机系统上的大规模固定成本投资。范围经济则指相关活动经营成本的缩减。在信息行业，范围经济表现为微机硬件、微机软件、服务器硬件、服务器软件、互联网和其他相关业务活动的经济化。另外一种效率是通过合并互补性的业务获得的，例如，将擅长研发的公司与擅长市场营销的公司进行合并。20世纪90年代，美国电话电报公司的系列收购案就是为了跟上技术变革而发生的兼并，而21世纪早期，美国电话电报公司却一直在试图剥离或分立其中的多种业务。

9.5.2.2 公司市场价值与内在价值的偏离

当目标公司的市场价值（Market Value）由于某种原因而未能反映出其真实价值（True Value）或潜在价值（Potential Value）时，并购活动将会发生。公司市值被低估的原因一般有三种，一是公司的经营管理未能充分发挥应有之潜能，二是收购方拥有外部市场所没有的、有关目标公司真实价值的内部信息，三是由于通货膨胀造成资产的市场价值与重置成本的差异，而出现公司价值被低估的现象。

当收购方公司的市场价值被高估时，公司有使自己的权益被高估的诱因（Incentive），使得公司可以用高估的股票进行收购。一般情况下，权益被高估的公司可能会通过并购得以生存和发展，而权益被低估的企业可能会成为收购对象。股票被高估公司进行并购会带来多种好处，这甚至会使得公司产生操纵利润来提高股价的动机。

9.5.2.3 产业组织

产业结构调整和重组是经济发展过程中始终存在的一种状态，尽管结构调整和重组的原因可能是由于产能过剩、技术发生变革、产业自然衰退、自身缺乏竞争力等，不一而足，但"有所为，有所不为"这样选择的行动常常发生。产业结构的调整和重组实质上是有限资源的退出和重新被利用。产业结构调整的方式多种多样，公司控制权市场的存在，更加便于退出的实现。

公司控制权交易，作为资本市场的组成部分，通过现金或债务或其他方式购买另一公司的股票，或以代理权竞争方式取得其他公司的控制权，就直接或间接地对资源退出起到了助推剂的作用。外部接管市场作为一个最后的救助市场扮演着重要的角色。控制权市场为企业提供了一个早期的预警机制，它推动了产业早期调整，一定程度上避免了企业在产品和要素市场失败时被迫退出的浪费（Jensen，1988，1993）。胡汝银（2003）也认为，没有公司控制权市场和经理市场的发展，一个国家的产业结构和产业组织是不可能达到最优秀的。"大而全""小而全"的效率非常低下。企业并购作为公司控制权市场交易的主要方式之一，是资源在产业间有效配置的途径。

  解决生产能力过剩的有利途径是将新的投资和原有投资能力转移到具有市场前景的产业和企业，而不是扩大规模。企业并购正是实现资源在产业间转移的有效途径，这是市场经济中企业自然选择的结果。企业并购的产业特征（垂直并购、横向并购、混合并购）与产业生命周期密切相关，即产业处于不同的生命周期，企业并购的特征不同。在产业衰退期，企业为了保持生存而进行横向兼并和混合兼并，趋向于对新兴产业和成长产业中的企业进行兼并。在这一层面上来看，并购实质上就是使企业从成熟产业或衰退产业向新兴产业转移的过程，因此，企业并购之后，就必须处理好产业整合。企业并购后，产业整合的重点在于优化一个企业或企业系统或企业集团中产业组织的同时提升产业结构。

  公司控制权市场的存在对处于衰退期的行业和公司特别重要，如石油行业在七八十年代处于收缩时期，石油公司的经理们为了不使自身收入降低（他们的收入与公司规模正相关），将大量资金投入到他们并不熟悉的其他领域，而不是回报股东，20世纪80年代中后期的公司兼并和重组浪潮（公司控制权争夺）抑制了这种无效投资的蔓延。不过，公司控制权市场也并不总是有效的。如果经理在公司中拥有较大份额的股份，他就会利用大股东的地位阻止"袭击者"的并购行为。此外，现职经理还可以采用多种反并购措施（如"黄金降落伞""毒丸计划"等）加大并购成本，甚至使"袭击者"的并购活动无利可图。

  公司控制权市场作为产能过剩退出的外部机制，促进企业实施兼并收购，退出过剩的产能。产能在随需求增长而扩张的过程中，经过频繁的价格战进入经营效率无差异的垄断竞争格局。但在产能过剩、垄断竞争格局下，退出有利于竞争对手增值。因此，企业往往通过横向兼并收购来退出过剩的产能。朱武祥（2000）指出，通过公司控制权市场退出过剩的产能，可以解决单个企业退出所产生的收益外部性问题，但要求具有功能有效的公司控制权市场。理论和实践均表明，股票市场资源配置功能的有效性包括根据风险动态集聚和分配社会资金、提供评价和价格信息、公司控制权转移等三大具体经济功能的有效性。其中，退出过剩产能是西方股票市场公司控制权并购的最为显著的经济功能。

9.5.2.4 法律管制

公司控制权转移涉及公司各方面的利益主体，因此，作为正式制度的有关上市公司控制权转移的法律是非常必要的。法律制度是各利益主体在转移活动过程中的行为规则，它是对各方利益进行调整和划分的依据。只有在规范的法律制度和法制环境下，公司控制权转移市场才能顺利运行，公司控制权市场的功能才能得到发挥。良性的控制权转移市场能够使不良的管理者得到替换，高效管理者的才能也才会得到充分展现，公司各利益相关者的合法权益能够得到切实的保护。再加上公司控制权转移市场具有相当的复杂性，各国对公司控制权转移制订了相当多的法律进行规范，这些作为正式制度的法律是由包括公司法、证券法、上市公司收购管理办法、信息披露办法等所构成的一个系统。

综上所述，公司控制权市场将在技术进步、资本市场价值发现、产业组织变革和法律监管不断完善等因素的综合作用下，朝着更加开放、更有效率的方向进化。

参考文献

[1] 阿尔弗雷德·马歇尔. 经济学原理 [M]. 商务印书馆, 1965.

[2] 艾米顿. 知识经济的创新战略智慧的觉醒 [M]. 北京: 新华出版社, 1998.

[3] [英] 安德鲁·坎贝尔, 凯瑟琳·萨姆斯·卢克斯. 战略协同 [M]. 任通海等译, 北京: 机械工业出版社, 2000.

[4] 白雪原. 金融危机背景下的中国并购市场研究 [J]. 中国流通经济, 2011, 25 (06): 89-93.

[5] 包婷婷. 中国并购市场发展现状、原因及未来发展趋势分析 [J]. 现代管理科学, 2017 (10): 54-56.

[6] 保罗·萨缪尔森, 威廉·诺德豪斯. 经济学 [J]. 北京: 华夏出版社, 1999.

[7] 波特. 竞争优势 [M]. 陈小悦, 译. 北京: 华夏出版社, 1997.

[8] 博乐盖塞, 博尔杰塞. 并购: 从计划到整合 [M]. 北京: 机械工业出版社, 2004.

[9] 曹翠珍, 吴生瀛. 企业并购的财务协同效应实证分析 [J]. 会计之友, 2017 (24): 35-39.

[10] 曾颖. 成熟期企业并购战略初探 [J]. 会计研究, 1999 (9): 36-44.

[11] 陈壁辉, 李庆. 离职问题研究综述 [J]. 心理科学进展, 1998, 16 (1): 27-32.

[12] 陈菲琼. 关系资本在企业知识联盟中的作用 [J]. 科研管理,

2003, 24 (5): 37-43.

[13] 陈建安. 日本的产业政策与企业的行为方式 [J]. 日本学刊, 2007 (5): 69-81.

[14] 陈守明. 现代企业网络 [M]. 上海人民出版社, 2002.

[15] 陈信元, 张田余. 资产重组的市场反应 [J]. 经济研究, 1999, 9 (1).

[16] 陈信元, 董华. 企业合并的会计方法选择: 一项案例研究 [J]. 会计研究, 2000 (2): 16-25.

[17] 陈扬, 张秋生. 并购战略与联盟战略适用边界的实证研究 [J]. 北京交通大学学报 (社会科学版), 2008 (1): 54-59.

[18] 陈玉罡, 陈文婷, 李善民. 并购能降低目标公司的掏空行为吗? [J]. 管理科学学报, 2013, 16 (12): 57-67.

[19] 程聪, 钟慧慧, 钱加红. 企业绩效评价方式与并购绩效 Meta 分析 [J]. 科研管理, 2018, 39 (S1): 11-19.

[20] 程宏伟. 试论财务管理能力 [J]. 上海会计, 2002 (2).

[21] 辞海编辑委员会. 辞海 [M]. 上海: 上海辞书出版社, 1980: 1126.

[22] 崔成, 明晓东. 解析日本强化产业竞争力的支持政策 [J]. 中国经贸导刊, 2014 (15): 45-47.

[23] 崔永梅, 施贤达, 陈云华. 并购与绿地投资适用边界的经验研究 [J]. 生产力研究, 2008 (19): 65-67.

[24] 崔永梅. 基于生态学的公司控制权市场演化研究 [D]. 北京交通大学, 2008.

[25] 丁焕明, 克勒格尔, 蔡塞尔. 科尔尼并购策略 [M]. 张凯, 译. 北京: 机械工业出版社, 2004.

[26] 范从来, 袁静. 成长性、成熟性和衰退性产业上市公司并购绩效的实证分析 [J]. 中国工业经济, 2002 (8): 65-72.

[27] 方芳, 闫晓彤. 中国上市公司并购绩效与思考 [J]. 经济理论与经济管理, 2002 (8).

[28] 方军雄. 市场分割与资源配置效率的损害——来自企业并购的证据

[J]．财经研究，2009（9）：36－47．

［29］费一文．中国证券市场股权收购绩效实证分析［J］．中国软科学，2003（4）：36－41．

［30］冯根福，吴林江．我国上市公司并购绩效的实证研究［J］．经济研究，2001（1）：54－61．

［31］甘华鸣．人力资源：组织与人事［M］．中国国际广播出版社，2002．

［32］高见，陈歆玮．中国证券市场资产重组效应分析［J］．经济科学，2000（1）：66－77．

［33］高明华．2008．中国上市公司并购财务效应研究［M］．厦门：厦门大学出版社．

［34］高愈湘．中国上市公司控制权市场研究——理论与实证［D］．北京交通大学，2004．

［35］葛伟杰，张秋生，张自巧．基于效率的企业并购能力度量研究[J]．财经论丛，2015（3）：82－89．

［36］葛伟杰，张秋生，张自巧．剩余资源、政府干预与企业并购[J]．北京交通大学学报（社会科学版），2014（2）：42－48．

［37］顾新，郭耀煌，李久平．社会资本及其在知识链中的作用［J］．科研管理，2003，24（5）：44－48．

［38］郭俊华．并购企业知识资本协同理论研究［D］．上海交通大学，2002．

［39］郭永清．我国上市公司资产并购绩效实证分析［J］．青海金融，2000（6）：41－44．

［40］韩立岩，陈庆勇．并购的频繁程度意味着什么——来自我国上市公司并购绩效的证据［J］．经济学（季刊），2007（4）：1185－1200．

［41］何华征．鸿沟还是桥梁：网络经济的道德哲学批判［J］．商业研究，2012（5）：211－216．

［42］何庆明．基于智力资本管理的企业战略并购问题研究［D］．西南财经大学，2005．

［43］洪锡熙，沈艺峰．公司收购与目标公司股东收益的实证分析［J］．

金融研究，2001（3）：26-33.

[44] 洪振挺. 企业网络的边界及演化分析：基于网络科学视角[J]. 科研管理，2015，36（s1）：537-545.

[45] 侯宇，王玉涛. 控制权转移、投资者保护和股权集中度——基于控制权转移的新证据[J]. 金融研究，2010（3）：167-182.

[46] 胡杰武，韩丽. 宏观经济因素与跨国并购股东财富效应[J]. 北京交通大学学报（社会科学版），2015，14（1）：60-69.

[47] 胡汝银. 中国上市公司成败实证研究[M]. 上海：复旦大学出版社，2003.

[48] 黄海燕，李月娥. 上市公司并购重组绩效及其影响因素分析——来自矿产资源类上市公司的实证研究[J]. 财会通讯，2009（15）：15-18.

[49] 黄玉梅，储小平. 深化改革背景下中国国有企业总部的价值创造维度[J]. 经济管理，2017，39（5）：6-21.

[50] 黄中文. 一个新的解释框架：跨国并购折衷理论[J]. 学术论坛，2004（1）：72-76.

[51] 贾镜渝，赵忠秀. 中国企业跨国知识转移过程研究[J]. 中国科技论坛，2015（10）：74-79.

[52] 姜奇平. 发问斯密与科斯：网络何以可能？[J]. 财经问题研究，2018（10）：21-30.

[53] 蒋先玲，秦智鹏，李朝阳. 我国上市公司的多元化战略和经营绩效分析——基于混合并购的实证研究[J]. 国际贸易问题，2013（1）：158-167.

[54] 蒋叶华，陈宏立. 企业并购绩效评价方法研究[J]. 商业经济，2006（2）：82-83.

[55] 金英姬. 韩国财阀企业功过得失及启示[J]. 上海经济研究，2017（11）：109-118.

[56] 靳云汇，贾昌杰. 惯性与并购战略选择[J]. 金融研究，2003（12）.

[57] 马克思. 资本论：资本的流通过程[M]. 郭大力，王亚南，译. 人民出版社，1964.

[58] 雷星晖，张淇. 不变收益率模型与公司购并绩效分析[J]. 上海管

理科学, 2002 (5): 30-33.

[59] 李善民, 陈玉罡. 上市公司兼并与收购的财富效应 [J]. 经济研究, 2002, 11: 27-35.

[60] 李善民, 陈玉罡, 朱滔, 曾昭灶, 王彩萍. 资产重组的市场反应预测模型 [J]. 管理评论, 2004 (7).

[61] 李善民, 李昶. 跨国并购还是绿地投资？——FDI进入模式选择的影响因素研究 [J]. 经济研究, 2013, 48 (12): 134-147.

[62] 李善民, 许金花, 张东, 陈玉罡. 公司章程设立的反收购条款能保护中小投资者利益吗——基于我国A股上市公司的经验证据 [J]. 南开管理评论, 2016, 19 (4): 49-62.

[63] 李善民, 郑南磊. 目标公司规模与并购绩效——青岛啤酒、燕京啤酒产业整合策略比较研究 [J]. 证券市场导报, 2008 (1): 47-55.

[64] 李善民, 朱滔. 管理者动机与并购绩效关系研究 [J]. 经济管理, 2005 (4).

[65] 李涛, 周开国, 乔根平. 企业增长的决定因素——中国经验 [J]. 管理世界, 2005 (12): 116-122.

[66] 李维安. 网络组织: 组织发展新趋势 [M]. 经济科学出版社, 2003.

[67] 李晓红. 并购与新建投资的选择策略分析 [J]. 商业研究, 2006 (19): 108-111.

[68] 李心丹, 朱洪亮, 张兵, 罗浩. 基于DEA的上市公司并购效率研究 [J]. 经济研究, 2003 (10).

[69] 李雨田. 企业并购中目标企业的选择 [J]. 当代经济, 2002 (8): 19.

[70] 李增泉, 余谦, 王晓坤. 掏空、支持与并购重组——来自我国上市公司的经验证据 [J]. 经济研究, 2005 (1): 95-105.

[71] 梁岚雨. 中国上市公司并购绩效的实证分析 [J]. 世界经济文汇, 2002 (6): 50-61.

[72] 梁美健, 吴慧香. 考虑协同效应的并购目标企业价值评估探讨 [J]. 北京工商大学学报（社会科学版）, 2009, 24 (6): 96-99.

［73］林东清．资源基础观点［D］．中原大学企业管理研究所，2004．

［74］刘畅，韩爱华，沈锡茜．基于因子分析法的上市公司并购绩效评价［J］．统计与决策，2017（10）：179－181．

［75］刘春，李善民，孙亮．独立董事具有咨询功能吗？——异地独董在异地并购中功能的经验研究［J］．管理世界，2015（3）：124－136．

［76］刘可新，杨伟民，宣国良．制定企业并购战略的Petri网模型［J］．上海交通大学学报，1997，（4）．

［77］刘妹，蔡冬梅．事件研究并购对中国股市长期绩效影响［J］．哈尔滨师范大学自然科学学报，2017（1）：55－59．

［78］刘胜军．接管的公司治理效应［D］．华东师范大学博士论文，2001．

［79］刘万里．企业兼并与收购行为的动机与效应分析［J］．武汉理工大学学报（社会科学版），2002（3）：225－228．

［80］刘文炳，张颖，张金鑫．并购战略绩效评价研究——基于联想并购IBM PC业务的案例分析［J］．生产力研究，2009（14）：92－93．

［81］刘文纲．企业购并中的无形资产协同效应分析［J］．经济体制改革，1999（6）：74－78．

［82］刘文通．国有企业准兼并假说［J］．经济研究，1995（8）：34－41．

［83］刘文通．论国际兼并收购活动［J］．经济界，1997（5）：65－69．

［84］刘笑萍，黄晓薇，郭红玉．产业周期、并购类型与并购绩效的实证研究［J］．金融研究，2009（3）：135－153．

［85］刘岩．基于产业关联度的并购战略选择［D］．2005．

［86］娄静，黄渝祥．论行业对横向并购的影响［J］．同济大学学报（社会科学版），2001（4）：47－52．

［87］陆桂贤．我国上市公司并购绩效的实证研究——基于EVA模型［J］．审计与经济研究，2012，27（2）：104－109．

［88］陆玉明．论企业兼并中的协同效应［J］．中国软科学，1999（2）：43－45．

［89］罗仲伟．网络组织的特性及其经济学分析（上）［J］．外国经济与管理，2000（6）：25－28．

[90] 吕爱兵等. 2004. 上市公司并购设计中支付手段的选择 [J]. 见：朱宝宪. 中国并购评论（第2辑）. 北京：清华大学出版社.

[91] 尼·别尔嘉耶夫. 俄罗斯思想 [M]. 雷永生、邱守娟，译. 北京：生活·读书·新知三联书店，1995.

[92] 潘红波，余明桂. 支持之手、掠夺之手与异地并购 [J]. 经济研究，2011（9）：108-120.

[93] 潘瑾，陈宏民. 上市公司关联并购的绩效与风险的实证研究 [J]. 财经科学，2005（1）：88-94.

[94] 平新乔. 微观经济学十八讲 [M]. 北京大学出版社，2000.

[95] 戚汝庆. 企业并购目标的选择策略 [J]. 山东师大学报（人文社会科学版），2001（6）：24-26.

[96] 祁继鹏，何晓明. 高管团队的社会资本能否改变企业并购绩效？[J]. 财经问题研究，2015（12）：111-118.

[97] 全球并购研究中心，全国工商联经济技术委员会. 并购手册 [M]. 北京：中国时代经济出版社，2002.

[98] 赛罗沃. 协同效应的陷阱：公司在并购中如何避免功亏一篑 [M]. 杨炯，译. 上海：上海远东出版社，2001.

[99] 沈华珊. 接管市场与上市公司治理——对我国上市公司兼并收购的实证研究 [J]. 证券市场导报，2002（11）：11-16.

[100] 沈艺峰. 公司控制权市场理论的现代演变（上，下）：美国三十五个州反收购立法的理论意义 [J]. 中国经济网络，2000（2）.

[101] 盛洪. 企业并购与制度变迁 [J]. 北京天则经济研究所. 中国并购经典，1997：1-32.

[102] 施海柳，王应明，陈圣群. 考虑效率和规模的企业并购匹配策略 [J]. 系统科学与数学，2015，（6）：695-706.

[103] 宋合义，尚玉钒. 人力资源管理的发展新趋势——从基于工作的人力资源管理到基于能力的人力资源管理 [J]. 预测，2000（4）.

[104] 宋建波，沈皓. 管理者代理动机与扩张式并购绩效的实证研究——来自沪深A股市场的经验证据 [J]. 财经问题研究，2007（2）：67-74.

[105] 宋淑琴，代淑江. 管理者过度自信、并购类型与并购绩效 [J].

宏观经济研究，2015（5）：139-149.

[106] 宋晓华，蒋雨晗，魏烁，龙芸，张栩蓓，史富莲. 公众公司、公司规模与并购绩效——基于中国上市公司数据的实证分析［J］. 管理世界，2016（11）：182-183.

[107] 宋迎春. 并购能力与并购绩效问题研究［D］. 武汉大学，2012.

[108] 宋耘. 并购绩效的协同效应观［J］. 广东社会科学，2007（2）：51-56.

[109] 苏敬勤，王鹤春. 企业资源分类框架的讨论与界定［J］. 科学学与科学技术管理，2010（2）：158-161.

[110] 苏秦，刘强. 基于供应链视角的并购谈判框架［J］. 管理科学学报，2012，15（1）：77-86.

[111] 苏志文. 基于并购视角的企业动态能力研究综述［J］. 外国经济与管理，2012（10）：48-56.

[112] 孙灵希，储晓茜. 跨国并购与绿地投资的逆向技术溢出效应差异研究［J］. 宏观经济研究，2018（10）：141-153.

[113] 孙忠娟，谢伟. 核心能力、整合能力及方向与并购绩效的关系［J］. 科学学与科学技术管理，2011，32（8）：117-121.

[114] 檀向球. 沪市上市公司资产重组的实证研究［D］. 上海财经大学，1998.

[115] 汤蕙. 企业并购与规模经济［J］. 理论月刊，2004（11）：151-152.

[116] 汤欣. 证券市场虚假陈述民事赔偿释疑［J］. 北京：法律出版社，2003.

[117] 陶瑞. 并购能力：概念、构成要素与评价［J］. 软科学，2014，28（6）：108-112.

[118] 田飞. 并购管理能力与并购绩效的关系研究［D］. 北京交通大学，2010.

[119] 屠巧平. 公司控制权转移与股东收益的实证研究——丽珠集团股权之争案分析［J］. 河南大学学报（社会科学版），2005（1）：95-98.

[120] 王东. 并购中的企业价值评估［J］. 北方交通大学硕士论文，1999.

[121] 王东民，金泽民．知识经济时代的人力资源管理［J］．科技与管理，2003（4）．

[122] 王丰，宣国良，范徵．资源基础观点及其在企业理论中的应用［J］．经济理论与经济管理，2002（4）：50-54．

[123] 王刚义．中国公司控制权市场形态与效率分析［D］．上海：复旦大学博士论文，2003．

[124] 王焕祥．论跨国公司 FDI 中基于并购的要素交易整合优势［D］．浙江大学，2004．

[125] 王开明，万君康．论知识的转移与扩散［J］．外国经济与管理，2000（10）：2-7．

[126] 王萌．上市公司不同支付方式并购绩效分析［J］．财会通讯，2011（5）：9-10．

[127] 王谦．企业并购的协同效应研究［D］．华中科技大学，2003．

[128] 王宋涛，涂斌．中国上市公司并购绩效实证研究——基于会计指标和价值指标的比较分析［J］．广东商学院学报，2012，27（3）：66-74．

[129] 王鑫．我国公司控制权市场发展及效率浅析［J］．现代工业经济和信息化，2013（8）：8-9．

[130] 王长征．并购整合：通过能力管理创造价值［J］．外国经济与管理，2000（12）：13-19．

[131] 威斯通，米切尔，马尔赫林．接管、重组与公司治理［M］．张秋生，张海珊，陈杨，译．4 版．北京：北京大学出版社，2006．

[132] 威斯通，郑光，侯格．兼并、重组与公司控制［M］．唐旭，等译．北京：经济科学出版社，1998．

[133] 威斯通，郑光，苏．接管、重组与公司治理［M］．李秉祥，周鹏，梁衡义，等译．2 版．大连：东北财经大学出版社，2000．

[134] 吴超鹏，吴世农，郑方镳．管理者行为与连续并购绩效的理论与实证研究［J］．管理世界，2008（7）：126-133．

[135] 吴娜，于博，吴家伦．逆周期并购的经济后果及其异质性特征［J］．会计研究，2018（6）：54-61．

[136] 吴晓求．中国上市公司：资本结构与公司治理［M］．中国人民大

学出版社，2003．

［137］吴育平．资产重组绩效［J］．资本市场，2002（7）：64-66．

［138］夏清华．从资源到能力：竞争优势战略的一个理论综述［J］．管理世界，2002（4）：109-114．

［139］夏新平，宋光耀．企业并购中协同效应的计算［J］．华中理工大学学报，1999，27（3）：34-36．

［140］夏新平，邹朝辉，潘红波．不同并购动机下的并购绩效的实证研究［J］．统计与决策，2007（1）：79-80．

［141］肖培耻．并购协同效应的分类及作用机制［J］．商场现代化，2007（31）：142-143．

［142］肖翔，王娟．我国上市公司基于EVA的并购绩效研究［J］．统计研究，2009，26（1）：108-110．

［143］肖兴志，陈艳利．纵向一体化网络的接入定价研究［J］．中国工业经济，2003（6）：21-28．

［144］谢红军，蒋殿春．竞争优势、资产价格与中国海外并购［J］．金融研究，2017（1）：83-98．

［145］谢洪明，刘跃所，蓝海林．战略网络与企业竞争优势的关系研究［J］．科技进步与对策，2005，22（9）：22-25．

［146］谢晋宇，王英．企业雇员流失分析模型介评（下）［J］．外国经济与管理，1999（6）：20-23．

［147］谢玲红，刘善存，邱菀华．管理者过度自信对并购绩效的影响——基于群体决策视角的分析和实证［J］．数理统计与管理，2012，31（1）：122-133．

［148］许明波．试论企业兼并的财务协同效应［J］．四川会计，1997（7）：10-11．

［149］杨亢余．购并效应实证分析［J］．资本市场，2003（2）：56-59．

［150］杨晓嘉，陈收．中国上市公司并购动机研究［J］．湖南大学学报（社会科学版），2005（1）：38-42．

［151］杨旭，桂昭君，郑东雅．并购与减持公告对目标公司股东收益的影响［J］．经济管理，2002（16）：73-78．

[152] 杨艳,邓乐,陈收.企业生命周期、政治关联与并购策略[J].管理评论,2014(10):152-159.

[153] 叶彩鸿,董新平,庄佩君.港口群协同发展中的资源整合机制模型[J].物流技术,2016,35(6):81-85.

[154] 叶广辉,张秋生,赖斌慧.并购中的经济网络协同文献综述[J].生产力研究,2009(24):251-253.

[155] 叶广辉.并购中的经济网络协同[D].北京交通大学,2010.

[156] 易靖韬,戴丽华.FDI进入模式、控制程度与企业绩效[J].管理评论,2017,29(6):118-128.

[157] 殷仲民,杨莎.基于实物期权方法的并购中目标企业价值评估[J].经济管理,2005(16):32-38.

[158] 于成永,施建军.产业升级视角下外部学习、技术并购边界与创新[J].国际贸易问题,2011(6):128-141.

[159] 于成永,施建军.独占机制、跨国并购边界与企业绩效-基于诺西并购摩托罗拉案例的研究[J].国际贸易问题,2012(2):101-112.

[160] 于鸿君.从代理问题看国有企业改革[J].财贸经济,1997(5):37-43.

[161] 于江,张秋生.不同投资模式下公司避税效应的非对称性研究——基于双阶差分模型的实证检验[J].财经理论与实践,2016,37(1):101-109.

[162] 余光,杨荣.企业购并股价效应的理论分析和实证分析[J].当代财经,2000(7):70-74.

[163] 余凯,李丹,安义中.企业并购决策中目标企业选优模型的构建方法[J].经济体制改革,2003(2):58-61.

[164] 余力,刘英.中国上市公司并购绩效的实证分析[J].当代经济科学,2004,26(4):68-74.

[165] 余鹏翼,王满四.国内上市公司跨国并购绩效影响因素的实证研究[J].会计研究,2014(3):64-70.

[166] 余颖,江咏,袁敏捷.战略并购:管理风险的三大原则[M].北京:经济科学出版社,2004.

［167］俞思念, 崔启明. 俄罗斯私有化进程评析 [J]. 科学社会主义, 1997 (1): 64–68.

［168］袁红旗, 吴星宇. 资产重组对财务业绩影响的实证研究 [N]. 上海证券报, 1998-8-26.

［169］袁欣, 宋文云, 张秋生. 经济网络的并购协同机理分析 [J]. 生产力研究, 2011 (1): 18–20.

［170］袁欣, 张秋生. 经济网络的不经济性分析 [J]. 生产力研究, 2010 (11): 15–17.

［171］云昕, 辛玲, 刘莹, 乔晗. 优酷土豆并购案例分析——基于事件分析法和会计指标分析法 [J]. 管理评论, 2015, 27 (9): 231–240.

［172］翟巍. 欧盟企业混合兼并效用分析 [J]. 现代管理科学, 2016 (5): 112–114.

［173］张大德. 企业财务管理能力浅谈 [J]. 经济师, 2004 (8).

［174］张道宏, 胡海青. 上市公司"壳"资源质量模糊分类模型研究 [J]. 兰州大学学报, 2002 (2): 107–113.

［175］张海珊. 战略并购双方的匹配性研究 [D]. 北京交通大学, 2007.

［176］张建华, 刘仁军. 工业化进程中企业网络组织的创新与应用 [M]. 中国财政经济出版社, 2005.

［177］张建伟. 俄罗斯法律改革与秩序治理: 一个法律经济学的分析 [J]. 世界经济, 2002 (10): 41–48.

［178］张金鑫, 岳公正. 基于并购协同效应计量的难点研究 [J]. 统计与决策, 2008 (22): 26–28.

［179］张金鑫, 张艳青, 谢纪刚. 并购目标识别: 来自中国证券市场的证据 [J]. 会计研究, 2012, (3): 78–84.

［180］张金鑫. 并购谁: 并购双方资源匹配战略分析 [M]. 中国经济出版社, 2006.

［181］张金鑫. 资源匹配: 并购双方匹配的战略分析 [D]. 北京交通大学, 2005.

［182］张勉, 李树茁. 雇员主动离职心理动因模型评述 [J]. 心理科学进展, 2002, 10 (3): 330–341.

[183] 张秋生，贺鹏飞. 企业的外部经济网络合并研究［J］. 会计之友，2015（12）：7-15.

[184] 张秋生，王东. 企业兼并与收购［M］. 北京：北方交通大学出版社，2001.

[185] 张秋生. 并购基本理论框架的研究［Z］. 北京交通大学中国企业兼并重组研究中心工作论文，2005.

[186] 张维迎. 产权安排与企业内部的权力斗争［J］. 经济研究，2000（6）：41-50.

[187] 张文宏，阮丹青，潘允康. 中国农村的微观社会网与宏观社会结构［J］. 浙江学刊，1999（5）：35-41.

[188] 张文璋，顾慧慧. 我国上市公司并购绩效的实证研究［J］. 证券市场导报，2002（9）：21-26.

[189] 张新.《上市公司收购管理办法》价值取向和操作流程［J］. 新财富，2002（12）：86-94.

[190] 张新. 并购重组是否创造价值［J］. 经济研究，2003（6）：20-29.

[191] 张学伟. 并购动机与中国企业的并购绩效：基于 DEA 和 TSFA 的研究［J］. 管理现代化，2015，35（2）：87-89.

[192] 张义芳. 企业购并中的目标企业决策分析［J］. 技术经济与管理研究，1999.

[193] 张翼，乔元波，何小锋. 我国上市公司并购绩效的经验与实证分析［J］. 财经问题研究，2015（1）：60-66.

[194] 张友琴. 社会支持与社会支持网——弱势群体社会支持的工作模式初探［J］. 厦门大学学报（哲学社会科学版），2002（3）：94-100.

[195] 张宗新，季雷. 公司购并利益相关者的利益均衡吗？［J］. 经济研究，2003（6）.

[196] 张宗真，朱睿，陈荣秋. 知识经济与现代企业的资源经营［J］. 管理现代化，1998（3）：31-33.

[197] 章细贞，何琳. 公司治理、管理者过度自信与企业并购绩效相关性研究［J］. 西安财经学院学报，2014，27（3）：17-22.

[198] 章新蓉，唐敏. 不同动机导向下的公司并购行为及其绩效研究

[J]．经济问题，2010（9）：83－87．

［199］赵立彬．融资能力、企业并购与经济后果［D］．北京交通大学，2013．

［200］赵息，齐建民，郝静．基于因子分析的上市公司并购财务绩效评价——来自主板市场的经验证据［J］．西安电子科技大学学报（社会科学版），2012，22（3）：66－71．

［201］郑海航．对我国企业并购产生与发展的考察［J］．中国工业经济，1997（9）．

［202］郑文风，王凤荣．存量改革视域下的企业并购与资本配置效率——基于目标公司融资约束缓解的实证研究［J］．山东大学学报（哲学社会科学版），2018（2）：118－132．

［203］周觉文，张天西．A股上市公司分别作为收购方和购买方时并购绩效的影响因素［J］．西南民族大学学报：自然科学版，2013，39（5）：784－789．

［204］周琳．企业并购中资源协同的机理分析［D］．北京交通大学，2006．

［205］周美彤．俄罗斯私有化改革的过程、影响及对我国的启示［J］．经济研究导刊，2017（27）：179－182，186．

［206］周其仁．市场里的企业：一个人力资本与非人力资本的特别合约［J］．经济研究，1996（6）：71－80．

［207］周绍妮，王惠瞳．支付方式、公司治理与并购绩效［J］．北京交通大学学报（社会科学版），2015，14（2）：39－44．

［208］周绍妮，文海涛．基于产业演进、并购动机的并购绩效评价体系研究［J］．会计研究，2013，(10)：75－82．

［209］周守华，吴春雷，赵立彬．金融发展、外部融资依赖性与企业并购［J］．经济经纬，2016，33（2）：90－95．

［210］朱宝宪，朱朝华．会计方法对并购价格影响的实证分析［J］．经济管理，2003（20）：55－61．

［211］朱宝宪，王怡凯．1998年中国上市公司并购实践的效应分析［J］．经济研究，2002（11）：20－26．

［212］朱筠笙．公司控制权转让的效率分析［D］．中国社会科学院研究

生院, 2002.

[213] 朱武祥. 理性的企业行为与低效的公司控制权市场. 证券市场导报, 2000 (9): 53-55.

[214] 朱正萱. 企业集团与"协同效应"[J]. 南京理工大学学报 (社会科学版), 1999 (4): 66-69.

[215] Abelson, M. A. (1986). Strategic management of turnover: a model for the health service administrator. *Journal of Applied Phsychology*, 11 (2), 61-71.

[216] Acemoglu, D., Johnson, S., & Mitton, T. (2009). Determinants of vertical integration: financial development and contracting costs. *The Journal of Finance*, 64 (3), 1251-1290.

[217] Adler, N. J., Doktor, R., & Redding, S. G. (1986). From the Atlantic to the Pacific century: cross-cultural management reviewed. *Journal of Management*, 12, 295-318.

[218] Agarwal, S., & Ramaswami, S. N. (1992). The choice of foreign market entry mode: impact of ownership, location and internationalization factors. *Journal of International Business Studies*, 23 (1), 1-27.

[219] Aghion, P., & Tirole, J. (1997). Formal and real authority in organizations. *Journal of Political Economy*, 105 (1), 1-29.

[220] Agrawal, A., Jaffe, J. F., & Mandelker, G. N. (1992). The post-merger performance of acquiring firms: a re-examination of an anomaly. *The Journal of Finance*, 47 (4), 1605-1621.

[221] Agrawal, A., & Jaffe, J. F. (2000). The post-merger performance puzzle. In: *Advances in Mergers and Acquisitions*. Emerald Group Publishing Limited.

[222] Aguilera, R. V., Desender, K., Bednar, M. K., & Lee, J. H. (2015). Connecting the dots: Bringing external corporate governance into the corporate governance puzzle. *The Academy of Management Annals*, 9 (1), 483-573.

[223] Ahammad, M. F., & Glaister, K. W. (2013). The pre-acquisition evaluation of target firms and cross border acquisition performance. *International Business Review*, 22 (5), 894-904.

[224] Akhavein, J. D. , Berger, A. N. , & Humphrey, D. B. (1997). The effects of megamergers on efficiency and prices: Evidence from a bank profit function. *Review of Industrial Organization*, 12 (1), 95 – 139.

[225] Alchian, A. A. (1950). Uncertainty, Evolution, and Economic Theory. *Journal of Political Economy*, 58 (3), 211 – 221.

[226] Alchian, A. A. , & Demsetz, H. (1972). Production, information costs, and economic organization. *The American Economic Review*, 62 (5), 777 – 795.

[227] Almazan, A. , De Motta, A. , Titman, S. , & Uysal, V. (2010). Financial structure, acquisition opportunities, and firm locations. *The Journal of Finance*, 65 (2), 529 – 563.

[228] Amiryany, N. , Huysman, M. , de Man, A. & Cloodt, M. (2012). Acquisition reconfiguration capability. *European Journal of Innovation Management*, 15 (2), 177 – 191.

[229] Amit, R. & Schoemaker, P. (1993). Strategic assets and organizational rent. *Strategic Management Journal*, 14 (1), 33 – 46.

[230] Anand, J. & Delios, A. (2002). Absolute and relative resources as determinants of international acquisitions. *Strategic Management Journal*, 23 (2), 119 – 134.

[231] Anderson, C. , & Mandelker, G. (1993). Long run return anomalies and the book-to-market effect: evidence on mergers and IPOs. Unpublished working paper, Joseph M. Katz Graduate School of Business, University of Pittsburgh.

[232] Anderson, E. , & Coughlan, A. T. (1987). International market entry and expansion via independent or integrated channels of distribution. *Journal of Marketing*, 51 (1), 71 – 82.

[233] Anderson, J. C. , Hakan, H. & Jan J. (1994). Dyadic business relationships within a business network context. *Journal of Marketing*, 58 (4), 1 – 15.

[234] Andersson, T. , & Svensson, R. (1994). Entry modes for direct investment determined by the compostition of firm specific skill. *Scandinavian Journal*

of Economics, 96 (4), 551 – 560.

[235] Andrade, G., Mitchell, M., & Stafford, E. (2001). New evidence and perspectives on mergers. *Journal of Economic Perspectives*, 15 (2), 103 – 120.

[236] Ang, J. S., & Cheng, Y. (2006). Direct evidence on the market-driven acquisition theory. *Journal of Financial Research*, 29 (2), 199 – 216.

[237] Ansoff, H. I. (1957). Strategies for diversification. Harvard Business Review, 35 (5), 113 – 124.

[238] Ansoff, H. I. (1965). *Corporate Strategy*. New York: McGraw-Hill.

[239] Anwar, S. T. (2012). FDI Regimes, Investment Screening Process, and Institutional Frameworks: China versus Others in Global Business. *Journal of World Trade*, 46 (2), 213 – 248.

[240] Argote, L., Beckman, S. & Epple, D. (1990). The Persistence and Transfer of Learning in Industrial Settings. *Management Science*, 36 (2), 140 – 154.

[241] Arrow, K. J. (1975). Vertical integration and communication. *The Bell Journal of Economics*, 173 – 183.

[242] Arrow, K. (1962). Economic welfare and the allocation of resources for invention. In: R. R. Nelson ed. *The Rate and Direction of Inventive Activity*. Princeton, NJ: Princeton University Press, 1962, 609 – 625.

[243] Arthur, W. (1989). Competing Technologies, Increasing Returns, and Lock-In by Historical Events. *The Economic Journal*, 99 (394), 116.

[244] Asquith, P., & Kim, E. H. (1982). The impact of merger bids on the participating firm's security holders. *Journal of Finance*, 37 (5), 1209 – 1228.

[245] AT Kearney, Inc. (1999). *Corporate Marriage: Blight or Bliss A Monograph on Post-Merger Integration*. AT Kearney, Chicago.

[246] Atkinson, J. W. (1964). *An introduction to motivation*. Oxford: Van Nostrand.

[247] Auerbach, A. J., & Reishus, D. (1987). The impact of taxation on mergers and acquisitions. In *Mergers and acquisitions*. University of Chicago Press.

[248] Badaracco, J. (1991). *The Knowledge link: How firms compete through strategic alliances*. Boston: Harvard Business School Press.

[249] Bain, J. S. (1968). *Industrial organization*. New York: John Wiley & Sons.

[250] Bain, J. S. (1959). Price leaders, barometers, and kinks. *Journal of Business*, 33 (3), 193 – 193.

[251] Baker, W. (1990). Market Networks and Corporate Behavior. *American Journal of Sociology*, 96 (3), 589 – 625.

[252] Balakrishnan, S., & Koza, M. P. (1993). Information asymmetry, adverse selection and joint-ventures: Theory and evidence. *Journal of Economic Behavior & Organization*, 20 (1), 99 – 117.

[253] Banerjee, A., & Owers, J. E. (1992). Wealth reduction in white knight bids. *Financial Management*, 48 – 57.

[254] Barber, B. M., & Lyon, J. D. (1997). Detecting long-run abnormal stock returns: The empirical power and specification of test statistics. *Journal of Financial Economics*, 43 (3), 341 – 372.

[255] Barkema, H. G., & Vermuelen, F. (1998). International expansion through start-up or acquisition: A learning perspective. *Academy of Management Journal*, 41 (1), 7 – 26.

[256] Barney, J. (1986). Organizational culture: can it be a source of sustained competitive advantage? *Academy of Management Review*, 11 (3), 656 – 665.

[257] Barney, J. (1991). Firm resources and sustained competitive advantage. *Journal of Management*, 17 (1), 99 – 120.

[258] Barney, J. B. (1986). Strategic factor markets: Expectations, luck, and business strategy. *Management Science*, 31 (10), 1231 – 1241.

[259] Bartlett, C. A., & Ghoshal, S. (1986). Tap your subsidiaries for global reach. *Harvard Business Review*, 87 – 94.

[260] Bastien, D. T. (1987). Common patterns of behavior and communication in corporate mergers and acquisitions. *Human Resource Management*, 26 (1), 17 – 33.

[261] Basuil, D. A., & Datta, D. K. (2015). Effects of industry and region pecific acquisition experience on value creation in cross-border acquisitions: the modera-

ting role of cultural similarity. *Journal of Management Studies*, 52 (6), 766 –795.

[262] Beamish, J. P., & Banks (1987). Host national attitudes toward multinational corporations. *Journal of International Business Studies*, 18 (2), 1 – 16.

[263] Becker, G. (1983). *Human Capital: A theoretical and empirical analysis with special reference to education*. Chicago, IL: University of Chicago Press.

[264] Bergen, M., Dutta, S. & Shugan, S. (1996). Branded Variants: A Retail Perspective. *Journal of Marketing Research*, 33 (1), 9.

[265] Berkovitch, E., & Narayanan, M. P. (1993). Motives for takeovers: An empirical investigation. *Journal of Financial and Quantitative analysis*, 28 (3), 347 –362.

[266] Berle, A., & Means, G. (1932). *Private property and the modern corporation*. New York: Mac-millan.

[267] Bettinazzi, E. L., & Zollo, M. (2017). Stakeholder orientation and acquisition performance. *Strategic Management Journal*, 38 (12), 2465 –2485.

[268] Bhabra, H. S., & Huang, J. (2013). An empirical investigation of mergers and acquisitions by Chinese listed companies, 1997 –2007. *Journal of Multinational Financial Management*, 23 (3), 186 –207.

[269] Bhagat, R. S., & McQuaid, S. J. (1982). Role of subjective culture in organizations: A review and directions for future research. *Journal of Applied Psychology*, 67 (5), 653 –685.

[270] Black, B. S. (1990). Shareholder passivity reexamined. *Michigan Law Review*, 89 (3), 520 –608.

[271] Blake, R. R., & Mouton, J. S. (1984). *Solving Costly Organizational Conflicts: Achieving Intergroup Trust, Cooperation and Teamwork*. San Francisco: Jossey-Bass.

[272] Bleeke, J., & Ernst, D. (1995). Is your strategic alliance really a sale?. *Harvard Business Review*, January-February, 97 –105.

[273] Bourdieu, P. & Wacquant, L. (1992). *An invitation to reflexive sociology*. Chicago: The University of Chicago Press.

[274] Bourdieu, P. (1977). *Cultural Reproduction and Social Reproduc-*

tion. New York: Oxford University Press.

[275] Bourdieu, P. (1984). *Distinction: a social critique of the judgement of taste*. London: Routledge.

[276] Bradley, M., Desai, A., & Kim, E. H. (1988). Synergistic gains from corporate acquisitions and their division between the stockholders of target and acquiring firms. *Journal of Financial Economics*, 21 (1), 3–40.

[277] Brakman, S., Garretsen, H., Van Marrewijk, C., & Van Witteloostuijn, A. (2013). Cross-Border Merger & Acquisition Activity and Revealed Comparative Advantage in Manufacturing Industries. *Journal of Economics & Management Strategy*, 22 (1), 28–57.

[278] Brav, A. (2000). Inference in long-horizon event studies: A Bayesian approach with application to initial public offerings. *The Journal of Finance*, 55 (5), 1979–2016.

[279] Brealey, R., Leland, H. E., & Pyle, D. H. (1977). Informational asymmetries, financial structure, and financial intermediation. *The Journal of Finance*, 32 (2), 371–387.

[280] Brickley, J. A., Lease, R. C., & Smith Jr, C. W. (1988). Ownership structure and voting on antitakeover amendments. *Journal of Financial Economics*, 20, 267–291.

[281] Brouthers, K. D., Hastenburg, P. V., & Ven, J. V. D. (1998). If most mergers fail why are they so popular? *Long Range Planning*, 31 (3), 347–353.

[282] Brouthers, K. D., & Brouthers, L. E. (2000). Acquisition or greenfield start-up? Institutional, cultural and transaction cost influence. *Strategic Management Journal*, 21 (1), 89–97.

[283] Brouthers, K. D., & Dikova, D. (2010). Acquisitions and real options: the greenfield alternative. *Journal of Management Studies*, 47 (6), 1048–1071.

[284] Brouthers, K. D., Brouthers, L. E., & Werner, S. (2008). Real options, international entry mode choice and performance. *Journal of Management Studies*, 45 (5), 936–960.

[285] Brown, A. N. (1996). Issues for economic transition in Russia: In-

dustrial structure, worker share ownership, and internal migration (Doctoral dissertation).

[286] Bruner, R. F. (1988). The use of excess cash and debt capacity as a motive for merger. *Journal of Financial & Quantitative Analysis*, 23 (2), 199 –217.

[287] Bruner, R. F. (2002). Does M&A pay? A survey of evidence for the decision-maker. *Journal of Applied Finance*, 12 (1), 48 –68.

[288] Bruslerie, H. D. L. (2012). Corporate acquisition process: is there an optimal cash-equity payment mix? *International Review of Law & Economics*, 32 (1), 83 –94.

[289] Bruton, G. D., Oviatt, B. M., & White, M. A. (1994). Performance of Acquisitions of Distressed Firms. *Academy of Management Journal*, 37, 972 – 89.

[290] Buckley, P. J., & Casson, M. (1976). *The future of the multinational enterprise.* New York: Holmes & Meler.

[291] Buckley, P. J., Nicolas, F., & Surender, M. (2012). Host-home country linkages and host-home country specific advantages as determinants of foreign acquisition by indian. *International Business Review*, 21 (5), 878 –890.

[292] Buono, A. F., & Bowditch, J. L. (1989). *The human side of mergers and acquisitions: Managing collisions between people, cultures, and organizations.* San Francisco: Jossey-Bass.

[293] Buono, A. F., Bowditch, J. L. & Lewis, J. W. (1985). When cultures collide: The anatomy of a merger. *Human Relations*, 38 (5), 477 –500.

[294] Burrill, S. G. & Lee, K. B. (1988). Biotech 88: Into the Market Place. Ernst & Young, San Francisco, CA.

[295] Burt, R. S. (1992). *Structural holes: The structure of social capital competition.* Cambridge, MA: Harvard University Press.

[296] Buzzell, R. D. & Gale, B. T. (1987). *The PIMS Principles: linking strategy and performance.* New York: Free Press.

[297] Callahan, J. P. (1986). Chemistry: how mismatched managements can kill a deal. *Mergers and Acquisitions*, 20 (4), 47 –53.

[298] Calomiris, C. W. , & Karceski, J. (1998). *Is the Bank Merger Wave of the 1990s Efficient?*: *Lessons from Nine Case Studies*. AEI Press.

[299] Calori, R. , Lubatkin, M. , & Very, P. (1994). Control Mechanisms in Cross-Border Acquisitions: An International Comparison. *Organization Studies*, 15, 361–379.

[300] Campbell, A. (1995). Corporate strategy: The quest for parenting advantage. *Harvard business review*, 120–132.

[301] Campbell, J. T. , Sirmon, D. G. , & Schijven, M. (2016). Fuzzy logic and the market: A configurational approach to investor perceptions of acquisition announcements. *Academy of Management Journal*, 59 (1), 163–187.

[302] Cannella, A. A. , & Hambrick, D. C. (1993). Effects of executive departures on the performance of acquired firms. *Strategic Management Journal*, 14, 137–152.

[303] Capron, L. (1999). The long-term performance of horizontal acquisitions. *Strategic Management Journal*, 20 (11), 987–1018.

[304] Carline, N. F. , Linn, S. C. , & Yadav, P. K. (2002). *The Influence of Managerial Ownership on the Real Gains in Corporate Mergers and Market Revaluation of Merger Partners: Empirical Evidence*. Working Paper, Univ. of Oklahoma.

[305] Carroll, G. R. , & Delacroix, J. (1982). Organizational mortality in the newspaper industries of Argentina and Ireland: An ecological approach. *Administrative science quarterly*, 169–198.

[306] Cartwright, S. , & Cooper, C. L. (1996). *Managing Mergers, Acquisitions and Strategic Alliances: Integrating People and Cultures*. 2nd ed. Oxford: Butterworth-Heinemann Ltd.

[307] Cartwright, S. , & Cooper, C. L. (1992). *Mergers and Acquisitions. The Human Factor*. 1st ed. Oxford: Butterworth-Heinemann Ltd.

[308] Caves, R. E. , & Mehra S. K. (1986). Entry of foreign multinationals into u. s. manufaeturing industries: In competition in global lndustries. *Harvard Business school Press*, 449–481.

[309] Caves, R. E. (1976). *The Determinants of Market Structure*: *Design for Research. Markets, corporate behaviour and the state.* Springer US.

[310] Caves, R. E. (1982). Multinational enterprise & economic analysis. *Cambridge University Press*, 94 (374).

[311] Celikyurt, U., Sevilir, M., & Shivdasani, A. (2010). Going public to acquire? The acquisition motive in IPOs. *Journal of Financial Economics*, 96 (3), 345 – 363.

[312] Chang, S. (1998). Takeovers of Privately Held Targets, Methods of Payment, and Bidder Returns. *Journal of Finance*, 53 (2), 773 – 784.

[313] Chatterjee, S. (1986). Types of synergy and economic value: The impact of acquisitions on merging and rival firms. *Strategic Management Journal*, 7 (2), 119 – 139.

[314] Chatterjee, S., & Wernerfelt, B. (1991). The link between resources and type of diversification: theory and evidence. *Strategic Management Journal*, 12 (1), 33 – 48.

[315] Chatterjee, S., Lubatkin, M. H., Schweiger, D. M., & Weber, Y. (1992). Cultural differences and shareholder value in related mergers: linking equity and human capital. *Strategic Management Journal*, 13 (5), 319 – 334.

[316] Chen, Z., Kale, P., & Hoskisson, R. E. (2018). Geographic overlap and acquisition pairing. *Strategic Management Journal*, 39 (2), 329 – 355.

[317] Chi, T. (1994). Trading in strategic resources: Necessary conditions, transaction cost problems, and choice of exchange structure. *Strategic Management Journal*, 15 (4), 271 – 290.

[318] Cho, K. R., & Padmanabhan, P. (1995). Acquisition versus new venture: The choice of foreign establishment mode by Japanese firms. *Journal of International Management*, 1 (3), 255 – 285.

[319] Chung, G. H., Du, J., & Choi, J. N. (2014). How do employees adapt to organizational change driven by cross-border M&As? A case in China. *Journal of World Business*, 49 (1), 78 – 86.

[320] Clarke, C. J., & Brennan, K. (1990). Building synergy in the di-

versified business. *Long Range Planning*, 23 (2), 9 – 16.

[321] Clemente, M. N., & Greenspan, D. S. (2003). Successful Mergers and Acquisitions Require Broader Involvement of Human Resources. Working paper.

[322] Coase, R. H. (1937). The nature of the firm. *Economica*, 4 (16), 386 – 405.

[323] Coff, R. W. (2002). Human capital, shared expertise, and the likelihood of impasse in corporate acquisitions. *Journal of Management*, 28 (1), 107 – 128.

[324] Coffee, J. C., Lowenstein, L., & Rose-Ackerman, S. (1988). *Knights, Raiders and Targets. The Impact of Hostile Takeover*. New York: Oxford University Press, 1988.

[325] Cohen, W. M., & Levinthal, D. A. (1990). Absorptive capacity: a new perspective of learning and innovation. *Administrative Science Quarterly*, 35, 128 – 52.

[326] Coleman, J. S. (1990). *The foundations of social theory*. Cambridge, MA: Harvard University Press.

[327] Comanor, W. S. (1967). Vertical mergers, market powers, and the antitrust laws. *American Economic Review*, 57 (2), 254 – 265.

[328] Conner, K. & Prahalad, C. (1996). A Resource-Based Theory of the Firm: Knowledge Versus Opportunism. *Organization Science*, 7 (5), 477 – 501.

[329] Contractor, F. J., & Lorange, P. (1992). Competition vs. cooperation: a benefit/cost framework for choosing between fully-owned investments and cooperative relationships. *International Strategic Management: Challenges and Opportunities*, 203.

[330] Coughlan, A. T. (1985). Competition and cooperation in marketing channel choice: Theory and application. *Marketing Science*, 4 (2), 110.

[331] Curhan, J. P., Davidson, W. H., & Suri, R. (1977). *Tracing the multinationals: a sourcebook on u. s. -based enterprises*. Colorado: Ballinger.

[332] Cyert, R. M., & March, J. G. (1963). *A behavioral theory of the firm*. Englewood Cliffs, NJ: Prentice Hall.

[333] Das, T. & Teng, B. (1998). Resource and Risk Management in the

Strategic Alliance Making Process. *Journal of Management*, 24 (1), 21 – 42.

[334] Dass, P. (2000). Relationship of firm size, initial diversification, and internationalization with strategic change. *Journal of Business Research*, 48 (2), 135 – 146.

[335] Datta, D., & Grant, J. (1990). Relationships Between Type of Acquisition, The Autonomy Given to the Acquired Firm, and Acquisition Success: An Empirical Analysis. *Journal of Management*, 16, 29 – 44.

[336] Datta, D., & Puia, G. (1995). Cross-Border Acquisitions: An Examination of the Influence of Relatedness and Cultural Fit on Shareholder Value Creation in US Acquiring Firms. *Management International Review*, 35, 337 – 359.

[337] Datta, D. K. (1991). Organizational fit and acquisition performance: Effects of post-acquisition integration. *Strategic Management Journal*, 12 (4), 281 – 297.

[338] Datta, D. K., & Pinches, G. E. (1992). Factors influencing wealth creation from mergers and acquisitions: A meta-analysis. *Strategic Management Journal*, 13 (1), 67 – 84.

[339] David, K., & Singh, H. (1994). Sources of Acquisition Cultural Risk. *In*: G. V. Krogh, A. Sinatra, & H. Singh, eds. *The Management of Corporate Acquisitions*. London: Palgrave Macmillan, 1994, 251 – 292.

[340] Davidson, W. H. (1980). The location of foreign direct investment activity: Country characteristics and experience effects. *Journal of International Business Studies*, 11 (2), 9 – 22.

[341] Davies, G. L. (1968). Early discoverers. Another forgotten pioneer of the glacial theory: James Hutton (1726 – 97). *Journal of Glaciology*, 7 (49), 15 – 16.

[342] Davis, R. L. (1968). Compatibility in organizational marriages. *Harvard Business Review*, 46 (4), 86 – 93.

[343] Deal, T. E., & Kennedy, A. A. (1982). Corporate cultures: The rites and rituals of organizational life. *Reading/T. Deal, A. Kennedy. – Mass*: Addison-Wesley, 2, 98 – 103.

[344] DeAngelo, H., & Rice, E. M. (1983). Antitakeover charter amendments and stockholder wealth. *Journal of Financial Economics*, 11 (1 – 4), 329 – 359.

[345] Desai, H., & Jain, P. C. (1999). Firm performance and focus: long-run stock market performance following spinoffs. *Journal of financial economics*, 54 (1), 75 – 101.

[346] Devine, I. (1984). Organizational adaptation to crisis conditions and effects on organizational members. *Academy of Management Annual Meeting Proceedings*, 1984 (1), 163 – 167.

[347] Dickerson, A., Gibson, H. D., & Tsakalotos, E. (1997). The impact of acquisitions on company performance: evidence from a large panel of UK firms. *Oxford Economics Papers*, 49, 344 – 361.

[348] Dierickx, I., & Cool, K. (1989). Asset stock accumulation and sustainability of competitive advantage. *Management Science*, 35 (12), 1504 – 1511.

[349] Diven, D. L. (1984). Organization planning: The neglected factor in merger and acquisitions strategy. *Managerial Planning*, 33 (1), 4 – 12.

[350] Dodd, P., & Ruback, R. (1977). Tender offers and stockholder returns: An empirical analysis. *Journal of Financial Economics*, 5 (3), 351 – 374.

[351] Douma, M. U., Bilderbeek, J., Idenburg, P. J., & Looise, J. K. (2000). Strategic alliances managing the dynamics of fit. *Long Range Planning*, 33 (4), 579 – 598.

[352] Down, J. W. (1995). The M&A game is often won or lost after the deal. *Management Review Executive Forum*, 10, 6 – 9.

[353] Dubin, M. (1976). Foreign Acquisitions and Spread of the Multinational Firm. D, B, A. thesis, *Graduate School of Business Adiministration*, Harvard University,

[354] Dunning, J. H. (1977). Trade, location of economic activity and the MNE: a search for an eclectic approach. *International Allocation of Economic Activity*, (1023), 203 – 205.

[355] Dunning, J. H. (1998). Globalization and the new geography of for-

eign direct investment. *Oxford Development Studies*, 26 (1), 47.

[356] Dunning, J. H. (2000). The eclectic paradigm as an envelope for economic and business theories of MNE activity. *International Business Review*, 9 (2), 163.

[357] Dunning, J. H. (2001). The eclectic (oli) paradigm of international production: Past, present and future. *International Journal of the Economics of Business*, 8 (2), 173 - 190.

[358] Dunning, J. H. (2003). Some antecedents of internalization theory. *Journal of International Business Studies*, 34 (2), 108 - 115.

[359] Dussauge, P., & Garette, B. (1995). Determinants of success in international strategic alliances: Evidence from the global aerospace industry. *Journal of International Business Studies*, 26 (3), 505 - 530.

[360] Dutton, J. M. & Thomas, A. (1985). Relating technological change and learning by doing. In: R. D. Rosenbloom ed. *Research on Technological Innovation, Management and Policy*. Greenwich, CT: JAI Press, 187 - 224.

[361] Dwyer, F., Schurr, P. & Oh, S. (1987). Developing buyer-seller relationship. *Journal of Marketing*, 51 (2), 11 - 27.

[362] Easterbrook, F., & Fischel D. (1991). *The Economic Structure of Corporate Law*, Harvard University Press.

[363] Eaton, J., Gersovitz, M., & Herring, R. J. (1983). Country risk: Economic aspects. *Managing international risk*, 75 - 108.

[364] Eccles, R. G., Lanes, K. L., & Wilson, T. C. (1999). Are you paying too much for that acquisition? *Harvard Business Review*, 77 (4), 136 - 148.

[365] Eckbo, B. E., & Thorburn, K. S. (2000). Gains to bidder firms revisited: Domestic and foreign acquisitions in Canada. *Journal of Financial and Quantitative Analysis*, 35 (1), 1 - 25.

[366] Eckbo, B. E. (1983). Horizontal mergers, collusion, and stockholder wealth, *Journal of Financial Economics*, 11, 241 - 273.

[367] Eisenhardt, K. M., & Schoonhoven, C. B. (1996). Resource-based View of Strategic Alliance Formation: Strategic and Social Effects in Entrepreneurial

Firms. *Organization Science*, 7 (2), 136 – 150.

[368] Elgers, P. T., & Clark, J. J. (1980). Merger types and shareholder returns: Additional evidence. *Financial Management*, 9 (2), 66 – 72.

[369] Elsass, P., & Veiga, J. (1994). Acculturation in acquired organizations: A force-field perspective. *Human Relations*, 47 (4), 431 – 453.

[370] Fagre, N., & Wells, L. T. (1982). Bargaining power of multinations and host governments. *Journal of International Business Studies*, 13 (2), 9 – 23.

[371] Fama, E. F. (1998). Market efficiency, long-term returns, and behavioral finance1. *Journal of Financial Economics*, 49 (3), 283 – 306.

[372] Fama, E. F., & French, K. R. (1992). The cross‐section of expected stock returns. *the Journal of Finance*, 47 (2), 427 – 465.

[373] Fama, E. F., Fisher, L., Jensen, M. C., & Roll, R. (1969). The adjustment of stock price to new information. *International Economic Review*, 10 (1), 1 – 21.

[374] Fama, E. F., & Jensen, M. C. (1983). Agency problems and residual claims. *The Journal of Law and Economics*, 26 (2), 327 – 349.

[375] Fayerweather, J. (1982). Host national attitudes toward multinational corporations. *International Executive*, 24 (2), 5 – 7.

[376] Ferracone, R. (1987). Blending compensation plans of combining firms. *Mergers and Acquisitions*, 21 (5), 57 – 62.

[377] Flanagan, D. J. (1996). Announcements of purely related and purely unrelated mergers and shareholder returns: Reconciling the relatedness paradox. *Journal of Management*, 22 (6), 823 – 835.

[378] Foulis, P. (2017). Waving goodbye. *The Economist*, (special), 115 – 116.

[379] Fowler, K. L., & Schmidt, D. R. (1989). Determinants of tender offer post-acquisition financial performance. *Strategic Management Journal*, 10 (4), 339 – 350.

[380] Franks, J., Harris, R., & Titman, S. (1991). The postmerger share-price performance of acquiring firms. *Journal of Financial economics*, 29 (1), 81 – 96.

[381] Freeman, R. E. (1984). *Strategic management: A stakeholder perspective*. Boston: Pitman.

[382] Furubotn, E. G., & Richter, R. (2010). *Institutions and economic theory: The contribution of the new institutional economics*. Ann Arbor: University of Michigan Press.

[383] Geertz, C. (1975). On the nature of anthropological understanding. *American Scientist*, 63, 47 – 53.

[384] Georgopoulos, A., & Preusse, H. G. (2009). Cross-border acquisitions vs. greenfield investment: a comparative performance analysis in greece. *International Business Review*, 18 (6), 592 – 605.

[385] Ghosh, A. (2001). Does operating performance really improve following corporate acquisitions? *Journal of Corporate Finance*, 7 (2), 151 – 178.

[386] Gilson, R. J., Scholes, M. S., & Wolfson, M. A. (1988). *Taxation and the dynamics of corporate control: The uncertain case for tax-motivated acquisition*. New York: Oxford University Press.

[387] Ginsberg, A., & Venkatraman, N. (1985). Contingency perspectives of organizational strategy: A critical review of the empirical research. *Academy of management review*, 10 (3), 421 – 434.

[388] Gompers, P., Ishii, J., & Metrick, A. (2003). Corporate governance and equity prices. *The Quarterly Journal of Economics*, 118 (1), 107 – 156.

[389] Goold, M., & Campbell, A. (2000). Taking stock of synergy: a framework for assessing linkages between businesses. *Long Range Planning*, 33 (1), 72 – 96.

[390] Gordon, M. J., & Yagil, J. (1981). Financial gains from conglomerate mergers. *Research in Finance*, 3 (S 103), 142.

[391] Granovetter, M. (1985). Economic Action and Social Structure: The Problem of Embeddedness. *American Journal of Sociology*, 91 (3), 481 – 510.

[392] Grant, R. (1991). The Resource-Based Theory of Competitive Advantage: Implications for Strategy Formulation. *California Management Review*, 33 (3), 114 – 135.

[393] Grant, R. M. (1997). The knowledge-based view of the firm: implications for management practice. *Long Range Planning*, 30 (3), 450-454.

[394] Graves, D. (1981). Individual reactions to a merger of two small firms of brokers in the re-insurance industry: a total population survey. *Journal of Management Studies*, 18 (1), 89-113.

[395] Green, M. B. (1990). *Mergers and acquisitions: Geographical and spatial perspectives*. Routledge: London.

[396] Grossman, S. J., & Hart, O. D. (1980). Takeover bids, the free-rider problem, and the theory of the corporation. *The Bell Journal of Economics*, 42-64.

[397] Grossman, S. J., & Hart, O. D. (1982). Corporate financial structure and managerial incentives. *In*: J. McCall, ed. *The economics of information and uncertainty*. Chicago: University of Chicago Press.

[398] Grossman, S. J., & Hart, O. D. (1988). One share-one vote and the market for corporate control. *Journal of Financial Economics*, 20, 175-202.

[399] Gulati, R. (1995). Does familiarity breed trust? The implications of repeated ties for contractual choice in alliances. *Academy of Management Journal*, 38 (1), 85-112.

[400] Håkansson, H., & Snehota, I. (1995). *Developing relationships in business networks*. Boston: International Thomson Press.

[401] Haleblian, J., & Finkelstein, S. (1999). The influence of organizational acquisition experience on acquisition performance: A behavioral learning perspective. *Administrative Science Quarterly*, 44 (1), 29-56.

[402] Hannan, M. T., & Freeman, J. (1977). The population ecology of organizations. *American Journal of Sociology*, 82 (5), 929-964.

[403] Hannan, M. T., & Freeman, J. (1984). Structural inertia and organizational change. *American sociological review*, 149-164.

[404] Harford, J. (1999). Corporate cash reserves and acquisitions. *The Journal of Finance*, 54 (6), 1969-1997.

[405] Harrigan, K. R. (1985). Vertical integration and corporate strate-

gy. *The Academy of Management Journal*, 28 (2), 397 – 425.

［406］Harrison, C. W. , Scott, A. B. , &Ronald, L. B. (1976). Social Structure from Multiple Networks. I. Blockmodels of Roles and Positions. *The American Journal of Sociology*, 81 (4), 730 – 780.

［407］Hart, O. (1995). *Firms, contracts, and financial structure.* Oxford: Clarendon Press.

［408］Harzing, A. W. K. (2002). Acquisitions versus greenfield investment: International strategy and management of entry modes. *Strategic Management Journal*, 23 (3), 211 – 227.

［409］Haspeslagh, P. C. , & Jemison, D. B. (1991). The challenge of renewal through acquisitions. *Strategy & Leadership*, 19, 27 – 30.

［410］Haspeslagh, P. C. , & Farquhar, A. B. (1994). The Acquisition Integration Process: A Contingent Framework. *The Management of Corporate Acquisitions.* UK: Palgrave Macmillan.

［411］Haspeslagh, P. C. , & Jemison, D. B. (1991). *Managing acquisitions: Creating value through corporate renewal.* New York: Free Press.

［412］Hay, H. R. , Fourie, M. & Hay, J. F. (2001). Are Institutional Combinations, Mergers or Amalgamation the Answer? An Investigation into Staff Perceptions, *South African Journal of Higher Education* 15 (1), 100 – 108.

［413］Hayes, R. H. (1979). The human side of acquisitions. *Management Review*, 68 (11), 41 – 46.

［414］Hayn, C. (1989). Tax attributes as determinants of shareholder gains in corporate acquisitions. *Journal of Financial Economics*, 23 (1), 121 – 153.

［415］Healy, P. M. , Palepu, K. G. , & Ruback, R. S. (1992). Does corporate performance improve after mergers? *Journal of Financial Economics*, 31 (2), 135 – 175.

［416］Hennart, J. F. (1988). A transaction costs theory of equity joint ventures. *Strategic Management Journal*, 9 (4), 361 – 374.

［417］Hennart, J. F. , & Park, Y. R. (1993). Greenfield vs. aqcuisiton: the strategy of Japanese investors in the United States. *Management Science*, 39

(9), 1054-1070.

[418] Hennart, J. F., & Reddy, S. (1997). The choice between mergers/acquisitions and joint ventures: The case of Japanese investors in the United States. *Strategic Management Journal*, 18 (1), 1-12.

[419] Hernandez, E., & Menon, A. (2017). Acquisitions, node collapse, and network revolution. *Management Science*, 64 (4), 1652-1671.

[420] Hernandez, E., & Shaver, J. M. (2018). Network Synergy. *Administrative Science Quarterly*, 1, 32.

[421] Herriott, R. and Firestone, W. (1983). Multisite Qualitative Policy Research: Optimizing Description and Generalizability. *Educational Researcher*, 12 (2), 14.

[422] Hirsch, P. M., & Andrews, J. (1983). Ambushes, Shootouts, and Knights of the Round Table: The Language of Corporate Takeovers. In: L. Pondy et al., eds. *Organization Symbolism*. Greenwich, CT: JAI, 1983.

[423] Hirshleifer, D. (1992). Corporate control and takeovers, UCLA, Anderson Graduate School of Management. Working Paper.

[424] Hirshleifer, D., & Thakor, A. V. (1994). Managerial performance, boards of directors and takeover bidding. *Journal of Corporate Finance*, 1 (1), 63-90.

[425] Hirshleifer, D., & Thakor, A. V. (1998). Corporate control through board dismissals and takeovers. *Journal of Economics & Management Strategy*, 7 (4), 489-520.

[426] Hofer, C. W. & Sehendel, D. E. (1978). *Strategy formulation: analytical concepts*. St. Paul, MN: West Publishing.

[427] Hoffmann, W. H., & Schaper-Rinkel, W. (2001). Acquire or ally? – a strategy framework for deciding between acquisition and cooperation. *Mir Management International Review*, 41 (2), 131-159.

[428] Hofstede, G. (1991a). *Culture and organizations*. New York: McGraw-Hill.

[429] Hofstede, G. (1991b). *Cultures and organizations: Software of the

mind. London: McGraw-Hill.

[430] Holl, P., & Kyriazis, D. (1997). Wealth creation and bid resistance in U. K. takeover bids. *Strategic Management Journal*, 18 (6), 483 – 498.

[431] Holsapple, C. W., & Singh, M. (2000). Proceedings of the Annual Conference of the Southern Association on Information Systems. *The Knowledge Chain*. Atlanta.

[432] Hom, P. W., & Griffeth, R. W. (1995). *Employee turnover*. Cincinnati, OH. : South-western College Publishing.

[433] Hood, N., & Young, S. (1979). *The economics of multinational enterprise*. Canadian: Longman.

[434] Hopkins, H. D. (1987). Acquisition strategy and the market position of acquiring firms. *Strategic Management Journal*, 8 (6), 535 – 547.

[435] Houston, J. F., James, C. M., & Ryngaert, M. D. (2001). Where do merger gains come from? Bank mergers from the perspective of insiders and outsiders. *Journal of financial economics*, 60 (2 – 3), 285 – 331.

[436] Hunt, J. W. (1990). Changing Pattern of Acquisition Behaviour in Takeovers and the Consequences for Acquisition Processes. *Strategic Management Journal*, 11, 69 – 77.

[437] Hymer, S. (1976) The International Operations of National Firms: A Study of Direct Foreign Investment, *MIT Presss Cambridge*.

[438] Ingham, H., Kiran, I. and Lovestam, A. (1992). Mergers and profitability: a managerial success story? *Journal of Management Studies*, 29, 195 – 208.

[439] Instefjord, N. (1999). The market for corporate control and the agency paradigm. *Review of Finance*, 3 (1), 1 – 22.

[440] Itami, H. (1987). *Mobilizing Invisible Assets*. Cambridge: Harvard University Press.

[441] Ivancevich, J. M., Schweiger, D. M., & Power, F. R. (1987). Strategies for managing human resources during mergers and acquisitions. *Human Resource Planning*, 10 (1), 19 – 35.

[442] Iverson, R. D., & Pullman, J. A. (2000). Determinants of volunta-

ry turnover and layoffs in an environment of repeated downsizing following a merger: an event history analysis. *Journal of Management*, 26 (5), 977 – 1003.

[443] Iyer, D. & Miller, K. (2008). Performance feedback, Slack, And The Timing Of Acquisitions. *Academy of Management Journal*, 51 (4), 808 – 822.

[444] Jarillo, C. (1988). On strategic networks. *Strategic Management Journal*, 9 (1), 31 – 41.

[445] Jarrell, G., Brickley, J., Netter, J. (1988). The market for corporate control: the empirical evidence since 1980. *Journal of Economic Perspectives*, 2, 49 – 68.

[446] Jemison, D. B. (1988). Value creation and acquisition integration: The role of strategic capability transfer. *Advances in the study of entrepreneurship, innovation, and economic growth*. Supplement, 1, 191 – 218.

[447] Jemison, D. B., & Sitkin, S. B. (1986). Corporate acquisitions: a process perspective. *Academy of Management Review*, 11 (1), 145 – 163.

[448] Jennings, R. H., & Mazzeo, M. A. (1993). Competing bids, target management resistance, and the structure of takeover bids. *The Review of Financial Studies*, 6 (4), 883 – 909.

[449] Jensen, M. C. (1988). Takeovers: Their causes and consequences. *Journal of Economic Perspectives*, 2, 21 – 48.

[450] Jensen, M. C. (1989). Eclipse of the public corporation. *Harvard Business Review*, 67 (5), 61 – 74.

[451] Jensen, M. C., & Meckling, W. H. (1976). Theory of the firm: Managerial behavior, agency costs and ownership structure. *Journal of Financial Economics*, 3 (4), 305 – 360.

[452] Jensen, M. C. (1993). The Modern Industrial Revolution, Exit, and The Failure of Internal Control Systems. *The Journal of Finance*, 48 (3), 831 – 880.

[453] Jensen, M. C. (1986). Agency cost of free cash flow, corporate finance, and takeovers. *American Economic Review*, 76 (2).

[454] Jensen, M. C., & Ruback, R. S. (1983). The market for corporate control: the scientific evidence. *Journal of Financial Economics*, 11 (1 – 4), 5 – 50.

[455] Johanson, J., & Mattsson, L. G. (1988). Internationalization in industrial systems-a network approach. *Strategies in Global Competition*. N. Hood and J. E. Vahlne, Croom Helm.

[456] John, K., & Ofek, E. (1995). Asset sales and increase in focus. *Journal of financial Economics*, 37 (1), 105 – 126.

[457] John, K., Lang, L. H., & Netter, J. (1992). The voluntary restructuring of large firms in response to performance decline. *The Journal of Finance*, 47 (3), 891 – 917.

[458] Johnson, G. (1992). Managing strategic change—strategy, culture and action. *Long range planning*, 25 (1), 28 – 36.

[459] Kahneman, D., & Tversky, A. (1979). Prospect theory: an analysis of decision under risk. *Econometrica*, 47 (2), 263 – 291.

[460] Kapferer, J. N. (1992). How Global Are Global Brands? In: *The Challenge of Branding Today and in the Future*, Belgium 28 – 30 October 1992. ESOMAR, 199 – 215.

[461] Kaplan, S. N. (1989). Management buyouts: Evidence on taxes as a source of value. *Journal of Finance*, 44 (3), 611 – 632.

[462] Kaplan, R. S, & Norton, D. P. 建立聚焦战略型组织——战略从来没有像现在这样重要,但是优势仅在战略被实施后才会来临. 明天的胜利者是今天的聚焦战略者 [J]. 经理人, 2005 (1): 72 – 75.

[463] Kaplan, S. N., & Weisbach, M. S. (1992). The success of acquisitions: Evidence from divestitures. *The Journal of Finance*, 47 (1), 107 – 138.

[464] Khanna, T., & Yafeh, Y. (2007). Business groups in emerging markets: paragons or parasites? *Review of Economics & Institutions*, 45 (2), 331 – 372.

[465] Kim, E. H., & McConnell, J. J. (1977). Corporate mergers and the co-insurance of corporate debt. *Journal of Finance*, 32 (2), 349 – 365.

[466] Kimura, Y. (1989). Firm-specific strategic advantages and foreign direct investment behavior of firms: The case of japanese semiconductor firms. *Journal of International Business Studies*, 20 (2), 296 – 314.

[467] King, D. R. (2001). The state of post acquisition performance litera-

ture: Where to from here? Working Paper, Indiana Univ at Bloomington School of Business.

［468］Kitching, J. (1967). Why do mergers miscarry? *Harvard Business Review*, 45 (6), 84 – 101.

［469］Kogut, B. (1988). Joint ventures: Theoretical and empirical perspectives. *Strategic Management Journal*, 9 (4), 319 – 332.

［470］Kogut, B. (1989). The stability of joint ventures: Reciprocity and competitive rivalry. *Journal of Industrial Economics*, 38 (2), 183 – 198.

［471］Kogut, B., & Singh, H. (1988). The effect of national culture on the choice of entry mode. *Journal of International Business Studies*, 19 (3), 411 – 432.

［472］Kogut, B., & Zander, U. (1992). Knowledge of the firm, combinative capabilities, and the replication of technology. *Organization Science*, 3 (3), 383 – 397.

［473］Kogut, B., & Zander, U. (1993). Knowledge of the firm and the evolutionary theory of the multinational corporation. *Journal of International Business Studies*, 24 (4), 625 – 645.

［474］Kogut, B., & Zander, U. (1995). Knowledge, market failure and the multinational enterprise: a reply. *Journal of International Business Studies*, 26 (2), 417 – 426.

［475］Kothari, S. P., & Warner, J. B. (1997). Measuring long-horizon security price performance. *Journal of Financial Economics*, 43 (3), 301 – 339.

［476］Krug, J. A., & Hegarty, W. (2001). Predicting who Stays and Leaves After an Acquisition: A Study of Top Managers in Multinational Firms. *Strategic Management Journal*, 22, 185 – 196.

［477］Krug, J. A., & Nigh, D. (2001). Executive perceptions in foreign and domestic acquisitions: an analysis of foreign ownership and its effect on executive fate. *Journal of World Business*, 36 (1), 85 – 105.

［478］Kumar, M. S. (1984). Comparative analysis of UK domestic and international firms. *Journal of Economic Studies*, 11 (3), 26 – 42.

［479］Kusewitt Jr, J. B. (1985). An exploratory study of strategic acquisition factors relating to performance. *Strategic Management Journal*, 6 (2), 151 – 169.

[480] Kyle, A. (1985). Continuous auctions and insider trading. *Econometrica*, 53, 1315 – 1335.

[481] Laamanen, T. & Keil, T. (2008). Performance of serial acquirers: toward an acquisition program perspective. *Strategic Management Journal*, 29 (6), 663 – 672.

[482] Lambkin, M. (1988). Order of entry and performance in new markets. *Strategic Management Journal*, 9 (S1), 127 – 140.

[483] Lane, P. J., & Lubatkin, M. (1998). Relative absorptive capacity and interorganizational learning. *Strategic Management Journal*, 19 (5), 461 – 477.

[484] Lang, L. H., & Stulz, R. M. (1994). Tobin's q, corporate diversification, and firm performance. *Journal of Political Economy*, 102 (6), 1248 – 1280.

[485] Lang, L. H., Stulz, R., & Walkling, R. A. (1989). Managerial performance, Tobin's Q, and the gains from successful tender offers. *Journal of Financial Economics*, 24 (1), 137 – 154.

[486] Larimo, J. (1993). Foreign direct investment behaviour and performance: analysis of Finnish direct manufacturing investment in OECD countries. *Acta Wasaensia*, 32.

[487] Larimo, J. (1995). The foreign direct investment decision process: case studies of different types of decision processes in finnish firms. *Journal of Business Research*, 33 (1), 25 – 55.

[488] Larson, K. D., & Gonedes, N. J. (1969). Business combinations: an exchange ratio determination model. The Accounting Review, 720 – 728.

[489] Larsson, R. (1990). *Coordination of action in mergers and acquisition: interpretive and systematic approaches towards synergy*. PhD diss., University of Southern California.

[490] Larsson, R., & Finkelstein, S. (1999). Integrating Strategic, Organizational, and Human Resource Perspectives on Mergers and Acquisitions: A Case Survey of Synergy Realization. *Organization Science*, 10, 1 – 26.

[491] Lecraw, D. J. (1984). Diversification strategy and performance. *Journal*

of Industrial Economics, 33 (2), 179 - 198.

[492] Lee, C., Lee, K., & Pennings, J. M. (2001). Internal Capabilities, External networks, and Performance: a Study on Technology-Based Ventures. *Strategic Management Journal*, 22 (6 - 7), 615 - 640.

[493] Lee, G., & Lieberman, M. (2009). Acquisition vs. internal development as modes of market entry. *Strategic Management Journal*, 31 (2), 140 - 158.

[494] Lee, G. K., & Lieberman, M. B. (2010). Acquisition vs. internal development as modes of market entry. *Strategic Management Journal*, 31 (2), 140 - 158.

[495] Leenders, R. T., & Gabbay, S. M. (1999). CSC: An agenda for the future. In: R. Th. A. J. Leenders & S. M. Gabbay, eds. *Corporate Social Capital and Liability*. Boston: Kluwer, 1999, 483 - 494.

[496] Leeth, J. D., & Borg, J. R. (2000). The impact of takeovers on shareholder wealth during the 1920s merger wave. *Journal of Financial and Quantitative Analysis*, 35 (2), 217 - 238.

[497] Leibenstein, H. (1966). Allocative efficiency vs. "x-efficiency". *American Economic Review* 56 (3), 392.

[498] Leonard-Barton, D. (1992). Core capabilities and core rigidities: A paradox in managing new product development. *Strategic Management Journal*, 13 (S1), 111 - 125.

[499] Leontiades, M. (1986). *Managing the unmanageable: Strategies for success within the conglomerate*. Addison-Wesley.

[500] Lev, B. (2000). *Intangibles: Management, measurement, and reporting*. Washington, DC: Brookings Institution Press.

[501] Levitt, B. & March, J. (1988). Organizational Learning. *Annual Review of Sociology*, 14 (1), 319 - 338.

[502] Lewellen, W. G. (1971). A pure financial rationale for the conglomerate merger. *Journal of Finance*, 26 (2), 521 - 537.

[503] Lewellen, W. G., & Huntsman, B. (1970). Managerial pay and corporate performance. *American Economic Review*, 60 (4), 710 - 720.

[504] Li, J., & Qian, C. (2013). Principal-principal conflicts under weak institutions: A study of corporate takeovers in China. *Strategic Management Journal*, 34 (4), 498–508.

[505] Linn, S. C., & Switzer, J. A. (2001). Are cash acquisitions associated with better postcombination operating performance than stock acquisitions? *Journal of Banking & Finance*, 25 (6), 1113–1138.

[506] Lintner, J. (1971). Expectations, mergers and equilibrium in purely competitive securities markets. *American Economic Review*, 61 (2), 101–111.

[507] Lipton, M. (1987). Corporate governance in the age of finance corporatism. *University of Pennsylvania Law Review*, 136 (1), 1–72.

[508] Loderer, C., & Martin, K. (1992). Postacquisition performance of acquiring firms. *Financial Management*, 69–79.

[509] Lorange, P., & Roos, J. (1990). Formation of cooperative ventures: Competence mix of the management teams. *Management International Review*, 30 (S), 69–86.

[510] Lorange, P., & Roos, J. (1993). *Strategic alliances: formation, implementation, and evolution*. Cambridge: Blackwell Business.

[511] Loughran, T., & Vijh, A. M. (1997). Do long-term shareholders benefit from corporate acquisitions? *The Journal of Finance*, 52 (5), 1765–1790.

[512] Louis, H. (2002). The causes of post-merger underperformance: Evidence from successful and unsuccessful bidders.

[513] Louis, H. (2004). Earnings management and the market performance of acquiring firms. *Journal of Financial Economics*, 74 (1), 121–148.

[514] Lowenstein, L. (1999). Corporate governance and the voice of the paparazzi. Working Paper, The Center for Law and Economic Studies.

[515] Lubatkin, M. (1987). Merger strategies and stockholder value. *Strategic Management Journal*, 8 (1), 39–53.

[516] Ma, Q. (2001). Investment horizon and the structure of organizations: Essays in the theory of the firm (Doctoral dissertation).

[517] Mace, M. L. G., & Montgomery, G. G. (1962). Management prob-

lems of corporate acquisitions. Division of Research, Graduate School of Business Administration, Harvard University.

[518] Madden, G. P. (1981). Potential corporate takeovers and market efficiency: A note. The *Journal of Finance*, 36 (5), 1191–1197.

[519] Madhok, A. (1997). Cost, value and foreign market entry mode: the transaction and the firm. *Strategic Management Journal*, 18 (1), 39–61.

[520] Magnet, M. (1984). Acquiring without smothering. *Fortune*, 110 (10), 22.

[521] Maijoor, S. & Witteloostuijn, A. (1996). An empirical test of the resource-based theory: strategic regulation in the Dutch audit industry. *Strategic Management Journal*, 17 (7), 549–569.

[522] Makadok, R. (2001). Toward a synthesis of the resource-based and dynamic-capability views of rent creation. *Strategic Management Journal*, 22 (5), 387–401.

[523] Mandelker, G. (1974). Risk and return: The case of merging firms. *Journal of Financial Economics*, 1 (4), 303–335.

[524] Manne, H. (1965). Mergers and the market for corporate control. *Journal of Political Economy*, 73 (2), 110–120.

[525] March, J. G., & Olsen, J. P. (1975). The uncertainty of the past: Organizational learning under ambiguity. *European Journal of political research*, 3 (2), 147–171.

[526] March, J. G., & Simon, H. A. (1958). *Organizations*. New York: Wiley.

[527] Markowitz, H. (1952). Portfolio selection. *Journal of Finance*, 7 (1), 77–91.

[528] Marks, M., & Mirvis, P. (2000). Managing mergers, acquisitions, and alliances: Creating an effective transition structure. *Organizational Dynamics*, 28 (3), 35–47.

[529] Marshall, A. (1961). *Principles of economics: an introductory volume*. London: Macmillan.

[530] Martin, K. J. , & McConnell, J. J. (1991). Corporate performance, corporate takeovers, and management turnover. *The Journal of Finance*, 46 (2), 671 -687.

[531] Masulis, R. W. (1980). The effects of capital structure change on security prices: A study of exchange offers. *Journal of Financial Economics*, 8, 139 - 177.

[532] McDaniel, M. W. (1985). Bondholders and corporate governance. *Bus. Law.* , 41, 413.

[533] McGrath, J. , Kroeger, F. , Traem, M. , & Rockenhaeuser, J. (2000). *The Value Growers: Achieving Competitive Advantage Through Long Term Growth and Profits*. McGraw-Hill, New York.

[534] Meeks, G. (1977). *Disappointing Marriage: Gains from Mergers*. Cambridge University Press.

[535] Megginson, W. L. , Morgan, A. , & Nail, L. (2004). The determinants of positive long-term performance in strategic mergers: Corporate focus and cash. *Journal of Banking & Finance*, 28 (3), 523 -552.

[536] Melicher, R. W. , Ledolter, J. , & D'Antonio, L. J. (1983). A time series analysis of aggregate merger activity. *Review of Economics & Statistics*, 65 (3), 423 -430.

[537] Miles, R. E. , & Snow, C. C. (1992). Causes of failure in network organizations. *California Management Review*, 34 (4), 53 -72.

[538] Miller, D. & Shamsie, J. (1996). The Resource-Based View of the Firm in Two Environments: The Hollywood Film Studios From 1936 to 1965. *Academy of Management Journal*, 39 (3), 519 -543.

[539] Miller, M. H. , & Modigliani, F. (1961). Dividend policy, growth, and the valuation of shares. *The Journal of Business*, 34 (4), 411 -433.

[540] Mitchell, J. C. (1969). *Social networks in urban situations: analyses of personal relationships in Central African towns*. Manchester University Press.

[541] Mobley, W. (1977). Intermediate linkages in the relationship between job satisfaction and employee turnover. *Journal of Applied Psychology*, 62

(2), 237.

[542] Modigliani, F., & Miller, M. H. (1958). The cost of capital, corporation finance and the theory of investment. *The American economic review*, 48 (3), 261–297.

[543] Montgomery, C. A. & Wilson, V. A. (1986). Mergers that last: A predictable pattern? *Strategic Management Journal*, 7, 91–96.

[544] Morck, R., Shleifer, A., & Vishny, R. W. (1990). Do managerial objectives drive bad acquisitions? *The Journal of Finance*, 45 (1), 31–48.

[545] Morosini, P., & Singh, H. (1994). Post-cross-border acquisitions: Implementing national-culture-compatible strategies to improve performance. *European Management Journal*, 12, 390–400.

[546] Morosini, P., Shane, S., & Singh, H. (1998). National Cultural Distance and Cross-Border Acquisition Performance. *Journal of International Business Studies*, 29, 137–158.

[547] Moskalev, S. A. (2010). Foreign ownership restrictions and cross-border markets for corporate control. *Journal of Multinational Financial Management*, 20 (1), 48–70.

[548] Mudambi, R., & Mudambi, S. M. (2002). Diversification and market entry choices in the context of foreign direct investment. *International Business Review*, 11 (1), 35–55.

[549] Mueller, D. C. (1985). Mergers and market share. *The Review of Economics and statistics*, 259–267.

[550] Mueller, D. C. (1969). A theory of conglomerate mergers. *Quarterly Journal of Economics*, 83 (4), 643–659.

[551] Mulherin, H. (2000). Incomplete acquisitions and organizational efficiency. *Journal of Corporate Finance*, 6, 117–139.

[552] Muscarella, C. J., & Vetsuypens, M. R. (1990). Efficiency and organizational structure: A study of reverseLBOs. *Journal of Finance*, 45 (5), 1389–1413.

[553] Myers, S. C. (1984). The capital structure puzzle. *Journal of Finance*, 39 (3), 575–592.

[554] Myers, S. C. , & Majluf, N. S. (1984). Corporate financing and investment decisions when firms have information that investors do not have. *Journal of Financial Economics*, 13 (2), 187 – 221.

[555] Nadolska, A. , & Barkema, H. G. (2007). Learning to internationalise: the pace and success of foreign acquisitions. *Journal of International Business Studies*, 38 (7), 1170 – 1186.

[556] Nadolska, A. , & Barkema, H. G. (2014). Good learners: how top management teams affect the success and frequency of acquisitions. *Strategic Management Journal*, 35 (10), 1483 – 507.

[557] Nahavandi, A. , & Malekzadeh, A. R. (1994). Successful mergers through acculturation. *In*: G. V. Krogh, A. Sinatra, & H. Singh, eds. *The Management of Corporate Acquisitions*. London: Palgrave Macmillan, 1994, 293 – 306.

[558] Nahavandi, A. , & Malekzadeh, A. R. (1988). Acculturation in mergers and acquisition. *Academy of Management Rreview*, 13 (1), 79 – 90.

[559] Nahavandi, A. , & Malekzadeh, A. R. (1993). *Organizational Culture in the Management of Mergers*. Westport, CT: Quorum Books.

[560] Napier, N. K. , Simmons, G. , & Stratton, K. (1989). Communication during a merger: the experience of two banks. *People and Strategy*, 12 (2), 105.

[561] Nath, P. , Nachiappan, S. , & Ramanathan, R. (2010). The impact of marketing capability, operations capability and diversification strategy on performance: A resource-based view. *Industrial Marketing Management*, 39 (2), 317 – 329.

[562] Nayyar P. R. (1992). On the measurement of Corporate Diversification strategy: Evidence from large U. S service firms. *Strategic Management Journal*, 13 (3), 219 – 235.

[563] Nelson, R. L. , & Winter, S. (1982). *An evolutionary theory of economic change*. Cambridge, Mass: Belknap Press of Harvard University.

[564] Nelson, R. L. (1959). *Merger movements in American industry*, 1895 – 1956. Princeton: Princeton University Press.

[565] Nonaka, I. (1991). The knowledge-creating company. Harvard Busi-

ness Review.

[566] Nonaka, I. (1994). A dynamic theory of organizational knowledge creation. *Organization Science*, 5 (1), 14-37.

[567] Nonaka, I., & Takeuchi, H. (1995). *The knowledge creation company: how Japanese companies create the dynamics of innovation*. New York: Oxford University Press.

[568] Olie, R. (1994). Shades of culture and institutions in international mergers. *Organization Studies*, 15 (3), 381-405.

[569] Oliver, C. (1990). Determinants of interorganizational relationships: integration and future directions. *Academy of Management Review*, 15 (2), 241-265.

[570] Opler, T., Pinkowitz, L., Stulz, R., & Williamson, R. (1999). The determinants and implications of corporate cash holdings. *Journal of Financial Economics*, 52 (1), 3-46.

[571] Oxelheim, L., Randøy, T., & Stonehill, A. (2001). On the treatment of finance-specific factors within the OLI paradigm. *International Business Review*, 10 (4), 381-398.

[572] Pablo, A. L., Sitkin, S. B., & Jemison, D. B. (1996). Acquisition decision-making processes: The central role of risk. *Journal of Management*, 22, 723-746.

[573] Padmanabhan, P., & Cho, K. R. (1996). Ownership strategy for a foreign affiliate: an empirical investigation of Japanese firms. *Mir Management International Review*, 36 (1), 45-65.

[574] Park, C. (2002). The effects of prior performance on the choice between related and unrelated acquisitions: implications for the performance consequences of diversification strategy. *Journal of Management Studies*, 39 (7), 1003-1019.

[575] Parkhe, A. (1991). Interfirm diversity, organizational learning, and congvity in global strategic alliance. *Journal of International Business Studies*, 22 (4), 579-601.

[576] Parrino, J. D., & Harris, R. S. (1999). Takeovers, management

replacement, and post‑acquisition operating performance: some evidence from the 1980s. *Journal of Applied Corporate Finance*, 11 (4), 88–96.

[577] Pelikan, P. (1989). Evolution, economic competence, and the market for corporate control. *Journal of Economic Behavior & Organization*, 12 (3), 279–303.

[578] Pennings, J. M. & Lee, K. (1999). Social capital and organization: Conceptualization, level of analysis, and performance implications. In: R. Th. A. J. Leenders & S. M. Gabbay, eds. *Corporate Social Capital and Liability*. Boston: Kluwer, 1999, 43–67.

[579] Pennings, J., Lee, K. & Van Witteloostuijn, A. (1998). Human Capital, Social Capital, and Firm Dissolution. *Academy of Management Journal*, 41 (4), 425–440.

[580] Penrose, E. T. (1959). *The theory of the growth of the firm*. Oxford: Basil Blackwell.

[581] Peteraf, M. A. (1993). The cornerstones of competitive advantage: a resource-based view. *Strategic Management Journal*, 14 (3), 179–191.

[582] Pfeffer, J., & Salancik, G. R. (1978). *The external control of organizations: a resource dependence perspective*. New York: Harper and Row.

[583] Pilloff, S. J. (1996). Performance changes and shareholder wealth creation associated with mergers of publicly traded banking institutions. *Journal of Money, Credit and Banking*, 28 (3), 294–310.

[584] Poole, M. S., & Ven, A. H. V. D. (1989). Using paradox to build management and organization theories. *Academy of Management Review*, 14 (4), 562–578.

[585] Porter, M. E. (1980). *Competitive strategy: Techniques for analyzing industries*. Competitors, New York: Free Press.

[586] Porter, M. E. (1985). *Competitive advantage: creating and sustaining superior performance*. New York: Free Press.

[587] Portes, A. & Sensenbrenner, J. (1993). Embeddedness and Immigration: Notes on the Social Determinants of Economic Action. *American Journal of*

Sociology, 98 (6), 1320 - 1350.

[588] Portes, A. (1998). Social Capital: Its Origins and Applications in Modern Sociology. *Annual Review of Sociology*, 24 (1), 1 - 24.

[589] Powell, T. C. (2001). Competitive advantage: logical and philosophical considerations. *Strategic Management Journal*, 22 (9), 875 - 888.

[590] Powell, W. (2003). Neither market nor hierarchy. *The sociology of organizations: classic, contemporary, and critical readings*, 315, 104 - 117.

[591] Prahalad, C. K. & Hamel, G. (1990). The core competence of the corporation. *Harvard Business Review*, 79 - 91.

[592] Prahalad, C. K., & Doz, Y. L. (1987). *The Multi-national Mission: Balancing Local Demands and Global Vision*. New York: Free Press.

[593] Prahalad, C. K., & Doz, Y. L. (1999). *The Multi-national mission: balancing local demands and global vision*. New York: Free Press.

[594] Price, J. L. (2001). Reflections on the determinants of voluntary turnover. *International Journal of manpower*, 22 (7), 600 - 624.

[595] Pursche, W. (1988). Building better bids: synergies and acquisition prices. *Chief Financial Officer*, 63 - 64.

[596] Putnam, R. (1993). *Making democracy work: civic traditions in modern Italy*. Princeton: Princeton University Press.

[597] Putnam, R. (1995). Bowling alone: America's declining social capital. *Journal of Democracy*, 6 (1), 65 - 78.

[598] Rabier, M. R. (2017). Acquisition motives and the distribution of acquisition performance. *Strategic Management Journal*, 38 (13), 2666 - 2681.

[599] Rajan, R. G., & Zingales, L. (1998). Power in a Theory of the Firm. *The Quarterly Journal of Economics*, 113 (2), 387 - 432.

[600] Ramanathan, K., Seth, A., & Thomas, H. (1997). Explaining joint ventures: alternative theoretical perspectives. In: P. W. Beamish, J. P. Killing, eds. *Cooperative Strategies: North American Perspectives*. San Francisco: The New Lexington Press, 51 - 85.

[601] Ramaswamy, K. P., &Waegelein, J. F. (2003). Firm financial per-

formance following mergers. *Review of Quantitative Finance and Accounting*, 20 (2), 115–126.

[602] Rappaport, A. (1986). *Creating shareholder value: the new standard for business performance*. Free press.

[603] Rau, P. R., & Vermaelen, T. (1998). Glamour, value and the post-acquisition performance of acquiring firms. *Journal of Financial Economics*, 49, 223–53.

[604] Raudszus, M., Schiereck, D., & Trillig, J. (2014). Does vertical diversification create superior value? Evidence from the construction industry. *Review of Managerial Science*, 8 (3), 293–325.

[605] Reddy, S., Holak, S. & Bhat, S. (1994). To Extend or Not to Extend: Success Determinants of Line Extensions. *Journal of Marketing Research*, 31 (2), 243.

[606] Reed, D. M. (1996). Mainbanks, Corporate Governance and Investment Efficiency in Financial Distress: Bankruptcy, Japan, United States. A Dissertation for Ph. D. of University of South Carolina.

[607] Reed, R., & DeFillipi, R. J. (1990). Casual ambiguity, barriers to imitation and sustainable competitive advantage. *Academy of Management Review*, 15 (1), 88–102.

[608] Rentsch, J. R. (1990). Climate and culture: Interaction and qualitative differences in organizational meanings. *Journal of Applied Psychology*, 75, 668–681.

[609] Richardson, G. (1972). The Organisation of Industry. *The Economic Journal*, 82 (327), 883.

[610] Robert, S. K. & David, P. N. (2004). *Strategy maps, converting intangible assets into tangible outcomes*. USA: Harvard Business School Publishing.

[611] Robins, J., & Wiersema, M. F. (1995). A resource-based approach to the multibusiness firm: Empirical analysis of portfolio interrelationships and corporate financial performance. *Strategic management journal*, 16 (4), 277–299.

[612] Roe, E. (1994). *Narrative policy analysis: Theory and practice*. Duke University Press.

[613] Rogers, E., & Shoemaker, F. (1971). *Communication of innovations: a cross-cultural approach.* New York: The Free Press.

[614] Roll, R. (1986). The hubris hypothesis of corporate takeovers. *Journal of Business*, 59 (2), 197-216.

[615] Romano, R. (1992). *A guide to takeovers: theory, evidence, and regulation.* Yale J. on Reg., 9, 119.

[616] Rosen, S. (1985). Implicit contracts: a survey. *Journal of Economic Literature*, 23 (3), 1144-1175.

[617] Rossiter, J. & Percy, L. (1998). *Advertising communications and promotion management.* New York: Irwin, McGraw-Hill.

[618] Rugman, A. M. (1979). *International diversification and the multinational enterprise.* Lexington, MA: Lexington Books.

[619] Rumelt, R. P. (1974). *Strategy, structureand economic performance.* Cambridge, MA: Harvard University Press.

[620] Rumelt, R. P. (1984). Towards a Strategic Theory of the Firm. *Competitive Strategic Management*, 556-570.

[621] Rumelt, R. P. (1977). Diversity and Profitability, Paper MGL-51, Managerial Studies Center, Graduate School of Management, University of California, Los Angeles.

[622] Rumyantseva, M., Gurgul, G., & Enkel, E. (2002). *Knowledge Integration after Mergers & Acquisitions.* University of Mississippi Business Department.

[623] Sales, A. L., & Mirvis, P. H. (1984). When cultures collide: Issues in acquisition. *Managing organizational transitions*, 107, 133.

[624] Salter, M. S., & Weinhold, W. A. (1978). Diversification via acquisition: creating value. *Harvard Business Review*, 56 (4), 166-176.

[625] Sappington, D. & Wernerfelt, B. (1985). To Brand or Not to Brand? A Theoretical and Empirical Question. *The Journal of Business*, 58 (3), 279.

[626] Sathe, V. (1985). *Culture and related corporate realities.* Homewood, IL: Irwin.

[627] Scharfstein, D. (1988). The disciplinary role of takeovers. *The Review of Economic Studies*, 55 (2), 185 – 199.

[628] Schoenberg, R. (2000). The Influence of Cultural Compatibility Within Cross-border Acquisitions: A Review. *Adv. Mergers Acquisitions*, 1, 43 – 59.

[629] Schoenberg, R. (2004). Dimensions of Management Style Compatibility and Cross-Border Acquisition Outcome. *Advances in Mergers and Acquisitions*, 3, 149 – 175.

[630] Schoenberg, R., & Norburn, D. (1998). Leadership compatibility within cross border acquisition outcome. *In: 18th Annual Strategic Management Society International Conference*. Orlando.

[631] Schweiger, D. M., Csiszar, E. N., & Napier, N. K. (1993). Implementing international mergers and acquisitions. *People and Strategy*, 16 (1), 53.

[632] Schweiger, D. M., & Walsh, J. P. (1990). Mergers and acquisitions: an interdisciplinary view. *Research in Personnel and Human Resources Management*, 8 (1), 41 – 107.

[633] Schwert, G. W. (1996). Markup pricing in mergers and acquisitions. *Journal of Financial Economics*, 41 (2), 153 – 192.

[634] Seed, A. H. (1974). Why corporate marriages fail. *Financial Executive*, 42 (12), 56 – 62.

[635] Seligman, J. (1995). *Corporations: cases and materials*. Aspen Publishers.

[636] Selznick, P. (1957). *Leadership in administration: a sociological interpretation*. New York: Harper & Row.

[637] Servaes, H. (1994). Do takeover targets overinvest? *Review of Financial Studies*, 253 – 277.

[638] Seth, A. (1990). Sources of value creation in acquisition: an empirical investigation. *Strategic Management Journal*, 11 (6), 431 – 447.

[639] Seth, A. (1990). Value creation in acquisitions: a re-examination of performance issues. *Strategic Management Journal*, 11 (2), 99 – 115.

[640] Shams, S. M. M. (2013). The Performance of Bidding Firms in Merg-

er and Acquisition (M&A) Deals: An Empirical Investigation of Public, Private and Subsidiary Acquisitions in Australia. Doctoral dissertation, Monash University.

[641] Shelton, L. M. (1988). Strategic business fits and corporate acquisition: Empirical evidence. *Strategic Management Journal*, 9 (3), 279 - 287.

[642] Shleifer, A., & Summers, L. H. (1988). Breach of trust in hostile takeovers. *In*: A. J. Auerbach, eds. *Corporate takeovers: Causes and consequences*. University of Chicago Press, 1988, 33 - 68.

[643] Shleifer, A., & Vishny, R. W. (1986). Large shareholders and corporate control. *Journal of Political Economy*, 94 (3, Part 1), 461 - 488.

[644] Shleifer, A., &Vishny, R. W. (1989). Management entrenchment: The case of manager-specific investments. *Journal of Financial Economics*, 25 (1), 123 - 139.

[645] Shleifer, A., & Vishny, R. W. (2003). Stock market driven acquisitions. *Journal of Financial Economics*, 70 (3), 295 - 311.

[646] Shocker, A., Srivastava, R. & Ruekert, R. (1994). Challenges and Opportunities Facing Brand Management: An Introduction to the Special Issue. *Journal of Marketing Research*, 31 (2), 149.

[647] Shrieves, R. E. & Pashley, M. M. (1984). Evidence on the association between mergers and capital structure. *Financial Management*, 39 - 48.

[648] Shughart, W. F., & Tollison, R. D. (1984). The random character of merger activity. *The RAND Journal of Economics*, 15 (4), 500 - 509.

[649] Simonin, B. L. (1999). Transfer of marketing know-how in international strategic alliances: an empirical investigation of the role and antecedents of knowledge ambiguity. *Journal of International Business Studies*, 30 (3), 463 - 490.

[650] Singh, H., & Zollo, M. (1997). Knowledge accumulation and the evolution of post-acquisition management practices. Paper presented at the Academy Management Conference, Boston, MA.

[651] Singh, J., &Montgomery, C. A. (1987). Corporate acquisition strategies and economic performance. *Strategic Management Journal*, 8 (4), 377 - 386.

[652] Sirower, M. L. (1997). *The synergy trap: how companies lose the ac-

quisition game. New York: The Free Press.

[653] Sleptsov, A., Anand, J., & Vasudeva, G. (2013). Relational configurations with information intermediaries: The effect of firm-investment bank ties on expected acquisition performance. *Strategic Management Journal*, 34 (8), 957–977.

[654] Smith, L. B. (1985). Rental apartment valuation: the applicability of rules of thumb. *Appraisal Journal*, 53, 541–552.

[655] Srivastava, R., Shervani, T. & Fahey, L. (1998). Market-Based Assets and Shareholder Value: A Framework for Analysis. *Journal of Marketing*, 62 (1), 2–18.

[656] Stalk, G., Evans, P., & Shulman, L. E. (1992). Competing on capabilities: the new rules of corporate strategy. *Harvard Business Review*, 70 (2), 57.

[657] Stapleton, R. C., & Subrahmanyan, M. G. (1984). The valuation of options when asset returns are generated by a binomial process. *The Journal of Finance*, 39 (5), 1525–1539.

[658] Stern, J. M., Stewart III, G. B., & Chew, D. H. (1995). The EVA financial management system. *Journal of Applied Corporate Finance*, 8 (2), 32–46.

[659] Stigler, G. J. (1950). Capitalism and monopolistic competition: The theory of oligopoly. *American Economic Review*, 40 (2), 23–34.

[660] Stopford, J. M. (1976). Changing Perspectives on Investment by British Manufacturing Multinationals. *Journal of International Business Studies*, 7 (2), 15–27.

[661] Sullivan, P. H. (2000). *Value driven intellectual capital: how to convert intangible corporate assets into market value.* New York: John Wiley & Sons, Inc.

[662] Szulanski, G. (1996). Exploring internal stickiness: impediments to the transfer of best practice within the firm. *Strategic Management Journal*, 17 (S2), 27–43.

[663] Teece, D. J. (1992). Competition, cooperation, and innovation:

Organizational arrangements for regimes of rapid technological progress. *Journal of economic behavior & organization*, 18 (1), 1 - 25.

[664] Teece, D. J., Pisano, G., & Shuen, A. (1997). Dynamic capabilities and strategic management. *Strategic Management Journal*, 18 (7), 509 - 533.

[665] Terpstra, V., & Yu, C. M. (1988). Determinants of foreign investment of US advertising agencies. *Journal of International business studies*, 19 (1), 33 - 46.

[666] Tetenbaum, T. J. (1999). Beating the odds of merger & acquisition failure: Seven key practices that improve the chance for expected integration and synergies. *Organizational Dynamics*, 22 - 22.

[667] Thornhill, S., & Amit, R. (2001). A dynamic perspective of internal fit in corporate venturing. *Journal of business venturing*, 16 (1), 25 - 50.

[668] Tobin, J. (1969). A general equilibrium approach to monetary theory. *Journal of Money, Credit and Banking*, 1 (1), 15 - 29.

[669] Travlos, N. G. (1987). Corporate Takeover Bids, Methods of Payment, and Bidding Firms' Stock Returns. *Journal of Finance*, 42, 943 - 963.

[670] Treynor, J. L. (1993). The value of control. *Financial Analysts Journal*, 49, 6 - 9.

[671] Trichterborn, A., Zu Knyphausen-Aufseß, D. & Schweizer, L. (2016). How to improve acquisition performance: The role of a dedicated M&A function, M&A learning process, and M&A capability. *Strategic Management Journal*, 37 (4), 763 - 773.

[672] Tsai, W. (2000). Social capital, strategic relatedness and the formation of intraorganizational linkages. *Strategic Management Journal*, 21 (9), 925 - 939.

[673] Tu, G., Lin, B., & Liu, F. (2013). Political connections and privatization: Evidence from China. *Journal of Accounting and Public Policy*, 32 (2), 114 - 135.

[674] Uzzi, B. (1996). The Sources and Consequences of Embeddedness for the Economic Performance of Organizations: The Network Effect. *American Sociological Review*, 61 (4), 674.

[675] Ven A. H. V. D. (1976). A framework for organization assessment. *Academy of Management Review*, 1 (1), 64 – 78.

[676] Vernon, R. (1966). International investment and international trade in the product cycle. *International Executive*, 8 (4), 16 – 16.

[677] Very, P., & Schweiger, D. M. (2001). The acquisition process as a learning process: evidence from a study of critical problems and solutions in domestic and crossborder deals. *Journal of World Business*, 36 (1), 11 – 31.

[678] Very, P., Calori, R., & Lubatkin, M. (1993). An Investigation of National and Organizational Cultural Influences in Recent European Mergers. *Advances in Strategic Management*, 9, 323 – 346.

[679] Very, P., Lubatkin, M., Calori, R., & Veiga, J. (1997). Relative Standing and the Performance of Recently Acquired European Firms. *Strategic Management Journal*, 18 (8), 593 – 614.

[680] Walsh, J. P. & Kosnik, R. D. (1993). Corporate raiders and their disciplinary role in the market for corporate control. *Acadey of Management Journal*, 36 (4), 671 – 700.

[681] Walsh, J. P., & Ellwood, J. W. (1991). Mergers, acquisitions, and the pruning of managerial deadwood. *Strategic Management Journal*, 12 (3), 201 – 217.

[682] Walter, G. A. (1985). Culture collisions in mergers and acquisitions. *In*: P. Frost et al., eds. *Organization Culture*. Vol. 14. Beverley Hills, CA: Sage, 1985, 301 – 314.

[683] Wanke, P., Maredza, A., & Gupta, R. (2017). Merger and acquisitions inSouth African banking: A network DEA model. *Research in International Business and Finance*, 41, 362 – 376.

[684] Wasserman, S., & Faust, K. (1994). *Social network analysis: method and applications* (8). Cambridge University Press.

[685] Wernerfelt, B. (1984). A resource-based view of the firm. *Strategic Management Journal*, 5 (2), 171 – 180.

[686] Weston, J. F., Chung, K. S., & Hoag, S. E. (1990). *Mergers,*

restructuring, and corporate control. New Yersey: Prentice Hall.

[687] Weston, J. F., Siu, A., & Johnson, B. (2001). *Takeovers, restructuring and corporate governance.* New Yersey: Prentice Hall.

[688] Williamson, O. E. (1981). The economics of organization: The transaction cost approach. *American Journal of Sociolgy*, 87 (3), 548 – 577.

[689] Williamson, O. E. (1981). The modern corporation: origins, evolution, attributes. *Journal of Economic Literature*, 19 (4), 1537 – 1568.

[690] Williamson, O. E. (1988). Corporate finance and corporate governance. *The Journal of Finance*, 43 (3), 567 – 591.

[691] Williamson, O. E. (1991). Comparative economic organization: the analysis of discrete structural alternatives. *Administrative Science Quarterly*, 36 (2), 269 – 296.

[692] Williamson, O. E. (1985). *The economic institutions of capitalism.* New York: Free Press.

[693] Wilson, B. D. (1980). The propensity of multinational companies to expand through acquisitions. *Journal of International Business Studies*, 11 (1), 59 – 64.

[694] Winter, S. G. (1987). Knowledge and competence as strategic assets. In: D. J. Teece, eds. *The competitive challenge: Strategy for industrial innovation and renewal.* New York: Harper & Row.

[695] Wole, A. (1928). *Research on Credit Barometer. Business Combination*, Economic Science Press.

[696] Wright, P., Dunford, B. & Snell, S. (2001). Human resources and the resource based view of the firm. *Journal of Management*, 27 (6), 701 – 721.

[697] Wu, Z. & Choi, T. Y. (2005). Supplier-supplier relationships in the buyer-supplier triad: building theories from eight case studies. *Journal of Operations Management*, 24 (1), 27 – 52.

[698] Yan, A., & Gray, B. (1994). Bargaining power, management control, and performance in united states-china joint ventures: A comparative case study, *Academy of Management.* 37 (6), 1478 – 1517.

[699] Yin, R. (1994). *Case study research, design and methods.* 2^{en} ed.

Beverly Hills: Sage Publications.

[700] Yip, G. S. (1982). Gateways to entry. *Harvard Business Review*, 60 (5), 85–92.

[701] Yoshihiko Miyauchi. 并购重组在日本 [C]. 并购重组国际高峰论坛. 2003.

[702] Yu, C. M. J. & K. Ito (1988). Oligopolistic reaction and foreign direct investment: The case of the U. S. tire and textiles industries. *Journal of International Business Studies* 19 (3), 449–460.

[703] Yu, P. L. (1980). Behavior bases and habitual domains of human decision/behavior-concepts and applications. *In*: G. Fandel, & T. Gal, eds. *Multiple criteria decision making theory and application.* Springer, New York, 511–539.

[704] Yu, Y., Umashankar, N., & Rao, V. R. (2016). Choosing the Right Target: Relative Preferences for Resource Similarity and Complementarity in Acquisition Choice. *Strategic Management Journal*, 37 (8), 1808–1825.

[705] Zejan, M. C. (1990). New ventures or acquisitions. The choice of swedish multinational enterprises. *Journal of Industrial Economics*, 38 (3), 349–355.